AF792502

Das Zahlenbuch 1

Didaktischer Kommentar

von Erich Ch. Wittmann, Gerhard N. Müller,
Marcus Nührenbörger und Ralph Schwarzkopf

Bearbeitung der Ausgabe 2022:
Marcus Nührenbörger, Ralph Schwarzkopf,
Melanie Bischoff, Daniela Götze, Birgit Heß

Ernst Klett Verlag
Stuttgart · Leipzig · Dortmund

Inhalt

Erste Orientierung 3

Differenzierung 3

Eigenaktives und interaktives Lernen 3

Übung der Basiskompetenzen 4

Förderung von Kindern mit Schwierigkeiten beim Mathematiklernen 4

Förderung mathematisch interessierter Kinder 5

Unterricht in inklusiven Klassen 6

Unterricht in altersgemischten Klassen 6

Stoffverteilung 6

Einrichtung von Kleingruppen 7

Potenzial zum selbstgesteuerten Üben 7

Potenzial zur Sprachförderung 7

Themenblöcke 7

Arbeits- und Demonstrationsmittel in Band 1 8

Arbeitsmaterialien 8

Demonstrationsmittel 8

Digitale Medien 8

Hinweise zu den Doppelseiten im Schulbuch 9

Inhalt des Schulbuchs 1 9

Themenblock Entwicklung des Zahlbegriffs 10

Themenblock Geometrie 42

Themenblock Orientierung im Zwanzigerraum 48

Themenblock Größen und Sachrechnen 66

Themenblock Einführung der Addition 72

Themenblock Einführung der Subtraktion 98

Themenblock Addieren und Subtrahieren 118

Themenblock Zahlen und Aufgaben vergleichen 134

Grundkonzeption des Zahlenbuchs 166

1. Konzentration des Stoffes auf tragende Grundideen 166

2. Aktiv-entdeckendes und soziales Lernen 168

3. Das Üben 171

4. Förderung von Kindern mit unterschiedlichen Voraussetzungen nach dem Prinzip von der natürlichen Differenzierung 173

5. Diagnose, Lern- und Leistungskontrollen 174

Erste Orientierung

Das neue ZAHLENBUCH basiert auf dem langjährig bewährten und im Dialog mit der Praxis entwickelten didaktischen Konzept des ZAHLENBUCHs. Dabei bietet es eine umfassende Unterstützung für einen diagnosegeleiteten, differenziert strukturierten Mathematikunterricht, der den gegenwärtigen Anforderungen im Kontext von Heterogenität und Inklusion gerecht wird. Grundlegend dafür ist die konsequente Orientierung an prozess- und inhaltsbezogenen Kompetenzen sowie die Ergänzung der klassischen Schul- und Arbeitshefte durch weitere Übungsmaterialien und digitale Lernangebote.
Wichtig für die Arbeit in der Praxis ist es, die Eckpfeiler des ZAHLENBUCHs zu kennen, die grundlegend sind für einen kind- und fachgerechten guten Mathematikunterricht und die Lösungen für aktuelle Schlüsselprobleme des Unterrichts anbieten. Diese werden hier kurz erläutert.

Differenzierung

Die häufig aus der Praxis zurück gemeldeten Methoden zur Differenzierung bestehen darin, dass die Lehrkraft einigen Kindern alternative Aufgaben zuweist, die nach Einschätzung der Lehrkraft dem jeweiligen Lernstand entsprechen. Es gibt Werke, bei denen die Kinder weitgehend unabhängig voneinander und passend zu dieser Methode Heftchen für Heftchen abarbeiten. Dadurch werden aber nicht nur die Bildungsstandards verfehlt, auch soziales Lernen wird verhindert – individuelle Förderung wird verwechselt mit individueller Beschäftigung.
Im ZAHLENBUCH wird ein grundsätzlich anderer Weg der Differenzierung beschritten: Das Buch ist so konzipiert, dass Kinder mit unterschiedlichen Voraussetzungen, Interessen und Möglichkeiten *gemeinsam* damit arbeiten können und zugleich *individuell* gefördert werden. Die Differenzierung ergibt sich aufgrund des besonderen Aufbaus und der Auszeichnung der Aufgaben von selbst.
Das ZAHLENBUCH bietet eine Grundlage für den Erwerb der Kenntnisse und Fertigkeiten, die für das weitere Lernen notwendig und daher für alle Kinder in gleicher Weise verbindlich sind. Alle Themenblöcke enden mit einem Rückblick, in dem diese Basiskompetenzen noch einmal aufgegriffen und gesichert werden, wobei die Kinder ihren eigenen Lernfortschritt einschätzen können.
Auf dieser Basis bauen Lernangebote auf, die sich ebenfalls an alle richten, aber von jedem Kind nach seinen Möglichkeiten individuell wahrgenommen werden können und dürfen (*natürliche Differenzierung*). Die Differenzierung zeigt sich nicht allein in der Anzahl an bearbeiteten Aufgaben, sondern gerade auch darin, dass die Lernenden auf unterschiedliche Weise Zusammenhänge erkennen und darstellen sowie erörtern und reflektieren können.

Ferner bietet das ZAHLENBUCH sowohl zahlreiche offene Aufgaben an, die von den Kindern mit selbstgewählten Zahlen und individuellem Umfang bearbeitet werden, als auch die wiederkehrenden Seiten zum *Forschen und Finden*, die nach einem niederschwelligen Einstieg die inhaltlichen und prozessbezogenen Kompetenzen weiter vertiefen.
Damit das Potenzial der Aufgaben für den Lernprozess der Kinder schneller und transparenter erkennbar ist, wurden sie in vier verschiedene Kategorien von Übungen eingeteilt und entsprechend gekennzeichnet:

- Grundlagen aufbauen und sichern,
- Zusammenhänge entdecken und anwenden,
- Beziehungen reflektieren und nutzen,
- selbstgesteuert üben und Aufgaben produzieren.

Die Kinder werden natürlich bei der Bearbeitung der Übungen unterschiedlich weit kommen. Das ist aber kein Problem, sondern eine Lernchance: Gerade wegen der unterschiedlichen Bearbeitungen entsteht das Potenzial für einen sozialen Austausch, den wir als hohes Gut ansehen. Wenn etwa die Ergebnisse von Rechnungen an der Tafel zusammengetragen werden, damit auf dieser Grundlage Muster erkannt und beschrieben werden, können auch Kinder einbezogen werden und den Anschluss finden, die selbst nur wenige Rechnungen durchgeführt haben.

Eigenaktives und interaktives Lernen

Die Lernenden erhalten umfangreiche Unterstützungen beim Entdecken und Verstehen der mathematischen Inhalte. Dazu werden sie zu Beginn eines Themenblocks stets angeregt, eigenständig inhaltliche Vorstellungen zu entwickeln und Lösungen zu erproben, die an ihre Vorerfahrungen anknüpfen. Die Eigenaktivität der Lernenden in der Auseinandersetzung mit Materialien ist grundsätzlich von besonderer Bedeutung. Aber sie darf sich nicht auf bloße Handlungen mit Materialien beschränken. Vielmehr sind die Aktivitäten verbal zu beschreiben, bildlich darzustellen oder symbolisch zu notieren, um langfristig verinnerlichte, tragfähige und flexible Vorstellungen aufzubauen. Diese Vernetzung der Darstellungsebenen ist eine wesentliche Voraussetzung für die Entwicklung adäquater mathematischer Kompetenzen.
Zugleich müssen die Kinder aber ihre Ideen mit anderen Kindern austauschen, um neue Erkenntnisse aufzubauen oder zu sichern. Daher bieten wir im ZAHLENBUCH von Anfang an zahlreiche Aktivitäten an, gemeinsam mit anderen Kindern und auch spielerisch mathematische Handlungen durchzuführen, Fragestellungen und Lösungswege zu erkunden und über Mathematik zu sprechen.

Erste Orientierung

Übung der Basiskompetenzen

Begleitend zum Schulbuch gibt es verschiedene Übungsangebote zum Sichern und Vertiefen. Zum Grundangebot gehört der „Blitzrechenkurs“, der ständig auf der Tagesordnung stehen muss. Auf die Blitzrechenübungen wird an den entsprechenden Stellen im Schulbuch mit dem Symbol ⚡ hingewiesen. Die Praxis des Blitzrechnens wird unterstützt durch die Rechenkartei „Blitzrechnen. Basiskurs Zahlen“ und die Blitzrechnen-App. Die Blitzrechenübungen haben das Ziel, dass die Kinder zunächst eine tragfähige anschauliche Grundlage für die Übungsinhalte entwickeln und auf dieser Basis erst anschließend die Inhalte automatisieren.
Als Ergänzung zum Blitzrechnen wird das Igeltraining angeboten. Es besteht aus vertiefenden Übungen zum Zahl- und Operationsverständnis, bei denen die Kinder im Kern Aktivitäten zum Sortieren und Ordnen durchführen. Hierdurch sollen die grundlegenden mathematischen Strukturen noch stärker in das Bewusstsein rücken, bevor die Automatisierungen angestoßen werden. Es hat sich gezeigt, dass gerade die Kinder mit Schwierigkeiten im Aufbau arithmetischer Kompetenzen von solchen Aktivitäten profitieren: Sie nehmen zum Beispiel durch das Sortieren einfacher Aufgaben bewusster wahr, aufgrund welcher Merkmale eine Aufgabe als einfach angesehen werden kann – dadurch wird der Blick auf einfache Aufgaben geschärft und der Zugang zur Ableitung einer schwierigen Aufgabe aus einer einfachen noch intensiver vorbereitet. Auf diese Übungen wird im Schulbuch an den entsprechenden Stellen mit dem Symbol hingewiesen.
Schließlich wurden für die Überarbeitung des ZAHLENBUCHs die Hefte „Sicher im Zahlenraum“, „Sicher rechnen“ und die Zahlenbuch-App entwickelt, um alle Kinder beim Sichern und Vertiefen ihrer Basiskompetenzen zu unterstützen. Die Aufgaben in den Heften und in der App sind so konzipiert, dass sie auch selbstständig zu Hause bearbeitet werden können. Dabei wurde besonders Wert auf eine anschauliche Grundlegung der Übungen gelegt. In der App beispielsweise haben die Kinder bei vielen Aufgaben die Möglichkeit, ein digitales Zwanzigerfeld aufzurufen (die sog. ToolBox) und damit die Aufgaben auf anschaulicher Ebene zu bearbeiten.

Förderung von Kindern mit Schwierigkeiten beim Mathematiklernen

Der Erfolg in der Mathematik steht und fällt mit dem Aufbau von Verständnis. Was man verstanden hat, kann man besser anwenden und behalten, was zu einer besseren Grundlage für das Weiterlernen führt. Wegen seines auf Verständnis ausgerichteten Ansatzes bewährt sich das ZAHLENBUCH gerade bei Kindern, die Schwierigkeiten beim Aufbau mathematischer Verständnisgrundlagen zeigen.
Mehrere Elemente des Werkes wirken sich hier positiv aus:

- der schlüssige Aufbau des Werkes,
- die wiederkehrenden Lehr-/Lernstrukturen,
- die übersichtliche Doppelseitenstrukturierung, die den Aufbau eines ganzheitlichen mathematischen Verständnisses unterstützen,
- die kleine Anzahl gut ausgewählter Anschauungsmittel, die langfristig als Hilfs- und auch als Erkenntnismittel tragbar sind,
- die prägnanten zeichnerischen Darstellungen und Sprechweisen als zugängliche Anregung für mathematische Aktivitäten,
- die durchgehenden Übungsformate, die eine Konzentration auf den Inhalt ermöglichen,
- die vielen offenen Aufgaben und reflektiven Übungen, die eine Bearbeitung auf unterschiedlichen Niveaus erlauben,
- die zusätzlichen digitalen Angebote, etwa die Erklärfilme und die Zahlenbuch-App, durch die Kinder im eigenen Tempo selbstständig arbeiten können.

All dies hilft auch den Erklärungsbedarf zu reduzieren und trägt zur Entlastung der Lehrkräfte bei.
Darüber hinaus ist der Blitzrechenkurs ein eingebautes Förderprogramm für Kinder mit Schwierigkeiten beim Mathematiklernen. Denn er umfasst neben dem üblichen Kopfrechnen auch grundlegende Zahlvorstellungen und Zahlbeziehungen, die für das Verständnis entscheidend sind. Diese Basiskompetenzen stehen auch im Mittelpunkt des neu entwickelten Igeltrainings. Hierbei stehen unterschiedliche Aktivitäten vor allem zum Sortieren und Ordnen im Zentrum. Sie fördern die numerische und operative Bewusstheit, d. h. die Kinder können im sozialen Austausch oder in individueller ihre Zahl- und Rechenvorstellungen und -strategien sichern, vertiefen und vernetzen.
Zur Förderung von Kindern mit größerem Unterstützungsbedarf wurden zudem noch weitere ergänzende Materialien entwickelt:

1. Der *Förderkommentar Lernen* bietet Anregungen für die Unterstützung schwächerer Kinder zur Bewältigung der mathematischen Grundlagen bei der Arbeit am ZAHLENBUCH. Dazu werden ausgewählte grundlegende Inhalte aus dem ZAHLENBUCH um weitere Förderseiten ergänzt. Besondere Förderansätze werden mithilfe eines eigens dazu entwickelten zusätzlichen Förderhefts aufgezeigt.
2. Der *Förderkommentar Sprache* widmet sich einer weiteren Schwierigkeit des Mathematikunterrichts: Für viele Kinder ist die Sprache ein Problem für die erfolgreiche Teilhabe am Mathematikunterricht. Im Förderkommentar finden sich zu ausgesuchten Inhalten des ZAHLENBUCHs Hinweise für die Identifizierung und Überwindung sprachlicher Hürden im Mathematikunterricht.

3. Die *Lernzielkontrollen* werden um eine Variante ergänzt, die für Lernende mit Schwierigkeiten eine zugängliche Form der Leistungskontrolle darstellen kann, da hierbei der Zahlenraum und die Anzahl der Aufgaben reduziert sind.

Das Ziel aller Zusatzmaterialien liegt darin, die Kinder weitestgehend im Unterricht zu fördern und den verstehensorientierten Ansatz des ZAHLENBUCHs für die Überwindung von inhaltlichen und sprachlichen Schwierigkeiten fortzuführen.

Mit Blick auf den inklusiven Unterricht empfehlen wir dringend, bei Kindern mit zusätzlichem Förderbedarf primär auf die Möglichkeiten des ZAHLENBUCHs und seiner Begleitmaterialien zurückzugreifen, da nur dadurch das gerade für diese Kinder wichtige, inhaltlich stimmige Lernen gesichert werden kann. Von besonderer Bedeutung für gemeinsames Lernen im inklusiven Unterricht sind folgende Kernmerkmale des neuen ZAHLENBUCHs:

- Die Akzentuierung der Basiskompetenzen und die Fokussierung auf materialgestützte Zugänge,
- die klare visuelle Strukturierung und Konzentration auf wenige, nachhaltig tragfähige Anschauungsmittel,
- die sprachsensible Aufbereitung von Aufgabenstellungen und die Unterstützung kommunikativer Lernsituationen und
- die klar strukturierten Anregungen und Anleitungen zum eigenständigen und kooperativen Lernen.

Förderung mathematisch interessierter Kinder

Mathematisch interessierte und begabte Kinder werden im ZAHLENBUCH durch die zahlreichen Aufgaben zum Erkunden und Beschreiben von mathematischen Problemstellungen gefördert. Dadurch finden sie im Klassenverband herausfordernde Anregungen, ohne vom gemeinsamen Thema aller Lernenden getrennt zu werden. Zudem werden auf den Seiten zum Forschen und Finden Aufgabenformate vorgestellt, die ein Angebot zur vertieften mathematischen Auseinandersetzung darstellen. Zur weiteren Förderung steht ferner die Reihe „Forschen und Finden“ zum ZAHLENBUCH zur Verfügung, die aber keinesfalls als exklusives Angebot für diese Gruppe zu verstehen ist: Durch das Forschen und Finden kann bei allen Kindern eine durchweg produktive Einstellung zum Mathematiklernen entfaltet werden.

Da das ZAHLENBUCH mathematisch gehaltvoll ist, können mathematisch interessierte oder begabte Kinder viele Themen des Buches selbstständig weiterführen. Entsprechend werden diese Kinder insbesondere dadurch gefördert, dass sie das Potenzial der zahlreichen offenen Aufgaben zum selbstgesteuerten Üben voll ausreizen. Zudem werden sie auf den Seiten zum Forschen und Finden angemessene Anreize finden.

Unterricht in inklusiven Klassen

In inklusiven Klassen kann erfolgreich mit den entsprechenden Jahrgangsbänden und den zusätzlichen Unterstützungsmaterialien des ZAHLENBUCHs gearbeitet werden, denn für einen inklusiven Unterricht gelten grundsätzlich die gleichen didaktischen Prinzipien wie für einen guten „nicht-inklusiven“ Mathematikunterricht. Zugleich sind aber einzelne Prinzipien unter der Bedingung des gemeinsamen Lernens womöglich noch stärker hervorzuheben – dies betrifft insbesondere die Differenzierung, die konsequent berücksichtigt werden muss, ebenso die durchgängige Beachtung der unterschiedlichen Darstellungsebenen mit Akzentuierungen auf material- und sprachgestützte Aufgabenstellungen. In diesem Sinne sollte ein inklusiver Mathematikunterricht in erster Linie auf dem grundlegenden mathematikdidaktischen Konzept des ZAHLENBUCHs aufbauen. Um aber allen Kindern gerecht zu werden, bedarf es gezielter Aufmerksamkeit auf die Lernenden, die beim Lernen zusätzliche Unterstützung benötigen.

Im Konzept des ZAHLENBUCHs sollen diese Kinder nicht durchgehend an isolierten Aufgabenstellungen getrennt von den anderen Kindern lernen. Vielmehr ist es das Anliegen des ZAHLENBUCHs, die größtmögliche fachliche Teilhabe aller Kinder am Mathematikunterricht zu gewährleisten, ohne individuelle Unterstützungen und auch zeitweilig fokussiertes Arbeiten an spezifischen Grundlagen auszuschließen. Dies gelingt in besonderer Weise, wenn der Mathematikunterricht an den fachlichen Kernideen orientiert ist und somit für alle Kinder wiederkehrend Zugänge zu den Basiskompetenzen ermöglicht.

Durch den analogen Aufbau der ZAHLENBÜCHER können auch Kinder, die z. B. in den Klassen 3 oder 4 zieldifferent unterrichtet werden, an den ZAHLENBÜCHERN 1 oder 2 arbeiten, da sich immer wieder inhaltliche Schnittmengen ergeben, die ein gemeinsames Lernen an einer mathematischen Grundidee trotz unterschiedlicher ZAHLENBÜCHER ermöglichen (z. B. Aufbau von Zahl- und Operationsvorstellungen in verschiedenen Zahlenräumen). In erster Linie schafft hierbei das Prinzip der natürlichen Differenzierung Möglichkeiten für alle Kinder, auf unterschiedlichen Niveaus an einem gemeinsamen Thema zu arbeiten, ohne einzelne Kinder zu separieren. Zudem sichern materialgestützte Angebote ebenso wie visuelle und sprachliche Unterstützungen bei der Auseinandersetzung mit Aufgaben zum einen die Zugänglichkeit für alle Lernende, zum anderen auch Anregungen für verstehensorientiertes Arbeiten. Zu guter Letzt liefern auch die kooperativen Angebote des ZAHLENBUCHs einen bedeutsamen Eckpfeiler für einen erfolgreichen inklusiven Mathematikunterricht. Denn in der Kultur einer kleinen Lerngruppe können auch Kinder mit besonderen Bedürfnissen unterstützend und kooperativ gefördert werden.

Erste Orientierung

Zusätzlich zum ZAHLENBUCH wurden zur Förderung von Kindern mit größerem Unterstützungsbedarf die Förderkommentare Lernen und Sprache entwickelt. Diese bieten zusätzliche Hinweise, Anregungen und Aufgabenstellungen, wie einzelne Kinder mit Blick auf die grundlegend für gemeinsames Lernen geeigneten Inhalte des ZAHLENBUCHs unterstützt werden können.

Unterricht in altersgemischten Klassen

In altersgemischten Klassen kann ebenso erfolgreich mit den entsprechenden Jahrgangsbänden des ZAHLENBUCHs gearbeitet werden. Die einzelnen mathematischen Themen eines Jahrgangs sind parallelisiert aufgebaut, so dass alle Kinder einer altersgemischten Klasse in einen thematischen Block eingeführt werden können. Anschließend arbeiten die Kinder in Einzelarbeit oder in Kleingruppen an spezifischen Fragestellungen, die zum Buch der jeweiligen Jahrgangsklasse passen und zugleich die Aufgabenstellungen in den unterschiedlichen Zahlenräumen verknüpfen. Ebenso wie im inklusiven Mathematikunterricht können auch im altersgemischten Unterricht nicht alle Themen zeitgleich von allen Kindern erlernt werden. Für das altersgemischte Lernen sind aber diejenigen Themen von besonderer Bedeutung, zwischen denen es vom Fach her auch Beziehungen gibt. Die Erkundung von Rechenwegen und die damit verbundene geschickte Nutzung von einfachen Aufgaben zur Bearbeitung schwieriger Aufgaben ist sowohl im Zahlenraum bis 20 als auch über 20 für die Kinder bedeutsam. Es kann hierbei sogar für einen jahrgangsälteren Lernenden hilfreich sein zu sehen, wie man früher gelernt hat und wie die Strategien im kleineren Zahlenraum für den größeren Zahlenraum nutzbar gemacht werden können. Die jahrgangsjüngeren profitieren zugleich von der Unterstützung der erfahreneren Kinder und erahnen bereits, wie sinnstiftend die Rechenkünste im kleineren Zahlenraum für das weitere mathematische Treiben sind.
Der Unterricht muss unter den Bedingungen des jahrgangsgemischten Lernens in Abhängigkeit zum jeweiligen mathematischen Thema auf verschiedene Weise organisiert werden: Soll eine Lerngruppe gezielt in eine Lernumgebung eingeführt werden oder sollen nur mit einer bestimmten Lerngruppe Ergebnisse besprochen, reflektiert bzw. zusammengefasst werden, so müssen die anderen Kinder in dieser Zeit selbstständig am ZAHLENBUCH arbeiten. Sollen die Lernenden an parallelen Aufgabenstellungen arbeiten, wird das übergreifende mathematische Thema an Beispielen aus den jeweiligen Zahlenräumen eingeführt. Anschließend arbeiten die Kinder eigenständig an den inhaltlich ähnlichen Aufgabenstellungen der jeweiligen ZAHLENBÜCHER, sodass sogar eine gemeinsame Abschlussreflexion mit allen Kindern der Klasse denkbar ist. Die Aufgaben zum selbstständigen Mathematiklernen eignen sich schließlich in herausragender Weise zum gemeinsamen altersgemischten Mathematiklernen. Denn die Kinder erfinden Aufgaben und arbeiten miteinander ganz unabhängig vom Einschulungsalter.
Inklusiver oder altersgemischter Mathematikunterricht ist ohne Zweifel anspruchsvoll. Wenn an den Zielsetzungen des Mathematikunterrichts keine Abstriche gemacht werden sollen, wird hierzu ein Buch benötigt, das bewusst das eigenständige und gemeinsame Arbeiten in wohldosierter Balance fördert und die Lernangebote gleichermaßen auf Ebene der digitalen Medien wie auch der traditionellen Printmedien anbietet. Das ZAHLENBUCH genügt diesem Anspruch.

Stoffverteilung

Nicht alle Doppelseiten erfordern den gleichen zeitlichen Aufwand. So muss man bei der Grundlegung von Themen langsam vorgehen, um ein solides Verständnis aufzubauen. Ansonsten empfiehlt sich ein zügigeres Tempo. Im ZAHLENBUCH werden alle grundlegenden Themen des Bereichs „Zahlen und Operationen“ in mehreren Durchgängen behandelt und die Basiskompetenzen das gesamte Schuljahr hindurch geübt, so dass kein Kind „abgehängt“ wird. Zudem werden Hinweise im Förderkommentar Lernen gegeben, wie man Kinder mit besonderem Unterstützungsbedarf hierzu fachlich konzentriert weiter fördern kann.
Bereits beim ersten Themenblock wird dieses Konstruktionsprinzip deutlich: Immer geht es um Anzahlen, die Zahlenreihe oder Ordnungszahlen, immer steht die strukturierte Anzahlerfassung im Mittelpunkt. Bei dem Einspluseins folgt nach den Plusaufgaben in der Umwelt deren Übertragung auf das Zwanzigerfeld.
Im nächsten Durchgang schließen sich Übungen an strukturierten Aufgabenformaten und die Vertiefung an der Einspluseins-Tafel an. Begleitet wird dies durch die entsprechenden Blitzrechenübungen, das Igeltraining und die Zahlenbuch-App, die den Unterricht ständig begleiten. Es sind immer die gleichen Grundideen, die nach dem Spiralprinzip entwickelt werden. Das ZAHLENBUCH ist nicht als Angebot aufzufassen, Seite für Seite und Aufgabe für Aufgabe abzuarbeiten. Denn es enthält eine Vielzahl an wiederkehrenden Aufgabenstellungen, die für die Kinder anschaulich und zugänglich aufbereitet werden. Die Lernziele lassen sich auch mit dem sprichwörtlichen „Mut zur Lücke“ erreichen, zumal diese Lücken in den weiteren Durchgängen auch sukzessiv gefüllt werden. Wenn alle diese Punkte beachtet werden, sollte kein Stoffdruck entstehen.

Als grobe Anhaltspunkte für die Stoffverteilung haben sich folgende Angaben bewährt:

1. Halbjahr: Orientierung und Einführung	*2. Halbjahr:* Festigung und Vertiefung
Bis zu den Herbstferien: Entwicklung des Zahlbegriffs	*Bis zu den Osterferien:* Addieren und Subtrahieren
Bis Weihnachten: Orientierung im Zahlenraum, Einführung der Addition	*Bis zum Schuljahresende:* Zahlen und Aufgaben vergleichen
Bis zum Ende des 1. Halbjahres: Einführung der Subtraktion	

Die Miniprojekte „Bald ist Weihnachten" und „Bald ist Ostern" sind zeitlich einzupassen, die Abschnitte „Pläne" und „Sachrechnen" können zwischendurch einfließen.

Einrichtung von Kleingruppen

Um das selbstständige Arbeiten der Kinder zu unterstützen, empfehlen wir generell die Einrichtung relativ fester Kleingruppen. Wenn vom 1. Schuljahr an viel Wert auf die Koordination kooperativer Lernphasen gelegt wird, bauen die Lernenden eine solidarisch arbeitende Lerngruppe auf, die auf der Selbstorganisation des Einzelnen fußt und zugleich die Organisation der Gemeinschaft sichert. Die Kinder unterstützen sich gegenseitig im Lernprozess, sind sich gegenseitig Vorbild bei der Bearbeitung von Aufgaben und bieten zudem vielfältige Anregungen, die ausgetauscht und diskutiert werden können. Jede Lerngruppe soll dazu Aufgaben, die sie selbst bewältigen kann, in eigener Regie bearbeiten. Somit werden zwischen das einzelne Kind und die Lehrkraft Kleingruppen als Zwischenebene eingeschoben. Die Kinder jeder Gruppe sollen sich gegenseitig helfen, natürlich ohne einander die Arbeit abzunehmen. Es empfiehlt sich, die Gruppen im Laufe eines Jahres mehrfach neu zu mischen. Obgleich die Organisation der Gruppen zu Beginn aufwändig ist, lohnt sich diese Investition.
Für einige Aufgabenstellungen sind Kleingruppen eine große Hilfe. Dies deuten z. B. Illustrationen oder auch das Symbol für Partnerarbeit an. Ferner erleichtern Teams aus zwei Kindern das eigenständige Üben, da sich die Kinder gegenseitig Aufgaben stellen und kontrollieren können. In Mathekonferenzen erklären sich die Kinder gegenseitig ihre Rechen- und Lösungswege. Der möglichst selbstständige Umgang mit dem Buch kann durch die Lösungen zum Schülerbuch und zum Arbeitsheft (auf dem Digitalen Unterrichtsassistenten) unterstützt werden.

Potenzial zum selbstgesteuerten Üben

Viele Aufgaben im ZAHLENBUCH öffnen trotz kurzer Formulierung ein weites Übungsfeld, das von den Kindern allein oder in Partner- oder Gruppenarbeit bearbeitet werden kann. Das funktioniert in der Regel so, dass einige wenige Aufgaben zum Start vorgegeben sind und die Kinder weitere, dazu passende Aufgaben mit selbstgewählten Zahlen und in selbstgewählter Anzahl finden, notieren und lösen sollen. Weil man einigen Aufgaben dieses Potenzial auf den ersten Blick nur schwer ansieht, wurden sie zur besseren Übersicht entsprechend ausgewiesen: Man erkennt sie am Symbol ❀ direkt an der Aufgabe.

Potenzial zur Sprachförderung

Im Gegensatz zum traditionellen Rechenunterricht, der eher auf die Vermittlung von prozeduralem Wissen ausgerichtet war, legt der moderne Mathematikunterricht viel Wert auf die Durchdringung mathematischer Muster und Strukturen. Hierzu ist die Sprache ein notwendiges Arbeitsmittel, denn die Darstellung von mathematischen Zusammenhängen ist prinzipiell sprachlicher Natur. Deshalb kann und muss bei der Erarbeitung von Mustern und Strukturen immer auch Sprache inhaltsgebunden thematisiert werden. Die Kinder werden explizit aufgefordert und herangeführt, Zusammenhänge zu versprachlichen. Für solche Versprachlichungen finden sich einerseits in den Illustrationen zu den Aufgaben entsprechende vorbildliche Formulierungen. Andererseits werden an zentralen Stellen Merkboxen eingebunden, in denen zentrale Begriffe kurz erläutert bzw. im inhaltlichen Kontext niederschwellig dargestellt werden.

Themenblöcke

Die arithmetischen Inhalte sind so aufbereitet, dass sie in einem in sich geschlossenen Themenblock bearbeitet werden können. Dies bietet den Kindern die Möglichkeit, selbstständig innerhalb des Themenblocks voran zu schreiten und grundlegende Übungen zu bearbeiten.
Jeder Themenblock schließt einerseits mit einem doppelseitigen Rückblick auf die essentiellen Grundlagen. Dieser Rückblick soll Lehrkräften und Kindern transparent aufzeigen, welche Ziele sie in den thematischen Lernprozessen erreicht haben und bietet entsprechend auch eine Möglichkeit für die Kinder, sich selbst einzuschätzen. Andererseits bietet immer eine Seite zum Forschen und Finden herausfordernde Problemfelder, um mit den Kindern auf mathematische Entdeckungsreise zu gehen.
Im Folgenden werden die für das ZAHLENBUCH 1 zentralen Arbeits- und Demonstrationsmittel beschrieben.

Arbeits- und Demonstrationsmittel in Band 1

Arbeitsmaterialien

Für die Arbeit mit Band 1 werden benötigt:

- Zwanzigerreihe (dem Schulbuch beiliegend, für die Grundidee „Zahlenreihe“)
- Zwanzigerfeld (beiliegend, für die Grundideen „Rechnen“ und „Zehnersystem“)
- Wendeplättchen (rot/blau, für die Grundideen „Rechnen“ und „Zahlenmuster“)
- Fünfer- und Zehnerstreifen (beiliegend, rot/blau, für die Grundidee „Zehnersystem“)
- Wendekarten (beiliegend, für die Grundideen „Zahlenreihe“ und „Rechnen“)
- Einspluseins-Tafel (auf der Rückseite des Arbeitsheftes, für die Grundideen „Rechnen“ und „Zahlenmuster“)
- Rechengeld (Münzen und Scheine in Cent und Euro, für die Grundidee „Zahlen in der Umwelt“)
- Legeplättchen (beiliegend, für die Grundidee „Formen legen“)

Die Arbeitsmaterialien wurden so ausgewählt, dass sie die arithmetischen Grundideen für den ersten Band voll abdecken. Sie sollten für die Kinder stets greifbar sein. Wendeplättchen und Wendekarten sollten dabei in verschließbaren Dosen oder Schachteln aufbewahrt werden.

Ferner sind folgende Arbeitsmaterialien im Ernst-Klett Verlag erhältlich:

- Wendeplättchen, Klassensatz mit 1 500 Stück aus dickem Karton
- Fünferstäbe, 4 Fünferschiffchen mit 20 Wendeplättchen aus Holz
- Magnetische Wendeplättchen in Metallbox mit Zwanzigerfeld
- Wendekarten, im Zehner-Pack (zur Nachbestellung)
- Der Hunderterrahmen, 10 Zehnerschiffchen mit 100 Wendeplättchen aus Holz im Holzrahmen

Die Holzmaterialien erlauben einen erheblich besseren haptischen Zugang zum Rechnen als Wendeplättchen aus Karton, was für manche Kinder sehr wichtig ist. Die magnetischen Wendeplättchen eignen sich darüber hinaus gerade für Situationen, in denen Mengen dargestellt werden sollen, ohne dass diese zu leicht verschoben werden können.

Demonstrationsmittel

Die Unterrichtsarbeit wird erleichtert, wenn einige oder im Idealfall alle Arbeitsmittel auch als Demonstrationsmittel im Großformat zur Verfügung stehen. Kinder können dann Arbeitsaufträge, Aufgabenstellungen und Erklärungen, die von der Lehrkraft am Demonstrationsmaterial verdeutlicht werden, sofort am eigenen Material nachvollziehen und schließlich ihre Lösungswege und Überlegungen mithilfe des Demonstrationsmaterials der ganzen Klasse vorstellen. Folgende Demonstrationsmaterialien werden angeboten:

- Wendeplättchen (100 Stück), blau/rot, doppelseitig magnetisch, Ø 4 cm, inklusive Zwanzigerfeld und Zwanzigerreihe
- Wendekarten für die Zahlen 0 bis 20, doppelseitig magnetisch
- Die Einspluseins-Tafel, Poster 84 cm x 119 cm, stabiles Kunststoffpapier

Diese Materialien sind sehr haltbar und können jahrelang verwendet werden.

Digitale Medien

Für die Entlastung der Lehrkraft und die eigenständige Arbeit der Kinder (nicht nur) zu Hause werden im eBook zum Schulbuch kurze Erklärfilme angeboten, die die Kinder bei der Orientierung in den Aufgabenstellungen unterstützen sollen. Je nachdem, um was für eine Aufgabe es sich handelt, werden die Kinder in das Format einer Übung eingeführt oder es werden Phänomene, Fragen und weitere Anregungen zum Forschen und Finden aufgeworfen. Diejenigen Aufgaben, die durch einen Film unterstützt werden, sind an den entsprechenden Aufgabennummern im Schulbuch durch das Zeichen ⓟ gekennzeichnet. Schließlich wird der Unterricht unterstützt durch die bekannten Apps zum Blitzrechnen, wie auch durch die neue Zahlenbuch-App. Hier werden zentrale Übungsformate aus dem Schulbuch aufgegriffen. Ihr Kernelement ist ein aufrufbarer Materialkasten (die sog. ToolBox), in dem die Kinder eine anschauliche Unterstützung für die Übungsaufgaben aufrufen und anhand eines Zwanzigerfeldes, Plättchen, Zehner- und Fünferstreifen sowie eines frei einsetzbaren Stiftes zum Schreiben oder Markieren direkt im digitalen Medium manipulieren können.

Durch die Vernetzung der unterschiedlichen digitalen Unterstützungen mit der Arbeit im Schulbuch werden bei den Kindern die Kompetenzen im Umgang mit digitalen Medien behutsam aufgebaut und vertieft. Dabei steht natürlich immer die Entwicklung der inhaltlichen und prozessbezogenen Kompetenzen im Vordergrund, d. h. die digitalen Medien kommen wie andere Arbeitsmittel auch nur dort zum Einsatz, wo sie dem Mathematiklernen förderlich sind.

Schließlich gibt es auch eine zusätzliche digitale Unterstützung für die Lehrkraft: Im Digitalen Unterichtsassistenten (DUA) werden kurze Filme angeboten, in denen didaktische Grundlagen ausgewählter Inhalte kompakt erklärt und methodisch für den Unterricht nutzbar gemacht werden. Zudem finden sich hier die Möglichkeiten, alle zentralen Anschauungsmittel und Leerformate des Zahlenbuchs im DUA zu nutzen, so dass die Arbeit mit digitalen Versionen der Anschauungsmittel, substantiellen Aufgabenformaten usw. etwa am Whiteboard durchgeführt und daran der Umgang mit digitalen Medien auch gemeinsam mit der ganzen Klasse thematisiert werden kann.

Hinweise zu den Doppelseiten im Schulbuch

Dieser Abschnitt ist folgendermaßen aufgebaut: Jedem Themenblock ist eine Doppelseite vorangestellt, auf der die mathematischen und didaktischen Grundlagen erklärt werden.
Anschließend werden Praxishinweise zu den einzelnen Seiten des Themenblocks gegeben.

Es sei an dieser Stelle noch einmal angemerkt, dass die Aufgabenstellungen im Arbeitsheft und auch die Aufgaben in den Heften „Verstehen und Trainieren“, „Sicher im Zahlenraum“ und „Sicher im Rechnen“ im Schulbuch erarbeitet werden. Daher eignen sich diese Hefte gut für Hausaufgaben.

Inhalt des Schulbuchs 1

Entwicklung des Zahlbegriffs	
Zählen und Erzählen	4
Zahlen in der Umwelt	6
Zahlen bis 10	8
Zahlen am Körper	10
Zahlen mit 5	12
Muster legen	14
Mengen vergleichen	16
Zahlen schnell sehen	18
Zehnerfelder	20
Kraft der 5	22
Immer 5 – immer 10	24
Zahlen zerlegen	26
Unterschiede	28
Würfeltürme	30
Forschen und Finden: Plättchen werfen	31
Rückblick	32
Formen	
Formen in der Umwelt	34
Mit Formen legen	36
Orientierung im Zwanzigerraum	
Zahlen bis 20	38
Das Zwanzigerfeld	40
Immer 10 – immer 20	42
Zahlen vergleichen	44
Die Zwanzigerreihe	46
Die Zahlenreihe	48
Immer der Reihe nach	50
Forschen und Finden: Rot gegen blau	51
Rückblick	52
Geldwerte/Sachrechnen	
Münzen und Scheine	54
Rechengeschichten	56
Einführung der Addition	
Plusaufgaben in der Umwelt	58
Plusaufgaben in der Umwelt	60
Plusaufgaben am Zwanzigerfeld	62
Verdoppeln	64
Einfache Plusaufgaben	66
Einfache Plusaufgaben	68
Verwandte Aufgaben	70
Schwierige Plusaufgaben	72
Rechenwege	74
Forschen und Finden: Schöne Päckchen	75
Rückblick	76
Formen	
Ornamente	78
Spiegeln	80
Einführung der Subtraktion	
Minusaufgaben in der Umwelt	82
Minusaufgaben am Zwanzigerfeld 84	
Einfache Minusaufgaben	86
Einfache Minusaufgaben	88
Verwandte Aufgaben	90
Schwierige Minusaufgaben	92
Rechenwege	94
Forschen und Finden: Schöne Päckchen	95
Rückblick	96
Längen	
Meter und Zentimeter	98
Addieren und Subtrahieren	
Plus und Minus	100
Plus und Minus	102
Umkehr- und Tauschaufgaben	104
Legen und Überlegen	106
Ergänzen und Wegnehmen	108
Rechendreiecke	110
Forschen und Finden: Rechendreiecke	111
Rückblick	112
Geldwerte	
Mit Geld rechnen	114
Mit Geld rechnen	116
Zahlen und Aufgaben vergleichen	
Die Einspluseins-Tafel	118
Gleichungen und Ungleichungen	120
Gerade und ungerade Zahlen	122
Mini-Einmaleins	124
Zahlenmauern	126
Forschen und Finden: Zahlenmauern	127
Rückblick	128
Pläne	
Sitzpläne	130
Straßenpläne: Eckenhausen	132
Sachrechnen	
Rechengeschichten	134
Rechengeschichten	136
Tageszeiten	138
Miniprojekte	
Bald ist Weihnachten	140
Bald ist Ostern	142

Themenblock Entwicklung des Zahlbegriffs

Inhalte der Frühförderung

Schulanfänger sind keine Lernanfänger, auch nicht in der Mathematik. In diesem Satz kann man die Erkenntnisse bündeln, die in den letzten Jahrzehnten über die Vorkenntnisse von Schulanfängern gewonnen wurden.

Das ZAHLENBUCH-Frühförderprogramm stellt deswegen bereits für die Vorschule Material zum Bereich „Zahlen und Operationen" zur Verfügung und zielt damit auf die Entwicklung der „numerischen Bewusstheit", die zwei Komponenten aufweist:
Die Kinder sollen *erstens* die Zahlenreihe bis mindestens 12 und verschiedene Zahlaspekte (Zählzahl, Anzahl, Ordnungszahl, Maßzahl, Code) kennenlernen. *Zweitens* sollen sie angeleitet werden, Anzahlen strukturiert zu ermitteln, d. h. die kleinen Anzahlen 2, 3 und 4 sozusagen auf einen Blick zu erfassen und größere Anzahlen aus kleinen zusammenzusetzen, z. B. 6 aus 3 + 3. Diese Fähigkeit ist die unabdingbare Grundlage für das flexible Rechnen. Im Bereich „Raum und Form" zielt die Frühförderung auf die Entwicklung der geometrischen Bewusstheit mit den Komponenten „Kenntnis von Grundformen" und „Schulung der Feinmotorik". Das ZAHLENBUCH-Frühförderprogramm besteht zur Hälfte aus geometrischen Aktivitäten, da die Geometrie für die geistige Entwicklung über die Mathematik hinaus eine Schlüsselrolle spielt. Mit den beiden Malheften wird das richtige Schreiben von Buchstaben und Ziffern vorbereitet.

Generell steht aus unserer Sicht im vorschulischen Bereich das spielerische Lernen im Vordergrund. Dementsprechend sind im Programm des ZAHLENBUCHs weitere Spielmaterialien entwickelt worden, die zusätzlich zur Entwicklung *numerischer Bewusstheit* beitragen sollen. Im Kern geht es darum, dass sich die Kinder im Spiel mit den beiden wesentlichen Zahlaspekten anhand der Zahlen bis 10 auseinandersetzen: Der ordinale Zahlaspekt steht im Spiel „Zahlen treffen" im Vordergrund, während es in den beiden weiteren Spielen („Würfeltürme" und „Wer hat mehr?") um die Entwicklung eines kardinalen Zahlaspekts geht. Diese Spiele werden im Schulbuch aufgegriffen, wobei die operative Erarbeitung der mathematischen Hintergründe stärker in den Vordergrund tritt: Die Kinder erforschen hierbei die Eigenschaften, die den Zahlen im jeweiligen ordinalen oder kardinalen Zahlaspekt aufgeprägt werden.

Inhalte des Themenblocks

Die Themen der Frühförderung werden im Bereich Zahlen in vollem Umfang behandelt. Der Nachdruck liegt dabei auf der strukturierten Anzahlerfassung: Unstrukturierte Mengen von beweglichen Plättchen sollten immer erst strukturiert werden, wobei durchaus unterschiedliche Strukturierungen zur Geltung kommen sollten.
In der Grundschule muss deutlich werden, dass es sich bei der strukturierten Anzahlerfassung um ein „rechnendes Zählen" handelt.

Beispiel:

Die Anzahl der Plättchen dieser Menge kann wie folgt ermittelt werden: „3 und 3 sind 6 und 1 dazu sind 7." Bei fortgeschrittenen Zahlkenntnissen kann ein Kind auch Gruppen mit 4 und 3 Plättchen „auf einen Blick" sehen und dann 4 und 3 zu 7 zusammenrechnen.
Wie man sieht, ist schlichtes Zählen bei der Anzahlbestimmung keineswegs verboten, sondern wird einbezogen.
Es ist zu beachten, dass beim „rechnenden Zählen" im Grunde genommen schon gerechnet wird. Dabei werden die Rechnungen ganz bewusst noch nicht aufgeschrieben. Die formale Notation mit Symbolen hat ihre eigenen Schwierigkeiten, mit denen man die Zahlbegriffsentwicklung am Anfang nicht belasten darf.
Die Anzahlbestimmung ist umso einfacher, je besser die zu zählenden Objekte strukturiert sind. Im weiteren Unterricht werden bei größeren Anzahlen aus gutem Grund Anschauungsmittel benutzt, die übersichtlich strukturiert sind, besonders das Zehnerfeld und das Zwanzigerfeld – aber auch die Finger werden genutzt, um bei den Kindern über die *Kraft der Fünf* und später auch die *Kraft der Zehn* Vertrauen in die Struktur des Zahlenraums aufzubauen.

„Kraft der Fünf"

Eine besondere Bedeutung kommt bei der Strukturierung des Zwanzigerraums der Zahl 5, der Hälfte von 10, zu. Es gibt gute Gründe, die Zahl 5 beim Rechnen besonders hervorzuheben:
1. Die menschliche Hand hat fünf Finger. Da die Menschen in der Urzeit die Finger zum Zählen benutzten, hat sich die Zahl 5 als eigene Zähleinheit zwangsläufig ergeben.
2. Die meisten Kulturvölker benutzten die *Kraft der Fünf* in der einen oder anderen Form für die Darstellung von Zahlen – man denke nur an die bekannten römischen Zahldarstellungen, aber auch an die Strichlisten, in denen vier einzelne Striche durch einen Querstrich ergänzt zu einem Fünfer werden.
3. Psychologische Experimente zeigen, dass das Gehirn in der Lage ist, bei einer ungeordneten Plättchenmenge die Anzahl relativ schnell zu erfassen, wenn diese klein ist. Die Zahl 5 markiert dabei die Grenze, nach der die Anzahlbestimmung deutlich mehr Zeit erfordert. Die 5 ist also die Grenze der „Simultanerfassung".
Aus diesen Gründen werden Arbeitsmittel genutzt, bei denen die Zahl 5 prägnant zur Geltung gebracht wird:

Das Zehnerfeld besteht aus zwei Reihen mit fünf Feldern, die über- oder nebeneinander angeordnet sind:

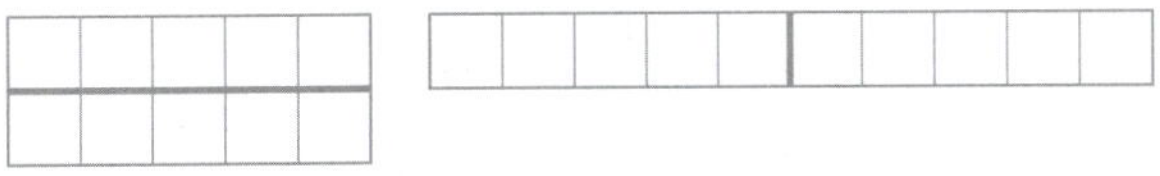

Das später eingeführte Zwanzigerfeld besteht aus zwei Zehnerfeldern bzw. vier Teilen mit je fünf Feldern:

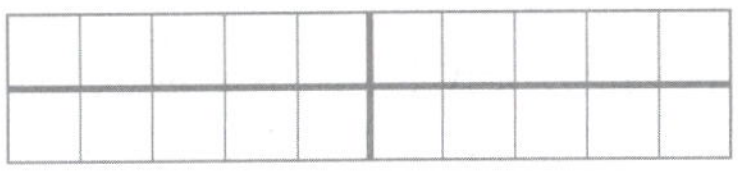

Diese Struktur findet sich auch auf der Rückseite der Wendekarten.
Die bei Geld übliche Sprechweise „Fünfer“ ist auch für den Unterricht relevant. Sie bringt die Zusammenfassung von fünf Einern zu einer neuen Einheit treffend zum Ausdruck. Gerade bei Kindern, die sich nicht vom Abzählen von Einern lösen, empfiehlt sich deshalb der Einsatz von Geld als Arbeitsmittel.
Praktisch bedeutet *Kraft der Fünf*, dass die Zahlen unter 5 und zwischen 5 und 10 zur 5 in Beziehung gesetzt werden: $6 = 5 + 1$
$7 = 5 + 2$
$8 = 5 + 3$
$9 = 5 + 4$

Wenn diese Beziehungen im Kopf „fest verdrahtet“ sind, lassen sich Aufgaben des Einspluseins und des Einsminuseins einfach legen und damit auch einfach rechnen – die Rechenstrategien leiten sich aus den Zerlegungen der Zahlen ab. Die Aufgabe 6 + 7 lässt sich dann wie folgt legen und berechnen:

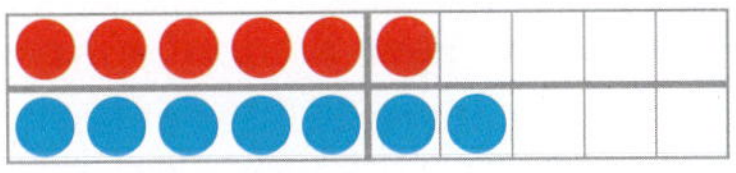

6 stellt sich als 5 + 1, 7 als 5 + 2 dar. Das Ergebnis 13 ist offensichtlich, da 5 + 5 = 10 und 1 + 2 = 3 ist.

Blitzrechenübung *Kraft der Fünf*

Um das Einspluseins zu unterstützen, wurde die *Kraft der Fünf* auch in die Blitzrechenübungen aufgenommen. Diese Übung kann zwar erst dann in vollem Umfang durchgeführt werden, wenn die Subtraktion eingeführt ist. Die Beziehungen 6 = 5 + 1, 7 = 5 + 2, 8 = 5 + 3, 9 = 5 + 4 können und sollen sich die Kinder aber schon vorher einprägen.

Rechnen mit Fingern

An dieser Stelle ist auch ein kurzes Wort zur Benutzung von Fingern beim Rechnen angebracht. Dass Finger zum zählenden Rechnen verleiten und von manchen Kindern hartnäckig in dieser Weise benutzt werden, spricht nicht grundsätzlich gegen die Nutzung der Finger. Man kann dieses natürlich gegebene Anschauungsmittel auch gut für die strukturierte Anzahlerfassung einsetzen, wie es in guten Förderprogrammen für rechenschwache Kinder praktiziert wird. Im *Förderkommentar Lernen* und im ZAHLENBUCH werden die Finger in diesem Sinne einbezogen. Dabei wird vor allem ihre Fünferstruktur besonders hervorgehoben, um zwei strukturelle Aspekte im Zehnerraum deutlich zu machen:
1. Die Zahlen von 1 bis 5 unterscheiden sich von den Zahlen von 6 bis 10 nur dadurch, dass eine volle Hand hinzukommt – die *Kraft der Fünf* zeigt sich hier also ganz deutlich:

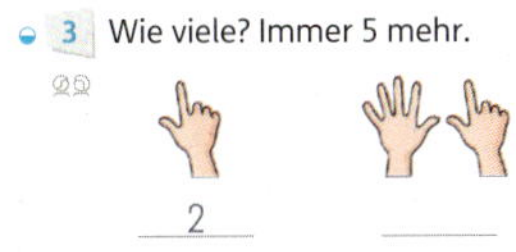

Schulbuch 1, S. 13

2. Die Zahlen von 6 bis 9 kann man am übersichtlichsten zeigen, wenn man den ihnen enthaltenen Fünfer durch eine volle Hand deutlich hervorhebt:

Schulbuch 1, S. 23

Auf diese Weise können die Kinder auch anhand ihrer Finger Vertrauen in den systematischen Aufbau des Zahlenraums aufbauen und später auf tragfähigere Darstellungsmittel wie dem Zehner- und dem Zwanzigerfeld übertragen:

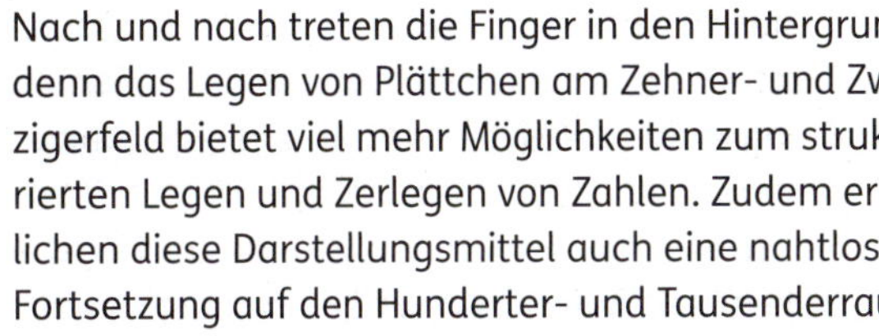

Schulbuch 1, S. 23

Nach und nach treten die Finger in den Hintergrund, denn das Legen von Plättchen am Zehner- und Zwanzigerfeld bietet viel mehr Möglichkeiten zum strukturierten Legen und Zerlegen von Zahlen. Zudem ermöglichen diese Darstellungsmittel auch eine nahtlose Fortsetzung auf den Hunderter- und Tausenderraum.

Bei der Arbeit an diesem Themenblock muss der Fokus auf das „rechnende Zählen“ gerichtet sein. Die Kinder müssen immer wieder angehalten werden, kleine Anzahlen „auf einen Blick“ zu erfassen. Anzahlen zusammen mit ihren möglichen Zerlegungen in Teilgruppen zu sehen ist das A und O des geschickten und flexiblen Rechnens. Das Strukturieren muss nach und nach das bloße Zählen ablösen.

4/5 Zählen und Erzählen

Hinweise zu den Aufgaben

1 Kinder erzählen zur dargestellten Klassensituation; die Lehrkraft regt dabei zum Zählen an. Anzahlen in Form einer Strichliste oder mit Hilfe von Ziffern notieren.

2 Gegenstände im eigenen Klassenraum suchen und zählen.

Wichtige Wörter

rechts, links, auf, in, oben, unten

Was wird benötigt?

ggf. KV 1 *Meine Lieblingszahl*

Worum geht es?

Das Zählen ist den meisten Kindern bereits aus der vorschulischen Erfahrung heraus bekannt. Neben den Spielen, in denen die Kinder auf ganz natürliche Weise mit Zahlen umgehen, spielen die Zahlen auch in der Beschreibung umweltlicher Gegebenheiten eine zentrale Rolle – das Zählen kann durch das Erzählen gefördert und gefordert werden.
Auf dieser Doppelseite soll dazu angeregt werden, dass die Erfahrungen in der Schule erprobt und weiterentwickelt werden. Ausgehend von den Darstellungen des Klassenraums und des Schulhofs suchen die Kinder nach Gegenständen oder bestimmten Personen, die in (mehr oder weniger) größeren Anzahlen vorhanden sind und bestimmen deren Anzahlen.
Die Lehrkraft kann hier weiterhin beobachten, aber durchaus auch unterstützend eingreifen.

Wie kann man vorgehen?

1, 3 Erkunden und Erzählen

Zum Einstieg fordert die Lehrkraft die Kinder auf, etwas über die dargestellten Situationen in der Klasse bzw. auf dem Schulhof zu erzählen und legt dabei fest, dass in den Erzählungen auch Zahlen vorkommen sollen. Die Kinder werden naturgemäß keine komplexen Handlungsstränge erfinden, sondern eher Situationsbeschreibungen liefern, die von der Lehrkraft angereichert werden können. Wenn die Kinder etwa erzählen, dass vier Kinder nicht am Tisch sitzen, kann die Lehrkraft auf die leeren Stühle verweisen. Auf diese Weise wird einigen Kindern auffallen, dass für die vier Kinder fünf leere Stühle zur Verfügung stehen und man kann gemeinsam überlegen, warum die Anzahlen nicht gleich sind. Ist ein Kind krank? Oder ist es nur auf der Toilette? Oder ist gar nicht die ganze Klasse abgebildet? Wie viele Kinder haben wir in unserer Klasse? Haben wir auch so große Gruppentische? Solche kleinen Irritationen – zum Beispiel, dass es mehr Stühle als Kinder gibt – können einige Kinder durchaus dazu motivieren, sich mit den Anzahlen genauer zu beschäftigen.

Nach der Einführungsphase werden die Darstellungen wie Suchbilder genutzt: Wer findet alle Schultaschen? Wie viele sind es?
Anschließend werden die gefundenen Anzahlen miteinander verglichen. Bei Unstimmigkeiten fordert die Lehrkraft die Kinder dazu auf, die gefundene Anzahl verbal zu rechtfertigen:
Wo hast du die Gegenstände gesehen? Hierbei wird das Sprachverständnis, insbesondere der Gebrauch der Raumlagebegriffe (rechts, links, oben, unten) besonders gefordert und gefördert, wenn die Kinder nicht auf die Gegenstände zeigen, sondern deren

Hinweise zu den Aufgaben

3 Kinder erzählen zum Schulhofbild. Anzahlen der dargestellten Gegenstände/Kinder im Bild bestimmen und notieren.

4 Die Untersuchung der Klasse auf die gesamte Schule ausweiten.

Verweise auf weitere Materialien

AH S. 3

FH S. 3

Position genau beschreiben müssen, um die Unterschiede in den gefundenen Anzahlen aufzuklären.

2, 4 Vertiefen und Erzählen
Die Kinder erkunden zunächst den Klassenraum, dann die Schule und suchen nach Anzahlen, die für sie von Bedeutung sind. Die Bedeutung kann entweder von den Gegenständen selbst herrühren (weil sie besonders interessant sind) oder durch die besondere Anzahl, in der sie vorhanden sind (einige Kinder haben etwa eine Lieblingszahl, nach der sie suchen, andere Kinder sind fasziniert von besonders großen Zahlen und suchen nur Gegenstände, die es möglichst oft gibt).
Die Notation der Anzahlen ist den Kindern freigestellt: Sie können die Ziffernschreibweise nutzen, die Anzahlen durch Striche symbolisieren oder die gefundenen Gegenstände passend zu ihrer Anzahl mehrmals aufzeichnen.

Diagnostisches Potenzial

Wie ermitteln die Kinder die Anzahlen der Gegenstände in den Bildern? Welche Merkmale der Bilder fallen ihnen besonders auf und inwiefern treten in den Erzählungen Zahlen auf? Wie stellen die Kinder in den selbst erstellten Darstellungen die Zahlen dar, und in welchem Zahlenraum bewegen sie sich dabei?

Möglichkeiten zur Differenzierung

1 Zusätzlich oder alternativ können die Kinder auch Eigenproduktionen zu ihrer Lieblingszahl erstellen (KV 1). Dabei können sie malen oder schreiben, was ihnen zu ihrer Lieblingszahl einfällt.

2, 4 Die Kinder können in Teams eingeteilt werden. Auf diese Weise profitieren die Kinder mit rudimentären Zahlenkenntnissen und Zählerfahrungen von den Kindern mit gesicherten Zahlenkenntnissen – aber natürlich auch andersherum: originelle Ideen der Mitschülerinnen und Mitschüler führen zu neuen Impulsen zur Grundlegung eines mathematischem Verständnisses von der Umwelt.
Einzelne gezählte Objekte können mit Klebepunkten versehen werden, um den Zählprozess zu unterstützen und ein Mehrfachzählen zu verhindern.

6/7 Zahlen in der Umwelt

Hinweise zu den Aufgaben

1 Verwendung von Zahlen in der Umwelt der Kinder besprechen.

2 Bekannte Zahlen oder Objekte, für die Zahlen eine Rolle spielen, darstellen.

Wichtige Wörter

Zahl, Nummer, Reihenfolge, messen, rechnen

Zahlen in der Umwelt

1 Erzähle.

0 1 2 3 4 5 6 7 8 9 10

2 Diese Zahlen kenne ich. (verschiedene Lösungen)

Was wird benötigt?

Demonstrationsmaterial: Evtl. magnetische Plättchen, Plakat *Räuber und Goldschatz*, ggf. ein großer Schaumstoffwürfel
Arbeitsmaterial: Spielwürfel, eine Spielfigur oder ein Plättchen , ggf. KV 1 *Meine Lieblingszahl*

Worum geht es?

Auf dieser Seite geht es vorrangig um die diagnostische Erhebung der vielfältigen Vorkenntnisse, die von den Kindern in den Unterricht eingebracht werden. Dabei wird auf der linken Seite erhoben, in welchen Funktionen die Kinder Zahlen bereits in der Umwelt wahrgenommen haben. Dabei geht es weniger darum, ob die Kinder die Zahlen lesen oder vollständig verstehen können, sondern um die Frage, wozu Zahlen gebraucht werden.
Anders auf der rechten Seite: Hier sollen die Zählkenntnisse der Kinder beim Spielen des Spiels *Räuber und Goldschatz* auf informelle Weise erhoben werden. Das Spiel bietet eine zwanglose Beschäftigung mit den Zahlen bis 20 und kann schon mit geringen Zahlvorkenntnissen gespielt werden. Die Kenntnis der Zahlenreihe wird gefördert, ist aber nicht erforderlich, denn die Kinder können ja Feld für Feld rücken – deswegen können auch Kinder mit ganz unterschiedlichen Vorkenntnissen gut gemeinsam spielen. Dabei kann die Lehrkraft die typischerweise besonders große Spannbreite an Vorkenntnissen in der Klasse weiter erfassen.
Die systematische Beschäftigung mit der Zwanzigerreihe anhand dieses Spiels wird an späterer Stelle noch erfolgen – hier geht es eher darum, die Kinder in ihren Auseinandersetzungen mit den Würfelzahlen zu beobachten und festzustellen, inwiefern die Spielfigur in Sprüngen (etwa die 6 in drei Zweierschritten) oder gar zielgerichtet (etwa von der 10 direkt auf die 14, wenn eine 4 gewürfelt wurde) gesetzt wird.

Wie kann man vorgehen?

1 Zahlen in der Umwelt besprechen
Es wird besprochen, wo die Kinder schon einmal Zahlen gesehen haben. Dabei kann die Abbildung im Schulbuch als Unterstützung dienen, alternativ kann man aber die Kinder auch frei erzählen lassen und die Erfahrungen sammeln: Alle Kinder werden schon einmal eine Uhr, Straßenschilder, Hausnummern usw. gesehen haben. Man kann hier ggf. schon ansprechen, wozu die Zahlen gebraucht werden: Zum Durchnummerieren (z. B. im Kalender), um Anzahlen zu kennzeichnen (z. B. auf dem Würfel), um Dinge aus der Umwelt zu messen (z. B. die Waage), zum Rechnen (auf der App) oder auch nur zur Kennzeichnung von Objekten (z. B. die Notrufnummern von Polizei und Feuerwehr).

Hinweise zu den Aufgaben

3 *Räuber und Goldschatz* spielen. Dabei können die Kenntnisse der Kinder zu Würfelzahlen und Zählen gut beobachtet werden.

4 Die Zahlen passend zur Zahlenreihe mit den Spielsteinen verbinden.

Wichtige Wörter

rechts, links, weiter, zurück

Verweise auf weitere Materialien

AH S. 4

FH S. 4

KV 1 *Meine Lieblingszahl*

2 Bekannte Zahlen erheben
Es kann sinnvoll sein, jedem Kind ein Blatt Papier auszuhändigen, damit der Platz ausreicht. Die Aufgabenstellung kann zunächst auch auf die Lieblingszahl der Kinder zugespitzt werden (s. KV 1 *Meine Lieblingszahl*). Diese Blätter können in den nächsten Tagen und Wochen immer wieder um neue Erkenntnisse im Zahlenraum ergänzt werden.

3 *Räuber und Goldschatz* spielen
Die Lehrkraft betrachtet mit den Kindern den Spielplan und erzählt dabei folgende Geschichte:
In einem tiefen Wald lebten vor langer Zeit zwei Räuber, die gute Freunde waren. Deshalb hatten sie zwischen ihren Höhlen einen Weg aus Steinen gelegt und darauf die Zahlen von 1 bis 20 geschrieben. Manchmal spielten sie auf diesem Steinweg lustige Spiele. Einmal entdeckten sie dabei unter Baumwurzeln und Steinen versteckt einen Sack mit glitzernden Goldtalern. Natürlich behauptete jeder, er habe den Schatz zuerst entdeckt. Es begann ein furchtbarer Streit und Kampf. Aber beide Räuber waren gleich stark, keiner konnte den anderen besiegen. Schließlich fielen beide erschöpft zu Boden. Nach einiger Zeit sagte der eine Räuber: „Lass uns doch auf dem Weg zwischen unseren Höhlen um den Schatz würfeln. Wir stellen den Schatz auf die 10, würfeln abwechselnd und tragen den Schatz so viele Felder zu unserer Höhle, wie der Würfel zeigt. Wer den Schatz zuerst in seine Höhle bekommt, darf ihn behalten. Weil die 10 näher an meiner Höhle ist, darfst du anfangen.“
Das Spiel kann zunächst in der ganzen Klasse mit einem großen Schaumstoffwürfel und anschließend in Partnerarbeit gespielt werden. Dabei können Kinder, die noch keine Zahlen lesen können, mit Kindern mit größerem Erfahrungsschatz gemeinsam spielen. Um zu gewinnen müssen die Steine „1“ und „20“ nicht genau getroffen, sondern nur überschritten werden.

4 Zahlwortreihe festigen
Zur Festigung der Zahlwortreihe verbinden die Kinder die Zahlen passend zur Reihenfolge mit den Steinen aus dem Spiel.

Diagnostisches Potenzial

Welche Bedeutungen haben Zahlen für die Kinder? Von welcher Art sind die selbst erstellten Darstellungen? Wie bilden die Kinder die Zahlwörter und wie weit sagen sie die Zahlwortreihe auf?
Wie bestimmen sie die geworfenen Augenzahlen?
Wie werden die zu setzenden Felder bestimmt?

8/9 Zahlen bis 10

Hinweise zu den Aufgaben

1 Zahlenausstellung erstellen und besprechen. Alternativ: Bild besprechen.

2 Zahlendarstellungen einander zuordnen.

3 Ziffernschreibkurs beginnen, regelmäßig durchführen.

Was wird benötigt?

Wendekarten, Plättchen, LF 1, 2 *Zehnerfelder*, Gegenstände in Anzahlen bis 10, Ziffernschreibkurs

Worum geht es?

Auf dieser Doppelseite werden die Zählaktivitäten in die Systematik des Zahlenraums bis 10 eingebettet und damit insbesondere der kardinale Zahlaspekt ausgebaut. Dazu knüpft die Seite direkt an die vorangegangene an, geht aber über deren Inhalt hinaus: Die Kinder werden in das Zehnerfeld eingeführt, also in ein strukturiertes Darstellungsmittel der (kardinalen) Zahlen, das auf enaktiver und ikonischer Ebene zentral ist.
Dabei wird die Blockdarstellung des Feldes, also zwei untereinander angeordnete Fünfer gewählt, um die *Kraft der Fünf* in besonderem Maße zur Orientierung im Zehner zu betonen: Die Zahlen zwischen 6 und 10 unterscheiden sich im Zehnerfeld nur von den Zahlen zwischen 1 und 5 durch den vollen Fünfer in der ersten Zeile. Dieses Darstellungsmittel wird mit den symbolischen Darstellungen der Zahlen bis 10, ebenso wie mit den natürlichsten Zahldarstellungsmitteln der Welt verbunden: den Fingern.
Früher galt die Nutzung der Finger als hinderlich für den Aufbau von Rechenkompetenzen. Im modernen Mathematikunterricht versucht man dagegen, ihre Stärken als Darstellungsmittel zu nutzen: Finger sind immer verfügbar, den Kindern vertraut und passen sehr gut zur *Kraft der Fünf*, liefern also nicht nur ein Mittel zum Abzählen, sondern auch zum Aufbau einer Zahlenraumvorstellung bis 10. Die Finger sind aber nur dann förderlich für den Lernprozess, wenn sich die Kinder ihrer Struktur gemäß der *Kraft der Fünf* bewusst werden, die Finger also nicht nur dynamisch zum Auf- und Abzählen nutzen, sondern vor allem statisch zur Darstellung von Anzahlen.
Auf dieser Seite werden die Kinder dazu angeregt, sich die Fünferstruktur ihrer beiden Hände bewusst zu machen: Die Zahlen zwischen 6 und 10 unterscheiden sich von den Zahlen zwischen 1 und 5 nur durch eine volle (hier: linke) Hand. Damit wird auch das Zehnerfeld vorbereitet, das in zwei Fünfer unterteilt ist.
Es ist wichtig, dass in sämtlichen Fingerdarstellungen im Schulbuch der Handrücken sichtbar ist, die Daumen also nach innen zeigen. Die Kinder sollten dazu angehalten werden, ihre Hände passend dazu zu nutzen, damit sie mit den eigenen Händen mentale Bilder erzeugen, die zu den Darstellungen im Buch passen. Für die Zerlegungen selbst gibt es aber unterschiedliche Möglichkeiten. So ist die 4 etwa unterschiedlich darstellbar, je nachdem, wie sie erzeugt wird:
Zählt man die Zahlenreihe von 1 bis 4 herauf, dann ist in der Regel der kleine Finger geknickt. Wenn man aber 4 Finger „auf einmal" zeigen soll und dazu nicht

Hinweise zu den Aufgaben

4 Zahlenausstellung erstellen und besprechen. Alternativ: Bild besprechen.

5 Zahldarstellungen einander zuordnen.

6 Ziffernschreibkurs beginnen, regelmäßig durchführen.

Verweise auf weitere Materialien

AH S. 5–8

FH S. 5–7

abzählen muss, dann wird man oftmals den Daumen einknicken. Diese Mehrdeutigkeit sollte mit den Kindern besprochen werden. Sie ist wichtig für eine Festigung des kardinalen Zahlaspektes: Anzahlen sind prinzipiell unterschiedlich darstellbar und es gibt unterschiedlich geschickte Darstellungen einer Anzahl.

Wie kann man vorgehen?

Die Aufgaben auf dieser Doppelseite sollten von links nach rechts behandelt werden.

1, 4 Zahlen ausstellen
Der Einstieg in diese Seite kann gemeinsam durch die Betrachtung des Einstiegsbildes gestaltet werden oder aber im Verbund mit der Behandlung der letzten Doppelseite von den Kindern selbstständig geschehen.
Im ersten Fall suchen die Kinder für jede Zahl zwischen 1 und 10 aus dem dargestellten Regal nach Gegenständen, die in der Anzahl vorhanden sind (etwa 7 Ordner, 6 Klebestifte usw.) und zeichnen diese Gegenstände zur passenden Zahl.
Zur stärkeren Bindung dieser Aktivität an die der vorangegangenen Seite kann man eine eigene Zahlenausstellung in der Klasse analog zur Darstellung in der Illustration erstellen. Dabei sollte auch die Bedeutung der Zahl 0 besprochen werden: Sie zeigt an, dass von etwas nichts vorhanden ist.

2, 5 Zahldarstellungen verknüpfen
Die Kinder verbinden hier die zueinander passenden Zahldarstellungen miteinander. Dabei werden sie unterschiedlich vorgehen: Einige Kinder müssen noch alle Plättchen, evtl. auch alle Finger einzeln abzählen und brauchen Unterstützung beim Auffinden der Zifferndarstellung, wiederum andere werden schon „auf einen Blick“ die Zahlen bis 3 erkennen und die Zahlen ab 4 schnell durch die sichtbare Beziehung zur 5 ableiten können.

3, 6 Ziffern schreiben
Diese Aufgabe soll daran erinnern, dass nun der Ziffernschreibkurs im Unterricht konsequent durchgeführt werden muss. Das Nachspuren auf dieser Seite reicht natürlich keinesfalls aus, sondern liefert nur den Aufhänger für die systematische Behandlung der Ziffernschreibweise.

Diagnostisches Potenzial

Wie bestimmen die Kinder die Anzahlen der Gegenstände, die sie für die Zahlenausstellung heranziehen? Wie nutzen die Kinder ihre Finger? Welcher Zahlaspekt steht im Vordergrund, wenn die Kinder ihre Finger nutzen? Wie bestimmen sie Anzahlen im Zehnerfeld?

10/11 Zahlen am Körper

Hinweise zu den Aufgaben

Einstieg Pro Strophe: Erste Zeile vorlesen, die Kinder antworten, dann weiterlesen.

1 Anzahlen am Körper gemäß der Bilder notieren.

2 Die Beinanzahlen sind verschieden – wie sieht es aus bei den Nasen und Augen?

Wichtige Wörter

links, rechts, verdoppeln, doppelt

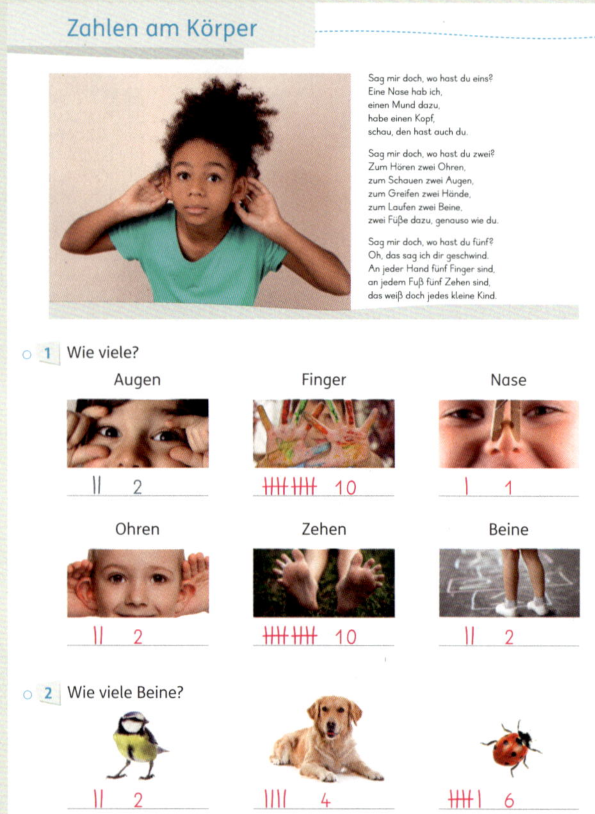
Zahlen am Körper

Sag mir doch, wo hast du eins?
Eine Nase hab ich,
einen Mund dazu,
habe einen Kopf,
schau, den hast auch du.

Sag mir doch, wo hast du zwei?
Zum Hören zwei Ohren,
zum Schauen zwei Augen,
zum Greifen zwei Hände,
zum Laufen zwei Beine,
zwei Füße dazu, genauso wie du.

Sag mir doch, wo hast du fünf?
Oh, das sag ich dir geschwind.
An jeder Hand fünf Finger sind,
an jedem Fuß fünf Zehen sind,
das weiß doch jedes kleine Kind.

1 Wie viele?

Augen: || 2
Finger: ~~||||~~ ~~||||~~ 10
Nase: | 1
Ohren: || 2
Zehen: ~~||||~~ ~~||||~~ 10
Beine: || 2

2 Wie viele Beine?

|| 2
|||| 4
~~||||~~ | 6

Worum geht es?

Die Kinder haben zu diesem Zeitpunkt schon viel über Zahlen gelernt und können mit diesem Wissen ausgestattet erforschen, welche Zahlen beim Menschen und bei anderen Lebewesen markant hervortreten. Das ist einerseits ein wichtiger Beitrag zur Umwelterschließung. Andererseits geht es um eine erneute Durcharbeitung des Zehnerraums. So liefern vor allem die Fingerbilder auf der rechten Seite Hilfen aus der Umwelt der Kinder, um die Strukturierung des Zehnerraums zu begreifen. In den Vordergrund rückt hierbei immer mehr der Teil-Ganze Aspekt der kardinalen Zahlen: Zahlen können in Zahlen zerlegt werden und Zahlen sind aus Zahlen aufgebaut. Dieser Aspekt wird ganzheitlich gesehen und gleich damit verknüpft, dass die Kinder Vertrauen in die Struktur des Zehnerraums aufbauen. Wichtig ist, sich immer wieder die *Kraft der Fünf* zu verdeutlichen: Die Zahlen bis 5 unterscheiden sich von den Zahlen zwischen 5 und 10 nur dadurch, dass ein Fünfer in der Darstellung einer vollen Hand hinzukommt.

Wie kann man vorgehen?

Einstieg Ein Gedicht zu den Zahlen am Körper
Das Gedicht haben wir der Waldorflehrerin Hélène Hummes zu verdanken. Es regt einen Dialog an, der folgendermaßen in die Klasse getragen werden kann: Die Lehrkraft wählt zunächst ein Kind aus, stellt ihm nach einer kurzen Absprache vor der Klasse der Reihe nach folgende Fragen: „Sag mir doch, wo hast du eins?" „Sag mir doch, wo hast du zwei?" „Sag mir doch, wo hast du fünf?" Dabei wird jede Frage mit dem Gedicht entsprechend beantwortet, wobei auf die passenden Körperteile gezeigt wird. Dieser Dialog wird mit einigen anderen Kindern wiederholt. Anschließend versuchen je zwei Kinder selbst, den Text entsprechend vorzutragen.

1 Zahlen am Körper bestimmen
Die Kinder sollten mit diesen Aufgaben selbstständig arbeiten können. Das Zählen der Zähne ist unter Umständen nicht so einfach – die Kinder können sich über ihre Vorgehensweisen austauschen oder sich dabei natürlich gegenseitig unterstützen.

2 Vertiefung: Zahlen in der Tierwelt
Nach der Bearbeitung dieser Aufgabe durch die Kinder kann hier der Aspekt der Umwelterschließung vertieft werden: Warum gibt es keine Tiere mit drei Beinen (oder nur mit einem)? Gibt es auch Tiere ohne Beine? Gibt es Tiere mit mehr (oder weniger) als zwei Augen? Haben alle Tiere (zwei) Ohren?

3 Fingerbilder erkennen
Die Fingerbilder sollen die Kinder bei der Strukturierung des Zehners unterstützen. Die Kinder müssen dazu lernen, dass sie die Finger in den Bildern nicht

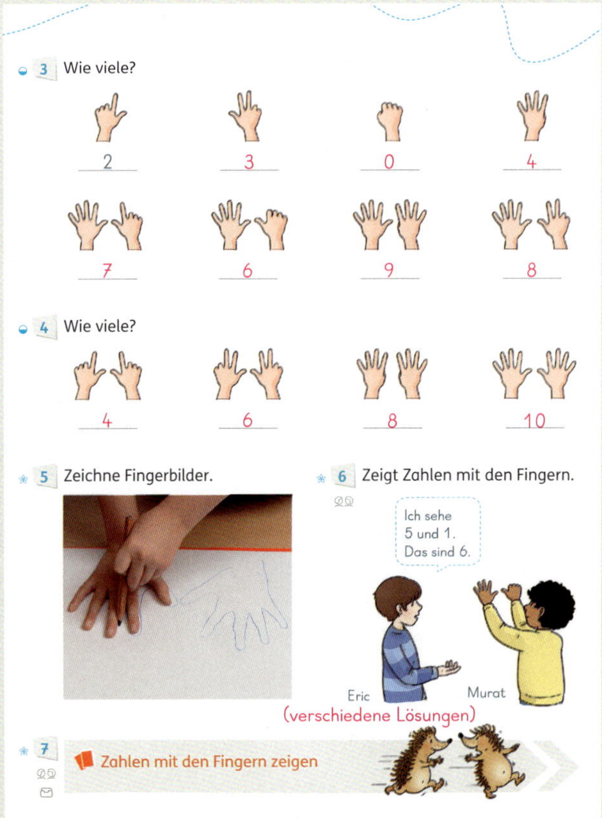

Hinweise zu den Aufgaben

3 Strukturierungsmerkmale der Zahlen besprechen: Woran kann man die Zahl schnell erkennen?

4 Verdopplungen als besondere Zahlen anbahnen.

5 Zahlvorstellungen durch Eigenproduktionen vertiefen.

6, 7 Strukturierungsmerkmale der Zahlen vertiefen: Igeltraining.

Verweise auf weitere Materialien

AH S. 8

FH S. 8, 9

KV 7 *Zahlen am Körper*

einzeln abzählen müssen. Evtl. muss mit einigen Kindern besprochen werden, woran man Anzahlen mit den Fingern „auf einen Blick“ gut erkennen kann: 1, 2 und 3 können Kinder simultan erkennen. 4 erkennt man daran, dass ein Finger an einer Hand umgeknickt und alle anderen aufgestellt sind. 5 besteht aus einer vollständigen Hand. Alle weiteren Zahlen lassen sich bestimmen, indem die volle Hand (der Fünfer) gesehen wird und die dazu kommenden Finger wie oben bestimmt werden. So erkennt man z. B. 9 daran, dass nur ein Finger der beiden Hände abgeknickt ist. Diese Beziehungen sind grundlegend für den Aufbau des Zahlbegriffs und für alle Erweiterungen des Zahlenraums, sie müssen also in hinreichend vielen Übungen thematisiert werden. Es findet sich dazu auch eine Kopiervorlage (KV 7 *Zahlen am Körper*) im Materialband.

4, 5 Fingerbilder vertiefen
In diesen Aufgaben werden Verdopplungen (Aufgabe 4) und Eigenproduktionen (Aufgabe 5) thematisiert und das schnelle Erkennen von strukturierten Zahldarstellungen im Zehnerraum damit vertieft.

6, 7 Vertiefende Übungen: Igeltraining
Als vertiefende Übungen können die Kinder das schnelle Erkennen von Fingerbildern in Partnerarbeit üben: Ein Kind zeigt kurz eine Zahl mit den eigenen Fingern, das Partnerkind Kinder muss das Fingerbild nachzeigen, die Zahl sagen oder auf die passende Zahlenkarte zeigen. Dabei ist es wichtig, über die Strukturierungsmerkmale zu sprechen: Woran kann man die Anzahl schnell erkennen?
Alternativ oder ergänzend können die Kinder Zahlen- und Fingerkarten einander zuordnen.

Diagnostisches Potenzial

Welche Kenntnisse bringen die Kinder aus der Tierwelt mit in den Unterricht? Wie bestimmen die Kinder die Anzahl der Finger in den Darstellungen? Wie zeigen die Kinder nach Durchführung der dritten Aufgabe selbst Anzahlen mit ihren Händen: dynamisch (Finger werden einzeln aufgeklappt) oder statisch (unter Nutzung einzelner „Fingerpakete“)?

Möglichkeiten zur Differenzierung

Wenn Kinder Schwierigkeiten mit der Strukturierung des Zehnerraums haben, können sie sich nicht ohne weiteres im Zwanzigerraum zurechtfinden. Es ist dementsprechend sehr wichtig, mit diesen Kindern die Übungen mit den Fingerbildern intensiver und länger durchzuführen als mit den anderen Kindern. Dazu können auch die Eltern eingebunden werden – vorausgesetzt, dass sie keinen Druck ausüben.

12/13 Zahlen mit 5

Hinweise zu den Aufgaben

1 Tiere nacheinander suchen, anmalen und jeweils einen Strich zeichnen. Die Struktur einer Strichliste mit Fünferbündelung besprechen.
Zählen in Einerschritten oder in größeren Schritten bewusst machen.

2 Fünferbündelungen als alternative Darstellungen der Zahlen im Zehnerraum kennenlernen.

Wichtige Wörter

Strichliste, Fünfer

Worum geht es?

Die Fünferstruktur wird hier unter einem weiteren Schwerpunkt beleuchtet, nämlich in ihrem Nutzen zur übersichtlichen Bündelung in einer Strichliste.
Im Buch ist dazu ein Bild vorgegeben, auf dem Tiere nur als Umriss gezeichnet und in unterschiedlicher Weise versteckt sind. Da man nicht sofort erkennt, wie viele Tiere von jeder Art vorhanden sind, ist es zweckmäßig, für jedes gefundene und ausgemalte Tier einen Strich in eine Strichliste einzutragen. Die hierfür notwendige Idee einer Eins-zu-Eins-Zuordnung wird den Kindern hier intuitiv klar sein – sie wird hier nicht weiter thematisiert, sondern später (Seite 16) in das Bewusstsein gerückt. Auf dieser Doppelseite geht es dagegen weiterhin um die zentrale Rolle des Fünfers zur Orientierung im Zehnerraum.

Wie kann man vorgehen?

1 Zählen mit Strichlisten

Vor der Arbeit mit dem Buch sollten vielfältige Zählübungen mit der Klasse stehen (vorwärts zählen, rückwärts zählen, weiter zählen, in Schritten zählen). Das Bild wird dann gemeinsam betrachtet (eventuell am Overheadprojektor oder am Whiteboard). Die Kinder beschreiben, was sie sehen. Gemeinsam werden dann die 7 Vögel gesucht, die in der Tabelle schon vorgegeben sind. Die Lehrkraft zeichnet die Tabelle an der Tafel nach, trägt die Zahl 7 als Strichliste ein und erklärt die weitere Vorgehensweise: Jedes gefundene Tier einer Tierart wird mit der für diese Tierart angegebenen Farbe ausgemalt. Die Farbe muss dabei nicht zur natürlichen Färbung der Tiere passen, sie dient hier nur zur Wiedererkennung der bereits gezählten Tiere. Immer wenn ein Tier ganz ausgemalt ist, wird dafür ein Strich in das entsprechende Feld der Tabelle eingetragen. Mit jedem fünften Tier einer Art wird eine Fünferstrichliste abgeschlossen. Es bietet sich an, Zahlenkarten bis 10 mit den zugehörigen Strichlisten aufzuhängen, damit sich die Kinder an den Bildern orientieren können.
Nach diesem Verfahren bestimmt jedes Kind die Anzahl der anderen Tiere und trägt das Ergebnis als Strichliste in die Tabelle ein.
Am Schluss wird verglichen, ob die Anzahlen richtig bestimmt wurden: es sind 3 Schweine, 6 Frösche, 2 Kühe, 4 Enten, 5 Katzen, 8 Mäuse und 2 Pferde. Der Eisbär ist auf dem Bauernhof natürlich fehl am Platz und kommt nicht vor. Die Zahl 0 kann durch eine Strichliste nicht ausgedrückt werden, hier muss also das Feld leer bleiben. Mit den Kindern kann dann darüber gesprochen werden, wie vorteilhaft es ist, ein Zeichen für die Anzahl Null zur Verfügung zu haben.

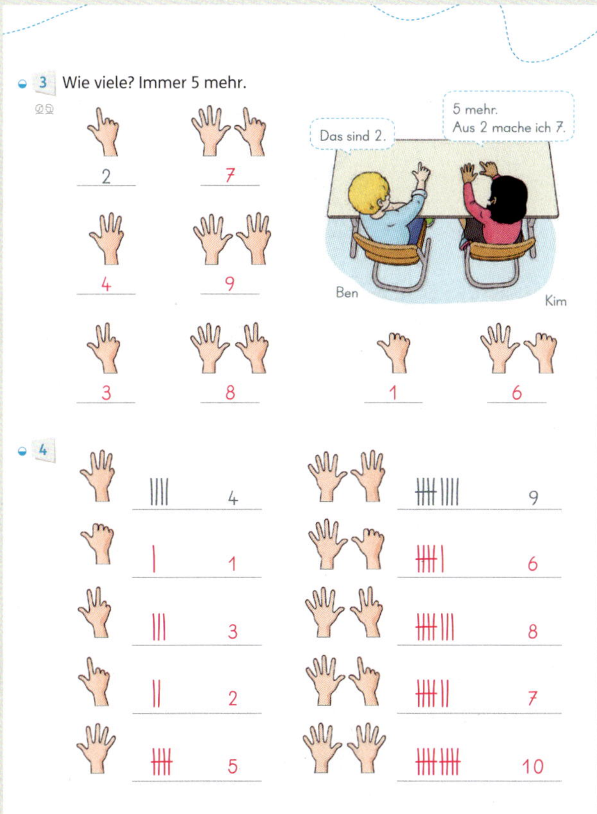

Hinweise zu den Aufgaben

3 Den Fünfer in Fingerbildern weiter vertiefen.

4 Verschiedene Darstellungen der Zahlen von 1 bis 10 miteinander verknüpfen.

Verweise auf weitere Materialien

AH S. 10

FH S. 10

2 Vertiefung: Strichlisten als Zahldarstellung
Strichlisten werden in die Zahldarstellung mit Ziffern übertragen. Die Fünferbündelung in Strichlisten wird zur schnellen Deutung genutzt.

3 Fingerbilder vertiefen
In dieser Aufgabe geht es darum, die Fünferstruktur im Zahlenraum bis 10 weiter zu vertiefen: Zahlen zwischen 1 und 5 werden durch Hinzunehmen einer ganzen Hand (eines „Fünfers") zu Zahlen zwischen 6 und 10 vergrößert. Die Übung können die Kinder auch eigenständig fortführen: Ein Kind zeigt und benennt eine Zahl zwischen 1 und 5, das andere Kind zeigt dieselbe Zahl und eine ganze Hand dazu und benennt die entstandene Zahl zwischen 6 und 10.

4 Zahldarstellungen verknüpfen
Die Kinder übersetzen die Darstellung von Zahlen zwischen 1 und 10 zwischen verschiedenen Repräsentationen: Die Fingerbilder werden in Strichlisten und die symbolische Schreibweise übertragen.

Diagnostisches Potenzial

Wie nutzen die Kinder den Fünfer beim Lesen strukturierter Zahldarstellungen? Wie übersetzen sie die Zahldarstellungen zwischen den Strichlisten und den Fingerbildern? Wie schreiben die Kinder die Ziffern?

Möglichkeiten zur Differenzierung

1 Kinder, die Schwierigkeiten beim Anmalen der Tiere haben, können hier auch nur dicke „Farbklekse" machen oder bereits gezählte Tiere einfach durchstreichen. Manchen Kindern hilft es, die 5er der Strichliste zu beachten, wenn sie sich eine Hand mit 4 gestreckten Fingern und einem nach innen angelegten Daumen vorstellen. Zudem sollten die Kinder auf die Zahlenkarten mit Strichlisten hingewiesen werden (bzw. diese werden in klein auf die Tische geklebt).

4 Um die Orientierung in der Tabelle zu erleichtern, kann einzelnen Kindern ein Abdeckblatt zur Verfügung gestellt werden, welches stets die zu bearbeitende Zeile fokussiert und dabei den Rest der Tabelle abdeckt.

Zur weiteren Vertiefung können die Kinder das Spiel „Paare finden" bzw. „Trios finden" zu den Zahlen von 1 bis 10 mit unterschiedlichen Darstellungen und Repräsentanten erstellen: Strichliste, Fingerbilder, Zahlsymbol.
Pro Karte wird eine Zahl in einer der drei Darstellungen abgebildet, die Karten werden umgedreht, nacheinander jeweils zwei (bzw. drei) aufgedeckt. Jedes Paar (bzw. Trio) wird aus dem Spiel genommen und erzielt einen Punkt.

14/15 Muster legen

Hinweise zu den Aufgaben

Einstieg Plättchenmuster legen, Grundmuster markieren sowie gemeinsam überlegen, wie das Grundmuster beschrieben werden kann.

1, 2 Muster mit Plättchen nachlegen, fortsetzen, aufzeichnen, bei Aufgabe 2 ggf. Grundmuster im Buch markieren lassen.

3 Eigene Muster legen. Partnerdiktat. Wie kann man ein Muster kurz und eindeutig beschreiben?

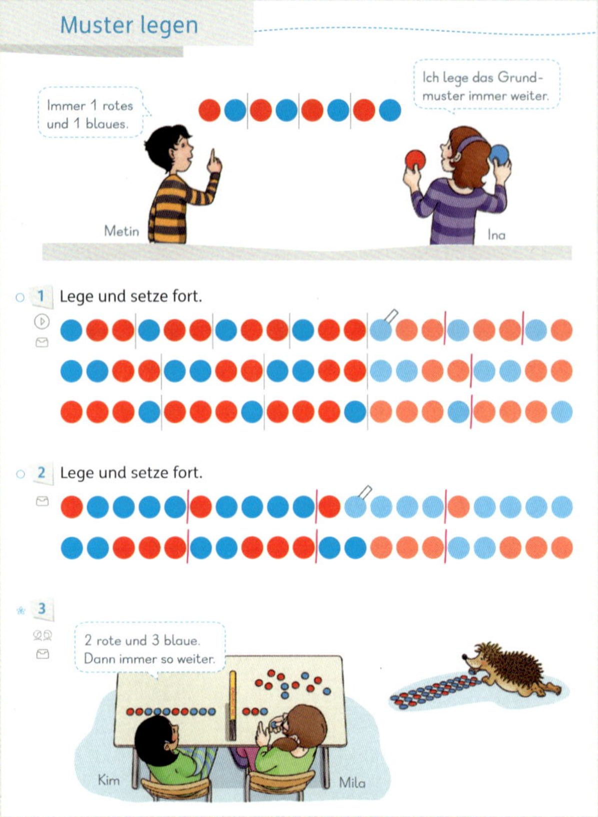

Wichtige Wörter

Grundmuster, fortsetzen, immer so weiter

Was wird benötigt?

Wendeplättchen (ggf. magnetische), KV 8, 9 *Plättchenmuster*, KV 10 *Würfelbilder*

Worum geht es?

Mithilfe der Aktivitäten zu dieser Doppelseite sollen das Zahlenmusterverständnis und der Struktursinn der Kinder gefördert werden. Dafür ist es wichtig, dass die Kinder lernen, den Aufbau einer Gesamtheit aus strukturierten Teilmengen bewusst und schnell wahrzunehmen.

Auf der linken Schulbuchseite geht es um die Entwicklung solcher Fähigkeiten bei Plättchenmustern: Die Kinder sollen erkennen, dass den Plättchenmustern jeweils ein immer wiederkehrendes *Grundmuster* zugrunde liegt.

Grundmuster des Plättchenmusters

Die rechte Schulbuchseite verfolgt ergänzend dazu das Ziel, die Strukturierungsmöglichkeiten einer kompakten Zusammenstellung von Plättchen (in Form von Würfelbildern) sowie einer Darstellung von zehn Plättchen (in Form eines Zehnerfeldes) genauer zu betrachten. Hier wird also nicht ein wiederkehrendes Muster einer Folge gesucht, sondern Zerlegungsmöglichkeiten für räumlich strukturierte Plättchenmuster. Insbesondere bei der Beschreibung der Strukturierungen der rechten Seite werden die Raumlagebegriffe *oben, unten, links, rechts* und *in der Mitte* gefordert und gefördert.

Wie kann man vorgehen?

Einstieg Muster erkennen und beschreiben

Das im Einstiegsbild dargestellte Muster wird an die Tafel gezeichnet oder mit Magnetplättchen geheftet. Die Kinder vermuten, wie das Muster fortgesetzt werden kann. Durch Markieren und rhythmisches Sprechen wird das Grundmuster für die Kinder stärker fokussiert und das Fachwort eingeführt. Gemeinsam wird herausgearbeitet, dass für eine Beschreibung des Musters die Beschreibung des Grundmusters ausreicht. Weitere Muster und deren Fortsetzungen können gemeinsam an der Tafel oder in Kleingruppen erarbeitet werden.

1, 2 Muster nachlegen und fortsetzen

Die Kinder legen die angefangenen Muster mit Plättchen nach (KV 8 *Plättchenmuster legen*), setzen sie fort und übertragen sie dann in das Schulbuch. Das bereits markierte Grundmuster in Aufgabe 1 hilft insbesondere schwächeren und noch unsicheren Kindern beim Fortsetzen.

Hinweise zu den Aufgaben

4 – 6 Zunächst gemeinsam verschiedene Strukturierungen der Würfelbilder in rote und blaue Plättchen finden und mit Raumlagebegriffen beschreiben. Anschließend in Einzelarbeit weitere Möglichkeiten finden und ins Buch zeichnen.

7 Strukturierungen der zehn Plättchen in fünf rote und fünf blaue Plättchen finden und beschreiben. Partnerdiktat.

Wichtige Wörter

oben, unten, in der Mitte, rechts, links

Verweise auf weitere Materialien

AH S. 11

FH S. 11

3 Muster erfinden
Ein Kind legt oder zeichnet (KV 9 *Plättchenmuster zeichnen*) ein Plättchenmuster und beschreibt seinem Partner nur das Grundmuster. Das Partnerkind versucht, das Plättchenmuster zu legen. Anschließend werden die Muster verglichen. Diese Aktivität kann auch als Start in eine Mathematikstunde oder als Mathespiel ritualisiert eingesetzt werden (Mathestarter): Die Lehrkraft oder ein Kind beschreibt ein Grundmuster, alle anderen Kinder legen an ihren Plätzen das Grundmuster nach und setzen es fort.

4 – 6 Würfelbilder strukturieren
Im Plenum werden zunächst gemeinsam einige Würfelbilder rot und blau gefärbt und die Struktur beschrieben, z. B. „Ich habe die 4 mit zwei roten und zwei blauen Plättchen gelegt. Oben zwei rote und unten zwei blaue.“ Dabei sind nicht nur die Anzahlen, sondern auch die exakte Lage der roten und blauen Plättchen von Bedeutung. Anschließend legen die Kinder weitere Zerlegungen der Würfelbilder zu 4, 5 sowie zur 6 (mit drei roten und drei blauen Plättchen), übertragen sie ins Buch und beschreiben sie möglichst genau. Als erweiterte Anforderung können Kinder versuchen, zu den Würfelbildern möglichst alle Zerlegungen zu finden (KV 10 *Würfelbilder*). Dazu zeichnen die Kinder jeweils eine ihrer gefundenen Möglichkeiten groß auf und hängen diese an die Tafel.

Gemeinsam werden die Ergebnisse sortiert (bei 4 und 5 z. B. alle Doppelten, alle mit einem roten, zwei roten und drei roten Plättchen). Unter der Vorgabe, dass beide Farben mindestens einmal vorkommen sollen, gibt es für die Würfelvier 14 Möglichkeiten, für die Würfelfünf 30 Möglichkeiten und die Würfelsechs aus drei roten und drei blauen Plättchen 20 Möglichkeiten.

7 Vertiefung: 10 Plättchen strukturieren
Die Kinder strukturieren 10 Plättchen in 5 rote und 5 blaue Plättchen auf verschiedene Weisen und beschreiben sie ihrem Partnerkind. Es kann thematisiert werden, bei welchen Darstellungen die Anzahl von roten und blauen Plättchen schnell gesehen werden kann.

Diagnostisches Potenzial

Wie setzen die Kinder die angefangenen Muster fort? Erkennen sie Grundmuster? Wie beschreiben sie die eigenen Muster? Wie beschreiben die Kinder die Zerlegungen der Würfelbilder? Nutzen sie die Raumlagebegriffe (oben, unten, rechts, links, in der Mitte) korrekt?

Möglichkeiten zur Differenzierung

Musterfolgen mit Fehlern legen lassen. Das Partnerkind muss die Fehler finden und korrigieren.

16/17 Mengen vergleichen

Hinweise zu den Aufgaben

1 Wovon sind es mehr? Im Plenum besprechen, dass man diese Frage ohne zu zählen anhand von Verbindungslinien beantworten kann.

Wichtige Wörter

mehr als, weniger als, gleich viele, genauso viele wie, Unterschied

Worum geht es?

Aus der Forschung ist bekannt, dass sich der Zahlbegriff bei Kindern auf verschiedene Weisen entwickeln kann. Im Hinblick auf die heterogenen Vorkenntnisse der Kinder ist es deswegen wichtig, den Zahlbegriff mit allen Aspekten breit zu entfalten, wie es auf den vorangegangenen Seiten auch geschehen ist. Dadurch gibt es nicht nur viele Anknüpfungspunkte, sondern die Aspekte können sich auch gegenseitig produktiv beeinflussen.
Auf dieser Doppelseite geht es um eine zentrale Grundlage des kardinalen Aspekts: Man kann zwei Anzahlen miteinander vergleichen, ohne dafür Zahlen zu benutzen. Dazu müssen, wie im Einstiegsbild, die Menge der Kinder und die Menge der Stühle durch eine Eins-zu-eins-Zuordnung ihrer Elemente so miteinander verglichen werden, dass die Verbindungslinien zwei Eigenschaften besitzen: Kein Kind erhält mehr als einen Stuhl und kein Stuhl erhält mehr als ein Kind. Auf diese Weise werden, so lange wie es möglich ist, Verbindungslinien gezeichnet. Am Ende gibt es drei mögliche Zustände: Entweder es gibt mindestens ein Kind ohne Stuhl (dann gibt es mehr Kinder als Stühle) oder es gibt mindestens einen Stuhl ohne zugewiesenes Kind (also sind es mehr Stühle als Kinder) oder es sind alle Kinder und alle Stühle versorgt (dann gibt es von den Stühlen und den Kindern gleich viele Elemente). In diesem Sinne ist das Zählen nicht notwendig, um herauszufinden, ob eine Menge größer oder kleiner als eine andere Menge ist. Gleichwohl ist das Zählen natürlich möglich und dann wichtig, wenn man am Ende wissen will, wie viele es mehr oder weniger sind. Mit den Kindern soll an dieser Stelle darüber reflektiert werden, wozu das Zählen eigentlich wichtig ist. Dabei sollen die Relationsbegriffe *mehr als, weniger als* und *gleich viele* oder *genauso viele wie* entwickelt und ggf. bereits mit der Bestimmung des entsprechenden Unterschieds zwischen den Anzahlen vertieft werden.

Wie kann man vorgehen?

1 Vergleichen ohne zu zählen
Die Lehrkraft spielt die Situation mit einigen Kindern und Stühlen nach: „Wie können wir feststellen, ob es mehr Stühle als Kinder, mehr Kinder als Stühle oder gleich viele Kinder und Stühle gibt?"
Erste Lösung: Man zählt zuerst die Kinder, dann die Stühle und vergleicht die Zahlen miteinander.
Zweite Lösung: Jedes Kind sucht sich einen Platz: Wenn Plätze unbesetzt bleiben, gibt es mehr Stühle als Kinder; bleiben Kinder ohne Sitzplatz, so gibt es weniger Stühle als Kinder; geht es genau auf, so gibt es gleich viele Stühle und Kinder (bzw. genauso viele Stühle wie Kinder).
Um den Unterschied zwischen den Mengen zu bestimmen, muss also entweder gar nicht gezählt werden (gleich viele), oder es müssen nur noch die Stühle

Hinweise zu den Aufgaben

2 Anzahlvergleich durch Eins-zu-eins-Zuordnung vertiefen: Die räumliche Ausdehnung ist nicht kennzeichnend für die Anzahl.

3 Mengen von Objekten nach der Vorgabe zeichnen:
1. Mehr Kinder als Tischtennisschläger,
2. Mehr Kinder als Bälle,
3. Mehr Kinder als Roller.

Verweise auf weitere Materialien

AH S. 12

FH S. 12, 13

oder Kinder gezählt werden, die nicht zugeordnet werden konnten.
Anhand des Bildes wird dann besprochen, dass die Lösung nach der zweiten Methode durch die Verbindunglinien in der ersten Illustration dargestellt wird. Anschließend sollen die Kinder diese Vorgehensweise selbst nutzen.

2 Anzahlvergleiche vertiefen
Es ist wichtig, den Kindern bewusst zu machen, dass die räumliche Anordnung von Objekten keinen Einfluss auf deren Anzahl hat (dieser Aspekt ist unter dem Stichwort „Mengeninvarianz" bekannt). In dieser Aufgabe sollte besprochen werden, dass die geordnete Darstellung der Objekte wie in der ersten Aufgabe übersichtlicher für den Mengenvergleich ist als die Darstellungen darunter, in denen die Eins-zu-eins-Beziehungen erst noch hergestellt werden müssen.

3 Mengenvergleiche vertiefen
Die Kinder malen Bilder mit Kindern und Objekten, wobei sie darauf achten, dass die vorgegebene Mengenrelation eingehalten ist. Der Zahlenraum ist hier geöffnet, die Kinder können auch Objekte ihrer Wahl zeichnen.
Zur Ergebnispräsentation bringen die Kinder ihre eigenen Bilder mit in den Sitzkreis. Nach einer Betrachtung und ggf. Vorstellung können die Bilder den Relationsbegriffen *mehr als* und *gleich viele* zugeordnet werden. Verschiedene Vorgehensweisen beim Vergleichen der Anzahlen werden diskutiert, Vor- und Nachteile benannt. An Bildern mit sehr vielen Objekten kann die Idee der Eins-zu-eins-Zuordnung noch einmal bewusster gemacht werden.

Diagnostisches Potenzial
Wie bestimmen die Kinder die Unterschiede? Welcher Zahlaspekt steht bei den Überlegungen im Vordergrund? In welchem Zahlenraum bewegen sich die Kinder in den Eigenproduktionen?

Möglichkeiten zur Differenzierung
Alle Vergleiche auf dieser Seite lassen sich nachspielen. Dabei wird die Eins-zu-eins-Zuordnung dadurch hergestellt, dass sich jedes Kind einen Ball, einen Stuhl, eine Schultasche usw. nimmt. Anschließend wird nur noch gezählt, wie viele Objekte übrig bleiben, bzw. wie viele Kinder keinen Gegenstand bekommen haben.

18/19 Zahlen schnell sehen

Hinweise zu den Aufgaben

Einstieg An der Tafel oder im Sitzkreis Anzahlen ab 5 legen: Wie kann man die Anzahl erkennen, ohne jedes Plättchen einzeln zu zählen?

1, 2 Zerlegungen in Mengen von Naturmaterialien sehen, einkreisen und zur Bestimmung der Gesamtanzahl nutzen.

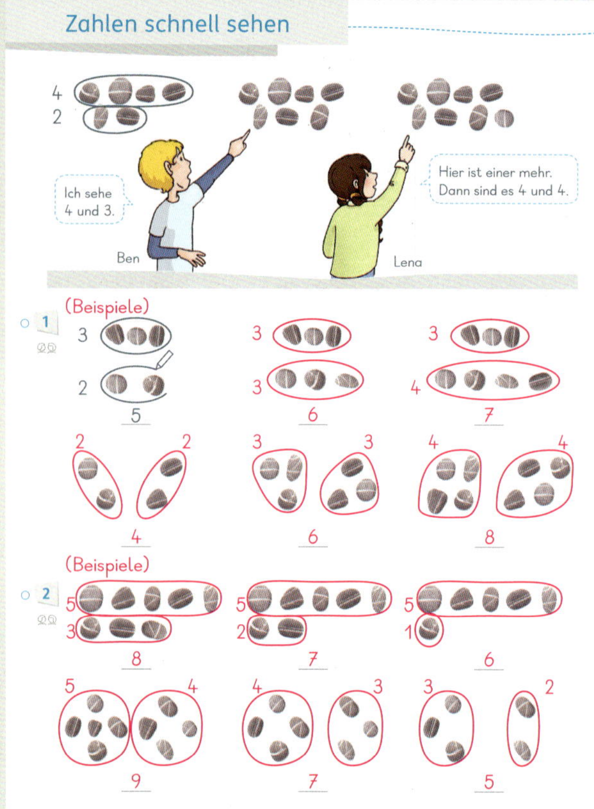

Was wird benötigt?

Naturmaterialien (Kastanien, Steine, Muscheln ...) und/oder Alltagsgegenstände (Streichhölzer, Murmeln, Muggelsteine, Knöpfe, Garnrollen ...) und als didaktisches Material Plättchen, ggf. KV 11, 12 *Zahlen schnell sehen*

Worum geht es?

Hier wird das „rechnende Zählen“ (weiter) entwickelt. Im Wesentlichen geht es darum, das mittlerweile entwickelte Wissen über die Teil-Ganze-Beziehungen im kardinalen Zahlaspekt anzuwenden, um eine größere Anzahl aus kleineren, gut erkennbaren Anzahlen zusammen zu setzen. Das hierbei wechselweise ablaufende Zusammenspiel zwischen dem Zerlegen einer größeren Anzahl und dem Zusammensetzen zweier kleinerer Anzahlen ist gleichermaßen eine wesentliche Grundlage für die Entwicklung eines flexiblen Operationsbegriffs wie auch für eine strukturierte Vorstellung von den Zahlen ab 11, die man sich ja prinzipiell durch zwei Zahlen zusammengesetzt vorstellen muss.
Die Überschrift „Zahlen schnell sehen“ soll dazu anregen, Teilgruppen mit 2 und mehr Elementen anzahlmäßig zusammenzufassen und nicht Stück für Stück abzuzählen. Damit diese Methode funktioniert, müssen die Kinder Stützpunktwissen über Zusammenfassungen von kleinen Anzahlen erwerben. Grundlage bilden hier die Beziehungen: 2 und 1 ist 3, 2 und 2 ist 4, 3 und 2 ist 5, 3 und 3 ist 6. Aber auch Beziehungen größerer Anzahlen können auf der Basis der gründlichen Vorarbeiten schon thematisiert werden. So werden einige Kinder auch Zahlen zwischen 5 und 10 schon adäquat zerlegen und damit „quasi-simultan“ erkennen können.
Sofern den Kindern die Möglichkeiten zur Zerlegung großer Anzahlen fehlen, dürfen sie natürlich auch zählen.

Wie kann man vorgehen?

Einstieg Anzahlen strukturieren
Sofern die Möglichkeit besteht, können die Kinder zu dieser Stunde den Auftrag erhalten, möglichst schöne Steine o. Ä. mit in den Unterricht zu bringen.
An der Tafel oder auf dem Boden werden sechs Steine (oder ähnliche untereinander gleiche Naturmaterialien) ungeordnet gelegt. Die Kinder bestimmen die Anzahl, wobei vermutlich viele von ihnen alle Steine abzählen werden. Die Lehrkraft fragt dann, ob man die Anzahl auch herausbekommen kann, ohne alle Steine einzeln zu zählen. Die Ideen der Kinder werden aufgegriffen – wenn aber kein Kind eine Idee hat, legt die Lehrkraft zum Beispiel zwei Dreiergruppen.

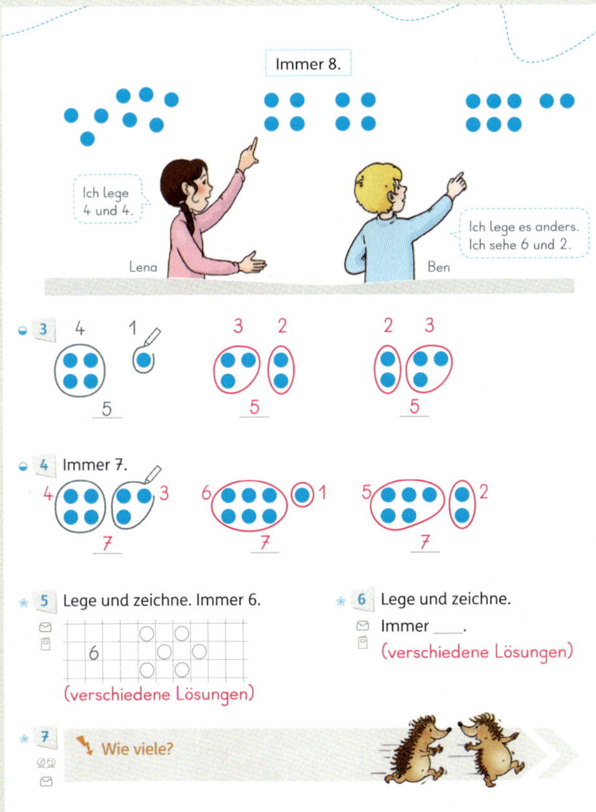

Hinweise zu den Aufgaben

Einstieg, 3 – 6 Mengen von Plättchen in gut erkennbaren Gruppierungen legen und zeichnen.

7 Blitzrechnen: Wie viele?
Anzahl legen und nennen. Schnelles Erkennen von gruppierten Anzahlen trainieren.

Verweise auf weitere Materialien

AH S. 13

FH S. 14

Es wird besprochen, dass die Anzahlbestimmung bei solchen Gruppierungen einfacher ist und schneller geht. Die Kinder sollen in den folgenden Aufgaben selbst auf geschickte Anordnungen achten.
Im Kreis können die Kinder die Augen schließen und die Lehrkraft (oder ein Kind) legt eine Menge an Steinen in die Mitte (mit einer bestimmten Ordnung). Die Anzahl wird mit einer Pappe oder einem Tuch verdeckt. Nun öffnen alle Kinder die Augen und die Anzahl wird kurz gezeigt. Die Kinder werden angeregt, mit Hilfe von Strukturierungen schnell die Gesamtanzahl (oder einen Teil davon) zu erfassen. Dazu erläutern sie (bevor die Abdeckung entfernt wird), wie sie sich die Anzahl strukturiert vorgestellt haben. Diese Strukturierungen werden im Anschluss anhand der weiteren Aufgaben eigenständig vertieft.

1, 2 Anzahlen mit Naturmaterial strukturieren
Die Kinder orientieren sich an der angedeuteten Zerlegung, fassen beide Teilmengen zusammen und bestimmen dadurch die gesamte Anzahl der Steine. Diese Aktivitäten können mit weiteren Aufgaben vertieft werden (KV 11 *Zahlen schnell sehen (1)*).

3 – 7 Anzahlstrukturierung vertiefen
Die mit Hilfe von Naturmaterialien durchgeführten Aktivitäten werden in die didaktischen Materialien überführt und die Kinder finden geschickte Zerlegungen von Anzahlen mit Hilfe von Wendeplättchen.

Das schnelle Erkennen von gruppierten Anzahlen wird im Blitzrechnen weiter und regelmäßig trainiert, auch mit KV 12 (*Zahlen schnell sehen (2)* kann trainiert werden.
Zur Ergebnispräsentation der Aufgaben 5 und 6 präsentieren die Kinder ihre Lösungen und besprechen gemeinsam, bei welcher Darstellung die Anzahl besonders schnell zu erkennen ist. Das Ordnen in zwei Spalten (gut zu sehen/nicht gut zu sehen) fokussiert den Blick auf die unterschiedlichen Darstellungen.

Diagnostisches Potenzial

Welcher Zahlaspekt steht im Vordergrund? Welche Zerlegungen wählen die Kinder für die Eigenproduktionen? In welchem Zahlenraum bewegen sie sich? Wie gehen sie mit dem Übergang von den Naturmaterialien zu den Plättchen um?

Möglichkeiten zur Differenzierung

Prinzipiell sind diese Aufgaben nicht an das im Schulbuch genutzte Zahlenmaterial gebunden. So kann man die Übungen gleichermaßen auf den Zahlenraum bis 5 beschränken, wie man sie auf größere Zahlen oder auch auf mehrere Gruppierungen erweitern kann.

20/21 Zehnerfelder

Hinweise zu den Aufgaben

1 Das schnelle Sehen von Anzahlen im Zehnerfeld thematisieren: die Fünferstruktur im Zehnerfeld als Streifen.
Zahlen mit Hilfe der Struktur im Feld, wenn möglich anhand der Fünferstruktur, schnell erkennen.

2 Durch das Legen und das Ablesen von Zahlbildern mentale Vorstellungsbilder im Zehnerraum vertiefen.

Wichtige Wörter

links, rechts, Fünfer, Zehner, daneben

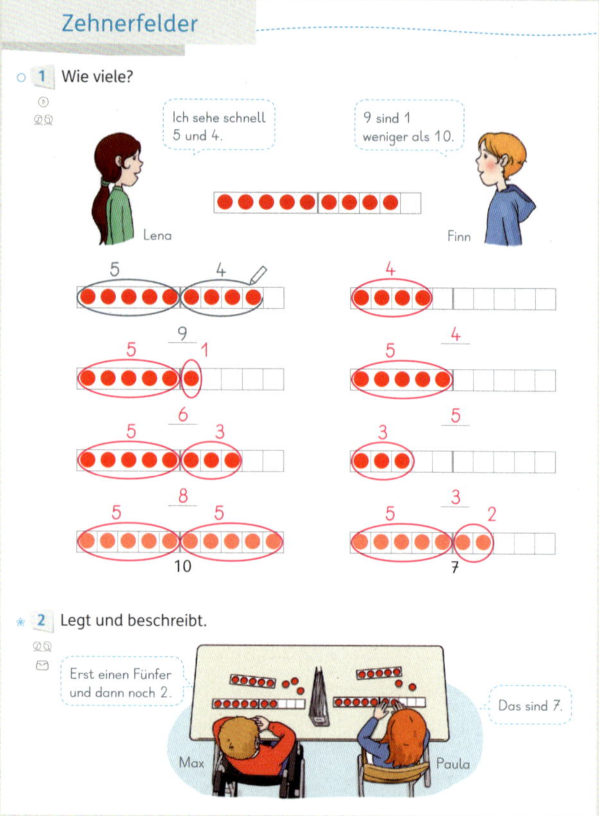

Was wird benötigt?

KV 13, 14 *Wie viele? Zehnerfelder* (im Block und als Streifen), LF 1, 2 *Zehnerfelder* oder Zwanzigerfeld mit transparenter Abdeckfolie, Plättchen

Worum geht es?

Zahlenfelder sind besonders gut geeignete Darstellungsmittel für den kardinalen Zahlaspekt. Sie liefern durch ihre rechteckige Form und durch die Strukturierung in Fünfer und Zehner eine ideale Grundlage für die operative Erarbeitung aller für die Grundschule relevanten Zahlenräume, für deren Verständnis das dezimale Stellenwertsystem zentral ist. Zusätzlich erlauben sie es, durch ihre Vorstrukturierung die gelegten Zahlen schnell zu sehen, so dass ihre Einführung sehr gut als Anschluss an die vorangegangene Doppelseite geeignet ist.
Bevor im nächsten Kapitel das Zwanzigerfeld eingeführt wird, wird auf dieser Doppelseite das Zehnerfeld als Teilstruktur des Zwanzigerfeldes durchgearbeitet. Dabei ist es wichtig, dass die Kinder vertraut werden mit zwei prinzipiell unterschiedlichen Möglichkeiten, Zahlen an Feldern zu legen:

1. Linear: Die Plättchen werden nebeneinander platziert; erst wenn die eine Reihe voll ist, wird die zweite Reihe genutzt (s. Aufgabe 1)
2. Blockweise: Die Plättchen werden möglichst gleichmäßig untereinander gelegt, d. h. es entstehen entweder zwei gleiche Reihen (bei geraden Zahlen) oder die Reihen unterscheiden sich genau um ein Plättchen (bei ungeraden Zahlen, s. Aufgabe 3).

Beide Lege- und Leseweisen von Zahlen sind in den Feldern zentral. So ist die blockweise Anordnung wichtig, um später Verdopplungen in der Addition oder Zahlvergleiche bei der Subtraktion durchzuführen, während die lineare Anordnung hilfreich ist für den traditionellen Zehnerübergang der Addition und für die Grundvorstellung des Wegnehmens bei der Subtraktion.
Auf dieser Doppelseite werden beide Möglichkeiten erarbeitet, wobei auch die Form des Zehnerfeldes variiert wird: Zunächst wird der Zehner als Streifen dargestellt, anschließend geht es um den Zehner als Block.
Vor allem in der zweiten Darstellung sind die sprachlichen Mittel zur Beschreibung der Zahlen wichtig. Die Lehrkraft sollte in der Einführungsphase sicherstellen, dass die Kinder die passenden Wörter (oben und unten, links und rechts) verfügbar haben (Wortspeicher, individuelle Merkhilfen ...).

Wie kann man vorgehen?

Einstieg Zehnerfelder einführen
Die Lehrkraft betrachtet mit den Kindern ein Zwanzigerfeld. Zunächst wird gemeinsam festgestellt, dass es insgesamt 20 Plätze hat, auf jeden kann ein Plättchen gelegt werden. Dann deckt die Lehrkraft die untere Reihe wie in Aufgabe 1 ab und fragt, wie viele

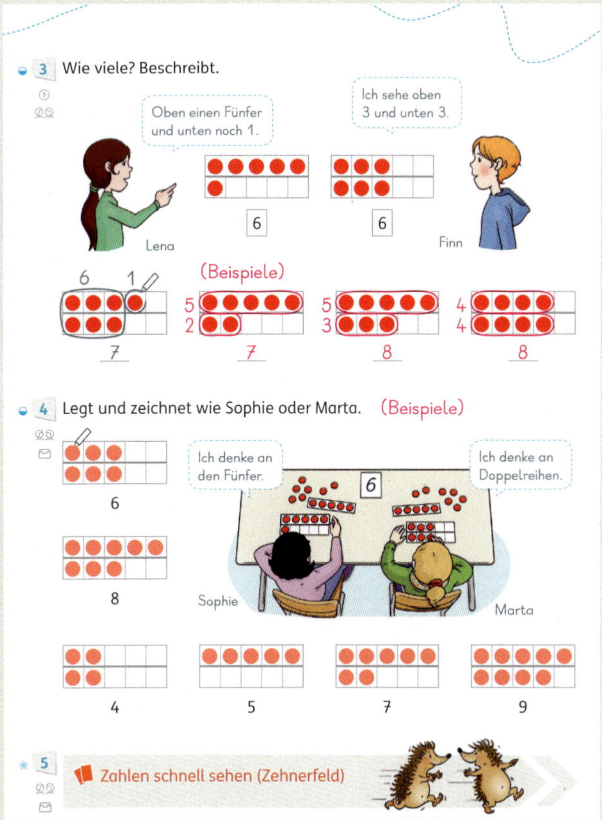

Hinweise zu den Aufgaben

3 Das schnelle Sehen von Anzahlen im Zehnerfeld thematisieren: Die Fünferstruktur im Zehnerblock thematisieren.

4 Zahlen im Zehnerfeld legen und dokumentieren. Verschiedene geschickte Möglichkeiten vergleichen.

5 Igeltraining
Anzahlen im Feld legen und vom Partnerkind bestimmen lassen.

Wichtige Wörter

oben, unten, Fünfer, Zehner, Doppelreihe, darunter, darüber

Verweise auf weitere Materialien

AH S. 14

FH S. 15

Felder nun zu sehen sind. Es wird herausgearbeitet, dass zwei Fünfer nebeneinander liegen und dadurch ein Zehner entsteht. Die Kinder wählen eine Zahl von 1 bis 10 und es wird gemeinsam diskutiert, wie man diese Zahl so im Feld legen kann, dass man sie schnell erkennt. Dabei hält die Lehrkraft die Kinder immer wieder dazu an, die Fünferstruktur des Feldes einzubeziehen und Zahlen, die größer sind als 4, mit einem Fünfer zu legen.
Anschließend deckt die Lehrkraft die untere Reihe wieder auf und verdeckt nun den rechten Block des Feldes. Erneut wird festgestellt, dass zwei Fünfer zu sehen sind, die aber in diesem Feld untereinander angeordnet sind. Analog zur vorangegangenen Vorgehensweise werden Zahlen dargestellt und in Bezug zur Fünfer- und Zehnerstruktur des Feldes beschrieben.
In Abhängigkeit von der Lerngruppe können diese beiden Zehnerfelder natürlich auch zeitlich getrennt voneinander behandelt werden.

1, 3, 4 Zahlen im Zehnerfeld erkennen
Die Kinder sollten diese Aufgaben nach der Einführung selbstständig bearbeiten können, ggf. KV 13 und 14 nutzen.

2 Darstellungen beschreiben
In dieser Partnerarbeit legt ein Kind eine Zahl im Zehnerfeld (LF 1), so dass das Partnerkind die Darstellung nicht sehen kann. Dann wird die Anordnung möglichst kurz und treffend beschrieben, ohne die Gesamtanzahl zu nennen. Das Partnerkind schließt dann aus der Beschreibung auf die gelegte Anzahl. Anschließend werden die Rollen getauscht.

5 Igeltraining: Zahlen schnell sehen
Ein Kind deckt kurz die Darstellung einer Zahl am Zehnerfeld auf, ein anderes Kind nennt die Anzahl. Anschließend werden die Rollen getauscht (KV 13 und 14).

Diagnostisches Potenzial

Welche Anzahlen an Plättchen können die Kinder simultan erkennen? Welche Merkmale der Zehnerfelder werden bei der Zahlerkennung genutzt?

22/23 Kraft der 5

Hinweise zu den Aufgaben

1 Den Fünferstreifen als Material zum schnellen Legen eines Fünfers einführen, Dokumentation des Fünfers durch einen Strich anregen. Das Zerlegungshaus besprechen: Die Dachzahl wird in die beiden Zahlen in den Zimmern des Hauses zerlegt.

2 Zerlegungen mit Fünfern symbolisch vertiefen.

Wichtige Wörter

Fünfer, Einer

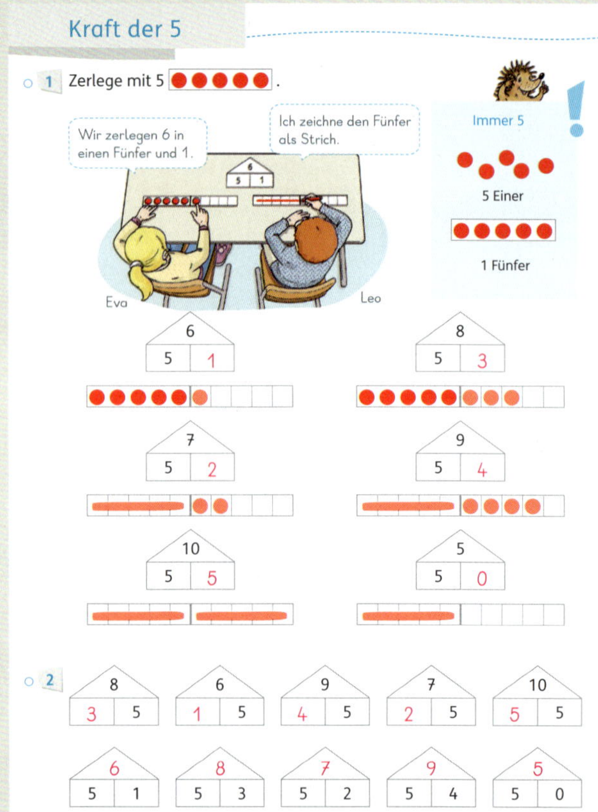

Was wird benötigt?

Ein Zehnerfeld als Streifen (LF 1), zwei Fünferstreifen und 4 einzelne Plättchen, ggf. KV 15 *Kraft der 5*

Worum geht es?

Auf dieser Doppelseite wird die Einführung in die Strukturierung des Zehnerraums mit Hilfe der *Kraft der Fünf* abgeschlossen, indem die Beziehungen zwischen den Zahlen bis 5 und den Zahlen von 5 bis 10 bewusst zum Legen und Zeichnen genutzt werden. Dazu wird als neues Legematerial der Fünferstreifen „verpflichtend" eingeführt. Zum Legen von Zahlen im Zehnerraum werden deswegen nur noch zwei Fünferstreifen und vier einzelne Plättchen zur Verfügung gestellt, so dass die Kinder die Zahlen zwischen 5 und 10 nur in Bezug auf die Fünferstruktur legen können. Für die ikonischen Darstellungen wird vereinbart, dass die Kinder für einen Fünfer nicht fünf Kreise zeichnen müssen, da dies einerseits sehr zeitaufwändig ist und andererseits das zählende Rechnen unterstützt, sondern den gesamten Fünfer durch einen Strich kennzeichnen können.
Die Kinder sollten nach Abschluss dieser Doppelseite das Erkennen von Zahldarstellungen im Zahlenraum bis 10 mit Hilfe der Fünferstruktur automatisiert haben, bzw. die Automatisierung anhand der Blitzrechenkartei forcieren.

Wie kann man vorgehen?

Einstieg Darstellungen kennenlernen

Es wird besprochen, dass das Legen von Zahlen zwischen 5 und 10 durch den Einsatz eines Fünferstreifens deutlich beschleunigt werden kann. Dabei wird geklärt, dass im Fünferstreifen keine Unterteilung in einzelne Parzellen vorgesehen ist: Die Kinder können sich darauf verlassen, dass ein Streifen dieser Art immer aus genau 5 Plättchen besteht. Die Lehrkraft kündigt an, dass bei der Eroberung des Zwanzigerraums auch noch ein Zehnerstreifen dazu kommt. Ein aufgeklebter Fünferstreifen mit der dazugehörigen Wortkarte „ein Fünfer" sowie ein einzelnes Plättchen mit der Wortkarte „ein Einer" wird für die Lerngruppe z. B. auf einem Lernplakat festgehalten. Kinder wählen dann eine Zahl zwischen 5 bis 10 und legen diese geschickt mit einem Fünfer in das Zehnerfeld. Die Lehrkraft zeichnet dazu ein Zerlegungshaus an die Tafel und erklärt, dass im Dach des Hauses immer eine Zahl eingetragen wird, in den darunter liegenden beiden Zimmern die Zerlegung in zwei Zahlen. Es wird geklärt, dass es auf dieser Doppelseite immer um eine Zerlegung mit einem Fünfer gehen wird. Anschließend können die Kinder die Aufgaben selbstständig bearbeiten.

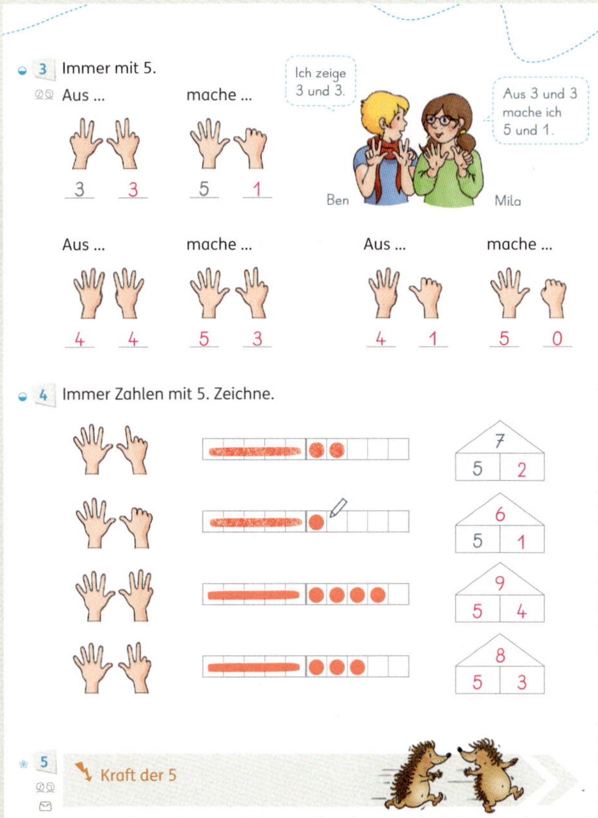

Hinweise zu den Aufgaben

3 Fünferstruktur weiter vertiefen: Beliebige Darstellungen zu solchen mit einem Fünfer verändern.

4 Verschiedene Darstellungen für Fünferzerlegungen miteinander verknüpfen.

5 Blitzrechnen: *Kraft der 5*
Zu einer Zahl die Zerlegung in Fünfer und Einer nennen. Erkennen von Zahlbildern durch die *Kraft der Fünf* automatisieren.

Verweise auf weitere Materialien

AH S. 15

FH S. 16

1, 2 Zahlzerlegungen mit einem Fünfer vertiefen
Die Kinder zerlegen hier die Zahlen mit einem Fünfer zunächst mit Hilfe von Material, dann zunehmend auch symbolisch im Zerlegungshaus.

3 Zahlzerlegungen mit einem Fünfer vertiefen
Die strukturierte Zahldarstellung mit den Fingern wurde bereits – auch in Bezug auf den Fünfer, dargestellt durch eine volle Hand – vielfach thematisiert und soll hier genutzt werden, um Zahlen umzustrukturieren: Aus einer beliebigen Zahldarstellung mit zwei Händen sollen die Kinder eine Darstellung generieren, bei der eine ganze Hand, also ein Fünfer genutzt wird. Wichtig ist hierbei, dass die Kinder aus dem vorgegebenen Fingerbild das angezielte Fingerbild durch möglichst wenige Änderungen herstellen („aus ... mache"). Es sollen also nicht alle Finger heruntergeklappt werden, sondern nur so viele wie nötig sind, um aus den Fingern einer Hand einen ganzen Fünfer zu machen. Diese systematische Änderung der Darstellung einer Zahl entspricht dem Gesetz von der Konstanz der Summe, das an späterer Stelle gezielt thematisiert und in dieser Übung schon einmal angebahnt wird.

4 Zahldarstellungen mit einem Fünfer verknüpfen
In dieser Aufgabe können die Kinder alle auf der Seite genutzten Darstellungen noch einmal miteinander verknüpfen.

5 Blitzrechnen: *Kraft der 5*
Mit dieser Blitzrechenübung wird trainiert, Zahlen hinsichtlich der Fünferstruktur zu zerlegen.

Diagnostisches Potenzial

Wie nutzen die Kinder den Fünferstreifen? Haben sie Vertrauen in die *Kraft der Fünf* und damit in die Strukturierung des Zehners aufgebaut? Wie stellen sie Beziehungen zwischen den verschiedenen Darstellungsarten der Zerlegungen mit einem Fünfer her?

Möglichkeiten zur Differenzierung

Sollten die Kinder am Ende der Behandlung dieser Doppelseite noch Probleme damit haben, die Fünferstrukturierung im Zehnerraum zu erkennen, ist die Schaffung dieser Grundlage unbedingt weiter zu verfolgen, ggf. KV 15 verwenden.

24/25 Immer 5 – immer 10

Hinweise zu den Aufgaben

1 Zerlegung der 5 wiederholen, Begriff *Fünferpartner* einführen: Die Zahl 5 wird in Fünferpartner zerlegt. Besprechen, dass zur Kennzeichnung der Zerlegung ein Stift genutzt wird.

2 Zerlegungen der thematisieren, Begriff *Zehnerpartner* einführen: Die Zahl 10 wird in Zehnerpartner zerlegt.

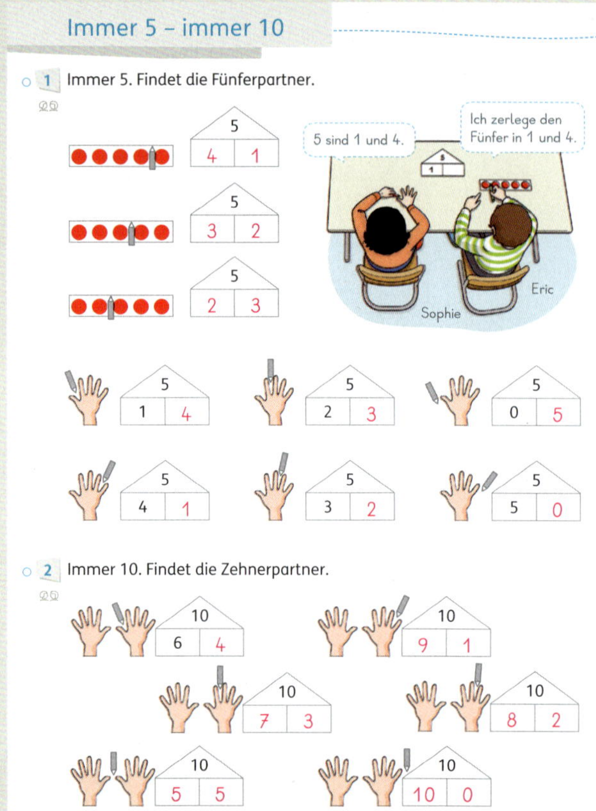

Wichtige Wörter

zerlegen, Fünfer, Fünferpartner, Zehner, Zehnerpartner

Was wird benötigt?

Zehner- und Fünferstreifen, Stift zum Zeigen der Zerlegung, ggf. KV 16 *Immer 5 – immer 10*

Worum geht es?

Kurz vor dem Abschluss der Erarbeitung des Zehnerraums sollen die Kinder noch einmal zentrale Vergleiche zwischen einem Fünfer und einem Zehner verinnerlichen, indem sie die Zehnerzerlegungen aus den Fünferzerlegungen herleiten. Dabei werden die Zerlegungen als „Partnerzahlen" bezeichnet, die Kinder suchen also nach Fünfer- und Zehnerpartnern.
Für den Aufbau eines tragfähigen Stellenwertverständnisses ist es ungemein wichtig, dass die Kinder eine solide Vorstellung von den Zehnerzerlegungen entwickeln und verinnerlichen. Hierzu wird auf dieser Doppelseite ein „Zerlegungsstift" eingeführt: Fingerbilder, Fünfer- und Zehnerstreifen werden in zwei Partnerzahlen zerlegt, indem man mit einem Stift zwischen zwei Finger/Plättchen zeigt und die Zahl damit in einen Teil links vom Stift und einen rechts davon zerlegt. Diese ikonischen Darstellungen werden wiederum mit Hilfe von Zerlegungshäusern in die symbolische Ebene übertragen, wobei die Anzahl links vom Stift in das linke, die Anzahl rechts vom Stift in das rechte Zimmer geschrieben wird.

Wie kann man vorgehen?

1, 2 5 und 10 zerlegen

Diese Aufgaben sollten die Kinder eigenständig bearbeiten können, wobei ggf. zwei Hinweise notwendig sind: Zum einen sollte darauf hingewiesen werden, dass die 5 anders als auf der Seite zuvor nicht mehr in einer Zerlegung auftritt, sondern nunmehr selbst zerlegt werden soll. Zum anderen sollte der Stift in der Darstellung geklärt werden: Er soll am Fünferstreifen oder an der Hand die Zerlegung anzeigen, um die es in der Aufgabe gehen soll. In der symbolischen Darstellung des Zerlegungshauses wird er durch den Trennstrich zwischen den Zimmern, ab der folgenden Doppelseite auch schon durch das Pluszeichen ersetzt.

3, 4 Zerlegungen der Zahlen 5 und 10 vergleichen

Hier wird das Plättchen-Legematerial um den Zehnerstreifen erweitert, so dass das Lernplakat der vorangegangen Einheit um einen Zehnerstreifen und die Wortkarte „ein Zehner" ergänzt werden kann. Die Kinder werden aufgefordert, den Fünferstreifen mit dem Zehnerstreifen zu vergleichen: „Was ist gleich? Was ist verschieden?" Nacheinander werden diese Fragen mit den Kindern geklärt. Nun geht es darum, erst den Fünfer-, dann den Zehnerstreifen zu zerlegen und diese Zerlegungen miteinander zu vergleichen.

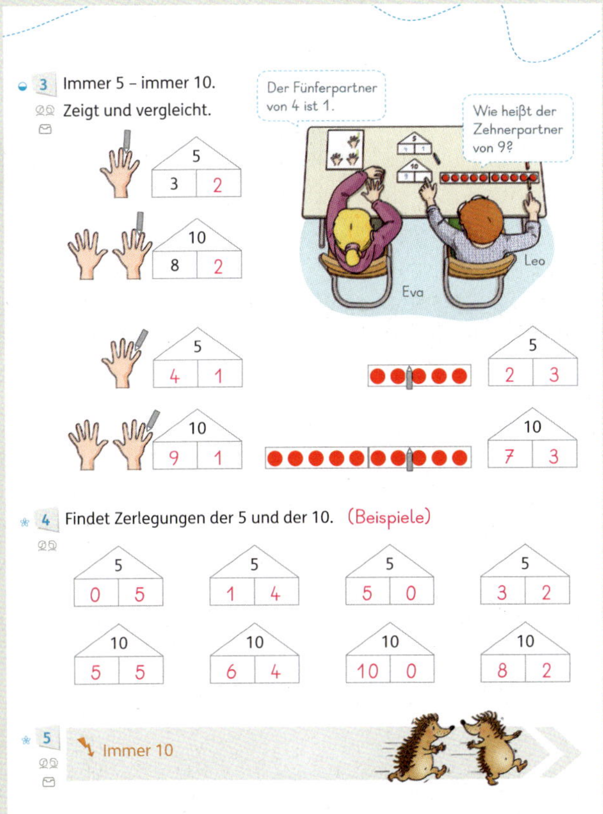
3 Immer 5 – immer 10.
Zeigt und vergleicht.

Der Fünferpartner von 4 ist 1.

Wie heißt der Zehnerpartner von 9?

Eva Leo

4 Findet Zerlegungen der 5 und der 10. (Beispiele)

5 Immer 10

Hinweise zu den Aufgaben

3 Zu den Fünferpartnern analoge Zehnerpartner finden.

4 Die Zerlegungen der Zahl 10 im Vergleich zu denen der Zahl 5 vertiefen.

5 Blitzrechnen: Immer 10
Zahl zwischen 1 und 10 nennen, zeigen und bis 10 ergänzen.
Zerlegungen der 10 automatisieren.

Verweise auf weitere Materialien

AH S. 16

FH S. 17

Dazu wird der Zerlegungsstift genutzt, der genau zwischen zwei Plättchen zeigt. Der Begriff *zerlegen* wird im Lernplakat ergänzt und visualisiert. Die Lehrkraft fordert die Kinder dazu auf, eine Zerlegung der Zahl 5 (z. B. 1 + 4) mit einer passenden Zerlegung der Zahl 10 (also 6 + 4) zu vergleichen. Die Kinder werden feststellen, dass hier nur ein Fünfer dazu kommt. Diese Beziehung zwischen den Fünfer- und den Zehnerzerlegungen soll im Folgenden vertieft werden, ggf. KV 16 nutzen.

5 Blitzrechnen: Immer 10
Die Zehnerzerlegungen werden automatisiert. Ein Kind sagt eine Zahl zwischen 0 und 9, das andere Kind nennt, so schnell es geht, den Zehnerpartner. Anschließend werden die Rollen getauscht.
Die Automatisierung der Zehnerzerlegungen ist von herausragender Wichtigkeit für die Erarbeitung einer Vorstellung vom dezimalen Stellenwertsystem. Es ist deswegen sorgfältig darauf zu achten, dass diese Blitzrechenübung in einer ausreichenden Intensität durchgeführt wird.

Diagnostisches Potenzial

Inwiefern stellen die Kinder Beziehungen zwischen Fünfer- und Zehnerzerlegungen her? Welchen der Summanden einer Zerlegung bestimmen sie zuerst und wie gehen sie dabei vor?

Möglichkeiten zur Differenzierung

Bei großen Problemen mit der Erarbeitung des Zehnerraums können die Aktivitäten auf die Zerlegungen des Fünfers beschränkt werden.

26/27 Zahlen zerlegen

Hinweise zu den Aufgaben

Einstieg Zerlegungshäuser zu Zahlenhäusern erweitern: Der Zerlegungsstift wird jetzt durch ein Pluszeichen ersetzt, in den Etagen des Hauses stehen alle Zerlegungen der Dachzahl.

1 – 4 Zahlenhäuser finden. Besprechen, woran man geschickt sehen kann, ob alle Zerlegungen gefunden wurden.

Wichtige Wörter

Dachzahl, Zerlegungszahl, plus, Zahlenhaus

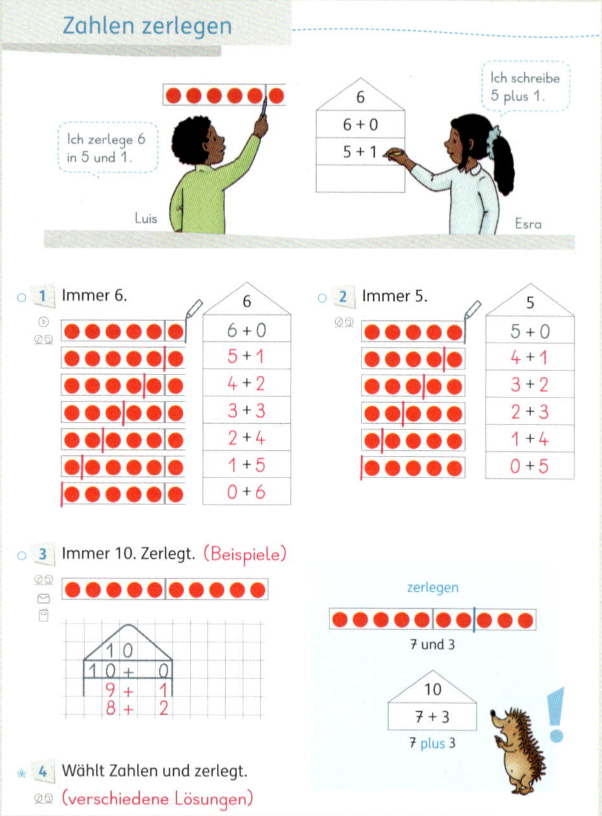

Was wird benötigt?

Plättchenstreifen mit Fünferzäsur, ggf. KV 17 – 21 *Zahlen zerlegen*, LF 4 *Zahlenhäuser*

Worum geht es?

Für eine fruchtbare Erarbeitung des Zwanzigerraums ist es unbedingt notwendig, dass die Kinder am Ende des ersten Themenblocks eine solide Vorstellung von den Beziehungen zwischen den Zahlen bis 10 gebildet haben. Nur dann können sie in den neuen, großen Zahlen altbekannte Eigenschaften (Analogien) wiedererkennen, nur dann wird der Zahlenraum einsichtig erweitert und nicht nur ergänzt.

Besonders wichtig ist die Fähigkeit, Zahlen aus Zahlen zusammenzusetzen (10 + 5 = 15) und Zahlen in Zahlen zu zerlegen (7 = 5 + 2). Hierfür wurden auf den vorangegangenen Seiten zu den Zahlen 5 und 10 besondere Zerlegungen durchgearbeitet. Diese Doppelseite beschäftigt sich intensiv und systematisch mit den Zerlegungen aller Zahlen bis 10.

Für eine flexible Vorstellung vom Aufbau der Zahlen ist eine Ordnung der Zerlegungen sehr hilfreich: 6 + 0, 5 + 1, 4 + 2, 3 + 3, 2 + 4, 1 + 5, 0 + 6. Sie hilft, dass man keine Zerlegung vergisst und erzeugt zudem die Einsicht in eine Eigenschaft: Es gibt immer genau eine Zerlegung mehr, als die Zahl groß ist. Das kann man am ersten Summanden sehen, der von 6 bis zur 0 (und nicht nur bis zur 1) verändert wird.

Erfahrungsgemäß werden einige Kinder hier alternative Ordnungen nutzen, indem sie schon Beziehungen zwischen Tauschaufgabe nutzen. Diese Idee kann durch die Bearbeitung der rechten Seite vertieft werden. Dort werden gezielt solche Zerlegungen miteinander verglichen, bei denen die eine aus der anderen durch Vertauschen der Zerlegungszahlen entsteht. Da hier schon ein erstes Rechengesetz thematisiert wird und die Kinder sich mit Zerlegungen mit Hilfe des Zerlegungsstifts auf der ikonischen und der Trennung zwischen den „Zimmern" eines Zerlegungshauses bereits ausführlich beschäftigt haben, wird auf dieser Seite das Pluszeichen als Übertragung des Zerlegungsstifts in die Welt der mathematischen Zeichen in den Zahlenhäusern eingeführt.

Wie kann man vorgehen?

Einstieg Zahlzerlegungen im Zahlenhaus

Die Kinder zerlegen die Zahl 6 an der Tafel oder im Sitzkreis mit Hilfe eines Zerlegungsstifts am Plättchenstreifen und notieren die Zerlegung auf einem Papierstreifen. Es wird geklärt, dass Zerlegungen von nun mit Hilfe eines Pluszeichens notiert wird, das später im Unterricht noch eine zentrale Rolle beim Rechnen spielt.

Die Lehrkraft legt schließlich ein Dreieck mit der Zahl 6 (Dachzahl), lässt eine Zerlegung darunter legen und erklärt, dass in diesem Zahlenhaus alle Zerlegungen

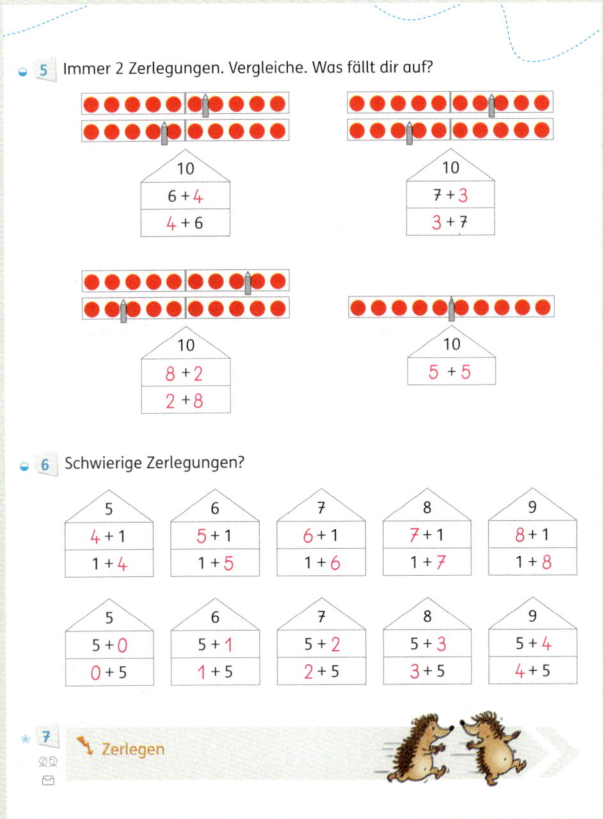

Hinweise zu den Aufgaben

5 Tauschaufgaben vorbereiten: Besprechen, dass eine gefundene Zerlegung schon zwei Etagen im Zahlenhaus liefert, indem man die Zerlegungszahlen vertauscht – es sei denn, es wird halbiert.

6 Besprechen, dass man unübersichtliche Zerlegungen mit Hilfe der getauschten Zerlegungszahlen übersichtlicher machen kann.

7 Blitzrechnen: Zerlegen
Plättchenstreifen zerlegen und Zerlegungsaufgabe nennen. Die Zerlegungen aller Zahlen bis 10 regelmäßig wiederholen und automatisieren.

Wichtige Wörter

Zerlegungszahl, tauschen, halbieren

Verweise auf weitere Materialien

AH S. 17, 18

FH S. 18, 19

der Dachzahl notiert werden sollen. Ggf. kann sie bereits hier ein systematisches Vorgehen dafür anbahnen: „Wie kann man die Aufgabe geschickt für die Entwicklung einer neuen Zerlegung nutzen?“ Dann entlässt sie die Kinder in die Arbeitsphase.

1 – 4 Zahlenhäuser füllen
Die Kinder markieren in den ersten beiden Aufgaben die Zerlegungen in den Zahlenstreifen und notieren sie im Zahlenhaus. Einigen Kindern fällt vielleicht auf, dass das Zahlenhaus zur 6 aus genau einer Etage mehr besteht als das zur 5. Das liegt daran, dass es immer genau eine Zerlegung mehr gibt, als die Zahl groß ist. Diese Entdeckung kann man anhand der 6 an einem Plättchenstreifen illustrieren: Man verschiebt den Zerlegungsstift sukzessive von ganz rechts (6 + 0) nach ganz links (0 + 6), wobei sich für den Stift sieben Positionen, also sieben Zerlegungen ergeben. Diese Übung wird dann im Heft fortgeführt.

5, 6 Tauschaufgaben vorbereiten
Es wird besprochen, dass man bei den Zerlegungen immer Paare bilden kann, indem man die Zerlegungszahlen vertauscht – es sei denn, es wird in zwei gleiche Zahlen zerlegt, also halbiert. Es kann sinnvoll sein, hier auch schon einmal die Begriffe *Tauschaufgaben* und *Halbieren* anzusprechen und den Kindern zu erklären, dass beides bei der Behandlung der Plusaufgaben weiter vertieft wird.

7 Blitzrechnen: Zerlegen der Zahlen bis 10
Die sichere Zerlegung aller Zahlen bis 10 ist notwendig für den Aufbau einer flexiblen Vorstellung vom Zahlenraum. Daher sollten die Übungen regelmäßig durchgeführt werden, ggf. auch begleitend zum folgenden Themenblock.

Diagnostisches Potenzial
Wie bestimmen die Kinder Zerlegungen am Zahlenstreifen? Welche Ordnung bringen sie in die Zahlenhäuser? Wie finden sie Zerlegungen ohne Plättchenstreifen? In welchem Zahlenraum suchen die Kinder eigene Zerlegungen? Wie verstehen/nutzen sie die Idee der Tauschaufgabe?

Möglichkeiten zur Differenzierung
1 – 4 Zum Auffinden der Zerlegungen können Kinder Plättchenstreifen zerschneiden, auf Papierstreifen aufkleben und die Additionsaufgabe darunter notieren. Das hat den Vorteil, dass die Aufgaben sortiert und auf Vollständigkeit überprüft werden können. Zusätzlich oder alternativ können die Kinder weitere Zahlen zerlegen (KV 17 – 21).

28/29 Unterschiede

Hinweise zu den Aufgaben

1 Plättchen werfen und geordnet in Zehnerfelder legen, den Unterschied bestimmen.

2 Unterschiede bestimmen.

Wichtige Wörter

mehr als, weniger als, gleich viele, Unterschied

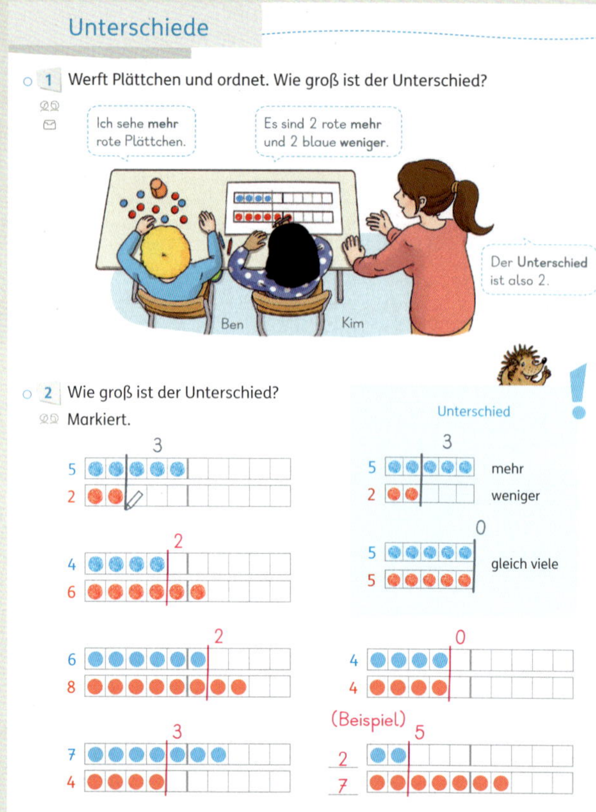

Was wird benötigt?

Wendeplättchen, ggf. Würfelbecher, zwei Zehnerfelder als Streifen (LF 1), KV 22 *Wer hat mehr?*

Worum geht es?

Ein Aspekt der Zahlbegriffsentwicklung besteht darin, Zahlen miteinander vergleichen zu lernen. Auf dieser Doppelseite sollen die Kinder Möglichkeiten kennenlernen, wie sie Zahlen im kardinalen Zahlaspekt geschickt miteinander vergleichen und mit Hilfe welcher Begriffe sie die Unterschiede zwischen den Zahlen beschreiben können. Zentral ist dabei, dass Unterschiede zwischen Zahlen wieder durch Zahlen beschrieben werden und dass dies, sofern die Zahlen auch wirklich unterschiedlich sind, stets auf zwei Weisen geschehen kann. So lässt sich etwa der Unterschied zwischen 5 und 8 ausdrücken durch „5 Plättchen sind 3 Plättchen *weniger als* 8 Plättchen" oder durch „8 Plättchen sind 3 Plättchen *mehr als* 5 Plättchen".

Den Kindern sollte hier noch einmal klar werden, dass man zur Bestimmung des Unterschiedes zwischen zwei Anzahlen nicht die hintergründigen Objekte alle abzählen muss – vielmehr genügt es, durch eine Eins-zu-eins-Zuordnung (hier anhand der übereinander liegenden Zehnerfelder) festzustellen, von welcher Menge mehr Objekte vorhanden sind und dann nur noch den Unterschied abzuzählen.

Wie kann man vorgehen?

1 Plättchen werfen

Im Sitzkreis werden zehn Plättchen auf den Boden geworfen und die Plättchen nach Farben sortiert in zwei übereinander liegende lineare Zehnerfelder gelegt. Die Lehrkraft fragt danach, wie man den Unterschied zwischen den roten und blauen Plättchen geschickt bestimmen und beschreiben kann.
Gemeinsam wird ein Wortspeicher aufgebaut mit den wichtigen Wörtern, die wie in der Merkbox visualisiert werden können. Anschließend werden die Kinder in die Arbeitsphase entlassen.

2 Unterschiede bestimmen

Nachdem die Kinder einige Male die Aktivität in Aufgabe 1 durchgeführt haben, sollen sie hier die Zahlenvergleiche auf der ikonischen Ebene bestimmen.

3 – 5 Zahlenvergleiche vertiefen

In dieser Aufgabe sollen die Kinder zu vorgegebenen Unterschieden Zahlenpaare finden. Der Zahlenraum ist hier freigegeben. Es sollte ggf. darüber gesprochen werden, dass man niemals alle Möglichkeiten für Zahlenpaare zu einem vorgegebenen Unterschied aufschreiben kann, weil es davon unendlich viele gibt.

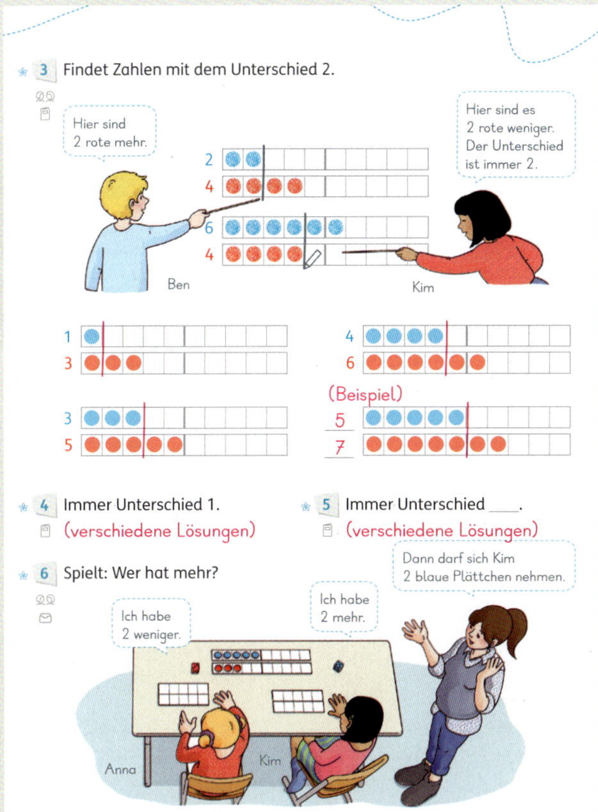

Hinweise zu den Aufgaben

3 – 5 Zahlen zu vorgegebenen Unterschieden finden: Der Zahlenraum ist freigegeben.

6 Spielregel: 2 Kinder würfeln. Jeder legt die Anzahl an Würfelpunkten als Plättchen in das Zehnerfeld. Anzahlen vergleichen: Wer hat mehr? Wer gewonnen hat, legt den *Unterschied* in sein eigenes Zehnerfeld.

Verweise auf weitere Materialien

AH S. 19

FH S. 20

6 Spiel *Wer hat mehr?* einführen
Jeder Spieler bekommt ein Zehnerfeld und würfelt mit einem Würfel. Die Augenzahl gibt die Plättchenmenge an, die man in das eigene Zehnerfeld legen darf. Beide Anzahlen werden verglichen (KV 22 *Wer hat mehr?*) und wer mehr hat, darf den *Unterschied* in das eigene Zehnerfeld legen. Würfeln beide Spieler die gleiche Augenzahl, so ist der Unterschied 0, d. h. niemand hat mehr und somit darf auch niemand Plättchen nehmen. Ziel des Spiels ist es, als erstes das eigene Zehnerfeld zu füllen. Ob das Zehnerfeld genau gefüllt werden muss oder auch „überlaufen“ darf, muss vor Beginn des Spiels vereinbart werden – der Übungseffekt ist beim genauen Füllen größer, das Spiel dauert aber u. U. auch deutlich länger. Den Kindern werden die Spielregeln erklärt und es werden einige Runden gemeinsam gespielt, bis die Regeln durchdrungen wurden. Diese Einführung kann im frontalen Unterricht oder in kleinen Gruppen geschehen. Kinder, die das Spiel schon kennen, können als Expertenkinder für die Verbreitung der Spielregeln eingesetzt werden. Die Kinder können das Spiel selbstständig immer dann spielen, wenn Zeit dafür vorhanden ist (Freiarbeit, Betreuung, Mittagspause o. Ä.).

Diagnostisches Potenzial

Wie bestimmen die Kinder die Unterschiede? Welcher Zahlaspekt steht bei den Überlegungen im Vordergrund? In welchem Zahlenraum bewegen sich die Eigenproduktionen?

Möglichkeiten zur Differenzierung

1 Kinder mit Schwierigkeiten im Aufbau arithmetischer Kompetenzen können hier auch mit weniger als zehn Plättchen arbeiten.

3 – 5 Kinder mit hohem mathematischen Interesse können versuchen, zum vorgegebenen Unterschied die größten Zahlen zu finden, die sie noch vorlesen können.

6 Das Spiel kann auch mit Spielwürfeln mit zehn Seiten gespielt werden.

30 Würfeltürme

Hinweise zu den Aufgaben

1 Im Plenum Darstellungen beschreiben. Begründen: Warum passt 3 + 3 zum Würfelgebäude, zum Bauplan und zur Beschreibung des rechten Kindes? In der Arbeitsphase analog Würfelgebäude mit 6 Würfeln bauen und den Plan aufzeichnen.

2 Muster der Würfeltürme fortsetzen: d. h. den rechten Turm und damit den rechten Summanden immer um 1 erhöhen. Bauplan und Zerlegung notieren, Muster beschreiben.

Wichtige Wörter

links, rechts, höher, niedriger, um ... größer, um ... kleiner, gleich, Turm

Verweise auf weitere Materialien

AH S. 20

FH S. 21

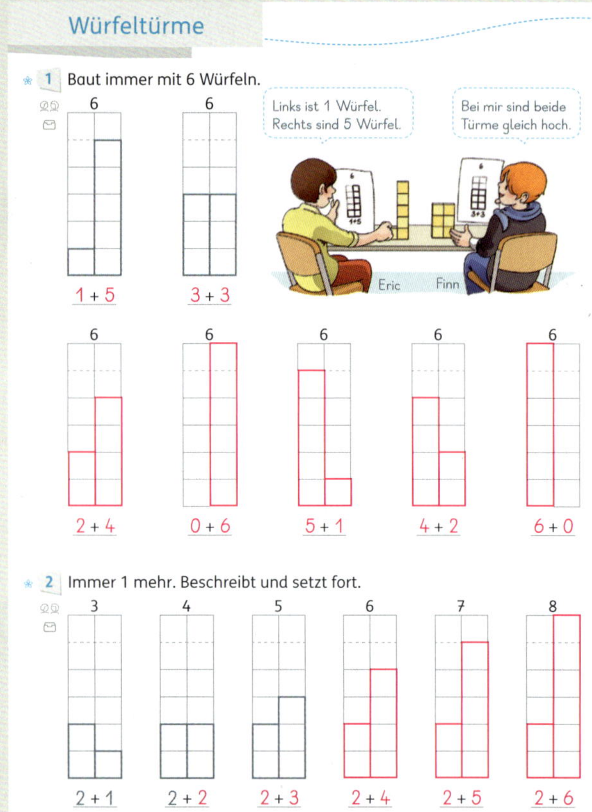

Auf dieser Doppelseite werden Zahlzerlegungen anhand von zwei verschiedenen Aktivitäten thematisiert: Die Würfeltürme bieten erste Möglichkeiten für raumgeometrische Grundlagen, das Plättchen werfen auf der rechten Seite dagegen liefert erste Erfahrungen mit Zufallsexperimenten.

Was wird benötigt?

Würfel, KV 23 – 27 *Würfeltürme*

Worum geht es?

Die Würfeltürme bieten eine erste Möglichkeit für die Kinder, raumgeometrische Grundlagen zu bilden, wobei das Thema des Themenblocks nicht verlassen wird: Es werden Würfelgebäude und ihre Baupläne zur Darstellung von Zahlzerlegungen herangezogen.

Wie kann man vorgehen?

1 Vor der Tafel sind die Würfelgebäude zu zwei Zerlegungen der 6 (etwa 1 + 5 und 3 + 3) aufgebaut. Die entsprechenden Baupläne und die Karte mit den Zerlegungen hängen an der Tafel. Die Kinder sitzen so, dass sie passend zu den Bauplänen auf die Würfeltürme schauen. Sie erklären den Zusammenhang zwischen den Würfelgebäuden, den Bauplänen und den Zerlegungen. Dabei versuchen die Kinder, die Würfeltürme genau zu beschreiben, etwa „Links ist ein Würfel, rechts sind fünf Würfel." Anschließend werden die Kinder in die Arbeitsphase entlassen.

2 Würfeltürme fortsetzen
Die Kinder setzen die Muster fort, indem von Figur zu Figur ein Würfel mehr gelegt und gezeichnet wird. Anschließend wird verglichen, ob die Kinder den vorgegebenen Wechsel zwischen den gleich hohen und den um 1 verschieden hohen Einzeltürmen aufgegriffen haben.

Hinweis: Zu diesen Aktivitäten finden sich zahlreiche Spielanregungen in dem Material „Mit Zahlen spielen".

Diagnostisches Potenzial

Wie übertragen die Kinder die Würfelbauten in die Pläne? Wie variieren sie die Zerlegungen? Wie setzen sie Muster fort und wie erklären sie die Fortsetzung?

31 Forschen und Finden: Plättchen werfen

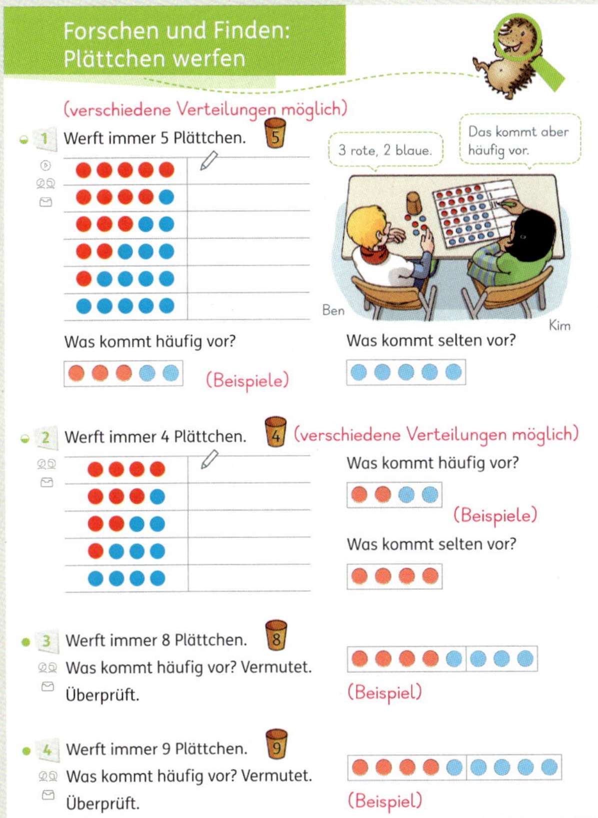

Hinweise zu den Aufgaben

1, 2 Im Plenum einführen. Plättchen werfen mit unterschiedlichen Anzahlen. Beobachtungen festhalten.

3, 4 Anzahl der Plättchen variieren. Vorher Vermutungen über die Häufigkeiten abgeben und im Experiment überprüfen, ggf. begründen.

Wichtige Wörter

selten, seltener als, häufig, häufiger als, größere/kleinere Chancen, mehr/weniger Möglichkeiten

Verweise auf weitere Materialien

AH S. 21

FH S. 21

Beim Plättchen werfen werden Zahlzerlegungen zufällig erzeugt, hier wird also eine Brücke zu ersten Erfahrungen mit Zufallsexperimenten angeboten.

Was wird benötigt?

Wendeplättchen, Würfelbecher, ggf. Unterlage zur Lärmreduktion, KV 28–30 *Plättchen werfen*

Was kann man vorgehen?

1–4 Zufallsexperimente durchführen und auswerten
Das Experiment wird mit fünf Plättchen mehrfach gemeinsam durchgeführt: Jedes Kind wirft die Plättchen und trägt das Ereignis mit einer Strichliste in die Tabelle ein (Schulbuch oder KV 28–30 *Plättchen werfen*). Sobald das Experiment verstanden wurde, sollen die Kinder vermuten, welche Möglichkeiten besonders selten und welche besonders häufig geworfen werden. Anschließend wird das Experiment durchgeführt und die Vermutungen werden überprüft.
Diese Vorgehensweise wird mit unterschiedlichen Plättchenanzahlen wiederholt.
Die Kinder werden feststellen, dass sich bei genügend großen Versuchsanzahlen die Anzahlen der Striche von der Mitte der Tabellen ausgehend verringern. Diese Beobachtung kann exemplarisch begründet werden, beispielsweise anhand von vier Plättchen. Die Lehrkraft schreibt auf die Plättchen die Nummern von 1 bis 4 und macht sie damit unterscheidbar. Die Plättchen werden mehrmals geworfen und die Ereignisse zeilenweise in eine Tabelle eingetragen. Nachdem einige Würfe auf diese Weise festgehalten wurde, werden die Würfe gesucht, die zu den einzelnen Ereignissen führen. Dabei fällt auf, dass es nur eine Möglichkeit gibt, das Ereignis „4 blau" zu werfen: Alle Plättchen zeigen die blaue Seite. Je ausgeglichener das Verhältnis zwischen den Farben ist, desto mehr Möglichkeiten gibt es für das Zustandekommen.
Beispielsweise kann für das Ereignis „1 rot, 3 blau" bereits das erste, zweite, dritte oder vierte Plättchen die rote Seite zeigen – also gibt es vier Möglichkeiten.

	1	2	3	4
1. Wurf	B	R	R	B
2. Wurf	B	B	B	R
...				

Diagnostisches Potenzial

Wie ordnen die Kinder die Plättchen? Wie finden sie die passende Zeile in der Tabelle? Welche Beobachtungen werden beschrieben und inwiefern führen diese zu Vermutungen oder zu Erklärungen für die Ausgänge der Experimente?

Möglichkeiten zur Differenzierung

Kinder mit großen Schwierigkeiten können die Experimente auch mit kleineren Plättchenmengen durchführen.

32/33 Rückblick

Hinweise zu den Aufgaben

1 Anzahlen schnell durch rechnendes Zählen ermitteln, vgl. S. 10 – 13 und 18 – 21

2 Muster erkennen und fortsetzen, vgl. S. 14, 15

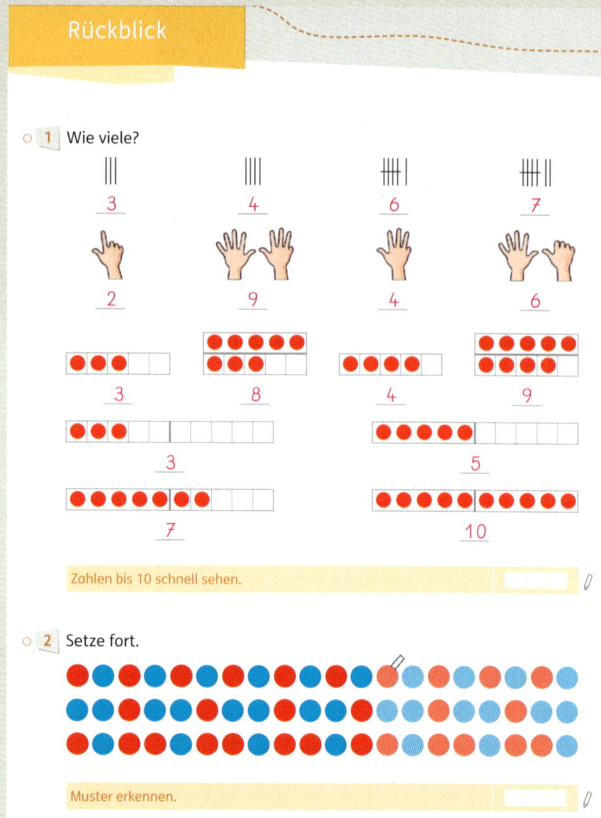

Worum geht es?

Die inhaltsbezogenen Kompetenzen des Kapitels *Entwicklung des Zahlbegriffs* werden hier rückblickend angesprochen.
Im Kern geht es darum, dass die Kinder

- die Zahlen bis 10 an strukturierten Darstellungen erkennen und in symbolischer Notationsweise schreiben und lesen,
- musterhafte Darstellungen erkennen und fortsetzen,
- die Zahlen bis 10 geschickt zerlegen, dadurch Anzahlen schnell bestimmen und miteinander vergleichen können.

Die dabei geförderten Kompetenzen treten vor allem in Form des Darstellens, des Kommunizierens und des Argumentierens auf. Diese werden stets – eingebettet in die Entwicklung der inhaltsbezogenen Kompetenzen – weiterentwickelt, indem die Kinder insbesondere

- die Zahlen bis 10 kardinal und ordinal in den zentralen Anschauungsmitteln darstellen (Darstellen),
- kardinale und ordinale Darstellungen unter Entwicklung geeigneter Begriffe zur Raumlage und zum Anzahlvergleich beschreiben (Kommunizieren),
- Analogien zwischen kleinen und großen Zahlen im Zehnerraum mit Hilfe der Fünferstruktur herstellen (Argumentieren),
- Grundmuster identifizieren und zur Beschreibung einer musterhaften Darstellung nutzen (Kommunizieren).

Wie kann man vorgehen?

Je nach den Gegebenheiten in der Klasse können alle Kinder gemeinsam oder nur einzelne Kinder die Aufgaben des Rückblicks bearbeiten. Ebenso kann die gesamte Seite oder nur die Aufgaben zu einem Thema bearbeitet werden. Nach der jeweiligen Bearbeitung einer Aufgabe oder eines Aufgabenblocks kreuzen die Kinder in der Selbsteinschätzung an, wie gut sie mit dem Inhalt zurecht gekommen sind. Dazu wird festgelegt, welche Position des Kreuzes zu welcher Selbsteinschätzung gehört (etwa von ganz links „schwierig“ bis nach ganz rechts „problemlos“). Anschließend können die Selbsteinschätzungen der Kinder mit den diagnostischen Erkenntnissen der Lehrkraft im Gespräch verglichen werden.

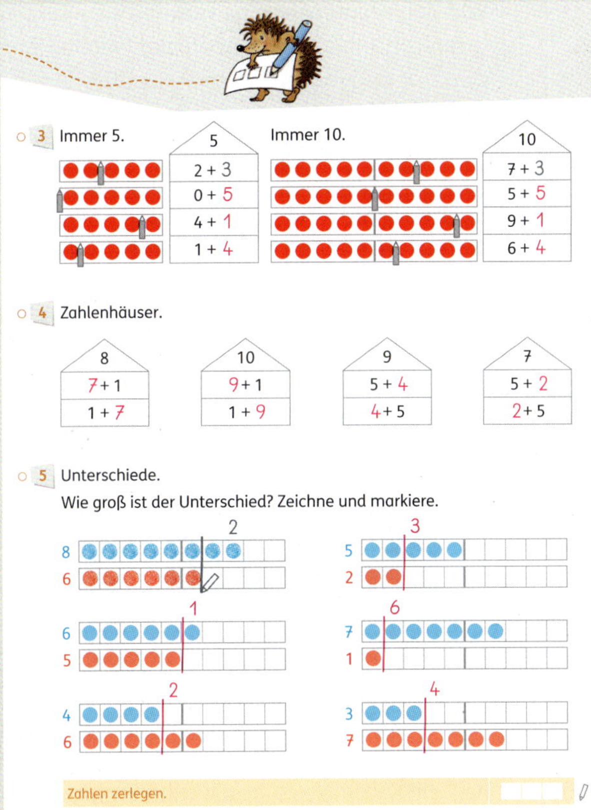

Hinweise zu den Aufgaben

3, 4 Zahlzerlegungen schnell erkennen, vgl. S. 24–27

5 Unterschiede zwischen Zahlen schnell erkennen, vgl. S. 28, 29

Verweise auf weitere Materialien

AH S. 22

FH S. 23

LZK 1 A–C im Materialband

Diagnostisches Potenzial

Für den Vergleich zwischen der Selbsteinschätzung der Kinder und der Diagnose durch die Lehrkraft können folgende Leitfragen hilfreich sein:

Zahlen bis 10 schnell sehen

Inwiefern erkennen und nutzen die Kinder den Fünfer in den jeweiligen Darstellungen zur Bestimmung der Anzahlen? Welche Rolle spielt das Zählen einzelner Objekte bei der Anzahlbestimmung?

Muster erkennen

Auf welche Weise identifizieren die Kinder zur Fortsetzung ein Grundmuster?

Zahlen zerlegen

Welche Analogien nutzen die Kinder zwischen der Fünfer- und der Zehnerzerlegung? Macht es für sie einen Unterschied, ob bei einer Zerlegung der erste oder der zweite Summand gesucht wird? Auf welche Weise bestimmen sie die Unterschiede zwischen zwei Zahlen? Welche Rolle spielt das Abzählen einzelner Objekte bei den Zerlegungen?

Möglichkeiten zur Differenzierung

Übungen zum Blitzrechnen

- Wie viele? (Seite 19)
- Kraft der Fünf (Seite 23)
- Immer 10 (Seite 25)
- Zerlegen (Seite 27)

Igeltraining

- Zahlen mit den Fingern zeigen (Seite 11)
- Zahlen schnell sehen am Zehnerfeld (Seite 21)

Themenblock Geometrie

Raumvorstellung

Ein zentrales Ziel des Geometrieunterrichts ist es, dass die Kinder Raumvorstellung (oder auch „räumliches Vorstellungsvermögen“ genannt) entwickeln sollen. Diese Kompetenz umfasst im Allgemeinen die Fähigkeit, sich Objekte und Bewegungen im Raum aus eigener oder fremder Perspektive gedanklich vorzustellen. Geometrieunterricht darf daher nicht beim Hantieren mit konkretem Material stehen bleiben. Vielmehr sollen aus den Handlungen mit Material Vorstellungsbilder von geometrischen Objekten, ihren Eigenschaften und den zugehörigen Operationen aufgebaut werden. Zwischen den dabei entwickelten „mentalen geometrischen Objekten“ werden Beziehungen hergestellt, die dann wiederum zum Argumentieren und Problemlösen genutzt werden. Damit bei den Kindern „Bilder im Kopf“ entstehen, ist das gemeinsame Besprechen von Strategien und Herangehensweisen wichtig.
Alle geometrischen Lernumgebungen im ZAHLENBUCH sind nach dem Grundgedanken aufgebaut: Geometrische Kompetenzen werden durch die Reflexion über die Beziehungen zwischen Handlungen und ihren Wirkungen aufgebaut und im Laufe der Schuljahre spiralig erweitert und vertieft.

Ebene Figuren

Zum Teilbereich „ebene Figuren“ bringen die Kinder verschiedene Vorerfahrungen mit. Sie kennen die Begriffe *Dreieck, Kreis, Viereck* ggf. auch *Rechteck* oder *Quadrat*. Viele Kinder beschreiben, warum diese Formen genauso heißen und erkennen sie in der Umwelt wieder. Genau diese Vorerfahrungen greift das ZAHLENBUCH spielerisch auf. Die Kinder entdecken zunächst die zentralen ebenen Figuren in der Umwelt und charakterisieren sie (Wie viele Ecken? Wie viele Seiten?). Dabei machen sie sich Gedanken über die Funktionalität der Dinge: Warum haben viele Verpackungen ein Rechteck als Umriss? Kinder mit großem Erfahrungsschatz werden dabei diejenigen Kinder, die über wenig Vorerfahrung verfügen, unterstützen.

Schulbuch 1, S. 34

Von Beginn an wird eine mathematisch korrekte Interpretation der Fachausdrücke *Viereck, Rechteck* und *Quadrat* angebahnt: Viereck als Oberbegriff umfasst die speziellen Vierecke der Rechtecke und Quadrate. Ein Quadrat ist wiederum ein spezielles Rechteck.

Nachdem die Kinder aus Umrissen der Alltagsgegenstände die ebenen Figuren hergestellt und kategorisiert haben, finden sie ebene Figuren auch in Kunstwerken bzw. Gestalten eigene Kunstwerke aus ebenen Figuren.

Schulbuch 1, S. 35

Zudem werden die ebenen Figuren genutzt, um mit ihnen vorgegebene Figuren auszulegen. Dadurch lernen die Kinder Ersetzungs- und Ergänzungsstrategien kennen: zwei Quadrate ergeben ein Rechteck, zwei Dreiecke ein Quadrat.

Schulbuch 1, S. 37

Vertiefend werden die ebenen Figuren genutzt, um mit ihnen geometrische Muster in Form von Bandornamenten zu legen. Das Legen erleichtert den Zugang zu den Bandornamenten. Ein sofortiges Zeichnen wäre für viele Kinder noch zu anspruchsvoll.

Schulbuch 1, S. 78

Diese vielfältigen Erfahrungen im Bereich „ebene Figuren“ stehen in einem engen Zusammenhang miteinander und ermöglichen den Kindern, eine umfassende Vorstellung zu den zentralen ebenen Figuren *Kreis, Dreieck, Rechteck, Quadrat* und *Viereck* aufzubauen.

Achsensymmetrie

Im ZAHLENBUCH wird im ersten Schuljahr ein erster handlungsorientierter Zugang zur Achsensymmetrie durch die Arbeit mit einem Handspiegel verfolgt. Das Spiegeln ist ein gängiger Zugang zur Symmetrie, da mit ihm das Phänomen der Achsensymmetrie handlungsorientiert erarbeitet werden kann. Dazu setzen die Kinder den Spiegel auf ein achsensymmetrisches Bild und erkunden auf diese Weise dessen Symmetrieachsen. Weiterhin können sie den Spiegel an ein Bild setzen und dadurch achsensymmetrische Bilder erzeugen. Beide Zugänge werden im ZAHLENBUCH verfolgt. Somit können die Kinder durch Drehen und Versetzen des Spiegels schnell viele achsensymmetrische Figuren erzeugen, sodass die Symmetrie visuell über viele Beispiele erfasst werden kann.

Schulbuch 1, S. 80

Pläne

Das Orientieren im Plan sowie das Abbilden dreidimensionaler Gegenstände mithilfe von Bauplänen, sind Kompetenzen mit großem Alltagsbezug (z. B. Orientierung in Stadtplänen, Flucht- und Rettungsplänen ...). Diese Kompetenzen bahnt das ZAHLENBUCH bereits im ersten Schuljahr an. Zu Beginn beschäftigen sich die Kinder mit einfachen Plänen von Würfelgebäuden im Sinne einer Vorderansicht. Die Kinder machen die Erfahrung, dass dreidimensionale Würfelgebäude aus zwei Würfeltürmen sehr einfach durch einen zweidimensionalen Plan dargestellt werden können.

Schulbuch 1, S. 30

Diese Kompetenz wird im weiteren Verlauf des Schuljahres auf das Lesen und Zeichnen von räumlichen Plänen erweitert. Zunächst werden einfache Sitzpläne betrachtet (im Sinne einer Draufsicht), an denen auch die Raumlagebegriffe *rechts von, links von, gegenüber von, zwischen, auf (dem Tisch)* und *unter (dem Tisch)* geübt werden.

Till	Anna	Paula	Murat
Ben	Mila	Esra	Max

Schulbuch 1, S. 130

Zudem orientieren sich die Kinder in dem reduzierten Stadtplan von „Eckenhausen" und üben mithilfe von anwendungsorientierten Aufgaben Raumlagebegriffe wie *nach rechts gehen, nach links gehen* und *in Richtung ... gehen.*

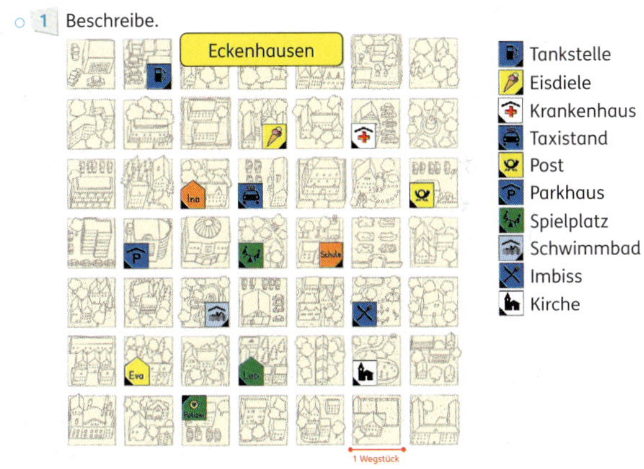

Schulbuch 1, S. 132

Zeichnen

Das ZAHLENBUCH bietet den Kindern vielfältige und vor allem neuartige Aufgabenstellungen, die sie zunächst handelnd mit Material lösen, anschließend aber auch dokumentieren. Das freihändige Zeichnen einfacher geometrischer Figuren wird somit bereits im ersten Schuljahr angebahnt: Die Kinder zeichnen Dreiecke, Vierecke, Kreise, Pläne, Schnittkanten, Spiegelachsen ... Diese Zeichnungen sind sicherlich nicht perfekt. Das müssen sie auch nicht sein. Wichtiger ist, dass die Kinder sich im freihändigen Zeichnen konstruktiv mit den Eigenschaften der geometrischen Objekte auseinandersetzen, ohne dass sie die eigentliche geometrische Aufgabe aus den Augen verlieren.

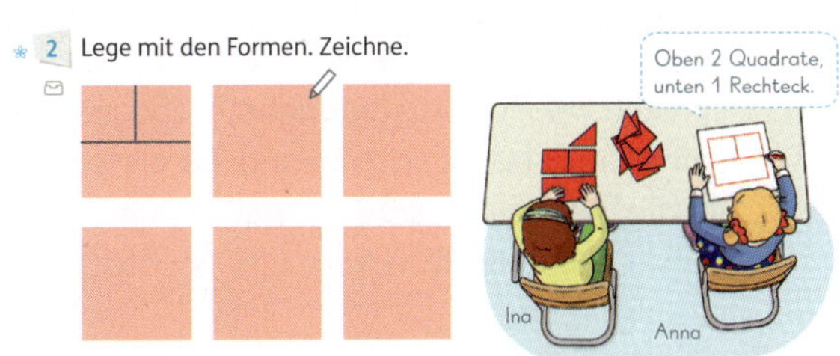

Schulbuch 1, S. 36

34/35 Formen in der Umwelt

Hinweise zu den Aufgaben

Einstieg, 1 Plakate im Unterricht herstellen: Kinder sammeln Gegenstände und zeichnen deren Umrisse. Umrisse passend zu den Begriffen aufhängen. Ecke und Seite als Eigenschaften der geometrischen Figuren sowie ein Quadrat als besonderes Rechteck herausstellen.

2 Umrisse der realen Objekte erkennen und geometrischen Formen zuordnen.

Fachsprachlicher Hinweis

Der Begriff Form ist ein Oberbegriff für sämtliche geometrischen Objekte. Ebene Formen wie z. B. Dreieck, Viereck, Kreis ... werden auch ebene Figuren genannt, während dreidimensionale Objekte wie z. B. Würfel, Kugel, Quader ... als Körper bezeichnet werden.

Wichtige Wörter

Dreieck, Viereck, Quadrat, Rechteck, Kreis, Umriss, Ecke, Seite

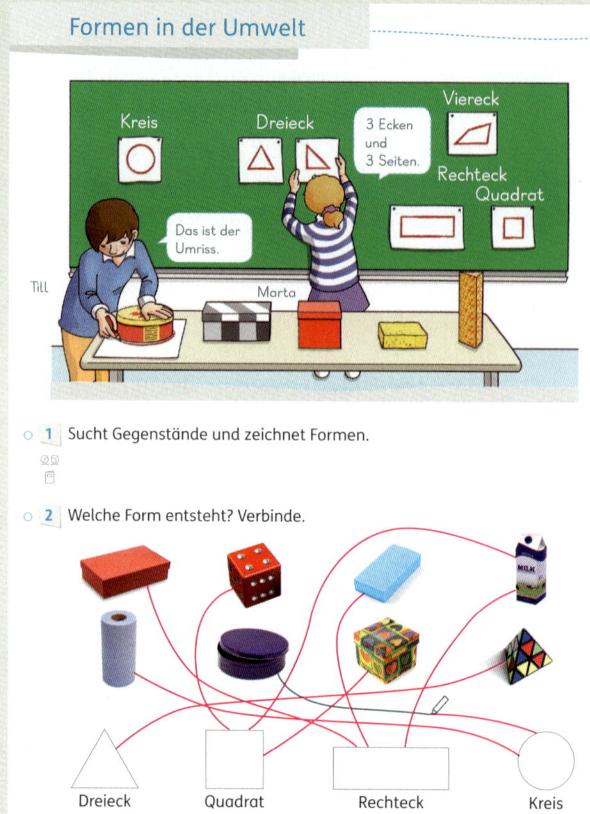

Was wird benötigt?

Gegenstände aus der Umwelt mit den geometrischen Formen Kreis, Dreieck, Quadrat und Rechteck als Umrissen, große Zeichenblätter

Worum geht es?

Die Kinder sollen in ihrer Lebenswelt geometrische Grundformen als Umrisse realer Objekte bewusst wahrnehmen. Dabei lernen sie einerseits Fachausdrücke kennen und betrachten andererseits die Eigenschaften der Objekte: Wie viele Ecken und wie viele Seiten haben die Formen? Rechtecke und Quadrate werden dabei als spezielle Vierecke thematisiert. Der Vierecksbegriff wird in späteren Schuljahren weiter ausdifferenziert und um weitere Grundformen wie z. B. Parallelogramm oder Drachen erweitert. Der Begriff Viereck ist der Oberbegriff für Formen mit genau vier Ecken und vier Seiten. Wichtig ist deshalb, frühzeitig darauf zu achten, dass bei den Kindern nicht der Eindruck entsteht, dass jedes Viereck ein Rechteck ist oder dass jedes Rechteck auch ein Quadrat ist. Um solchen Fehlvorstellungen entgegenzuwirken, sollte die Lehrkraft sich bereits im ersten Schuljahr fachlich korrekt ausdrücken: „Ein Quadrat ist ein spezielles Rechteck. Quadrate und Rechtecke sind spezielle Vierecke."

Wie kann man vorgehen?

1 Umrisse zeichnen und zuordnen

Die dargestellte Situation kann im Klassenverband umgesetzt werden. Die Kinder suchen im Klassenraum (ggf. zu Hause) Gegenstände, deren Umrisse die geometrischen Grundformen besitzen. Die Umrisse werden durch Umfahren auf ein Blatt gezeichnet. Dabei können sich die Kinder gegenseitig unterstützen, indem ein Kind den Gegenstand hält und das andere Kind diesen mit einem Stift umfährt. Die Kinder sollen dabei sorgsam arbeiten und dicht am Gegenstand entlangzeichnen, damit die geometrische Form erkennbar wird. Die Umrisse werden anschließend nach Kreis, Dreieck, Rechteck und Quadrat sortiert. Die Zuordnung der gezeichneten Umrisse sollte begründet werden, etwa „Diese Form ist ein Dreieck, weil es drei Ecken und drei Seiten hat." Dabei zeigen die Kinder jeweils auf die Ecken und Seiten. Der Bereich zum Viereck, insb. der Bereich zum Rechteck wird sich schnell füllen, während für Kreis und Dreieck relativ wenige Beispiele gefunden werden. Diese Situation kann als Gesprächsanlass genommen werden: Die Kinder können feststellen, dass nahezu jede Verpackung einen rechteckigen Umriss hat. Das ist dadurch zu erklären, dass sich derartige Verpackungen besonders stabil und platzsparend stapeln lassen.

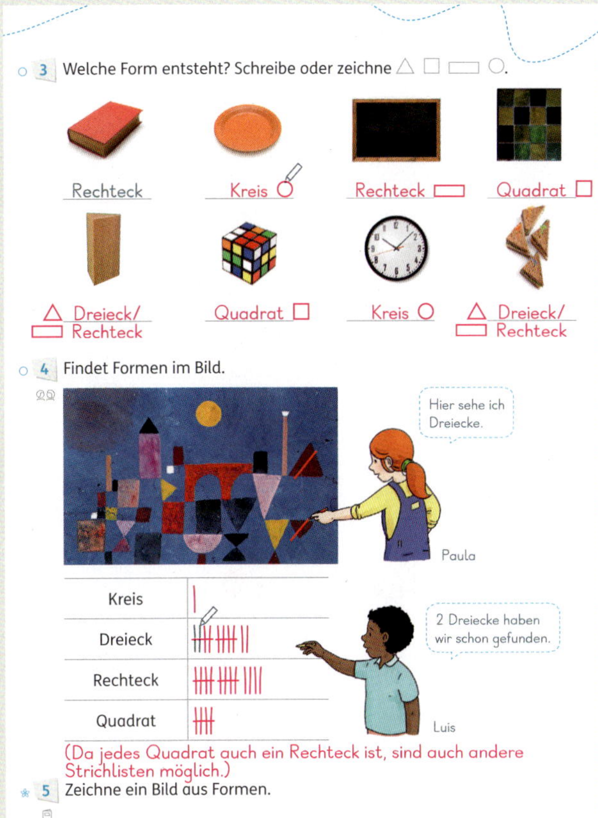
3 Welche Form entsteht? Schreibe oder zeichne △ □ ▭ ○.

Rechteck — Kreis ○ — Rechteck ▭ — Quadrat □

△ Dreieck/ ▭ Rechteck — Quadrat □ — Kreis ○ — △ Dreieck/ ▭ Rechteck

4 Findet Formen im Bild.

Kreis	|
Dreieck	卌 卌 ||
Rechteck	卌 卌 ||||
Quadrat	卌

(Da jedes Quadrat auch ein Rechteck ist, sind auch andere Strichlisten möglich.)

5 Zeichne ein Bild aus Formen.

Hinweise zu den Aufgaben

3 Umrisse der Körper als geometrische Grundformen erkennen und benennen oder zeichnen. Umrisse in abgebildeter Lage zeichnen. Somit ergibt sich beim Holzscheit ein Dreieck.

4, 5 Im Bild „Rote Brücke" von Paul Klee geometrische Grundformen finden und deren Anzahl per Strichliste in der Tabelle im Schulbuch festhalten. Anschließend ein eigenes Bild aus Grundformen gestalten (zeichnen oder legen). In Verbindung mit dem Kunstunterricht lässt sich das Potenzial zum fächerübergreifenden Lernen nutzen.

Verweise auf weitere Materialien

AH S. 23

2, 3 Formen der Umrisse erkennen
Die Kinder sollen überlegen, welche Formen die Umrisse der abgebildeten Gegenstände besitzen. Falls sie hiermit noch Schwierigkeiten haben, sollten ihnen diese Objekte als reale Gegenstände (oder dazu sehr ähnliche) zur Verfügung gestellt werden. Damit die Formen eindeutig sind, sollten die Umrisse der Gegenstände genau in der abgebildeten Lage gezeichnet werden. Der Umriss des stehenden Holzscheits in Aufgabe 3 etwa ist ein Dreieck. Legt man das Holzscheit, ergibt sich ein Rechteck. In Aufgabe 3 können die Kinder zudem versuchen, den Fachausdruck zu notieren (sie können ihn etwa aus der Einstiegsillustration übernehmen). Alternativ oder auch zusätzlich können sie die Formen zeichnen.

4, 5 Formen im Bild
Die Besprechung des Kunstwerks „Rote Brücke" von Paul Klee bietet Potenzial zum fächerübergreifenden Unterricht. In Aufgabe 5 sollen die Kinder zunächst Grundformen im Bild wiederfinden. Deren Anzahl wird per Strichliste im Schulbuch festgehalten. Ist die Arbeit mit einer Tabelle noch zu anspruchsvoll, kann die Anzahl der Dreiecke, Rechtecke und Quadrate alternativ auch arbeitsteilig gefunden werden: manche Teams suchen nur die Dreiecke und streichen diese im Bild durch, andere nur die Rechtecke, wieder andere nur die Quadrate. Der eine Kreis kann gemeinsam gefunden werden. Anschließend zeichnen die Kinder eigene Bilder aus Formen (frei Hand oder mit dem Lineal). Alternativ können sie ein Bild mit vorbereitetem Material (von der Lehrkraft bereitgestellte bunte Kreise, Dreiecke, Rechtecke und Quadrate) legen und aufkleben.

Diagnostisches Potenzial

Welche Formen kennen die Kinder und können sie mit Fachausdrücken benennen? Kennen sie ihre Eigenschaften (Anzahl der Ecken und Seiten)? Können sie bei dreidimensionalen Gegenständen vermuten, welche Formen die zugehörigen Umrisse haben? Legen die Kinder die Gegenstände zielsicher auf die richtigen Plakate? Wie sehen ihre Freihandzeichnungen der Formen aus? Welche Formen erkennen sie im Bild? Mit welchen Formen gestalten sie ihre Bilder?

Möglichkeiten zur Differenzierung

Falls Kinder große Schwierigkeiten haben, in Alltagsgegenständen geometrische Grundformen zu erkennen, können sie zunächst das beiliegende Legematerial (siehe Beilage zum Schulbuch) nach Formen sortieren. Dabei sollten sie immer wieder die Eigenschaften der Formen benennen („Ein Dreieck hat drei Ecken und drei Seiten.") und zeigen.

36/37 Mit Formen legen

Hinweise zu den Aufgaben

1 Vorgegebene Figuren mit Legematerial (siehe Beilage) nachlegen. Zur Vertiefung weitere Figuren an die Tafel heften und nachlegen lassen. Alternativ Kinder in Partnerarbeit eigene Figuren legen lassen, der Partner legt diese nach.

2, 3 Verschiedene Auslegemöglichkeiten des Quadrats und Rechtecks finden und zeichnen. Überlegen, welche Formen durch welche anderen Formen ersetzt werden können.

4 Abgebildete Figur mit genau zwei Dreiecken, einem Rechteck und zwei Quadraten auslegen.

Wichtige Wörter

Viereck, Dreieck, Quadrat, ersetzen, drehen, verschieben, zerlegen, austauschen, oben, unten, rechts, links

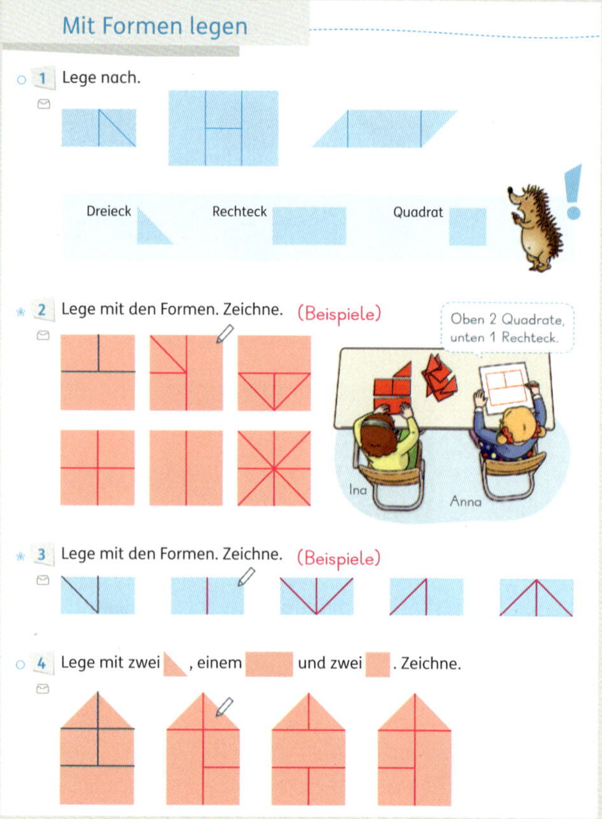
Mit Formen legen

1 Lege nach.

Dreieck Rechteck Quadrat

2 Lege mit den Formen. Zeichne. (Beispiele)

Oben 2 Quadrate, unten 1 Rechteck.

Ina Anna

3 Lege mit den Formen. Zeichne. (Beispiele)

4 Lege mit zwei , einem und zwei . Zeichne.

Was wird benötigt?

Legematerial (zur Demonstration mind. 200% vergrößert), KV 31 *Mit Formen legen*

Worum geht es?

Die bisher gemachten Erfahrungen mit geometrischen Formen werden im Kontext „Legen und Umlegen" weiter ausgebaut. Die Kinder sollen anhand der Aktivitäten erfahren, dass und wie sich geometrische Formen in andere Grundformen zerlegen lassen. Die Legematerialien (siehe Beilage) sind so gestaltet, dass sich zwei Dreiecke zu einem Quadrat und zwei Quadrate zu einem Rechteck zusammenlegen lassen. Somit gibt es eine Vielzahl an Möglichkeiten des Legens und Umlegens innerhalb einer auszulegenden Figur. Dabei gelten stets die Regeln:

- Die auszulegenden Figuren dürfen nur mit den geometrischen Formen des Legematerials ausgelegt werden.
- Die Formen des Legematerials dürfen sich nicht überlappen, sondern nur berühren.
- Die auszulegende Figur muss vollständig mit den Formen des Legematerials ausgelegt werden.

Eine neue Auslegemöglichkeit für eine vorgegebene Figur entsteht, wenn Formen des Legematerials durch andere Formen ersetzt oder wenn einzelne Formen oder die gesamte Figur gedreht werden.
So lässt sich das Quadrat aus Aufgabe 2 z. B. mit ...

- vier Quadraten auf eine,
- zwei Rechtecken auf zwei,
- drei Quadraten und zwei Dreiecken aber schon auf acht Arten auslegen:

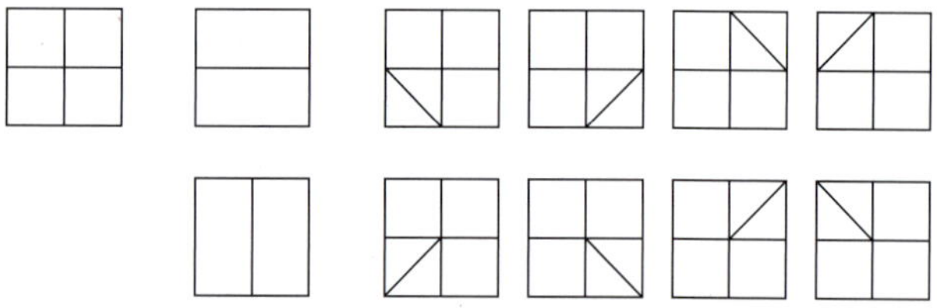

Möglicherweise erkennen manche Kinder bereits, dass einige Lösungen durch eine Drehung um 90° entstehen und deswegen eigentlich nicht neu gelegt werden müssen.

Wie kann man vorgehen?

1 Mit Formen nachlegen
Die vorgegebenen Figuren werden mit dem Legematerial nachgelegt.

2 Quadrate legen
Der Umriss des Quadrats wird mehrfach an die Tafel gezeichnet. Die Kinder versuchen mit entsprechend großem Legematerial, die Quadrate auszulegen. Dabei sollen sie sowohl die benutzten Formen als auch deren Raumlage mit Fachausdrücken benen-

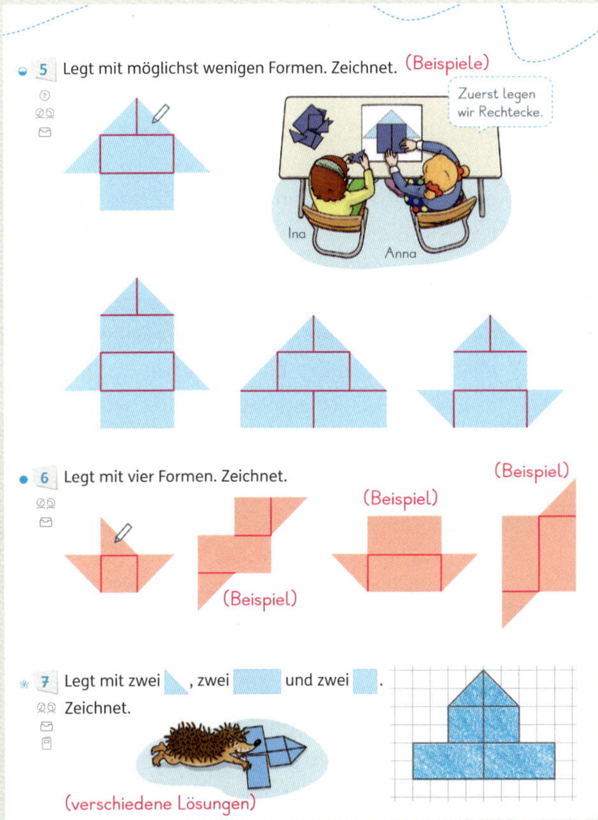

Hinweise zu den Aufgaben

5 Abgebildete Figuren mit möglichst wenig Formen auslegen. Dabei Ersetzungsstrategien entwickeln: Zwei nebeneinanderliegende Quadrate können durch ein Rechteck ersetzt werden. Strategien gemeinsam besprechen.

6 Abgebildeten Figuren mit genau vier Formen auslegen.

7 Mit den abgebildeten sechs Formen gemeinsam mit einem Partner Figuren legen und zeichnen.

Verweise auf weitere Materialien

AH S. 24

nen, etwa: „Oben links ist ein Quadrat, unten links zwei Dreiecke, rechts ein Rechteck." Dazu können schon vorhandene Wortspeicher erneut eingesetzt und ergänzt werden. Gemeinsam werden unterschiedliche Möglichkeiten, ein Quadrat auszulegen, gefunden und eingezeichnet, bevor die Kinder in der individuellen Arbeit weitere Lösungen finden und in das Schulbuch übertragen. Zur Größenorientierung und zum Einzeichnen kann die KV 31 *Mit Formen legen* genutzt werden, in der die auszulegenden Quadrate in passender Größe abgebildet sind.

3, 4 Mit Formen auslegen
Die Kinder legen die im Schulbuch abgebildeten Figuren mit dem Legematerial nach. Zur Größenorientierung der jeweiligen Figuren kann die KV 31 *Mit Formen legen* genutzt werden. Verschiedene Lösungen können gemeinsam an der Tafel gesammelt werden.

5 Mit möglichst wenig Formen legen
Beim Auslegen mit möglichst wenig Formen müssen die Kinder überlegen, wie sie systematisch Formen ersetzen können (z. B. zwei nebeneinanderliegende Quadrate können durch ein Rechteck ersetzt werden). Verschiedene Lösungen vergleichen und Strategien gemeinsam besprechen. KV 31 *Mit Formen legen* zum Auslegen und Einzeichnen nutzen.

6 Mit vier Formen auslegen
Die auszulegenden Figuren mit genau vier Formen des Legematerials auslegen. Strategien wie in Aufgabe 5 anwenden und ggf. besprechen. KV 31 *Mit Formen legen* nutzen.

7 Freies Legen
Mit den vorgegebenen sechs Formen gemeinsam Figuren legen, aufzeichnen und beispielsweise für eine Klassenkartei nutzen. Potenzial zum selbststeuerten Üben nutzen.

Diagnostisches Potenzial

Wie benennen die Kinder die benutzten Legeformen? Erkennen sie, dass sich die Formen mit den Legeformen unterschiedlich auslegen lassen? Wie finden sie neue Möglichkeiten, gehen sie systematisch vor? Wie zeichnen sie ihre Lösungen in die Vorlagen (KV 31) ein? Können sie mit möglichst wenig Formen legen? Welche eigenen Formen finden sie? Wie gut können sie diese zeichnen?

Themenblock Orientierung im Zwanzigerraum

Der Hunderterraum ist der natürliche Rahmen für das Einmaleins, denn die größte Aufgabe, die man in der Didaktik im Einmaleins rechnet, ist 10 · 10 = 100. Analog ist der Zwanzigerraum der natürliche Rahmen für das Einspluseins, denn 10 + 10 = 20.

Ganzheitliche Einführung in den Zwanzigerraum

Nach der traditionellen Rechendidaktik, die den Unterricht über Jahrhunderte bestimmte, wurde der Zahlenraum gestuft eingeführt. Der Unterricht verharrte lange im Fünfer- oder Sechserraum, dann mindestens bis zum Ende des ersten Halbjahrs im Zehnerraum, bevor die Zahlen bis 20 eingeführt wurden und nach dem Rechnen innerhalb des zweiten Zehners schließlich der Zehnerübergang an die Reihe kam.
Das ZAHLENBUCH führt in den Zwanzigerraum im Gegensatz dazu ganzheitlich ein und zwar so, dass das formale Rechnen zurückgestellt wird. Für die Entwicklung von Zahlvorstellungen ist der größere Zahlenraum eine große Hilfe, weil das Verständnis gefördert wird. „Ganzheitlich“ heißt natürlich nicht, dass von den Kindern sofort verlangt wird, sich im gesamten Zwanzigerraum sicher zu bewegen, was auch tatsächlich vielen Kindern nicht möglich ist. Es heißt nur, dass dieser Raum als „Spielraum“ zur Verfügung steht und die Kinder Anregungen erhalten, sich in diesen Raum einzuleben.
Das ZAHLENBUCH bietet hierzu verschiedene Durchgänge an, bei denen der Zwanzigerraum jeweils unter anderen Zahlaspekten, mit anderen Anschauungsmitteln und anderen Aufgabenstellungen neu erschlossen wird. Die Kinder erhalten so mehrere Gelegenheiten, sich mit dem Zwanzigerraum vertraut zu machen. Entscheidend sind dabei erste Einsichten in das dekadische System: Wenn die Kinder die Zahlen 11, 12, ..., 19 klar als Zusammensetzungen von einem Zehner und Einern verstehen, können sie tragfähige Analogien zwischen kleinen und großen Zahlen knüpfen: Aus Aufgaben wie 5 + 3 werden Aufgaben mit größeren Zahlen wie 15 + 3, später 75 + 3 oder auch 750 + 30 erschlossen.

Strukturierung des Zehnerraums

Mit dem Blick auf den Zwanziger- und den Hunderterraum wird der Zehnerraum keineswegs außer Kraft gesetzt. Die Zerlegung von Zahlen in kleinere Zahlen und die Zusammensetzung von kleineren Zahlen zu größeren Zahlen bleibt Thema. Die Blitzrechenübungen „Zerlegen“ und „Immer 10 (Ergänzen bis 10)“ spielen sich ganz im Zehnerraum ab.
Auch in diesem Themenblock werden noch keine Rechnungen als Gleichungen („Zahlensätze“) aufgeschrieben, wenngleich bei Zerlegungen auch schon das Pluszeichen Verwendung findet. Der Nachdruck liegt ganz auf der Entwicklung von Zahlvorstellungen und in Verbindung damit auf dem „rechnenden Zählen“.

Aufbau des Themenblocks

Auf den Seiten 38-40 wird der Zehner als neue Zahleinheit bewusst gemacht. Wichtige Darstellungsmittel sind hier die Zahlenkarten, vor allem aber das Zwanzigerfeld, das als Fortführung der bereits bekannten Zehnerfelder sorgfältig eingeführt wird. Beide Darstellungen heben den Zehner als Bündelungseinheit hervor: Die Zahlenkarten auf symbolischer Ebene, das Zwanzigerfeld auf enaktiver und ikonischer Ebene.

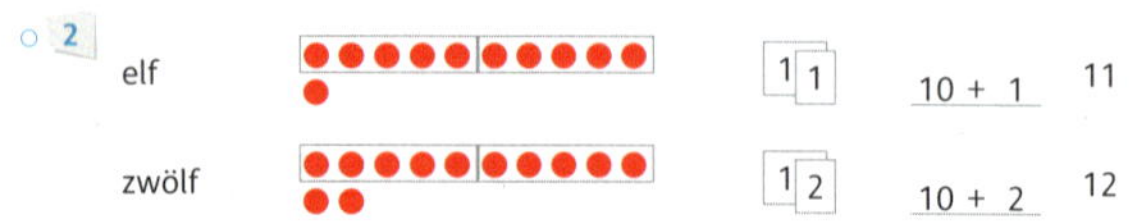

Schulbuch 1, S. 38

Dabei wird von Beginn an Wert darauf gelegt, dass Zahlen am Zwanzigerfeld unterschiedlich gelegt und interpretiert werden können – je nachdem, ob man das Feld eher linear von links nach rechts liest oder eher als Blockdarstellung deutet, bei dem zwei übereinander liegende Anzahlen dominieren.

Schulbuch 1, S. 40

Wichtig ist dabei, dass die Kinder den Fünfer als Strukturierungselement unterhalb des Zehners nicht aus den Augen verlieren. Entsprechend sollte er als Legematerial stets verfügbar sein, so dass die Kinder möglichst wenig einzelne Plättchen zum Darstellen der Zahlen nutzen müssen.
Das Zwanzigerfeld leistet bei der Behandlung des Einspluseins und des Einsminuseins einen unschätzbaren Dienst und prägt auch die Zahlvorstellung über den Zwanzigerraum hinaus. In den folgenden Bänden werden in ähnlicher Weise das Hunderterfeld, das Tausenderfeld und schließlich eine analog aufgebaute Darstellung des Millionenraums erarbeitet.

Auf der nachfolgenden Doppelseite wird die besondere Analogie zwischen dem Zehner und dem Zwanziger thematisiert: Zerlegungen der 20 entstehen aus den Zerlegungen der 10, indem ein voller Zehner hinzugenommen wird. Die Betrachtung solcher Analogien kennen die Kinder bereits vom Aufbau des Zahlbegriffs, wo die Zahlen von 6 bis 10 auf die Zahlen von 1 bis 5 zueinander in Beziehung gesetzt wurden.

Schulbuch 1, S. 42

Anschließend werden erste Überlegungen zur Ordnung der Zahlen erarbeitet: Die Kinder lernen die Größer- und die Kleiner-Relation kennen und kommen dabei auch in ersten Kontakt mit dem Gleichheitszeichen, das weiterhin nicht als Rechen- sondern als Ordnungszeichen zum Tragen kommt.

Schulbuch 1, S. 45

Die Kinder vertiefen dann den Zwanzigerraum aus der Perspektive des ordinalen Zahlaspekts. Hierbei ist die Ordnung der Zahlen wesentlich: Die Zahlenreihe sortiert die Zahlen nach ihrer Größe. Wichtig ist, dass jede Zahl in der Zahlenreihe – anders als im Zwanzigerfeld – einen eindeutigen Platz hat. Zudem sollte klar werden, dass die Fünfer- und Zehnerstruktur auch in der Zwanzigerreihe deutlich wird, indem nach jeder fünften Position eine Lücke gelassen wird.

Schulbuch 1, S. 46

Diese klare Abfolge der Zahlen wird zunächst spielerisch vertieft, etwa mit dem Spiel *Zahlen treffen*:

Schulbuch 1, S. 47

Spielregel: Die Zahlenkarten werden gemischt, dann wird ein Zielfeld festgelegt, indem die Kinder eine Karte des Stapels aufdecken (hier die 10). Auf die Startposition 1 und 20 werden transparente Spielsteine gelegt.

Pro Spielzug würfelt man und sucht sich einen Spielstein aus, den man die gewürfelte Augenzahl in eine Richtung vorwärts oder rückwärts auf dem Spielfeld setzt. Man darf das Spielfeld nicht verlassen – mit einem Spielstein auf Feld 1 kann man z. B. nur nach rechts ziehen. Zwei Spielsteine dürfen auch auf derselben Zahl liegen.
Wer das Zielfeld erreicht, darf die zugehörige Karte behalten und deckt eine neue auf.
Wer die meisten Karten sammelt, gewinnt das Spiel.
In diesem Spiel wird die numerische Bewusstheit der Kinder im ordinalen Zahlaspekt effektiv gefördert: Durch die zielgerichteten Überlegungen, ob sie die gewürfelte Augenzahl zum gewünschten Position in der Zahlenreihe bringt, lernen die Kinder auch die Übersicht zu behalten, wenn zwei Zahlen etwas weiter voneinander weg liegen. Hierbei kann das Spiel den Kindern natürlich angepasst werden: Einerseits kann der Zahlenraum bis 10 eingegrenzt werden, andererseits können die Kinder mit zwei Zielkarten spielen, um mehr Beziehungen nutzen zu können.
Auf den nächsten Seiten wird der ordinale Zahlaspekt dann sprachlich angereichert und weiter formal vertieft. Dazu werden die Wendekarten genutzt, die eine Synthese zwischen dem Anzahl- und dem Zählzahlaspekt darstellen: Auf der Vorderseite findet sich das Zahlsymbol, auf der Rückseite die zugehörige Punktedarstellung.

Schulbuch 1, S. 48

Am Ende der Erarbeitung des Zwanzigerraums steht die systematische Erforschung des NIM-Spiels, das die Einsichten in Strukturierungsmöglichkeiten des Zahlenraums vertieft.

Schulbuch 1, S. 51

Den Abschluss bildet auf S. 52/53 der Rückblick über die Grundlagen der Orientierung im Zwanzigerraum mit entsprechenden Gelegenheiten zur Selbsteinschätzung für die Kinder.

38/39 Zahlen bis 20

Hinweise zu den Aufgaben

Einstieg Zahlenausstellung erstellen.
Auf Fünfer- und Zehnerbündelungen achten.
Alternativ: Bild betrachten.

1 Verwandtschaft zwischen den Zahlen 0 bis 5 und 10 bis 15 hervorheben: Es kommt nur ein Zehner dazu. Bei Zahlwörtern Verwandtschaft erst ab 13.

2 Symbolische Darstellungen den ikonischen zuweisen. Vertrauen in die Darstellung vertiefen: Fünfer- und Zehnerstrukturen sind verlässlich, die einzelnen Plättchen müssen nicht nachgezählt werden.

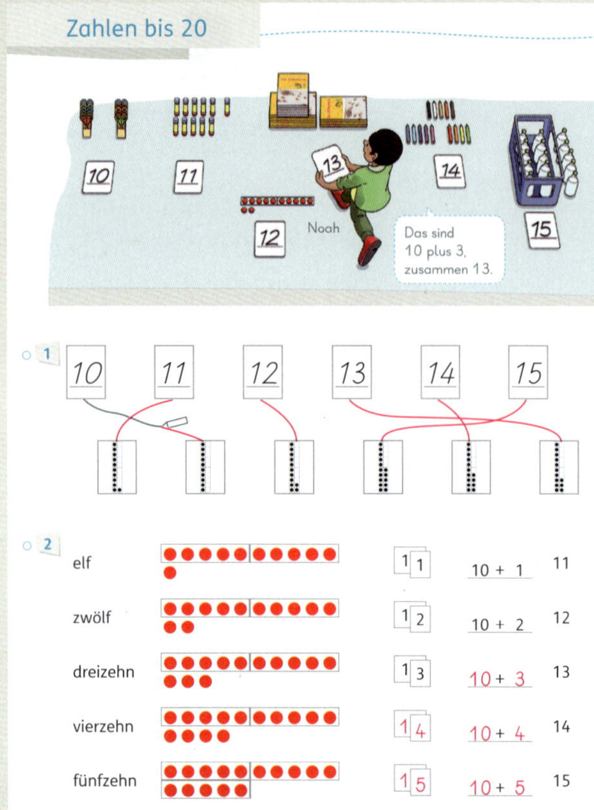

Wichtige Wörter

Einer, Zehner

Was wird benötigt?

Wendeplättchen, Fünfer- und Zehnerstreifen, Zahlenkarten, ggf. KV 32 – 38 *Zahlen und Zahlwörter bis 20*

Worum geht es?

Die im vorhergehenden Themenblock gewonnene Einsicht in die Fünfer- und Zehnerstruktur wird im Zahlenraum bis 20 fortgesetzt. Analog zu den Seiten 24/25, wo der zweite Fünfer sukzessive aufgebaut wird, wird hier der zweite Zehner Zahl für Zahl aufgebaut. Für jede Zahl werden neben der üblichen kurzen symbolischen Schreibweise drei alternative Darstellungen angeboten: ein Punktfeld, zwei Zahlenkarten und eine additive Zerlegung. Alle diese Darstellungen betonen die Zusammensetzung der Zahlen aus einem Zehner und der entsprechenden Anzahl an Einern und bereiten damit auf das Stellenwertsystem vor.
Einige Kinder bewegen sich hierbei vermutlich noch eher im Zehnerraum und sind bei größeren Zahlen unsicher. Da der Zwanzigerraum im Folgenden aber operativ durchgearbeitet wird, erhalten auch langsamere Kinder immer wieder eine Chance, mehr Vertrauen in die Strukturen der Zahlen und ihrer Darstellungen zu gewinnen.

Wie kann man vorgehen?

Die Aufgaben auf dieser Doppelseite sollten von links nach rechts behandelt werden.

Einstieg Zahlenausstellung erstellen oder besprechen
Ähnlich zur Besprechung der Zahlen bis 10 (S. 8) werden die Zahlen durch Anzahlen von zueinander passenden Gegenständen repräsentiert. Hierbei hervorheben, dass das Bündeln in Zehnern und Einern Übersicht in größere Anzahlen von Gegenständen bringt. Entsprechend kann in der Klasse nach Gegenständen gesucht werden, die in einer geeigneten Anzahl zur Verfügung stehen: Bücher, Stifte, Scheren, Lineale, Schultaschen usw.

1, 3 Zahldarstellungen
Die symbolischen Zahldarstellungen werden mit Punktebildern verbunden. Wichtig ist, dass die Kinder Vertrauen in die Struktur der Darstellungen gewinnen bzw. vertiefen: Die Fünfer bzw. die Zehner sind stets deutlich erkennbar und müssen nicht abgezählt werden.

2, 4 Zahlwörter, -darstellungen und -zerlegungen
Die Lehrkraft bespricht mit den Kindern die Zahlwortreihe bis 20 und thematisiert dabei die verschiedenen Darstellungen. Wichtig ist, dass gemeinsam eine der Zeilen von Aufgabe 2 entwickelt wird.

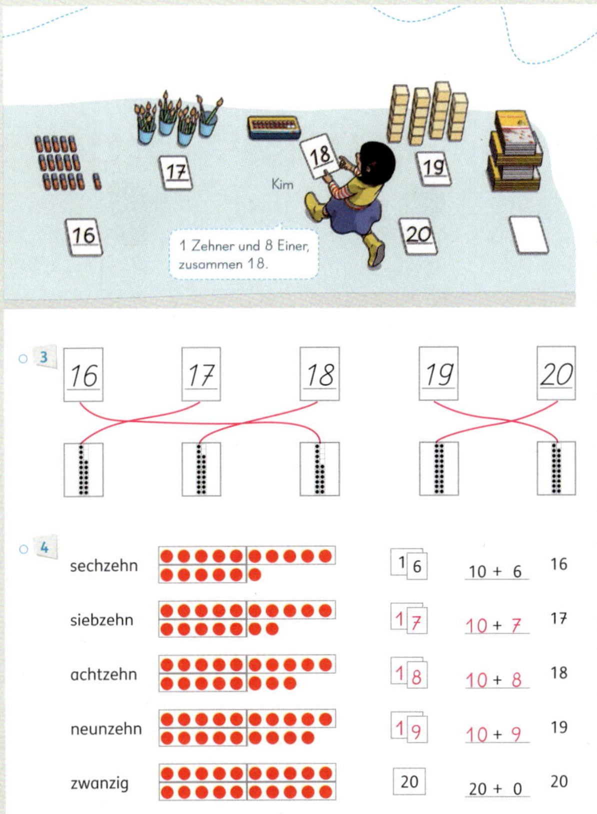

Hinweise zu den Aufgaben

3 Verwandtschaft zwischen den Zahlen 6 bis 10 und 16 bis 20 hervorheben: Es kommt nur ein Zehner dazu. Bei Zahlwörtern keine Verwandtschaft zwischen 10 und 20.

4 Symbolische Darstellungen den ikonischen zuweisen. Vertrauen in die Darstellung vertiefen: Fünfer- und Zehnerstrukturen sind verlässlich, die einzelnen Plättchen müssen nicht nachgezählt werden.

Verweise auf weitere Materialien

AH S. 25, 26

FH S. 24, 25

Dazu werden die notwendigen Materialien geordnet bereit gelegt: Zahlenkarten (1 – 9 für die Einer,10 für den Zehner), Zahlenkarten von 11 bis 20, leere Karten zur Notation der passenden Additionsaufgabe sowie Zahlwortkarten (ggf. in verschiedenen Sprachen).
Die Lehrkraft beginnt mit der Darstellung der Zahl 11, ordnet die passenden Materialien entsprechend der Zeilen in der Aufgabe zu und beschreibt dabei ihre Vorgehensweise. Sie hebt insbesondere Fünfer- und Zehnerstreifen als ganzheitliche Strukturen hervor: Man kann sich auf die Anzahlen in den Streifen verlassen und muss nicht die einzelnen Plättchen nachzählen. Anschließend fordert die Lehrkraft die Kinder dazu auf, einen Einer dazu zu legen und so die nächste Zahl darzustellen. Sukzessive werden so alle Zahlen bis 20 gelegt. Abschließend bearbeiten die Kinder die Aufgaben 2 und 4.

Diagnostisches Potenzial

Beherrschen die Kinder die Zahlwörter bis 20 oder bereits darüber hinaus? Können sie Zahlen mit Ziffern notieren? Welche Zahldarstellung steht im Vordergrund? Wie gelingt der Wechsel zwischen verschiedenen Zahldarstellungen? Verlassen sich die Kinder darauf, dass die Streifen aus genau 10 bzw. 5 Plättchen bestehen oder zählen sie nach? In welchem Zahlenraum bewegen sich die Kinder (sicher)?

Möglichkeiten zur Differenzierung

3, 4 Es kann hilfreich sein, den üblichen deutschen Zahlnamen Bezeichnungen gegenüber zu stellen, die einer strengen Systematik folgen und bei der die Reihenfolge der gesprochenen Ziffern mit der Reihenfolge der geschriebenen Ziffern übereinstimmt:

elf	zehn und eins
zwölf	zehn und zwei
dreizehn	zehn und drei
...	...
zwanzig	zwanzig
einundzwanzig	zwanzig und eins

Ggf. können deutsche Zahlwörter mit denen anderer Sprachen verglichen werden (KV 32 – 38 *Zahlwörter bis 20*).

Große Zahlen darstellen

Die Kinder versuchen, größere Zahlen darzustellen und können dabei erkennen, dass sich die Struktur der Zahlen zwischen 10 und 20 auch im größeren Zahlenraum fortsetzt. Hierzu bietet sich auch Partnerarbeit an: Die Kinder erhalten 10 Zehnerstreifen, einen Fünferstreifen und 5 Einerplättchen. Ein Kind legt daraus eine Zahl, das andere Kind versucht, diese Zahl in einer alternativen Darstellungsform zu notieren. Dann wird gewechselt.

40/41 Das Zwanzigerfeld

Hinweise zu den Aufgaben

Einstieg Struktur des Zwanzigerfeldes besprechen. Auf Erfahrungen im Zehnerfeld zurückgreifen. Wichtig: Fünfer- und Zehnerstruktur von Beginn an flexibel handhaben.

1 Einer vervollständigen. Links: 10 als Streifen, rechts: 10 als Block. Dabei sollte klar werden: Die Zehner müssen nicht nachgezählt werden.

2 Zum Legen Zehner- und ggf. Fünferstreifen nutzen.

3 Partnerarbeit: Zahl legen, dann Zahl und ihre Zerlegung in Zehner und Einer nennen.

Wichtige Wörter

Zwanzigerfeld, Zehner, Fünfer, Einer, links, rechts, oben, unten

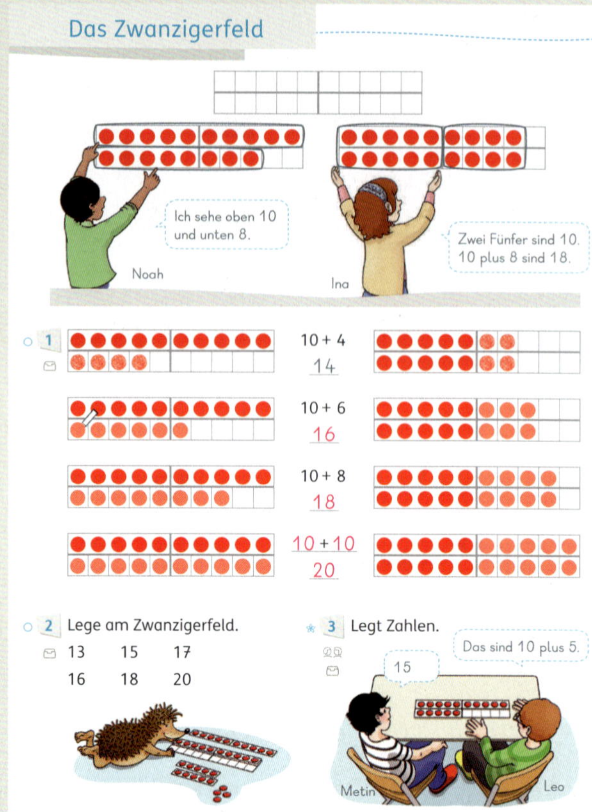
Das Zwanzigerfeld

1
10 + 4
14
10 + 6
16
10 + 8
18
10 + 10
20

2 Lege am Zwanzigerfeld.
13 15 17
16 18 20

3 Legt Zahlen.

Was wird benötigt?

LF 3 *Zwanzigerfeld*, Plättchen, zwei Fünfer- und zwei Zehnerstreifen, ggf. KV 42 *Verwandte Zahlen in Zwanzigerfeldern*

Worum geht es?

Das Zwanzigerfeld ist das grundlegende Arbeitsmittel für die Addition und Subtraktion im Zwanzigerraum. Es besteht aus vier Fünferfeldern: Zwei Fünferfelder nebeneinander bilden ein lineares Zehnerfeld (Zehnerstreifen); zwei Fünferfelder übereinander ein geblocktes Zehnerfeld (Zehnerblock). Diese Struktur unterstützt das Rechnen im Zehnersystem, insbesondere wird so die *Kraft der Fünf* und die *Kraft der Zehn* deutlich.

Die Kinder müssen nun lernen, beide Zehnerdarstellungen für die Zahlen im Zwanzigerraum flexibel zu nutzen. Die Struktur des Zwanzigerfeldes wird den Kindern nicht durch bloßes Betrachten deutlich, sondern nur durch intensives Operieren mit dem Arbeitsmittel. Wesentlich ist, dass sie die verschiedenen Darstellungen einer Zahl vernetzen. Auf der linken Seite wird insbesondere das lineare und das geblockte Legen von Zahlen thematisiert: Man füllt das Zwanzigerfeld entweder zeilenweise (Zehnerstreifen zuerst) oder man füllt zunächst den linken Zehnerblock. Nur im Kontext einer Aufgabenstellung kann beurteilt werden, welche Darstellung geeigneter ist.

Schwerpunkt der rechten Seite sind die Zehneranalogien, die durch einen handlungsorientierten Zugang verinnerlicht werden: Die Zahlen zwischen 0 und 10 und zwischen 11 und 20 sind „verwandte Zahlen".

Wie kann man vorgehen?

Einstieg Zwanzigerfeld kennenlernen

Die Lehrkraft zeigt ein Zwanzigerfeld und lässt die Kinder vermuten, warum es Zwanzigerfeld heißt. Die Kinder werden aufgefordert, die ihnen schon bekannten Materialien im Zwanzigerfeld zu positionieren und jeweils die Raumlagebeziehungen zu beschreiben. Es kann sinnvoll sein, eine „ungeeignete" den „aufgeräumten" Darstellungen gegenüber zu stellen und zu thematisieren, an welchem Bild man die Zahl schneller ablesen kann, z. B. für die Zahl 8:

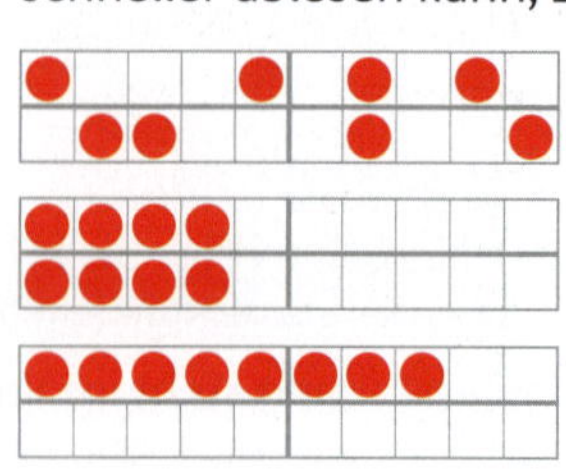

Anschließend werden einzelne Zahlen größer 10 mit Material gelegt. Die Kinder sollen nicht nur die Zahl nennen, sondern auch ihre Zerlegung mit 10; also z. B. 10 + 4, um die Verwandtschaftsbeziehung zu den Zahlen im Zahlenraum bis 10 zu erfassen.

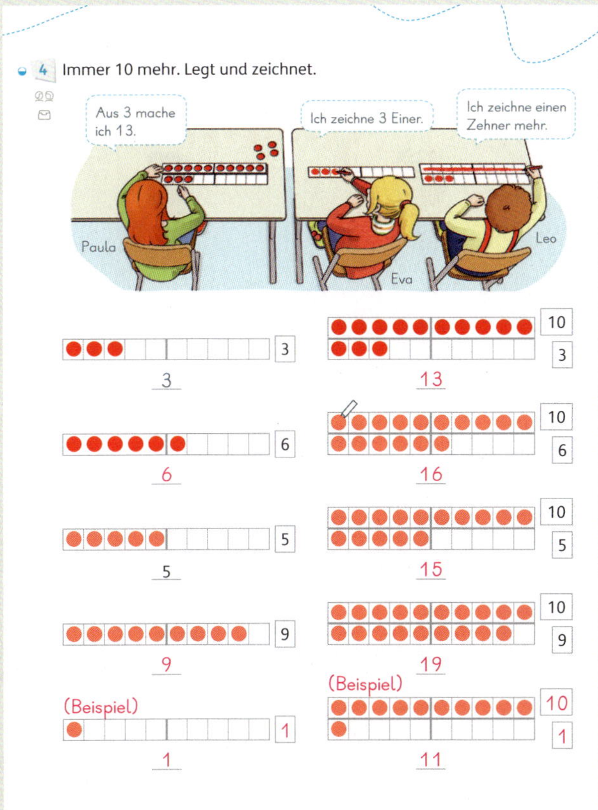

Hinweise zu den Aufgaben

4 Analogien zwischen den Zahlen von 0 bis 10 und denen von 11 bis 20 vertiefen: Zahlen im Zwanzigerfeld legen und das Legen begleitend verbalisieren. Zehneranalogie als „verwandte Zahlen" besprechen.

Wichtige Wörter

verwandte Zahlen

Verweise auf weitere Materialien

AH S. 27

FH S. 26, 27

KV 39–41 *Zahlen in Zwanzigerfeldern*

Zum Legen erhält jedes Kind möglichst wenige Plättchen. Damit wird ein Anreiz gegeben, Fünfer- und Zehnerstrukturen zu nutzen, anstatt die Plättchen einzeln zu zählen. Das Zwanzigerfeld kann man ggf. jedem Kind auf den Tisch zu kleben, damit immer ein Feld einsatzbereit ist und sich die Vorstellung vom Zwanzigerraum auch „nebenbei" weiter entwickelt.

1 Zahlen im Zwanzigerfeld darstellen
Der Zehner, der als linearer Streifen (linke Spalte) sowie als Block (rechte Spalte) dargestellt ist, soll passend ergänzt werden. In der Blockdarstellung sollte darauf geachtet werden, die Zehnerfelder nicht zeilenweise, sondern spaltenweise zu füllen.

2, 3 Vertiefung: Zahlen legen
Die Kinder legen zunächst vorgegebene, dann selbst gewählte Zahlen entweder linear oder im Block. Die Kinder können paarweise arbeiten: Ein Kind legt die Zahl in Blockdarstellung, das andere in der linearen Darstellung. Bei der nächsten Zahl wird die Legeweise gewechselt. Wichtig ist die begleitende Verbalisierung der Zahl und ihre Zerlegung in Zehner und Einer.

4 Verwandte Zahlen herstellen
Die Verwandtschaftsbeziehung zwischen den Zahlen bis 10 und denen von 10 bis 20 werden vertieft: Die Kinder erkunden hier die Veränderungen der Zahlen, wenn ein Zehnerstreifen dazu gelegt wird.

In Partnerarbeit legen die Kinder zunächst die erste Zahl, ergänzen sie um 10 und finden so die verwandte Zahl zwischen 10 und 20. Die Zehneranalogie wird hier enaktiv erlebt durch das Hinzulegen eines Zehnerstreifens verbalisiert (etwa „10 und 3 sind 13").
KV 42 kann zur Darstellung genutzt werden.

Diagnostisches Potenzial

Kennen die Kinder die Zahlwortreihe bis 20 oder darüber hinaus? Nutzen sie Zehner- und Fünferstreifen? Zählen sie die Plättchen in Fünfer- und Zehnerstreifen einzeln ab? Wie legen die Kinder die Plättchen? Gibt es „Zahlendreher" in den Notationen? In welchem Zahlenraum arbeiten sie?

Möglichkeiten zur Differenzierung

1–4 Alle Zahlen im Zwanzigerfeld können der Reihe nach gelegt werden, um die Struktur zu vertiefen. Dabei Bündelungen hervorheben: Beim Übergang von 4 zu 5 werden vier Plättchen gegen einen Fünferstreifen, von 9 zu 10 werden ein Fünfer und 4 einzelne Plättchen gegen einen Zehnerstreifen getauscht. Manche Kinder legen ggf. nur Zahlen bis 10.

42/43 Immer 10 – immer 20

Hinweise zu den Aufgaben

Einstieg Zerlegungen der 10 mit denen der 20 vergleichen: Es kommt immer nur ein Zehner dazu. Dabei wird das Zehnerfeld durch das Zwanzigerfeld erweitert.

1, 2 Zerlegungen der 10 wiederholen, Zerlegungen der 20 erschließen.

3 Blitzrechnen: Immer 20
Zerlegungen zeigen, Ergänzungsaufgabe nennen, Ergänzungen bis 20 in nächster Zeit automatisieren.

Wichtige Wörter

Zerlegung, verwandte Zahl

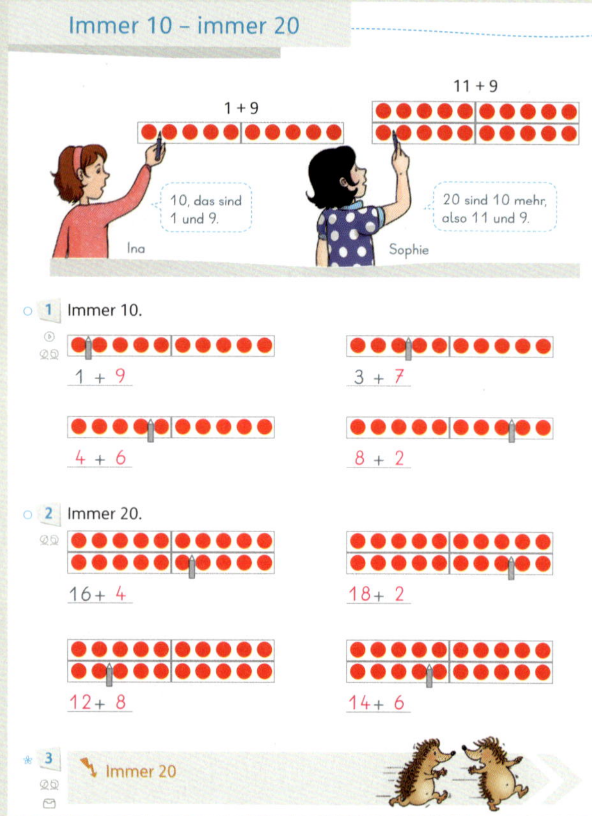

Was wird benötigt?

Zehnerstreifen, LF 3 *Zwanzigerfelder*, Stift

Worum geht es?

Diese Seiten schließen unmittelbar an die vorhergehende Doppelseite an. Die Kinder sollen lernen, die Zerlegungen der Zahl 10 auf die Zerlegungen der Zahl 20 durch den Vergleich der zugehörigen Darstellungen im Zwanzigerfeld zu übertragen. Eine solide Kenntnis der 10er- und 20er-Zerlegungen ist sehr hilfreich, um später die Ergänzung zur 10 zum Berechnen von Plusaufgaben heranziehen zu können. An späterer Stelle werden solche „= 10“-Aufgaben neben den Aufgaben mit 5 und 10 als Summanden und den Verdopplungsaufgaben als einfache Aufgaben thematisiert und dienen als Hilfsmittel zur Berechnung von Aufgaben mit höherem Schwierigkeitsgrad. Aus diesem Grund ist es wichtig, die Zerlegungen der Zahlen 10 und 20 fest zu verankern und in den folgenden Wochen auch durch „Blitzrechnen“ zu automatisieren.
Wegen der einprägsamen Struktur ist das Zwanzigerfeld bestens dazu geeignet, bei den Kindern die für die Übertragung der 10er-Zerlegung auf die 20er-Zerlegung wesentlichen mentalen Bilder zu erzeugen. Hierdurch wird eine zentrale Grundlage für ein verständiges Operieren im Stellenwertsystem vorbereitet.

Wie kann man vorgehen?

Einstieg Zehner- und Zwanzigerfeld vergleichen
An der Tafel hängen wie in der Abbildung ein Zehner- und ein Zwanzigerfeld nebeneinander. Die Kinder beschreiben die beiden Felder. Mithilfe eines Stiftes zeigt die Lehrkraft eine 10er-Zerlegung im linken Feld (zum Beispiel 1 + 9) und demonstriert, dass die analoge Zerlegung der Zahl 20 (also 11 + 9) rechts auf ähnliche Weise hergestellt werden kann. Der volle Zehner darüber muss für die Zerlegung nicht angetastet werden. Nach einigen Beispielen können die Kinder selbstständig die Aufgaben bearbeiten.

1, 2 10 und 20 zerlegen
Die Kinder zerlegen hier zunächst den Zehner und lernen dann analoge Zerlegungen der Zahl 20 kennen. Natürlich können sie weitere Zerlegungen am eigenen Zwanzigerfeld legen: Ein Kind zeigt eine Zerlegung, das andere Kind nennt sie, anschließend werden die Rollen getauscht.

3 Blitzrechnen: Immer 20
Die Kinder vertiefen die Zerlegungen der 20. Hierbei stabilisieren sich die mentalen Bilder der Zahlen, so dass das Automatisieren der Zerlegungen unterstützt wird. Diese Übung muss in regelmäßigen Abständen, auch nach der Bearbeitung der rechten Seite wiederholt werden.

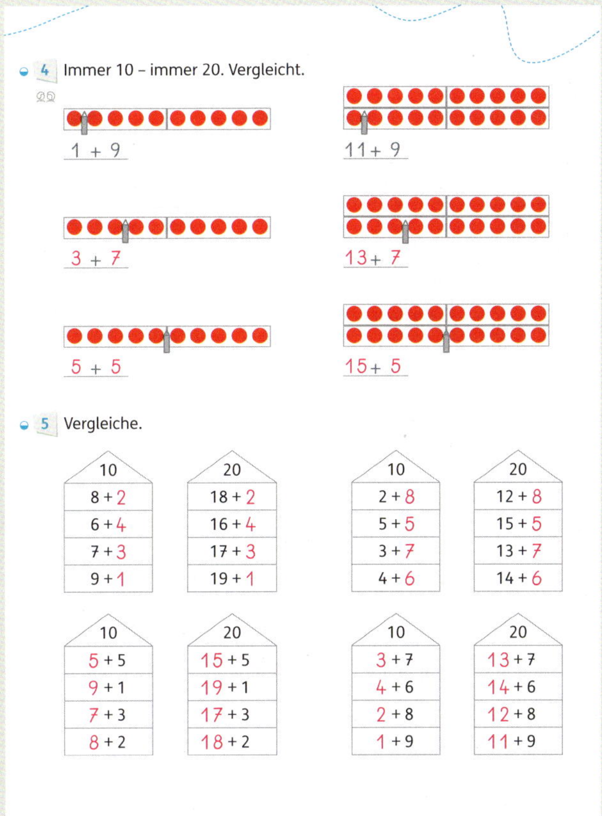

4 Immer 10 – immer 20. Vergleicht.

1 + 9 | 11 + 9

3 + 7 | 13 + 7

5 + 5 | 15 + 5

5 Vergleiche.

10	20	10	20
8 + 2	18 + 2	2 + 8	12 + 8
6 + 4	16 + 4	5 + 5	15 + 5
7 + 3	17 + 3	3 + 7	13 + 7
9 + 1	19 + 1	4 + 6	14 + 6

10	20	10	20
5 + 5	15 + 5	3 + 7	13 + 7
9 + 1	19 + 1	4 + 6	14 + 6
7 + 3	17 + 3	2 + 8	12 + 8
8 + 2	18 + 2	1 + 9	11 + 9

Hinweise zu den Aufgaben

4 Zerlegungen der Zahl 10 auf Zerlegungen der Zahl 20 übertragen: Verwandtschaftsbeziehung nutzen.

5 Beziehungen zwischen den Zerlegungen der Zahl 10 und der Zahl 20 auf symbolischer Ebene in Zahlenhäusern vertiefen. Ggf. die Bedeutung des Pluszeichens als Symbol für den Zerlegungsstift wiederholen.

Verweise auf weitere Materialien

AH S. 28

FH S. 28, 29

Zahlenbuch-App: Immer 10 – Immer 20

4 Zerlegungen operativ erkunden

In dieser Aufgabe werden die zugehörigen Verwandtschaftsbeziehungen zwischen den Zehner- und den Zwanzigerzerlegungen bewusst thematisiert, weil zwei zusammengehörende Zerlegungen nebeneinander abgehandelt werden: In Partnerarbeit zeigt und nennt ein Kind eine Zerlegung der 10, das andere Kind die passende Zerlegung der 20. Anschließend tauschen die Kinder ihre Felder.

5 Beziehungen symbolisch vertiefen

Anhand der Zahlenhäuser sollen die Zerlegungen der 20 und ihre Beziehungen zu den Zehnerzerlegungen symbolisch vertieft werden. Die Kinder müssen ggf. an das Aufgabenformat Zahlenhäuser und an die Bedeutung des Pluszeichens als symbolisierter Zerlegungsstift erinnert werden.

Diagnostisches Potenzial

Welche Anzahlen von Plättchen werden simultan erfasst, sind es mehr oder weniger als drei? Wie ermitteln die Kinder Anzahlen: Zählend oder nutzen sie für größere Anzahlen die Fünfer- und Zehnerstruktur des Feldes? Welche Zerlegungen der 10 kennen die Kinder? Wie erkennen und nutzen sie die Analogie zu Zerlegungen der 20? Wie werden die Zerlegungen ermittelt – zählend oder mit Bezug auf Strukturen?

Möglichkeiten zur Differenzierung

4 Kinder mit großen Schwierigkeiten können in der Partnerarbeit fest mit der Zehnerzerlegung beauftragt werden. Durch die Arbeit mit einem Partnerkind erhalten sie dadurch Einblicke in Analogien, die sie (nach möglicherweise längerer Zeit) nutzen können.

44/45 Zahlen vergleichen

Hinweise zu den Aufgaben

Einstieg Die zwei neuen Zeichen für die Größer- bzw. der Kleiner-Relation einführen: Das Krokodil wendet sich immer der größeren Anzahl zu.

1–3 Relationszeichen kardinal interpretieren, die Nutzung einüben.

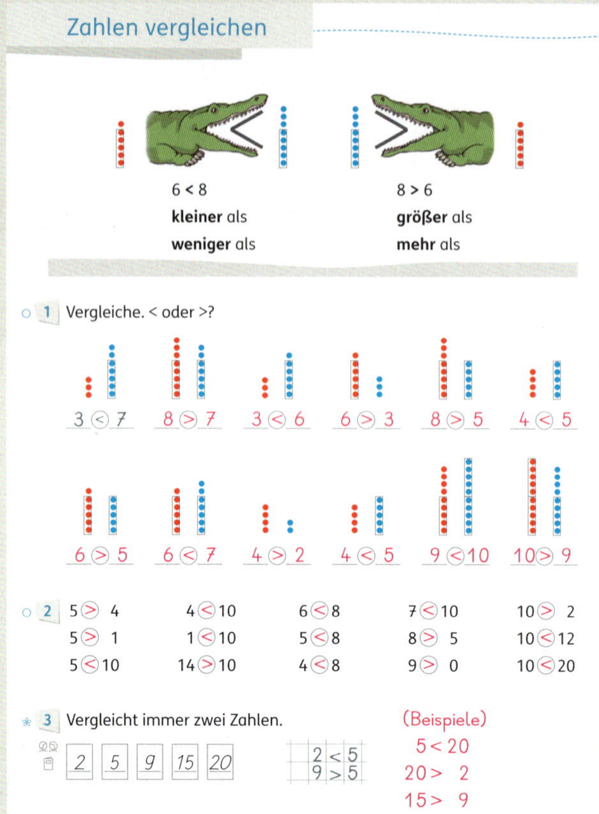

Wichtige Wörter

kleiner als, größer als, gleich (genauso groß wie)

Was wird benötigt?

Wendeplättchen, Fünfer- und Zehnerstreifen, Wendekarten, ggf. Stäbe zur Demonstration, Karten mit den Relationszeichen (<, =, >)

Worum geht es?

Eine solide Orientierung im Zahlenraum kann nur dann entstehen, wenn der Zahlenraum mit einer stabilen Ordnung versehen wird. Diese Ordnung wurde bereits vorbereitet, als sich die Kinder bei der Entwicklung des Zahlbegriffs mit Unterschieden zwischen Zahlen (S. 28) die Begriffe *mehr als* und *weniger als* erschlossen haben. Auf dieser Doppelseite werden solche Zahlenvergleiche mit Hilfe der Größer- bzw. der Kleiner-Relation im Zahlenraum vertieft und die daraus entstehende Ordnung mit den zugehörigen Relationszeichen versehen.

Wie kann man vorgehen?

Einstieg, 1–3 Größer- und Kleiner-Relation einführen

Im Sitzkreis liegen das Plättchenmaterial sowie die Wendekarten mit Sicht auf die Zahlen. Die Kinder wählen zwei Wendekarten aus, legen die entsprechenden Mengen mit Plättchen in senkrechter Anordnung nebeneinander (analog zu Aufgabe 1) und geben an, welche Zahl größer bzw. kleiner ist. Die Lehrkraft legt das passende Relationszeichen zwischen die Zahlenkarten und verdeutlicht die Richtung des Zeichens entweder mithilfe des Krokodilmauls (das Krokodil wendet sich immer der Mehrzahl an Plättchen zu, d. h. das Maul öffnet sich zur größeren Anzahl), oder mit zwei Stäben (die kleinere Menge liegt in der Spitze der Stäbe).

Durch eine kindgerechte Interpretation der Relationszeichen kann eine sichere Grundlage zum verständigen Nutzen der Zeichen aufgebaut werden. Bei gleich großer Anzahl ist das Bild des Krokodils allerdings nicht hilfreich (aber durchaus das der Stäbe, die dann parallel zueinander liegen). Gemeinsam werden weitere Zahlenvergleiche durchgeführt und dabei die Verwendung der Zeichen und die Sprechweise geübt. Es muss unbedingt deutlich gemacht werden, dass sich die Zeichen auf Anzahlen beziehen, also etwa 6 > 3 heißt, dass 6 eine größere Anzahl als 3 darstellt. Dass Ziffern größer oder kleiner geschrieben werden können, hat mit dieser Festlegung nichts zu tun. Anschließend können die Kinder die Aufgaben 1 und 2 selbstständig bearbeiten, ihre Ergebnisse mit einem Partnerkind vergleichen und anhand eigener Zahlbeispiele in Aufgabe 3 in Partnerarbeit weiter üben.

4 Ordnungsrelationen vertiefen

Die Kinder vertiefen hier ihr Verständnis von den Ordnungsrelationen, indem sie die drei zugehörigen Zeichen zueinander in Beziehung setzen. Mit den Kindern sollte hier besprochen werden, dass es für die

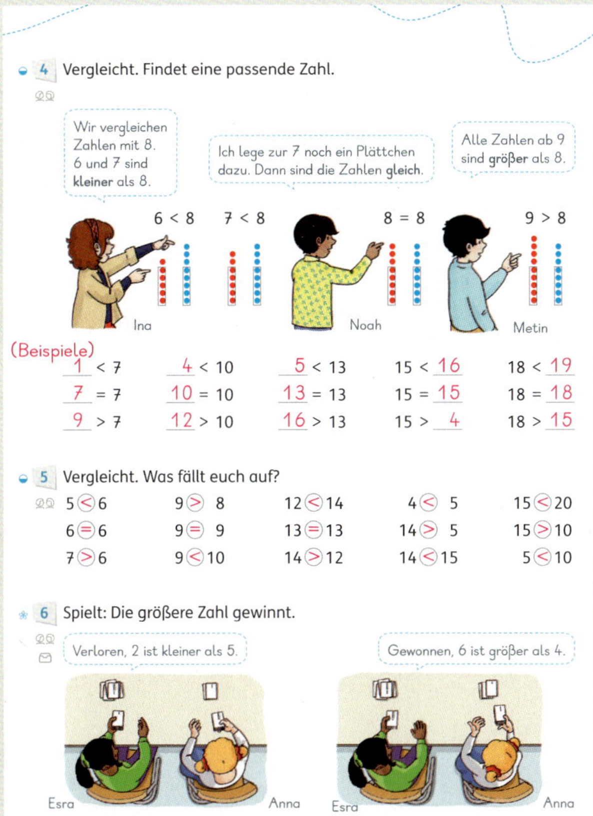

4 Vergleicht. Findet eine passende Zahl.

(Beispiele)

1 < 7	4 < 10	5 < 13	15 < 16	18 < 19
7 = 7	10 = 10	13 = 13	15 = 15	18 = 18
9 > 7	12 > 10	16 > 13	15 > 4	18 > 15

5 Vergleicht. Was fällt euch auf?

5 < 6	9 > 8	12 < 14	4 < 5	15 < 20
6 = 6	9 = 9	13 = 13	14 > 5	15 > 10
7 > 6	9 < 10	14 > 12	14 < 15	5 < 10

6 Spielt: Die größere Zahl gewinnt.

Hinweise zu den Aufgaben

4 Größer- bzw. Kleiner-Relation vertiefen. Besprechen, dass es in der Regel mehrere (ggf. unendlich viele) Lösungen gibt.

5 Verhalten der Relation bei operativer Variation der Zahlen erkunden.

6 Größenvergleiche spielerisch automatisieren.

Verweise auf weitere Materialien

AH S. 29

FH S. 30, 31

Gleichheitsbeziehung immer genau eine Lösung gibt, aber (endlos) viele Lösungen für die Ungleichungen – auch jenseits des in der ersten Klasse vorgesehenen Zahlenraums. Gesucht ist in dieser Aufgabe allerdings immer nur eine Lösung.

5 Relationen operativ durchdringen

In dieser Aufgabe werden Zahlen systematisch variiert. Die Kinder können feststellen, dass die Ordnungsrelationen zwischen den Zahlen ebenso systematisch variiert werden muss.

6 Spielend Zahlen vergleichen

Dieses einfache Spiel wird in Partnerarbeit gespielt und dient dazu, die Begriffe der Ordnungsrelationen zu vertiefen: Jedes Kind hält einen gemischten Satz Zahlenkarten als Stapel so in der Hand, dass nur die erste Karte für das Kind sichtbar ist. Zeitgleich zeigen beide Kinder ihre oberste Karte. Wer die größere Zahl zeigt, gewinnt das Pärchen. Bei Gleichstand wird das Paar zur Seite gelegt – wer den nächsten Zahlenvergleich gewinnt, erhält dieses Kartenpaar zusätzlich. Es gewinnt, wer die meisten Karten sammelt. Da dieses Spiel ein reines Glücksspiel ist (sofern die Karten gut gemischt sind), können die Paare hier ohne Chancenverzerrung ganz heterogen zusammengesetzt werden.

Diagnostisches Potenzial

Welche räumlichen Vorstellungen verbinden die Kinder mit Größenvergleichen von Zahlen? Wie interpretieren sie die Raumlagebegriffe links und rechts? Welche Strategien entwickeln sie beim Zahlenraten? In welchem Zahlenraum bewegen sich ihre Eigenproduktionen?

Möglichkeiten zur Differenzierung

3 Kinder mit großen Schwierigkeiten können in dieser Aufgabe mit einem reduzierten Zahlenkartensatz arbeiten. Zusätzlich können sie natürlich die Zahlen immer mit Material legen und den Größenvergleich mit Hilfe der Merkhilfe aus der Einführung anstellen.

46/47 Die Zwanzigerreihe

Hinweise zu den Aufgaben

Einstieg Struktur der Zwanzigerreihe besprechen. Klären, dass jede Zahl zu einer Position gehört. Diese ist (anders als die Lage der Zahlen im Zwanzigerfeld) eindeutig festgelegt.

1 Fehlende Zahlen einsetzen.
Analogien (Verwandtschaften) zwischen den Zahlen von 1 bis 10 und von 11 bis 20 ordinal interpretieren: Die Zahlen liegen um 10 Positionen weiter rechts.

2 Zahlen den Positionen zuordnen. Klären: Es muss nicht immer von vorn gezählt werden.

3 Mentales Bild von der Zwanzigerreihe vertiefen: Die Kinder zeichnen ein Bild der Reihe, evtl. weiter als bis 20.

4 Blitzrechnen: Zahlenreihe
Igeltraining: Zahlen schnell sehen (Zahlenreihe).

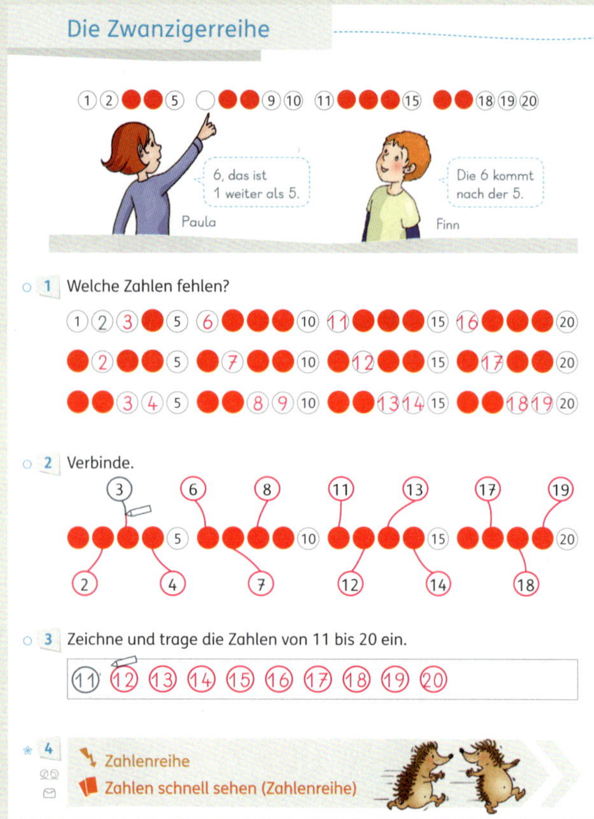
Die Zwanzigerreihe

1 Welche Zahlen fehlen?

2 Verbinde.

3 Zeichne und trage die Zahlen von 11 bis 20 ein.

4 Zahlenreihe
Zahlen schnell sehen (Zahlenreihe)

Wichtige Wörter

vorne, hinten, rechts, links, Zwanzigerreihe

Was wird benötigt?

LF 5 *Die Zwanzigerreihe* und Umschlag des Arbeitshefts, Spielwürfel, ggf. KV 43 *Die Zwanzigerreihe*, KV 44 *Zahlen treffen bis 10* (Leerformat), KV 45, 46 *Zahlen treffen*

Worum geht es?

Hier steht wieder das ordinale Zahlverständnis im Vordergrund: Die Kinder deuten die Zahlen also nicht mehr nur als Anzahl (ein, zwei, drei Plättchen), sondern als Position in einer Reihenfolge (erstes, zweites, drittes Plättchen). Dazu wird das zentrale ordinale Anschauungsmittel der ersten Klasse eingeführt: Die Zwanzigerreihe. Sie besteht aus 20 linear in Fünfergruppen angeordneten Kreisen. Es wird eine „ausführliche" Zwanzigerreihe (in alle Kreise sind Zahlen eingetragen) unterschieden von der „normalen" Zwanzigerreihe (nur die Zahlen 5, 10, 15, 20 sind angegeben, die restlichen Kreise sind leer).
Mit der normalen Zwanzigerreihe können die Kinder ihre Vorstellung vom Zwanzigerraum im ordinalen Sinn ausbauen: Da nicht alle Zahlen abgelesen werden können, müssen die Kinder Positionen der Zahlen durch eine aktive Auseinandersetzung mit der Struktur der Zwanzigerreihe selbst finden. Es ist nicht notwendig, alle Positionen durch das Zählen von 1 an zu bestimmen, da die Fünferstrukturierung durch die sichtbaren Zahlen sichtbar ist und ausgenutzt werden kann.

Wichtig ist, dass sich die Kinder systematisch und sprachlich mit der ordinalen Struktur des Zwanzigerraums vertraut machen:
Anders als im Zwanzigerfeld besitzt jede Zahl eine eindeutige Position. Analog zum Anzahlaspekt gibt es aber auch hier eine strenge Ordnung zwischen den Zahlen, für die eigene Begriffe entwickelt werden (davor, dazwischen, dahinter/danach), so dass bekannte Größer- bzw. Kleiner-Relation auf die Zahlenreihe übertragen werden kann.

Wie kann man vorgehen?

Einstieg Zwanzigerreihe einführen
Die Kinder betrachten eine ausführliche Zwanzigerreihe, bei der alle Zahlen bis auf 5, 10, 15 und 20 verdeckt sind. Die Lehrkraft erklärt, dass es sich um die Zwanzigerreihe handelt, in der die Zahlen von 1 bis 20 der Reihe nach zu finden sind. Gemeinsam wird überlegt, wie man die Position der anderen Zahlen bestimmen kann, ohne bei 1 beginnend zu zählen: Aufgrund der Fünferstrukturierung kann man die Position zumindest ungefähr erschließen, z. B. sind die Zahlen 11, 12, 13 und 14 hinter 10 zu finden. Diese relationale Zuordnung der Zahlen bereitet den Aufbau eines mentalen Zahlenstrahls mit Zehnerzahlen als Orientierungspunkten vor.

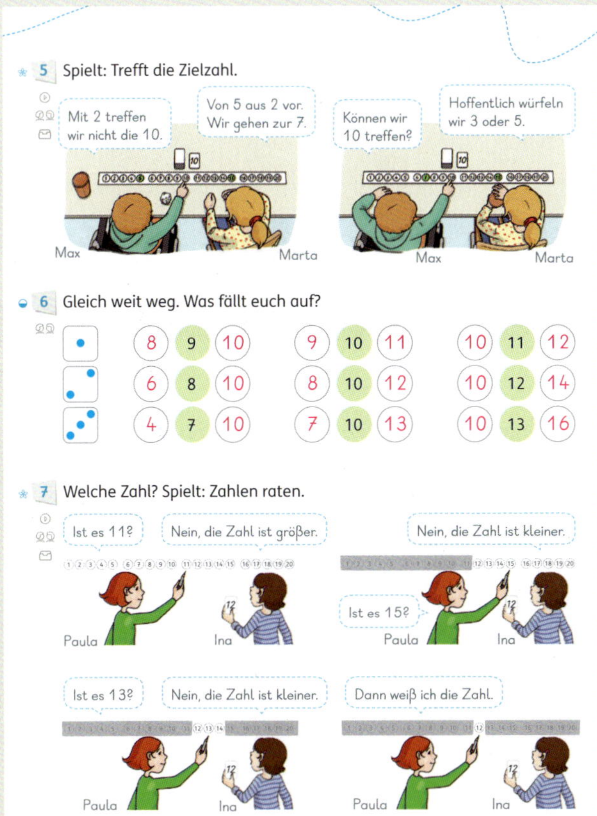

Hinweise zu den Aufgaben

5 Spielregel: Abwechselnd würfeln und mit einem der Plättchen entsprechend ziehen. Ziel: Mit dem Plättchen die Zielzahlen treffen (aufgedeckte Wendekarten), diese Karte gewinnen. Es gewinnt, wer die meisten Karten bekommen hat.

6 Abstände auf der Zahlenreihe vertiefen, Auswirkung der systematischen Variation der mittleren Zahl erkunden.

7 Zahlen durch geschicktes Einkesseln erraten, der Zahlenraum ist freigestellt. Größer- bzw. Kleiner-Relation ordinal interpretieren.

Wichtige Wörter

davor, dazwischen, danach, größer, kleiner

Verweise auf weitere Materialien

AH S. 30

FH S. 32, 33

Exemplarisch werden einige Zahlen bestimmt und aufgedeckt: Die Lehrkraft oder ein Kind zeigt auf eine Position, die anderen Kinder nennen die Zahl. Auch umgekehrt kann überlegt werden: Es wird eine Zahl genannt und ein Kind bestimmt die Position. Wichtig ist dabei, dass die Position der Zahlen bezogen auf die Fünferstruktur genau beschrieben wird, bevor sie aufgedeckt wird.

1–3 Zahlenreihe erkunden
Die Struktur der Zwanzigerreihe wird in verschiedenen Aufgaben verinnerlicht. Weiter üben mit KV 43.

4 Blitzrechnen und Igeltraining
Anhand einer normalen Zwanzigerreihe vertiefen die Kinder ihr mentales Bild von der Zahlenreihe: Ein Kind zeigt auf eine Position, das andere Kind nennt die Zahl und begründet die Vorgehensweise. Analog dazu nennt ein Kind eine Zahl und das andere Kind zeigt die Position.

5, 6 Abstände auf der Zwanzigerreihe erkunden
In diesen Aufgaben erkunden die Kinder zunächst spielerisch, dann systematischer Abstände zwischen Zahlen in der Zwanzigerreihe. Zur weiteren Vertiefung kann auch das Material „Mit Zahlen spielen“ eingesetzt werden.

7 Vertiefung: Spielend Zahlen einschachteln
Ein Kind denkt sich eine Zahl und schreibt sie verdeckt auf. Das Partnerkind muss die Zahl erraten und wird nach jedem Versuch darauf hingewiesen, ob die gesuchte Zahl größer oder kleiner als die genannte ist. Nach jeder weiteren Frage wird der Suchraum kleiner, so dass man die gesuchte Zahl durch geschicktes Vorgehen schnell herausbekommen kann. Der Zahlenraum in diesem Spiel ist freigestellt, Suchstrategien sollten besprochen werden.

Diagnostisches Potenzial

Wie bestimmen die Kinder die Position einer Zahl in der Zwanzigerreihe, ggf. im größeren Abstand zu einer gegebenen Zahl? Wie übertragen sie die Ordnungsrelation auf die Zwanzigerreihe und wie nutzen sie die Relation strategisch zur Zahlensuche?

Möglichkeiten zur Differenzierung

1–7 Kindern mit großen Schwierigkeiten kann durchgängig die ausführliche Zwanzigerreihe oder die Zehnerreihe zur Verfügung gestellt werden.

6 Kinder mit tiefergehendem Interesse können sich auch mit zugehörigen Knobelaufgaben auseinandersetzen (KV 46).

48/49 Die Zahlenreihe

Hinweise zu den Aufgaben

Einstieg Fachsprache des ordinalen Zahlaspekts herausarbeiten: Begriffe zur Beschreibung der Raumlagebeziehungen nutzen: *davor, danach, dazwischen.*

1, 2 Vorgänger, Nachfolger und Nachbarzahlen bestimmen.

Wichtige Wörter

davor, danach, dazwischen, Vorgänger, Nachfolger, Nachbarzahl

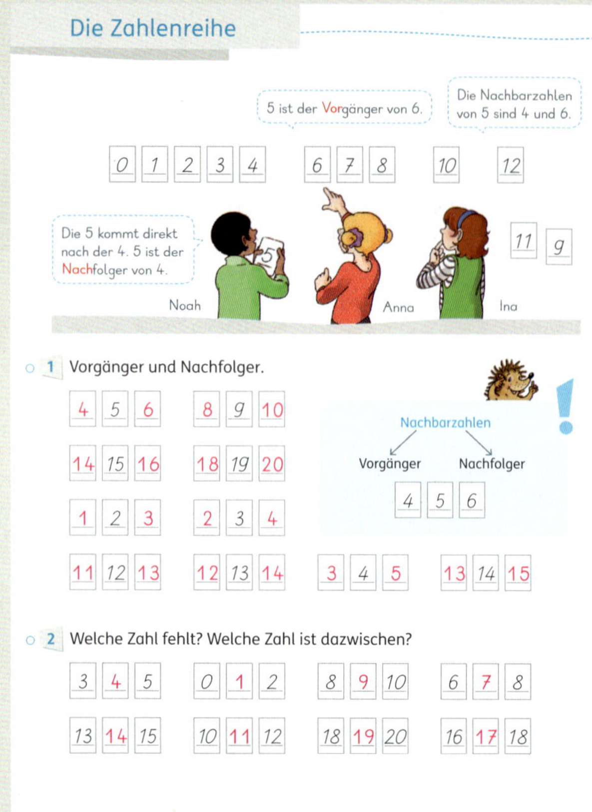
Die Zahlenreihe

1 Vorgänger und Nachfolger.

4 5 6 | 8 9 10
14 15 16 | 18 19 20
1 2 3 | 2 3 4
11 12 13 | 12 13 14 | 3 4 5 | 13 14 15

Nachbarzahlen
Vorgänger Nachfolger
4 5 6

2 Welche Zahl fehlt? Welche Zahl ist dazwischen?

3 4 5 | 0 1 2 | 8 9 10 | 6 7 8
13 14 15 | 10 11 12 | 18 19 20 | 16 17 18

Was wird benötigt?

Zahlenkarten

Worum geht es?

Nachdem sich die Kinder auf der vorangegangenen Seite mit der Zwanzigerreihe beschäftigt haben, werden die ordinalen Strukturen des Zahlenraums auf dieser Doppelseite durch grundlegende Orientierungsübungen vertieft. Dabei wird zunächst eine zentrale Eigenschaft der natürlichen Zahlen anhand der Zwanzigerreihe entwickelt: Jede Zahl besitzt genau einen Vorgänger und genau einen Nachfolger und damit genau zwei Nachbarzahlen. Auf der rechten Seite wird die Orientierung auf der Zwanzigerreihe dadurch vertieft, dass sich die Kinder in größeren Schritten durch die Zwanzigerreihe bewegen.

Wie kann man vorgehen?

Einstieg Nachbarzahlen einführen

Die Lehrkraft hängt die „normale“ Zwanzigerreihe (bei der nur die Felder 5, 10, 15 und 20 beschriftet sind) an die Tafel und legt einen Stapel mit Wendekarten gemischt auf einen Tisch. Die Kinder ziehen nacheinander Karten und diktieren jeweils, wohin diese gehängt werden sollen. Zur Beschreibung der Position wird ihre Raumlage auf bereits aufgehängte Zahlen bezogen. Dabei führt die Lehrkraft an geeigneten Stellen in die Begriffe *Vorgänger* und *Nachfolger* ein: Sie dienen zur Bezeichnung einer Zahl, die genau eine Position vor bzw. hinter einer anderen Zahl liegt. Aus dieser Beziehung leitet die Lehrkraft auch den Begriff der Nachbarzahlen ab: Vorgänger und Nachfolger einer Zahl sind ihre Nachbarzahlen.
Sobald ausreichend viele Karten an der Tafel hängen, kann eine weitere Raumlage besprochen werden: Hängen etwa die 12 und die 14 schon an der Tafel, dann muss die 13 zwischen die beiden Zahlen einsortiert werden.
Das Sprechen über Raumlage-Beziehungen nutzt und erweitert einerseits das Verständnis und die Verwendung von Präpositionen und Adverbien, verbalisiert andererseits jedoch auch direkt mathematische (geometrische) Beziehungen.

1, 2 Nachbarzahlen finden

Die Kinder sollten diese Aufgaben nach der Einführung eigenständig durchführen können. Zunächst werden immer Vorgänger und Nachfolger einer vorgegebenen Zahl eingetragen. In Aufgabe 2 sollte deutlich werden, dass die gesuchte Zahl gleichermaßen Nachfolger der linken Zahl wie auch Vorgänger der rechten Zahl ist.

3 – 6 Vertiefung: Zahlen in Folgen anordnen

Es werden regelmäßige Ausschnitte der Zahlenreihe gebildet: Zahlen, die im selben Abstand aufeinander folgen (kurz: „Zahlenfolgen“). Dabei werden Zehner-

3 Immer 2 weiter.

1 3 5 7 9

11 13 15 17 19

2 4 6 8 10

12 14 16 18 20

4 Immer 5 weiter.

0 5 10 15 | 1 6 11 16 | 2 7 12 17

5 10 15 20 | 1 6 11 16 | 2 7 12 17

5 Immer 3 weiter.

1 4 7 10 | 2 5 8 11 | 3 6 9 12

11 14 17 20 | 9 12 15 18 | 10 13 16 19

6 Immer 4 weiter. (Beispiele)

4 8 12 16 | 2 6 10 14 | 7 11 15 19

1 5 9 13 | 5 9 13 17 | 3 7 11 15

Hinweise zu den Aufgaben

3 – 5 Ausschnitte aus der Zwanzigerreihe (Zahlenfolgen) systematisch ergänzen.

6 Zahlenfolgen selbst finden, der Zahlenraum ist freigestellt. Ggf. Analogien zwischen Zahlenfolgen herausstellen.

Wichtige Wörter

davor, danach, Abstand, weiter

Verweise auf weitere Materialien

FH S. 34, 35

(Aufgabe 3) und Fünferstrukturen (Aufgabe 4), die bereits im kardinalen Zahlaspekt gründlich erarbeitet wurden, auf die Zahlenreihe übertragen. Abschließend bilden die Kinder eigene Zahlenfolgen, hier ist der Zahlenraum freigegeben. So ist es möglich, dass einige Kinder den Zahlenraum bis 20 überschreiten. Dies stellt oftmals keine Überforderung dar, insbesondere wenn die Kinder Zehnerschritte wählen: 10, 20, 30 ... Die Aufgabe kann auch gut in Partnerarbeit durchgeführt werden, womöglich erfinden die Kinder Folgenpaare wie in Aufgabe 6.
Im Plenum können die Kinder ihre Zahlenfolgen zu Aufgabe 6 als Rätsel präsentieren, etwa: Meine erste Zahl ist die 3 und ich gehe in Viererschritten weiter. Wie lautet meine fünfte Zahl? Ebenso ist denkbar, dass eine Folge von anderen Kindern ergänzt wird oder aber analog aufgebaute Folgen dazu entwickelt werden.

Diagnostisches Potenzial

Welche Raumlagebeziehungen erkennen und formulieren die Kinder? Wie bestimmen sie die Position einer Zahl in der normalen Zwanzigerreihe? Wie finden die Kinder die Ausschnitte der Zahlenreihe (in Zweier-, Fünferschritten)? In welchem Zahlenraum bewegen sich die Kinder in Aufgabe 5 und welche Abstände zwischen den Zahlen wählen sie?

Möglichkeiten zur Differenzierung

1 – 5 Kinder, die große Schwierigkeiten mit der Struktur der Zwanzigerreihe haben, können die ausführliche Zwanzigerreihe für einige der Aufgaben nutzen bzw. bei Problemen immer wieder hervorholen.

6 Kinder, denen die Zwanzigerreihe schon sehr vertraut ist, können hier auch schon Zahlenfolgen im Hunderterraum (ggf. auch darüber) bilden. Besonders fruchtbar ist es, wenn diese Kinder Zahlenfolgen aus dem Zwanzigerraum auf größere Zahlen übertragen und dabei Analogien ausnutzen. Hierbei sind natürlich viele verschiedene Analogien denkbar: Aus der Folge 2, 4, 6 ... könnte zum Beispiel durch Vergröberung des Zahlenabstandes die Folge 20, 40, 60 ... oder durch Verschiebung im Ausschnitt der Zahlenfolge auch etwa 52, 54, 56 gebildet werden.

50 Immer der Reihe nach

Hinweise zu den Aufgaben

1 Geschichte zur Reihenfolge und über die „Störung“ erzählen lassen. Raumlage beschreiben (davor, dahinter), sowie Ordnungszahlen (erster, zweiter, ...) verwenden. Schreibweise Zahl mit Punkt einführen.

2 – 4 In Form von kleinen Rechengeschichten werden ordinale und kardinale Zahlaspekte zueinander in Beziehung gesetzt: Es geht um Positionen in der Reihe (ordinal) und um die Anzahl bis zu einer Position (kardinal).

5 Rechengeschichten zum Kontext erfinden und lösen lassen.

Wichtige Wörter

davor, dahinter

Verweise auf weitere Materialien

AH S. 31

FH S. 36

Immer der Reihe nach

1
1. 2. 3. 4. 5. 6. 7.
Erster Zweiter Dritter Vierter Fünfter Sechster Siebter

1. 2. 3. 4. 5. 6. 7.

1. 2. 3. 4. 5. 6.

2 Lena steht am Eiswagen.
Sie ist an der 4. Stelle.
Wie viele stehen vor Lena?
3 Kinder stehen vor Lena.

3 Mila steht am Eiswagen.
Vor Mila stehen 2 Kinder.
Hinter Mila stehen 5 Kinder.
Wie viele stehen am Eiswagen?
8 Kinder stehen am Eiswagen.

4 4 Kinder stehen am Eiswagen.
2 Kinder kommen dazu,
ein Kind geht weg.
Wie viele stehen am Eiswagen?
5 Kinder stehen am Eiswagen.

5 Finde Rechengeschichten.
(verschiedene Lösungen)

Worum geht es?

Auf der linken Seite werden zunächst die speziellen Zahlwörter thematisiert, die Ordnungszahlen von Kardinalzahlen unterscheiden: Während man Kardinalzahlen durch eins, zwei, drei usw. bezeichnet, nutzt man für die Bezeichnung einer Position die Ordnungszahlen erster, zweiter, dritter usw. Dies ist vielen Kindern aus ihren außerschulischen Erfahrungen bereits bekannt. Die Schreibweise 1., 2., 3. ... (Zahl mit Punkt) ist dagegen in der Regel kaum bekannt und muss daher eingeführt werden.

Wie kann man vorgehen?

1 Benennung der Ordinalzahlen einführen
Zuerst wird die dargestellte Situation einer Warteschlange, die den Kindern durch eigene Erfahrungen sicher bekannt ist, besprochen: Sieben Kinder stehen in der Reihe vor dem Eismann. Nach jedem Verkaufsvorgang rücken die Wartenden um einen Platz auf. Plötzlich kommt ein Junge, der sich vordrängeln will. Die anderen Kinder lassen sich das nicht gefallen und schicken ihn zurück an das Ende der Schlange. Die Situation kann gut in der Klasse nachgespielt werden. Am Anfang und nach jeder Veränderung wird der Rangplatz jedes Kindes unter Nutzung der Ordinalzahlen (neu) bestimmt.

2 – 5 Rechengeschichten verstehen und erzählen
Der Kontext wird ausgebaut, um die enge Beziehung zwischen kardinalen und ordinalen Zahlaspekten zu thematisieren. Den Kindern soll klar werden, dass die Position in einer Reihenfolge auch angibt, wie viele Objekte (bis zu dieser Position) vorhanden sind.

Diagnostisches Potenzial

Welche Geschichten erzählen die Kinder zur Situation am Eiswagen? Welche Zahlaspekte kommen bei den selbst erstellten Rechengeschichten zum Tragen und in welchem Zahlenraum bewegen sich die Kinder?

Möglichkeiten zur Differenzierung

Kinder mit Schwierigkeiten beim sinnerfassenden Lesen können durch einen zugewiesenen Lernpartner unterstützt werden. Ferner kann die Lehrkraft die kurzen Texte mit einem Audiogerät aufnehmen, damit sich die Kinder diese über Kopfhörer vorlesen lassen können.

51 Forschen und Finden: Rot gegen Blau

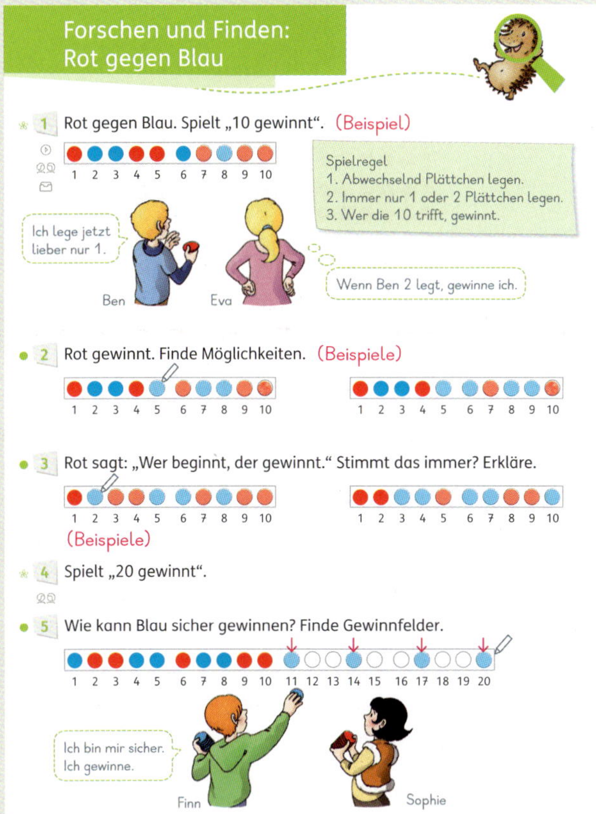

Hinweise zu den Aufgaben

1 Das Spiel Rot gegen Blau: 10 gewinnt einführen. Regel: Bei 1 beginnend legen die Spieler abwechselnd ein oder zwei Plättchen ihrer Farbe. Ziel: 10 erreichen. Fokus darauf setzen, die Gewinnpositionen des Spiels zu erkunden.

2, 3 Wie kann man gewinnen? Idee der „guten Positionen“ entwickeln. Überlegungen zu einer Gewinnstrategie ausbauen und das strategische Spiel dem Zufallsspiel gegenüber stellen.

4, 5 Erkenntnisse und Analysen auf die Zwanzigerreihe übertragen: Wo sind die Gewinnpositionen?

Wichtige Wörter

Gewinnstrategie, Gewinnposition, sicher

Verweise auf weitere Materialien

AH S. 32

FH S. 37

Was wird benötigt?

Zwanzigerreihe, Wendeplättchen, KV 47 *Rot gegen Blau (10, 20)*

Worum geht es?

Die Kinder können hier eine Strategie für das Spiel *Rot gegen Blau* finden, bei der man sicher gewinnt. Am Beispiel der Variante *10 gewinnt* teilt man die Felder dazu in gute und schlechte Positionen ein:

- 10 ist eine gute Position: Wer sie besetzt, gewinnt.
- Die beiden Positionen davor sind dagegen schlecht: Wer sein Plättchen auf 8 oder 9 setzt, ermöglicht es dem Gegner, im nächsten Zug die 10 zu besetzen.
- 7 ist wieder eine gute Position: Wer dieses Feld besetzt, der zwingt den Gegenspieler, eines der schlechten Felder 8 oder 9 zu besetzen.
- So geht es weiter: 6 und 5 sind schlecht, 4 ist wieder gut. Dann folgen die beiden schlechten Positionen 3 und 2 und letztlich die gute Position 1.

Beginnt man das Spiel, gewinnt man sicher mit folgender Strategie: Man legt zuerst ein Plättchen, besetzt also das erste gute Feld. Dann muss man immer nur passend auf den Gegner reagieren: Legt er ein Plättchen, dann legt man zwei. Legt er zwei Plättchen, dann legt man eins. Man gelangt so immer auf die nächste gute Position: Von 1 auf 4, dann auf 7 und schließlich auf 10.
Auf der Zwanzigerreihe funktioniert die Strategie ganz analog: Gute Positionen sind 20, 17, 14, 11, 8, 5, 2. Der erste Spieler muss also mit zwei Plättchen starten, um mithilfe der Strategie zu gewinnen.

Wie kann man vorgehen?

1–5 Spielen und analysieren

Die Lehrkraft erklärt das Spiel. Zwei Kinder führen das Spiel vor, bis alle Kinder die Regeln verstanden haben. Nach einigen Spieldurchläufen erklärt die Lehrkraft, dass der Gewinn des Spiels kein Zufall ist. Die Kinder suchen gemeinsam nach einer Gewinnstrategie. Dazu dokumentieren sie jeweils ihren letzten Spielzug auf Zehnerstreifen, indem sie die Felder entsprechend ihrer Plättchen färben (KV 47 *Rot gegen Blau*). Dann betrachten sie die gesamten Spielzüge: Ab welcher Position stand der Gewinner schon fest? So werden systematisch die guten Positionen der Spielvariante *10 gewinnt* herausgearbeitet.
Abschließend wird die Idee der guten Positionen auf die Zwanzigerreihe oder andere Variationen (z. B. 21 Felder) übertragen. Für Kinder mit großen Schwierigkeiten kann der Ausschnitt der Zahlenreihe auch verkleinert werden.

Diagnostisches Potenzial

Was verstehen die Kinder unter Zufallsspielen? Kennen sie Strategiespiele? Wie erklären sie Möglichkeiten, den Gewinn zu beeinflussen?

52/53 Rückblick

Hinweise zu den Aufgaben

1 Anzahlen am Zwanzigerfeld bestimmen, vgl. S. 40, 41

2 Zahlen in Zehner und Einer zerlegen, vgl. S. 40, 41

3 Zerlegungen der 10 auf Zerlegungen der 20 übertragen, vgl. S. 42, 43

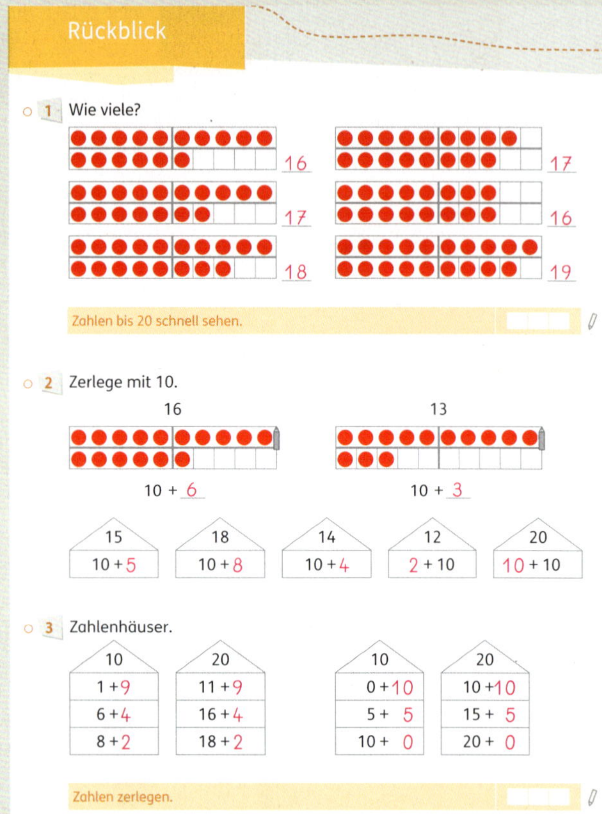

Worum geht es?

Die inhaltsbezogenen Kompetenzen des Kapitels *Orientierung im Zwanzigerraum* werden hier rückblickend angesprochen. Im Kern geht es darum, dass die Kinder

- die Zahlen bis 20 kardinal interpretieren und auf verschiedene Weisen im Zwanzigerfeld darstellen,
- die Zahlen ab 10 als Summenterm mit einem Zehner verstehen, schreiben und lesen,
- die Analogien im Aufbau der Zahlen bis 10 und der Zahlen zwischen 10 und 20 verstehen,
- die Zahlen bis 20 ordinal interpretieren und als eindeutige Position in der Zwanzigerreihe in Beziehung zur Fünferstruktur und zu den Nachbarzahlen verorten,
- geometrische Formen voneinander unterscheiden können.

Die dabei geförderten Kompetenzen treten vor allem in Form des Darstellens, des Kommunizierens und des Argumentierens auf. Diese werden stets – eingebettet in die Entwicklung der inhaltsbezogenen Kompetenzen – weiterentwickelt, indem die Kinder insbesondere

- die Zahlen bis 20 kardinal und ordinal in den zentralen Anschauungsmitteln darstellen und die Zahlen ab 10 als Additionsaufgabe passend zum Stellenwertsystem schreiben und lesen (Darstellen),
- kardinale und ordinale Darstellungen unter Weiterentwicklung geeigneter Raumlagebegriffe beschreiben (Kommunizieren),
- die Analogien zwischen einstelligen und mehrstelligen Zahlen im Zwanzigerraum zur Begründung struktureller Zusammenhänge nutzen (Argumentieren),
- Eigenschaften geometrischer Formen erkennen und zur Unterscheidung nutzen (Kommunizieren).

Wie kann man vorgehen?

Je nach den Gegebenheiten in der Klasse können alle Kinder gemeinsam oder nur einzelne Kinder die Aufgaben des Rückblicks bearbeiten. Ebenso kann die gesamte Seite oder nur die Aufgaben zu einem Thema bearbeitet werden. Nach der jeweiligen Bearbeitung einer Aufgabe oder eines Aufgabenblocks kreuzen die Kinder in der Selbsteinschätzung an, wie gut sie mit dem Inhalt zurecht gekommen sind. Dazu wird ggf. wiederholt, welche Position des Kreuzes zu welcher Selbsteinschätzung gehört (etwa von ganz links „schwierig“ bis nach ganz rechts „problemlos“). Anschließend können die Selbsteinschätzungen der Kinder mit den diagnostischen Erkenntnissen der Lehrkraft im Gespräch verglichen werden.

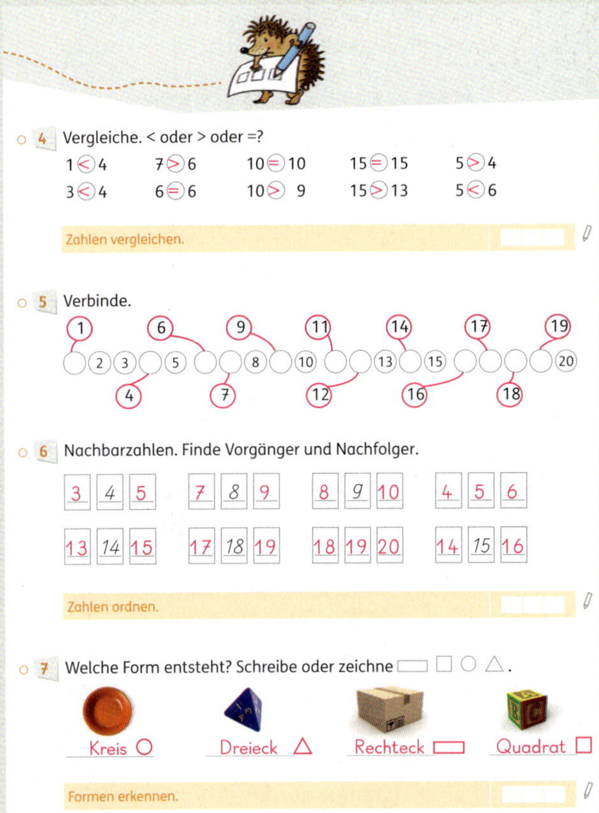
4 Vergleiche. < oder > oder =?

1 < 4 | 7 > 6 | 10 = 10 | 15 = 15 | 5 > 4
3 < 4 | 6 = 6 | 10 > 9 | 15 > 13 | 5 < 6

Zahlen vergleichen.

5 Verbinde.

1 2 3 4 5 6 7 8 9 10 11 12 13 14 15 16 17 18 19 20

6 Nachbarzahlen. Finde Vorgänger und Nachfolger.

3 4 5 | 7 8 9 | 8 9 10 | 4 5 6
13 14 15 | 17 18 19 | 18 19 20 | 14 15 16

Zahlen ordnen.

7 Welche Form entsteht? Schreibe oder zeichne ▭ □ ○ △.

Kreis ○ | Dreieck △ | Rechteck ▭ | Quadrat □

Formen erkennen.

Hinweise zu den Aufgaben

4 Ordnungsrelation auf Zahlen anwenden, vgl. S. 44, 45

5 Zahlen in der Zahlenreihe verorten, vgl. S. 46, 47

6 Nachbarzahlen finden, vgl. S. 48, 49

7 Grundformen wiedererkennen, vgl. S. 34, 35

Verweise auf weitere Materialien

AH S. 33

FH S. 38

LZK 2 A–C im Materialband

Diagnostisches Potenzial

Für den Vergleich zwischen der Selbsteinschätzung der Kinder und der Diagnose durch die Lehrkraft können folgende Leitfragen hilfreich sein:

Zahlen bis 20 schnell sehen
Inwiefern nutzen die Kinder den Zehner und die Beziehung zum Fünfer in der zweiten Zeile des Zwanzigerfeldes zur Bestimmung der Anzahlen? Welche Rolle spielt das Abzählen einzelner Plättchen bei der Anzahlbestimmung?

Zahlen zerlegen
Welche Vorstellung verbinden die Kinder mit zweistelligen Zahlen? Macht es für sie einen Unterschied, ob bei einer Zerlegung der erste oder der zweite Summand gesucht wird? Wie werden die Darstellungen am Zwanzigerfeld genutzt?
Inwiefern nutzen die Kinder die Analogien zwischen den Zerlegungen der Zahl 10 und denen der Zahl 20?

Zahlen vergleichen
Welche Rolle spielt das Zählen bei der Bestimmung der Vergleichsrelation?

Zahlen ordnen
Inwiefern werden die Fünfer- und Zehnerstrukturen auch im ordinalen Zahlaspekt genutzt?

Formen erkennen
Sind die gezeichneten Formen geschlossen? Inwiefern achten die Kinder auf gerade oder gekrümmte Linien? Welche Rolle spielen die Anzahlen der Ecken?

Möglichkeiten zur Differenzierung

Übungen zum Blitzrechnen
- Immer 20 (Seite 42)
- Zahlenreihe (Seite 46)

Igeltraining
- Zahlen schnell sehen in der Zahlenreihe (Seite 46)

Themenblock Größen und Sachrechnen

Sachrechnen – Mathematik im Alltag

Das Rechnen mit „Sachen“ zielt auf die anwendungsorientierte Seite der Mathematik. Die Alltagsbezüge unterstützen die Kinder dabei,

- Vorstellungen zu den mathematischen Inhaltsbereichen aufzubauen,
- den Nutzen der Mathematik im Alltag zu erkennen,
- mit Größen in Anwendungsaufgaben zu arbeiten,
- die prozessbezogene Kompetenz des Problemlösens und Modellierens zu fördern und zu fordern,
- Bearbeitungsstrategien wie das Legen mit Material, das Markieren und das Zeichnen von Skizzen kindgerecht zu erarbeiten.

Mit Sachaufgaben Vorstellungen aufbauen

Bereits vor der Einführung der Addition und der Subtraktion werden die Kinder dazu aufgefordert, „Rechengeschichten“ zu Bildern zu erzählen.

Schulbuch 1, S. 56

Dadurch erkennen sie, dass Bilder mehrdeutig sein können und sie gewinnen einen ersten Eindruck vom Zusammenhang zwischen Addition und Subtraktion. Dieses Aufgabenformat wird bei den folgenden Einstiegen wieder aufgegriffen, damit die Kinder eine Vorstellung vom „plus rechnen“ bzw. „minus rechnen“ bekommen.

Nutzen der Mathematik im Alltag erkennen

Die Verknüpfung von Mathematik und Lebenswelt wird im ersten Schuljahr an kleinen Beispielen angebahnt und in den kommenden Schuljahren stärker ausgebaut.

Mit Größen und Anwendungssituationen arbeiten

Die Größen des ersten Schuljahres sind die Geldwerte, die Zeitspannen sowie ein erster Zugang zu den Längen. Sie repräsentieren Eigenschaften von Gegenständen und haben damit einen deutlichen Alltagsbezug.

Problemlösen und Modellieren fördern

Sachaufgaben fördern und fordern Problemlösestrategien wie z. B. das systematische Vorgehen. Bei der Aufgabe „Krippenspiel“ sollen die Kinder möglichst systematisch alle Verteilungen der drei Kinder auf die drei Rollen finden. Die Vorgehensweisen werden gemeinsam in der Klasse besprochen und reflektiert, um sie für alle Kinder nutzbar zu machen.

5 Leo, Ina und Ben spielen beim Krippenspiel
die Heiligen Drei Könige.
Welche Rollenverteilungen sind möglich?

Schulbuch 1, S. 140

Unter Modellieren versteht man die Übertragung einer realen Situation in die Mathematik. Anschließend wird die entstandene Aufgabe in der Mathematik gelöst und auf die reale Situation rückbezogen.

Skizzen zeichnen

Kindern fällt es oft nicht leicht, eine Lösung für eine Sachaufgabe zu finden. Um sie hierbei angemessen zu unterstützen, stellt das Formulieren einer Frage, einer Rechnung und einer Antwort nicht für alle eine Hilfe dar. Wer die Frage formulieren kann, muss die Aufgabe bereits verstanden und eine Lösungsidee haben. Daher werden den Kindern über das Fragenstellen hinausgehende, differenziertere Bearbeitungsstrategien angeboten: das Zeichnen von Skizzen oder das Nachstellen der Situation, z. B. mit Plättchen.

Schulbuch 1, S. 107

Größen

Zahlen gewinnen im Alltag der Kinder insbesondere als Maßzahlen ihre Bedeutung. Immer wenn Kinder etwas mit Zahlen vergleichen und messen, lassen sich die Größenbeziehungen in der Verbindung von Zahl und Maßeinheit beschreiben: Im ersten Schuljahr werden insbesondere die Größen Länge und Zeit sowie die sehr alltagsbedeutsame, aber auch besondere Größe Geldwerte thematisiert. Längen und Zeitspannen sind als physikalische Größen durch messbare Eigenschaften bestimmt: Ein Gegenstand hat eine bestimmte Länge, ein Prozess dauert eine bestimmte Zeitspanne. Die Länge oder Zeitspanne kann mittels der Einheiten gemessen werden, indem diese abgetragen werden. Bei einer Strecke von 5 cm wird also gemessen, dass eine Strecke von 1 cm fünfmal hintereinander gesetzt die Strecke 5 cm ausmisst. Hingegen besitzen Geldwerte keine Basiseinheit, die den spezifischen Wert eines Gegenstandes messen würde (ein Gegenstand kann je nach Verkaufsort, Beschaffenheit etc. unterschiedliche Werte einnehmen). In diesem Sinne wird auch nicht mit Euro oder Cent gemessen. Vielmehr wird der Wert festgelegt bzw. abgelesen.
Größenvorstellungen besitzen und mit Größen umgehen zu können, bedeutet weit mehr, als nur zwischen verschiedenen Einheiten umrechnen (1 Euro

sind 100 Cent) oder Größenangaben addieren zu können (1 € + 2 € = 3 €). Der Aufbau von Größenvorstellungen ruht anfangs darauf, dass Kinder

- Repräsentanten für zentrale Größenangaben kennen (im Alltag bedeutsame und Standardeinheiten) und zum Messen nutzen (also Euro und Cent, Stunden und Minuten, Meter und Zentimeter), sowie
- Größen vergleichen und schätzen.

Der verständige Umgang mit den Größen basiert zudem darauf, dass die Kinder diese auf alltägliche Situationen beziehen sowie Messinstrumente in ihrem Aufbau und Nutzen kennen.

Länge

Zur Größe Länge bringen viele Kinder Vorerfahrungen mit. Sie können in der Regel schon Objekte in ihrer Länge vergleichen und auch mit einer passenden Maßeinheit beschreiben. Diese umfangreichen Vorerfahrungen bedeuten aber nicht zwangsläufig, dass die Kinder auch eine Vorstellung von den Einheiten Zentimeter oder Meter haben. Auch bedeutet es nicht, dass die Kinder mit einem Lineal oder Zollstock sicher umgehen können; selbst wenn sie den Messvorgang bereits viele Male gesehen haben.
Für den Aufbau von Längenvorstellungen und einen verständigen Umgang mit Längen ist es daher wichtig, dass zum einen an die Vorerfahrungen der Kinder mit Maßeinheiten angeknüpft wird. Zum anderen müssen die Kinder auch grundlegende Vorstellungen über Zentimeter und Meter sowie Fähigkeiten des Messens von Längen entwickeln, indem sie handelnd mit Messobjekten und -instrumenten tätig werden. Im ersten Schuljahr werden daher Vorstellungen zu einem Meter, einem Zentimeter und zehn Zentimetern in den Blick genommen. Die Kinder lernen die grundlegenden Einheiten kennen, ohne dass sie auch aufeinander bezogen werden müssen oder dass der Zahlenraum bis 20 überschritten werden muss. Grundlegende Messkompetenzen erwerben sie sowohl durch das messende Abtragen von 1 m- und 10 cm-Stäben als auch durch das Ablesen von Messskalen am Lineal oder Zollstock. Durch das Sammeln von Repräsentanten, die zwischen 10 cm und 20 cm oder auch kürzer als 10 cm sind, erarbeiten sie Stützpunktvorstellungen, die zum Schätzen von Längen bis 20 cm bedeutsam werden.

Zeit

Auch wenn Kinder vielfach im Alltag mit Zeitpunkten und Zeitspannen konfrontiert sind, ist Zeit sehr schwer zu fassen, denn man kann sie weder sehen noch greifen. Zudem erschwert das individuelle Zeitempfinden, eine Vorstellung zu dieser Größe aufzubauen. Nicht zuletzt ist das Ablesen der Uhrzeit an einer Analoguhr nicht einfach. Aus einer Skala mit 60 Strichen (davon 12 erhobene), einem Zifferblatt mit 12 Ziffern und mindestens zwei Zeigern können Uhrzeiten von 0.00 Uhr bis 23.59 Uhr abgelesen werden.
Die Kompetenz, eine Analoguhr abzulesen, erwerben die Kinder mit der Zeit, d. h. das Ablesen sollte regelmäßig in den Unterrichtsalltag integriert werden. Dabei ist das Sprechen über den Ableseprozess sehr zentral. Da das Ablesen und Eintragen einer Uhrzeit an der Analoguhr sehr komplex ist, werden im 1. Schuljahr zunächst nur volle Stunden abgelesen und im Tagesverlauf der Kinder verortet.
Darüber hinaus sollen die Kinder erste Erfahrungen dazu machen, dass 15 Uhr eine eindeutige Uhrzeit mitten am Tag repräsentiert, während der Zeitpunkt 3 Uhr nicht eindeutig angibt, ob 3 Uhr in der Nacht oder am Tag gemeint ist.
Letztlich ist das Ablesen von Zeitpunkten für ein umfassendes Verständnis der Größe Zeitspanne nicht ausreichend, denn Zeit verstreicht. Zwischen zwei Zeitpunkten liegt immer eine Zeitspanne. Erstes Rechnen mit Zeitspannen wird somit im ZAHLENBUCH bereits thematisiert.

Geldwerte

Im ersten Schuljahr sind das Rechnen mit Geld und der Aufbau von Vorstellungen über Geldwerte in doppelter Hinsicht sehr wichtige Themen. Zum einen bildet Geld einen zentralen Bestandteil unserer Kultur und zum anderen kann das arithmetische Verständnis durch den Umgang mit Geld erschlossen und erweitert werden.
Zu Beginn des Themas lernen die Kinder die Euro-Münzen und -Scheine bis 20 € kennen. Sie berichten von eigenen Erfahrungen mit Geld und Vorstellungen über Preise. Ein weiterer Aspekt ist das Legen von Geldbeträgen mit unterschiedlich vielen Münzen bzw. Scheinen. Hier muss man explizit zwischen der Anzahl der Münzen und dem dargestellten Münzbetrag unterscheiden. Dies ist für Kinder nicht trivial, denn zwei 1-Euro-Münzen stellen eine größere Anzahl dar als eine 2-Euro-Münze. Durch die verschiedenen Zerlegungen eines Geldbetrags vertiefen die Kinder ihr bis dahin gewonnenes arithmetisches Verständnis. 10 Euro können nun dargestellt werden durch zwei 5-Euro-Scheine, fünf 2-Euro-Münzen, zehn 1 Euro-Münzen, usw.
Darüber hinaus sollen die Kinder Einkaufssituationen nachspielen.

Schulbuch 1, S. 115

Dabei legen sie nicht nur Geldbeträge passend, sondern berechnen auch das Rückgeld – eine Erfahrung, die für den Alltag der Kinder absolut notwendig ist.

54/55 Münzen und Scheine

Hinweise zu den Aufgaben

Einstieg Euro-Münzen und Euro-Scheine einführen: Charakteristische Merkmale beschreiben, Größenverhältnisse betrachten, erste Geldbeträge bestimmen.

1, 2 Geldbeträge bestimmen bzw. fehlende Münzen und Scheine einzeichnen. Es gibt verschiedene Möglichkeiten. Die Beträge ggf. mit Rechengeld legen. Euro-Münzen mit Doppelkreisen zeichnen.

3 Einprägen des Eurozeichens, Üben der Schreibweise.

Wichtige Wörter

Euro, Schein, Münze, Geldbetrag oder Geldwert

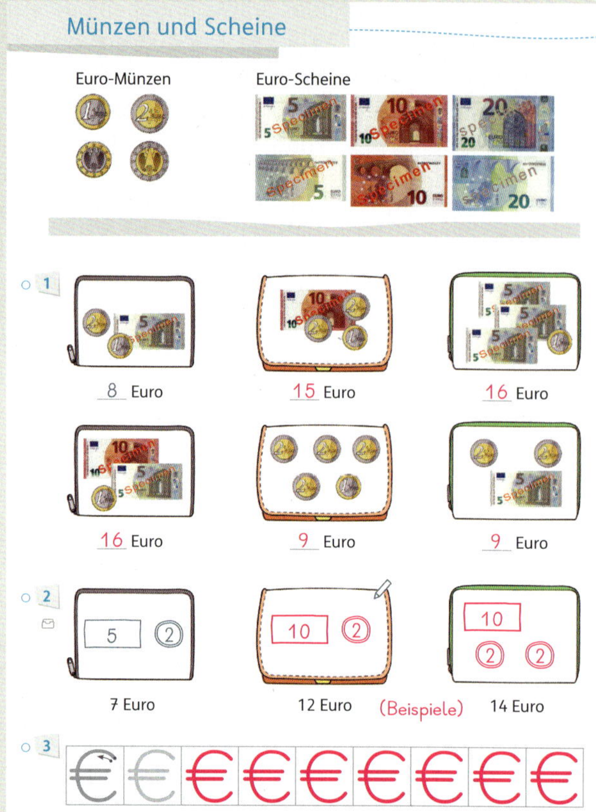

Was wird benötigt?

Arbeitsmaterial: Rechengeld
Demonstrationsmaterial: echte Cent- und Euromünzen und Euroscheine, Rechengeld im Großformat, evtl. Geldbörse

Worum geht es?

Es gibt Kinder, die in ihrer Lebenswelt selten mit Geld in Kontakt kommen, so dass ihre Vorkenntnisse lückenhaft sind. Aufgabe der Schule ist es, die Kinder mit Aussehen und Wert der Münzen und Geldscheine vertraut zu machen. Kenntnisse über Anzahlen können dabei nicht direkt übertragen werden, da bei der Bestimmung der Eurobeträge die Werte der Münzen und Scheine berücksichtigt werden müssen. Da jedoch die Zusammenfassung von Einheiten zu einer größeren Einheit auch bei Geld wichtig ist, lernen die Kinder bei ihrer Beschäftigung mit Geld ebenfalls etwas über Zahlen.
Nach einführenden Aufgaben sollen die Kinder das Thema Geld auch arithmetisch tiefer durchdringen, indem sie verschiedene Möglichkeiten finden, um einen Geldbetrag zu legen. Da sie ggf. große Einheiten entbündeln (10-Euro-Schein in zwei 5-Euro-Scheine oder in zehn einzelne Euro-Münzen) oder mehrere kleine zu großen Einheiten bündeln (zehn einzelne Euro-Münzen in einen 10-Euro-Schein), werden wichtige Einsichten in das Stellenwertverständnis angebahnt.

Wie kann man vorgehen?

Einstieg Euro-Münzen und -scheine einführen
Im Sitzkreis stellt die Lehrkraft Euro- und Cent-Münzen sowie verschiedene Euro-Scheine vor und lässt diese benennen, beschreiben, sortieren und nach ihrem Wert ordnen. Die Kinder können darüber hinaus von eigenen Erfahrungen mit Geld berichten und erzählen, ob sie auch andere Währungen kennen. Danach werden die 1-Euro- und die 2-Euro-Münze sowie der 5-Euro-, der 10-Euro- und der 20-Euro-Schein näher betrachtet und erste Beträge gelegt und benannt. Vor der Arbeit mit dem Schulbuch können die Kinder ihr eigenes Rechengeld in den Blick nehmen, indem sie dieses sortieren, von jeder Euro-Münze und jedem Euro-Schein jeweils eine Sorte in ihr Heft kleben und den Betrag dazu schreiben, sowie erste Beträge legen und ausrechnen.

1 Geldbeträge bestimmen
Die Kinder bestimmen die abgebildeten Geldbeträge.

2 Geldbeträge legen und zeichnen
Die Lehrkraft führt vor der Aufgabenbearbeitung die Darstellungsweise der Euro-Münzen mit einem Doppelkreis ein. Dadurch wird es möglich, sie im zweiten Schuljahr von den Cent-Münzen zu unterscheiden, die mit einem einfachen Kreis gemalt werden.
Anschließend werden die bereits abgebildeten Münzen und Scheine mit Rechengeld nachgelegt und bis

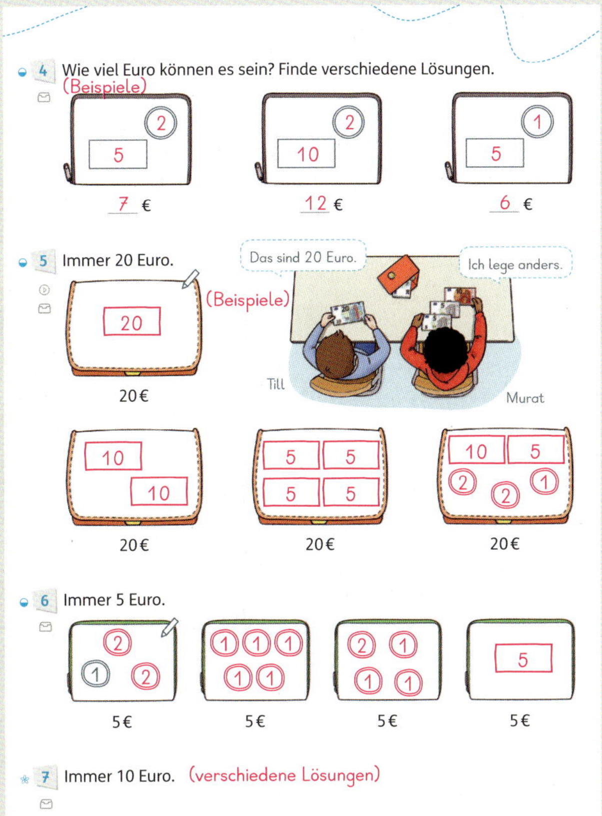

Hinweise zu den Aufgaben

4 Unterschiedliche Geldbeträge mit einer Euromünze und einem Euroschein legen und aufmalen.

5 20 Euro auf verschiedene Weise legen.
Gibt es noch weitere Lösungen?

6, 7 5 Euro bzw. 10 Euro auf verschiedene Weise legen.
Viele, vielleicht alle Möglichkeiten finden.

Verweise auf weitere Materialien

AH S. 34

FH S. 39

KV 49, 50 *Geld*

zum genannten Betrag ergänzt. Die Lösung wird aufgemalt. Es gibt verschiedene Möglichkeiten, die Geldbeträge zu legen. Dies kann man im Plenum besprechen. Im Anschluss an diese Aufgaben können die Kinder Geldbörsen mit eigenen Beträgen gestalten und den Wert bestimmen.

3 Euro-Zeichen schreiben
Das Zeichen wird eingeführt und zu schreiben geübt.

4 Beträge mit einem Schein und einer Münze legen
Diese Aufgabe kann von Kindern selbstständig gelegt und gelöst werden. Die Kinder können versuchen, möglichst viele, vielleicht sogar alle Lösungen zu finden (natürliche Differenzierung).

5 Geldbeträge verschieden legen
Die Einstiegssituation wird besprochen und erste Möglichkeiten werden an der Tafel vorgestellt. Dabei wird geklärt: Lösungen, die sich nur in der Reihenfolge aber nicht in der Wahl der Münzen oder Scheine unterscheiden, werden als gleich bezeichnet. Um gleiche Lösungen besser erkennen zu können, wird vereinbart, Münzen und Scheine ihrem Wert nach geordnet aufzuzeichnen. Die Kinder legen den Betrag auf verschiedene Weisen und zeichnen die Lösungen. Mathematisch interessierte und begabte Kinder können weitere Lösungen suchen und notieren.

6, 7 Vertiefung: Geldbeträge verschieden legen
Die Kinder können versuchen, möglichst viele (vielleicht auch alle) Lösungen zu finden (natürliche Differenzierung). Verschiedene Kinder stellen ihre Lösungen im Plenum vor und beschreiben ihre Vorgehensweisen. Mögliche Impulse: Wer kann den Betrag noch anders legen? Wie kann ich anhand dieser Lösung weitere Lösungen geschickt finden? Die Ergebnisse können systematisch geordnet werden. So lassen sich leichter alle Möglichkeiten finden: Es gibt vier Möglichkeiten, um 5 Euro und elf Möglichkeiten, um 10 Euro zu legen.

Diagnostisches Potenzial

Unterscheiden die Kinder zwischen der Anzahl der abgebildeten Münzen und Scheine und dem Wert des Geldes? Nutzen sie Ergebnisse von gelösten Aufgaben für die nächsten? Wie legen sie vorgegebene Geldbeträge bzw. wie flexibel gehen sie mit Münzen und Scheinen um? Wie viele Legemöglichkeiten können sie zu einem Geldbetrag ermitteln? Wie gehen sie dabei vor? Wie beschreiben sie ihre Vorgehensweise?

Möglichkeiten zur Differenzierung

1, 2, 5 Das Zahlenmaterial wird variiert (kleinere/größere Beträge). Manche Kinder legen die Beträge ggf. nur mit Münzen.

56/57 Rechengeschichten

Hinweise zu den Aufgaben

1 Sachsituation besprechen: Werden die gezeigten Gegenstände hinzugefügt oder weggenommen? Situationen ggf. nachspielen.

2 Zu den Bilderfolgen Rechengeschichten erzählen. Dabei herausstellen, dass das gleiche Bild unterschiedlich gedeutet werden kann. Die Begriffe „dazu“ und „weg“ einführen.

Wichtige Wörter

weg, dazu

Was wird benötigt?

Demonstrationsmaterial: ggf. Alltagsgegenstände zum Nachspielen verschiedener Situationen.

Worum geht es?

Auf dieser Doppelseite werden die Kinder dazu angeregt, zu den gezeigten Bildern „Rechengeschichten“ zu erzählen. Auf der linken Seite liegt der Fokus darauf, die gleiche Situation unterschiedlich zu deuten, während auf der rechten Seite anhand von Bilderfolgen die Entwicklung der Menge jeweils zu erkennen ist. Auf die Verwendung von Rechentermen wird an dieser Stelle bewusst verzichtet, da diese für das Erzählen der Geschichten nicht relevant sind. Vielmehr steht die Erkenntnis im Vordergrund, dass erst durch das Erzählen einer Geschichte über ein einzelnes Bild eine dynamische Deutung entsteht, das Bild an sich legt keine eindeutige Sichtweise fest. Auch wenn der Sachverhalt an dieser Stelle noch nicht explizit herausgestellt wird, so bekommen die Kinder doch einen ersten Eindruck vom Zusammenhang zwischen Additions- und Subtraktionsaufgaben, der für den Aufbau einer flexiblen Operationsvorstellung wichtig ist. Dabei werden sie dazu angeregt, die Begriffe *dazu* und *weg* zu benutzen, um die dynamische Veränderung zu beschreiben.

Wie kann man vorgehen?

1 Zu den Bildern erzählen

Die Kinder betrachten die Bilder und beschreiben die dargestellten Situationen. Es bleibt offen, ob das Schulfest gerade auf- oder abgebaut wird. Die Kinder werden bereits wichtige Wörter (hinstellen, dazutun, wegnehmen, wegpacken usw.) verwenden, die auf eine Dynamik schließen lassen. Der Blick wird danach auf die einzelnen dargestellten Situationen fokussiert und die Kinder betrachten die genauen Mengen. Beispiele:

- Auf dem Tablett stehen drei Gläser und der Junge stellt noch drei Gläser dazu. Insgesamt stehen dann sechs Gläser auf dem Tablett.
- Auf dem Tablett standen sechs Gläser, der Junge nahm drei Gläser weg. Danach stehen noch drei Gläser auf dem Tablett.

Die Kinder müssen sich dabei sowohl die Ausgangssituation als auch die Schlusssituation bildlich vorstellen. Um diesen Schritt zu erleichtern, empfiehlt es sich, einige Situationen mit realen Gegenständen in der Klasse nachzuspielen. Dadurch wird deutlich, dass bei jedem Bild stets zwei Bewegungsrichtungen möglich sind.

2 Bilderfolgen beschreiben und deuten

Ein Bild aus Aufgabe1 wird erneut in den Blick genommen und auf zwei verschiedene Arten gedeutet:

Hinweise zu den Aufgaben

3 Zu den Bilderfolgen Rechengeschichten erzählen. Die Wörter *dazu* und *weg* nutzen. Die Schlussbilder sowie die Mengen in Partnerarbeit zeichnen bzw. notieren.

4 Eine eigene Rechengeschichte erfinden und anhand einer dreiteiligen Bilderfolge aufmalen.

Wichtige Wörter

weg, es bleiben übrig, dazu, es sind dann

Verweise auf weitere Materialien

AH S. 35

FH S. 40, 41

- Auf dem Tisch stehen 4 Flaschen und das Mädchen stellt 2 Flaschen dazu. Dann sind es 6 Flaschen.
- Auf dem Tisch stehen 6 Flaschen und das Mädchen nimmt 2 Flaschen weg. Dann sind es noch 4 Flaschen.

Die Lehrkraft präsentiert die drei Bilder an der Tafel und lässt von den Kindern die Situation beschreiben. Anschließend präsentiert sie die gleiche Bildabfolge erneut, vertauscht aber direkt das Anfangsbild mit dem Schlussbild. Die Kinder beschreiben nun die neu entstandene Situation. Die Wörter *weg* und *dazu* werden dabei bewusst hervorgehoben und auf Kärtchen notiert.

3 Bilderfolgen beschreiben und fortsetzen
Bei diesen Bilderfolgen sind sowohl die Ausgangssituation als auch die anschließende Handlung vorgegeben. Dadurch ist die Dynamik eindeutig. Die Kinder beschreiben in einem ersten Schritt die dargestellten Situationen und benutzen dabei die Begriffe *weg* und *dazu*, die auf Kärtchen an der Tafel präsentiert werden. Kleine Symbole (z. B. Kuchenstück, Luftballon, Ei) können dabei als Unterstützung für die spätere Arbeitsphase neben den Kärtchen notiert werden. Es wird gemeinsam überlegt, wie das Schlussbild der Luftballonsituation aussehen muss. An dieser Stelle kann ein Nachspielen der Situation hilfreich sein. Anschließend zeichnen die Kinder die restlichen Schlussbilder in Partnerarbeit und schreiben die Begriffe *weg* und *dazu* sowie die Anzahlen der gezeigten Mengen auf.

4 Eigene Rechengeschichten erzählen und zeichnen
In Anlehnung an Aufgabe 3 erfinden die Kinder eigene Rechengeschichten, die sie anhand von dreiteiligen Bilderfolgen zeichnen. Die Ergebnisse können anschließend auf einem Blatt gesammelt und den Kindern als vertiefende Übung zur Verfügung gestellt werden. Dabei ist es möglich, in Anlehnung an Aufgabe 3, das Schlussbild von den Kindern ergänzen zu lassen. Eine weitere Möglichkeit besteht darin, dass ein Kind eine Rechengeschichte erzählt und die anderen Kinder die passende Bilderfolge auswählen.

Diagnostisches Potenzial

Welche Geschichten erzählen die Kinder zu den Bildern? Können sie andere Deutungen nachvollziehen? Inwiefern ist es ihnen möglich, ein Bild unterschiedlich zu deuten?

Möglichkeiten zur Differenzierung

1 – 3 Die Geschichten können nachgespielt, bzw. die Veränderung der Menge kann auch mit Plättchen dargestellt werden.

3 Die Schlussbilder werden bereits vorgegeben.

Themenblock Einführung der Addition

Es ist kaum zu glauben, trifft aber zu: Die gesamte Addition und das „rechnende Zählen“ als mündliche Vorform basiert auf gerade einmal zwei Rechengesetzen, die im ZAHLENBUCH von Beginn an zur Geltung gebracht werden:
Das Vertauschungsgesetz (Kommutativgesetz): $a + b = b + a$ und das Verbindungsgesetz (Assoziativgesetz): $a + (b + c) = (a + b) + c$.
Die bewusste Nutzung dieser Gesetze erleichtert das Rechnen schon in der Grundschule, natürlich nicht in ihrer formalen Darstellung, sondern in der operativen Deutung nach Arnold Fricke. „Operativ“ heißt, dass man die in diesen Gesetzen verborgenen Handlungen zur Geltung bringt. Dies gelingt z. B. dadurch, dass man Zahlen durch Plättchenmengen darstellt, mit denen man konkret operieren kann. Wendeplättchen erlauben es, Summanden farblich zu unterscheiden. Die beiden Gesetze folgen daraus, dass die Anzahl der Plättchen einer Menge nicht von der räumlichen Lage der Plättchen abhängt.
Vertauschungsgesetz: Für die Anzahl der Plättchen einer aus zwei Teilmengen zusammengesetzten Menge ist es gleichgültig, welche Teilmenge man zuerst legt.
Verbindungsgesetz: Teilmengen einer Menge von Plättchen kann man beliebig zerlegen und die so gewonnenen Teile beliebig neu kombinieren. Auch dies ändert an der Gesamtzahl der Plättchen nichts.
In diesem Themenblock wird die Addition lediglich *eingeführt*. Es wäre absurd anzunehmen, die Kinder könnten am Ende des Blocks das gesamte Einspluseins. Es handelt sich hier um den ersten Durchgang, dem weitere folgen werden. Natürlich gehört das Einspluseins auch zum „Blitzrechnen“ und wird später automatisiert.

Rechnen mit den Rechengesetzen

Das Vertauschungsgesetz ist leicht anzuwenden. Man nutzt es, um die größere von zwei Zahlen als ersten Summanden zu platzieren. Dies führt in der Regel zur Vereinfachung von Rechnungen, weil die Rechenoperation übersichtlicher wird. Beispielsweise rechnet man 17 + 3 anstelle von 3 + 17.
Schwieriger ist das Verbindungsgesetz, es erlaubt mindestens drei verschiedene Interpretationen:
1. Interpretation: *Eine Summe kann schrittweise berechnet werden, indem man den zweiten Summanden zerlegt und zuerst den ersten, dann den zweiten Teilsummanden addiert.*
Die traditionelle Überwindung des Zehnerübergangs ist eine naheliegende Anwendung des Gesetzes.
Beispiel: $7 + 5 = 7 + (3 + 2) = (7 + 3) + 2 = 10 + 2 = 12$.

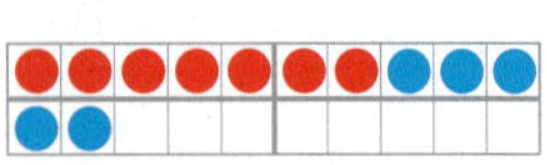

Am Zwanzigerfeld wird zuerst die Zahl 7 mit roten Plättchen gelegt. Dann werden 5 blaue Plättchen dazugelegt: 3 in der ersten, 2 in der zweiten Reihe. Indem man zunächst die erste Reihe auffüllt, hat man das Zwischenergebnis 10. Dieser traditionelle Zehnerübergang ist eine, aber nicht die einzige Möglichkeit, Aufgaben mit Zehnerübergang zu berechnen.

2. Interpretation: *Wenn ein Summand um einen Wert erhöht wird, erhöht sich die Summe genau um denselben Wert.*
Beispiel: $7 + (7 + 1) = (7 + 7) + 1 = 14 + 1 = 15$

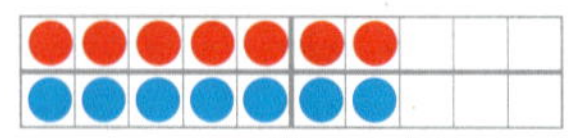
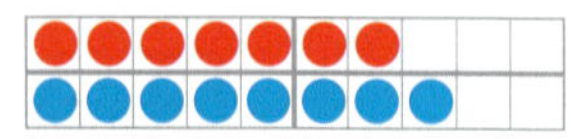

Am Zwanzigerfeld wird zuerst 7 + 7 gelegt. Wenn zur zweiten 7 ein Plättchen hinzugefügt wird, erhöht sich auch die Summe um 1. Diese Anwendung führt unmittelbar zur Strategie, aus einfachen Aufgaben schwierigere Nachbaraufgaben abzuleiten.

3. Interpretation: *Wenn ein Summand auf Kosten eines anderen erhöht wird, bleibt die Summe gleich.*
Beispiel: $5 + 5 = 5 + (2 + 3) = (5 + 2) + 3 = 7 + 3 = 10$

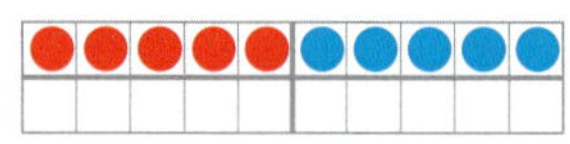
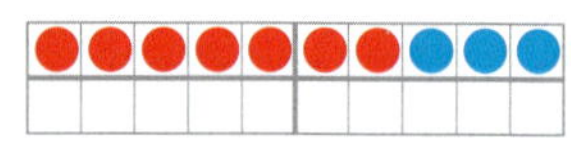

Am Zwanzigerfeld wird 5 + 5 mit Plättchen in zwei Farben gelegt. Dann werden von der zweiten 5 zwei Plättchen gewendet. Dadurch ändert sich zwar die Summe nicht, es nimmt aber ein Summand um genauso viel zu, wie der andere abnimmt. Das ist die Grundlage für die schönen Päckchen, die am Ende des Kapitels erschlossen werden und liefert effiziente Ableitungsmöglichkeiten.

Freie Wahl von Rechenwegen

Die beiden obigen Gesetze stehen fest, aber der Natur mathematischer Gesetze entsprechend ist ihre Anwendung frei. Nicht nur der Unterricht in der Grundschule sondern auch der spätere Algebraunterricht profitieren davon, dass die Kinder verschiedene Rechenwege kennenlernen. Natürlich heißt dies nicht, dass jedes Kind möglichst viele verschiedene Wege gehen soll. Es heißt aber, dass es sich der Existenz verschiedener Wege bewusst sein soll und dieses Wissen für sich individuell nutzen darf.

Die Verwendung von Plättchen

Die Unterstützung der Rechnungen durch Zwanzigerfeld und Plättchen darf nicht so verstanden werden, dass es sich nur um eine vorübergehende Phase handelt, die Kinder also von den Plättchen möglichst schnell loskommen sollten. Diesem immer noch verbreiteten Vorurteil muss die Lehrkraft mit einer selbstverständlichen Nutzung von Plättchen entgegentreten. Plättchen sind ein wunderbares Mittel um über Rechenwege zu sprechen und um arithmetische

Muster zu begründen, auch in höheren Klassenstufen. Wie oben gezeigt wurde, lassen sich die Rechengesetze mit dem Operieren mit Plättchen erläutern.

Aufbau des Themenblocks

Vor diesem Themenblock findet sich eine Doppelseite, auf der Sachsituationen mathematisch interpretiert werden, so dass der Aufbau von Grundvorstellungen hier frei von symbolischem Lernstoff grundgelegt werden kann.

Schulbuch 1, S. 56

Die Einführung in die Addition startet damit, dass passende Grundvorstellungen vertieft und zugleich Symbole zur Darstellung der Rechnungen eingeführt werden.

Schulbuch 1, S. 58

Nach einer ausgiebigen Erarbeitung solcher sachgebundenen Grundvorstellungen werden die Handlungen auf das Zwanzigerfeld übertragen und dort bereits anhand von Tauschaufgaben das erste Rechengesetz bewusst gemacht.

Schulbuch 1, S. 63

Auf den Seiten 64–69 werden besonders einfache Typen von Additionsaufgaben diskutiert. Hier zahlt sich die sorgfältige Erarbeitung des rechnenden Zählens aus, da diese Aufgaben allesamt aus dem Aufbau der strukturierten Anzahlerfassung bekannt sind. Sie erhalten wegen ihrer strategischen Bedeutung beim Rechnen eine Kennzeichnung, die passend zur später thematisierten Einspluseinstafel gewählt wurde. Es handelt sich hierbei um die Aufgaben …

- doppelt — des Verdoppelns, etwa 7 + 7 = 14
- mit 10 — mit dem Summanden 10, etwa 10 + 3 = 13
- mit 5 — mit dem Summanden 5, etwa 5 + 3 = 8
- = 10 — mit dem Ergebnis 10, etwa 6 + 4 = 10

Alle diese Aufgabentypen passen sehr gut zur Fünfer- und Zehnerstruktur des Zwanzigerfeldes. Aufgaben und Ergebnisse sind deswegen einfach zu erkennen und lassen sich später besonders gut einprägen. Wichtig ist, dass die Höhe des Summe nicht ausschlaggebend ist für die Schwierigkeit der Rechnung, zumal Analogien genutzt werden können zwischen Aufgaben im Zehnerraum und solchen, deren Ergebnisse zwischen 10 und 20 liegen.

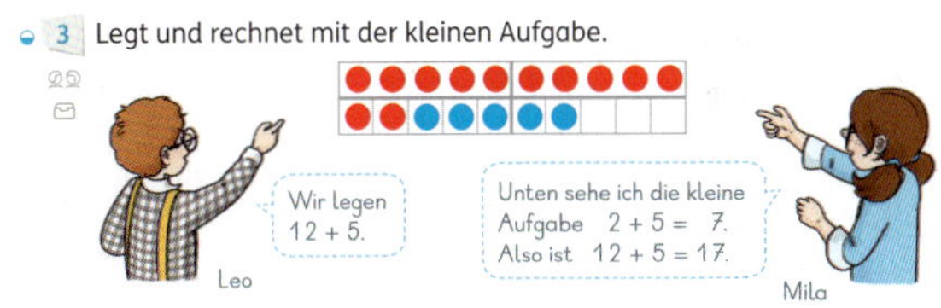

Schulbuch 1, S. 71

Nach einer gründlichen Erarbeitung der einfachen Aufgaben kommen die Rechengesetze, hauptsächlich das Verbindungsgesetz, zum Tragen: Durch Variation eines Summanden werden aus einfachen Aufgaben die schwierigeren Nachbaraufgaben abgeleitet. Schließlich lernen die Kinder, einfache Aufgaben zur Erschließung von schwierigeren Nachbaraufgaben strategisch geschickt zu nutzen.

Schulbuch 1, S. 74

Am Ende der Erschließung der Addition lernen die Kinder das Aufgabenformat *schöne Päckchen* kennen, bei dem sie das Verbindungsgesetz vertiefend erforschen.
Den Abschluss bildet auf S. 76/77 der Rückblick über die Erarbeitung der Addition mit den entsprechenden Gelegenheiten zur Selbsteinschätzung für die Kinder.

58/59 Plusaufgaben in der Umwelt

Hinweise zu den Aufgaben

Einstieg Dargestellte Sachsituation beschreiben und Rechengeschichten zum Bild erzählen. Welche Geschichten passen zur vorgegebenen Additionsaufgabe?
Wichtig: Auch Geschichten zulassen, die von der vorgegebenen Aufgabe abweichen und diese als Zahlensatz festhalten.

1 Geschichten zu den Bildern erzählen und als Additionsaufgaben festhalten. Klären, dass es verschiedene Geschichten und damit auch verschiedene Aufgaben zu einem Bild gibt. Geschichten ggf. nachspielen.

Wichtige Wörter

erste Zahl, Pluszeichen, zweite Zahl, Gleichheitszeichen, Ergebnis

Worum geht es?

Auf dieser Doppelseite werden zwei Grundvorstellungen zur Addition entwickelt und damit die Grundlage für den Aufbau einer tragfähigen Vorstellung von der Rechenoperation gelegt:

1. Die Vergrößerung einer Menge durch Hinzufügen einer zweiten Menge (dynamische Deutung).
2. Das Zusammenfassen zweier zeitgleich vorhandener Mengen (statische Deutung).

Bei der dynamischen Deutung steht der erste Summand also für etwas bereits Vorhandenes, der zweite für die hinzukommende Anzahl. Im Einstiegsbild kommen drei Kinder zu zwei Kindern hinzu. Bei der statischen Deutung werden zwei Anzahlen zu einem Ganzen zusammengefasst: Am Klettergerüst spielen ein Mädchen und ein Junge, also 1 + 1 = 2 Kinder.
Beide Deutungen sollen hier durch das Erzählen von verschiedenen Geschichten zu den Bildern entwickelt werden. Die Erzählungen werden dabei nicht direkt vom Bild festgelegt, sondern erst durch eine Interpretation der Darstellung: In der Sandkiste legt das Bild von sich aus nicht fest, ob hier zwei Gruppen von Kindern an einer Sandburg bauen (2 + 3 = 5) oder ob gleich die beiden Kinder neben der Sandkiste in das Spiel einsteigen (5 + 2 = 7). Diese situative Mehrdeutigkeit wurde auf der vorherigen Doppelseite schon thematisiert und soll hier produktiv genutzt werden. Ergänzend lernen die Kinder lernen dabei, die Erzählungen durch Zahlensätze (Aufgabe, Gleichheitszeichen und Ergebnis) zu symbolisieren.

Wie kann man vorgehen?

Einstieg Additionsaufgaben einführen
Die Kinder sollen kurze „Rechengeschichten" zum Einstiegsbild erzählen. Die Rechengeschichten werden als Zahlensätze (Additionsaufgaben) festgehalten, dabei ist bewusst auf die Verbindung von Handlung und Zahlsymbolen zu achten. Ggf. kann man dazu Zahlenkarten, Pluskarten und Karten mit dem Gleichheitszeichen verwenden, indem man sie den Objekten auf den Bildausschnitten zuordnet.
Beispiele sind

- Zwei Kinder klettern auf dem Gerüst, drei Kinder kommen dazu und wollen auch klettern. Insgesamt klettern dann fünf Kinder auf dem Gerüst (2 + 3 = 5). Bei der Arbeit mit Karten ist es wichtig, jede Karte zur Beschreibung passend zu legen: Erst die Karte mit der 2, dann die Pluskarte, die Zahlenkarte mit der 3, die Karte mit dem Gleichheitszeichen und zuletzt die Zahlenkarte mit der 5.
- Ein Mädchen und ein Junge klettern auf dem Gerüst (1 + 1 = 2).
- Zwei Mädchen und ein Junge laufen auf den Spielplatz zu (2 + 1 = 3).

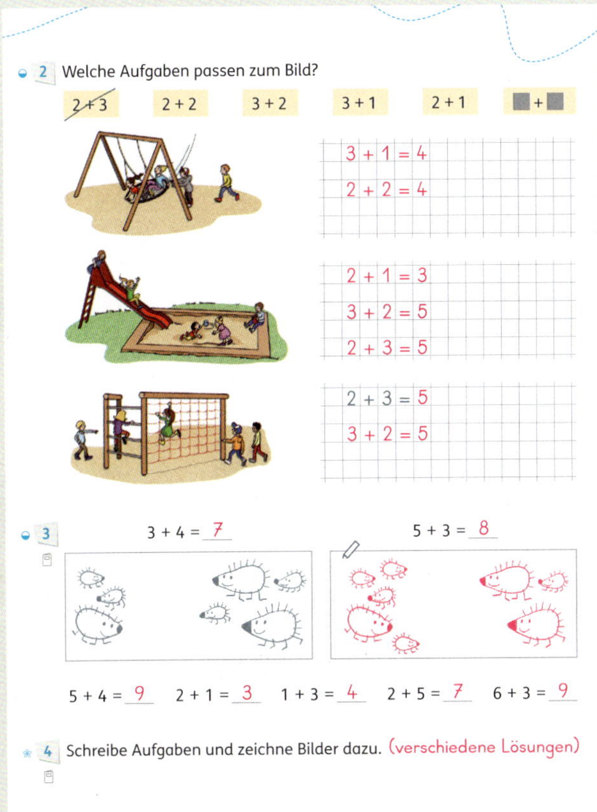
2 Welche Aufgaben passen zum Bild?

~~2+3~~ 2 + 2 3 + 2 3 + 1 2 + 1 ■ + ■

3 + 1 = 4
2 + 2 = 4

2 + 1 = 3
3 + 2 = 5
2 + 3 = 5

2 + 3 = 5
3 + 2 = 5

3 3 + 4 = 7 5 + 3 = 8

5 + 4 = 9 2 + 1 = 3 1 + 3 = 4 2 + 5 = 7 6 + 3 = 9

4 Schreibe Aufgaben und zeichne Bilder dazu. (verschiedene Lösungen)

Hinweise zu den Aufgaben

2 Zu den Bildern verschiedene Geschichten erzählen, als Zahlensatz notieren. Welche der vorgegebenen Aufgaben passen zu welchem Bild? Welche weiteren Geschichten und Zahlensätze passen?

3, 4 Eigene Bilder zu Aufgaben malen. Dabei können konkrete Situationen mit Gegenständen, Tieren, Menschen o. Ä. gemalt (oder gestempelt) werden, aber auch Plättchendarstellungen sind erlaubt. Abschließend im Plenum präsentieren.

Verweise auf weitere Materialien

AH S. 36, 37

FH S. 42, 43

- Zwei Kinder klettern auf dem Gerüst, zwei Kinder können zusätzlich am Netz hochklettern. Also klettern gleich vier Kinder auf dem Gerüst (2 + 2 = 4).
- Es können vier Kinder klettern und eines kann im Sand spielen (4 + 1 = 5).

Anschließend wird anhand von Aufgabe 1 vertieft, dass man zu einem Bild verschiedene Rechengeschichten erzählen, also mehrere Zahlensätze finden kann. Welche Geschichte passt zu 2 + 3 = 5, welche zu 5 + 2 = 7? Können noch andere Geschichten erzählt werden und zu welchen Zahlensätzen führen sie?

1, 2 Erkunden: Zu den Bildern erzählen
Die Kinder schreiben eine oder mehrere passende Additionsaufgabe(n) zu den Bildern in die Felder.

3, 4 Vertiefung: Geschichten und Aufgaben erfinden
Die Kinder malen Bilder zu den vorgegebenen oder selbst konstruierten Aufgaben. Der Zahlenraum ist in Aufgabe 4 freigegeben.
Zur Ergebnispräsentation kann man Zeichnungen der Kinder sammeln, gemeinsam überlegen, welche Geschichte dargestellt ist und welche Aufgabe dazu passt. Oder ein Kind erzählt eine Rechengeschichte und die anderen wählen das passende Bild aus.

Diagnostisches Potenzial

Wie schlüssig sind die zu den Bildern erzählten Geschichten? Werden in den Geschichten Handlungen deutlich? Wie werden Handlungen bezeichnet, die als Addition gedeutet werden? Werden zu einem Bild verschiedene (statische und dynamische) Deutungen vorgenommen? In welchem Zahlenraum bewegen sich die Eigenproduktionen?

Möglichkeiten zur Differenzierung

1, 2 Den Kindern können Bestandteile zu den einzelnen Bildern vorgegeben werden: Die Lehrkraft gibt etwa zu einem Bild eine Aufgabe vor und die Kinder erzählen eine Geschichte dazu. Oder die Lehrkraft erzählt eine Geschichte und die Kinder finden eine Aufgabe dazu.

3, 4 Anstatt eigene Zeichnungen anzufertigen, können die Kinder Situationen mithilfe von Stickern, Bildern aus Prospekten o. Ä. darstellen. Möglich ist es auch, die Aufgaben durch reale Gegenstände (Spielzeugautos o. Ä.) vorzustellen und ggf. vorzuspielen.

60/61 Plusaufgaben in der Umwelt

Hinweise zu den Aufgaben

1 Geschichten zu den Bildern erzählen und als Plusaufgaben festhalten. Besprechen, dass in der linken Spalte oftmals die Anzahlen abgezählt werden müssen, während die Anzahlen in der rechten Spalte bereits in Fünfern (vor)strukturiert sind. Dies erleichtert das Erfassen der Anzahlen.

Wichtige Wörter

erste Zahl, Pluszeichen, zweite Zahl, Gleichheitszeichen, Ergebnis, Fünfer

Plusaufgaben in der Umwelt

1 Erzähle: Was passiert? Finde Plusaufgaben.

2 + 5 = 7

7 + 3 = 10

3 + 5 = 8

8 + 2 = 10

5 + 5 = 10

10 + 4 = 14

4 + 4 = 8

8 + 3 = 11

Worum geht es?

Auf dieser Doppelseite werden die zwei zentralen Grundvorstellungen zur Addition erneut aufgegriffen:

1. Die zahlenmäßige Vergrößerung einer Menge durch Hinzufügen einer zweiten (dynamische Deutung der Addition). Entscheidend ist, dass bei der Grundvorstellung des Hinzufügens Kinder oder Gegenstände zu einer bestehenden Menge hinzukommen (sie kommen angelaufen, angefahren etc.).
2. Das zahlenmäßige Zusammenfassen zweier zeitgleich vorhandener Mengen (statische Deutung der Addition). Bei der statischen Deutung werden zwei Anzahlen zu einem Ganzen zusammengefasst: spielende Kinder auf dem Schulhof und spielende Kinder auf der Wiese oder auch rote und blaue parkende Autos.

Beide Deutungen wurden bereits aus den beiden vorherigen Schulbuchseiten 58/59 entwickelt und werden hier vertieft. Dabei entstehen Zahlensätze erneut nicht „direkt aus dem Bild“, sondern erst durch das Erzählen einer Geschichte über das Bild.

Die Besonderheit dieser Seite und damit der Erkenntnisgewinn liegt in der Darstellung der beiden Summanden. Während in den linken Bildern von Aufgabe 1 die Anzahlen noch einzeln abgezählt werden müssen, da sie ungeordnet dargestellt sind (wie auch auf den Schulbuchseiten 58/59), erleichtert die Teilstrukturierung der Anzahlen in Fünfern in den rechten Bildern von Aufgabe 1 das Erfassen der Anzahlen. Zeitgleich lassen die Bilder dynamische und statische Interpretationen zu. Dadurch kann diese Seite als Bindeglied zwischen dem Erkennen von Plusaufgaben in Alltagsbildern und dem Erkennen von Plusaufgaben im Zwanzigerfeld angesehen werden. Dieser Sprung ist nämlich für viele Kinder sehr groß, da sie Idee der Strukturierung der didaktischen Materialien in Fünfer und Zehner nur schwer nachvollziehen und mit den Alltagsbildern der Schulbuchseite 58/59 verknüpfen können. Die auf dieser Doppelseite genutzten strukturierten Alltagssituationen bei der rechten Spalte in Aufgabe 1 sowie den Bildern in Aufgabe 2 und 3 können diese Verbindung für die Kinder verstehbar machen.

Wie kann man vorgehen?

1 Aufgaben und Strukturierung besprechen

Das Finden von passenden Aufgaben zu den gegebenen Bildern kann analog zur vorherigen Schulbuchdoppelseite erfolgen. Dazu werden die Bilder gemeinsam betrachtet und überlegt, welche Additionsaufgabe passen könnte und warum sie passen könnte. Dabei können teilweise dynamische als auch statische Grundvorstellungen aktiviert werden: Zwei abgestellte Fahrräder und fünf Fahrräder, die noch nicht abgestellt wurden, wäre eine statische Deutung, aber zwei Kinder sind schon da und fünf Kinder kommen gerade angefahren, wäre eine dynamische.

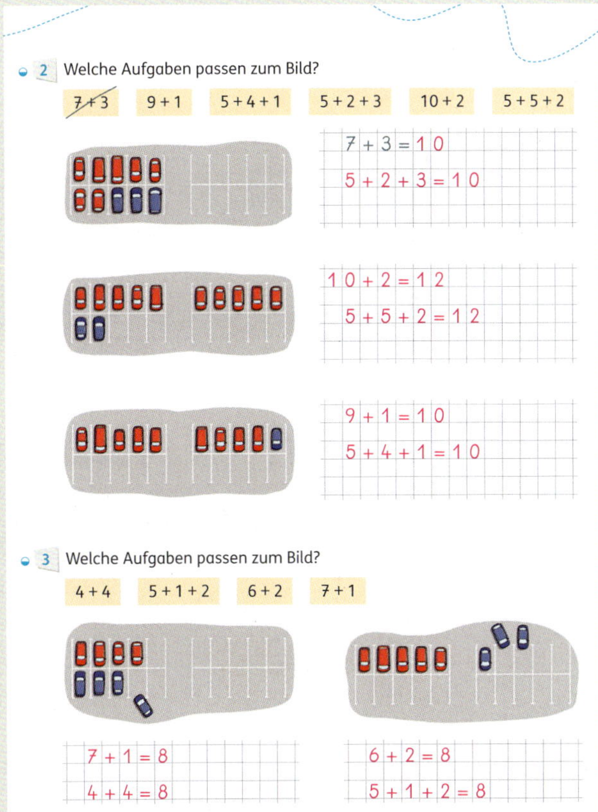

Hinweise zu den Aufgaben

2 Aufgaben den statischen Bildern zuordnen. Auf *Kraft der Fünf* bei der Anzahlbestimmung achten. Besprechen, dass sich Anzahlen weiter zerlegen lassen (neun rote Autos in fünf und vier rote Autos).

3 Aufgaben den Bildern zuordnen. Besprechen, dass man eine passende Aufgabe finden kann, indem man entweder rote und blaue Autos oder auch indem man parkende und heranfahrende Autor vereint. Dadurch wird ein Wechsel von statischer und dynamischer Interpretation gefördert.

Verweise auf weitere Materialien

AH S. 38

FH S. 44

Besonders zentral wird aber die Erkenntnis, dass die Anzahlen in der rechten Spalte einfacher zu erkennen sind als links. Die Strukturierung der Anzahlen in Fünfer erleichtert das Erfassen beider Summanden. Zudem bahnt die Erfassung der Fünfer das schrittweise Rechnen an. Erkennen die Kinder fünf Fahrräder in einem Fahrradständer, zwei weitere Fährräder in einem weiteren Fahrradständer sowie drei weitere heranfahrende Fahrräder, führt dies entweder zum Rechenterm 7 + 3 oder aber auch zum Term 5 + 2 + 3. Diese Einsicht über das Zerlegen von Summanden stellt eine zentrale Grundlage für das additive Rechnen dar.

2, 3 Aufgaben finden
Verschiedene passende Additionsaufgaben zu den Bildern finden. Dabei auf die *Kraft der Fünf* in den Bildern achten bzw. diese bei der Anzahlbestimmung nutzen. Zudem bei Aufgabe 3 besprechen, dass beim Finden einer Aufgabe entweder auf die Farben geachtet werden kann (rote plus blaue) oder auf die Anzahl der parkenden und die Anzahl der heranfahrenden Autos.

Diagnostisches Potenzial

Wie schlüssig sind die zu den Bildern erzählten Geschichten? Werden in den Geschichten Handlungen deutlich? Werden zu einem Bild verschiedene (statische und dynamische) Deutungen vorgenommen? Inwiefern erkennen die Kinder, dass die Strukturierung der Bilder in Fünfer hilft, die Anzahlen zu erfassen (*Kraft der Fünf*)? Inwiefern erkennen sie Zerlegungen von Summanden (sieben Fahrräder als fünf und zwei Fahrräder)? Welche Aufgaben können sie den Bildern gut zuordnen? Bei welchen Aufgaben haben sie Probleme?

Möglichkeiten zur Unterstützung

1 Den Kindern können Aufgaben zu den Bildern vorgegeben werden, die sie begründet zuordnen (analog zur vorherigen Schulbuchseite).

62/63 Plusaufgaben am Zwanzigerfeld

Hinweise zu den Aufgaben

Einstieg Plusaufgaben im Zwanzigerfeld mit Plättchen legen. Zahlen nebeneinander oder untereinander legen und auf Fünfer- und Zehnerstrukturen der Felder achten. Ggf. Fünfer- und Zehnerstreifen zum Legen verwenden.

1 Möglichkeiten des schnellen Erkennens von Zahlen wiederholen: Man kann die Zahlen ablesen und muss die Plättchen nicht einzeln abzählen.

2, 3 Schnelles Erkennen der Zahldarstellungen auf schnelles und geschicktes Legen (Fünferstreifen nutzen) übertragen.

Wichtige Wörter

erste Zahl, zweite Zahl, Ergebnis

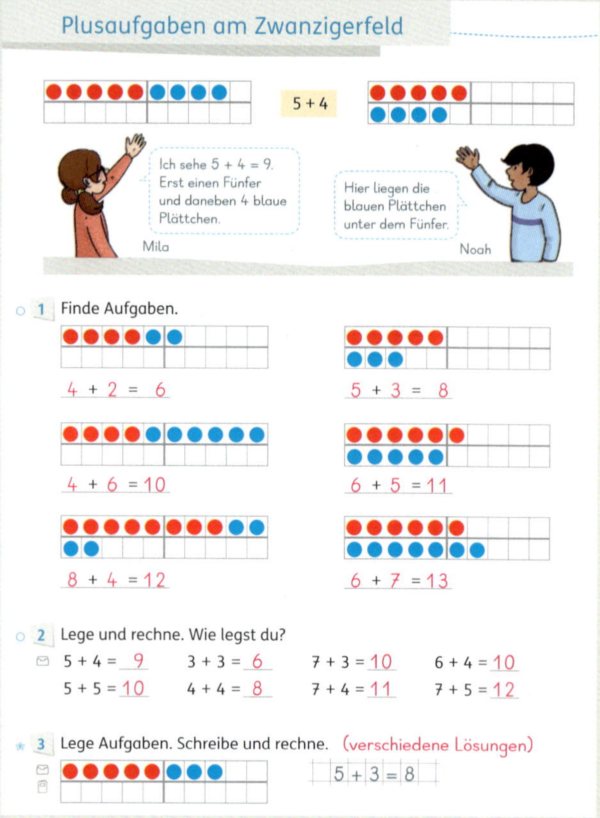
Plusaufgaben am Zwanzigerfeld

5 + 4

Mila: Ich sehe 5 + 4 = 9. Erst einen Fünfer und daneben 4 blaue Plättchen.

Noah: Hier liegen die blauen Plättchen unter dem Fünfer.

1 Finde Aufgaben.

4 + 2 = 6 | 5 + 3 = 8

4 + 6 = 10 | 6 + 5 = 11

8 + 4 = 12 | 6 + 7 = 13

2 Lege und rechne. Wie legst du?

5 + 4 = 9 | 3 + 3 = 6 | 7 + 3 = 10 | 6 + 4 = 10

5 + 5 = 10 | 4 + 4 = 8 | 7 + 4 = 11 | 7 + 5 = 12

3 Lege Aufgaben. Schreibe und rechne. (verschiedene Lösungen)

5 + 3 = 8

Was wird benötigt?

LF 3 *Zwanzigerfelder*, Plättchen, Fünferstreifen, ggf. Zehnerstreifen (Aufgabe 3), ggf. KV 51 *Plusaufgaben am Zwanzigerfeld*

Worum geht es?

Die aus der Umwelt entwickelten Grundvorstellungen zur Addition sollen auf die strukturierte Zahldarstellung am Zwanzigerfeld bezogen werden. Diese Darstellung unterscheidet sich stark von denen auf der vorigen Doppelseite:

1. Die Übersichtlichkeit der Darstellung nimmt zu: Durch die Struktur des Feldes, die Fünfer- und Zehnerstreifen können Aufgaben und Ergebnisse viel schneller erkannt werden.
2. Die konkrete Bedeutung der Addition im Sinne einer dynamischen oder statischen Situation nimmt ab: Es ist nicht klar, ob eine der beiden Farben zuerst gelegt wurde. Insbesondere auf der rechten Schulbuchseite wird deutlich, dass die Reihenfolge des Legens für das Ergebnis der Aufgabe nicht wichtig ist. Dadurch wird es beispielsweise ermöglicht, am Zwanzigerfeld das Kommutativgesetz der Addition einzusehen: 5 + 3 = 3 + 5. Die zunehmende Strukturierung bei gleichzeitiger Reduktion der konkreten Bedeutung ist wichtig, damit die Kinder ein flexibles und tragfähiges Operationsverständnis der Addition aufbauen können.

Wie kann man vorgehen?

Einstieg Einführung: Aufgaben legen

Zu den Darstellungen am Zwanzigerfeld überlegen die Kinder: Warum passt die Aufgabe 5 + 4 zu beiden Bildern? An welchem Bild kann man schneller das Ergebnis, an welchem schneller die beiden Summanden sehen? Da dies unterschiedlich gesehen wird, muss es den Kindern freigestellt sein, ob sie die Summanden nebeneinander oder lieber untereinander legen.

1 Aufgaben notieren

Die Darstellungen der Plättchen im Zwanzigerfeld neben- und untereinander wechseln sich ab, die Aufgaben werden dazu notiert. Das Ergebnis soll möglichst geschickt bestimmt werden, anstatt die Plättchen einzeln abzuzählen. Es wird besprochen, wie man die Fünfer- und Zehnerstruktur nutzen kann, z. B. zum Zwanzigerfeld mit 6 roten und 3 blauen Plättchen: „Ich sehe einen Fünferstreifen und 4 einzelne, das sind zusammen 9." oder „In der oberen Reihe fehlt ein Plättchen, also sind es zusammen 9."

Weiteres Üben mit KV 51.

2 Aufgaben legen

Die Kinder legen die Aufgaben und bestimmen die Summen. Dabei legen sie die Aufgaben möglichst auf verschiedene Weise und vergleichen, wo man das Ergebnis am besten erkennen kann.

4 Was sind Tauschaufgaben? Erklärt.

7 + 1 = 8	3 + 4 = 7
1 + 7 = 8	4 + 3 = 7

5 Findet die Tauschaufgabe. Legt und rechnet.

5 + 1 = 6	6 + 2 = 8	7 + 0 = 7	10 + 5 = 15
1 + 5 = 6	2 + 6 = 8	0 + 7 = 7	5 + 10 = 15
3 + 5 = 8	0 + 3 = 3	9 + 2 = 11	4 + 4 = 8
5 + 3 = 8	3 + 0 = 3	2 + 9 = 11	4 + 4 = 8

6 Welche Aufgabe findest du einfacher? Kreuze an.

× 10 + 3 = 13	2 + 8 = 10	× 6 + 4 = 10	1 + 8 = 9
3 + 10 = 13	× 8 + 2 = 10	4 + 6 = 10	× 8 + 1 = 9

7 Schreibe Aufgaben und Tauschaufgaben.

(verschiedene Lösungen)

Hinweise zu den Aufgaben

4 Beschreiben, wie die Kinder im Bild die Aufgaben zur Darstellung im Zwanzigerfeld finden und warum sich deren Aufgaben gerade in der Reihenfolge der Summanden unterscheiden.

5 Jeweils die Aufgabe im Zwanzigerfeld legen, die Tauschaufgabe finden und rechnen.

6 Die Kinder können nach unterschiedlichen Kriterien entscheiden, welche Aufgabe einfacher zu rechnen ist.

7 Der Zwanzigerraum kann hier überschritten werden.

Wichtige Wörter

erste Zahl, zweite Zahl, Ergebnis, Tauschaufgabe

Verweise auf weitere Materialien

AH S. 39, 40

FH S. 45, 46

KV 52 *Plusaufgaben üben*

3 Vertiefung: Aufgaben erfinden
Die Kinder notieren zunächst eine selbst erdachte Aufgabe und legen dann die Summanden so, wie es für sie am einfachsten zu legen und abzulesen ist. Dabei können außer Plättchen wieder Zehner- und Fünferstreifen verwendet werden. Der Zwanzigerraum kann überschritten werden, dafür legen die Kinder Zwanzigerfelder untereinander. Anschließend werden zu einzelnen Aufgaben unterschiedliche Lösungswege und Darstellungen präsentiert.

4, 5 Tauschaufgaben kennenlernen
Die Kinder beschreiben, wie die Kinder im Bild die Aufgabe sehen, lernen Aufgabe und Tauschaufgabe kennen und erkennen, dass die Summe beim Vertauschen der Summanden gleich bleibt. Diese Aktivität kann man ggf. auch schon in die Ergebnispräsentation zur vorigen Aufgabe einbetten. Anschließend vertiefen sie ihre Kenntnisse, indem sie Aufgaben legen und Tauschaufgaben finden.

6 Tauschaufgaben nutzen und finden
Zwar ist die Reihenfolge der Summanden für die Summe unwichtig. Für die Schwierigkeit der Rechnung kann sie aber eine zentrale Rolle spielen. Zur Ergebnispräsentation werden Aufgaben und Tauschaufgaben an der Tafel (ggf. auf Karten) gesammelt und bezüglich ihrer Schwierigkeitsgrade verglichen.

Mögliche Impulse: Welche Aufgabe findest du einfacher, warum? Wie bestimmst du das Ergebnis geschickt? Die Kinder entwickeln hier ggf. unterschiedliche Kriterien und Vorgehensweisen, die dann diskutiert werden können.

Diagnostisches Potenzial

Wie nutzen die Kinder die Fünferstreifen bzw. die Struktur des Zwanzigerfeldes zum Legen und zur Ergebnisbestimmung? (Wie) zählen sie die Plättchen ab? Nach welchen Kriterien entscheiden die Kinder, ob eine Aufgabe oder ihre Tauschaufgabe einfacher zu lösen ist? Wie stabil sind die Kriterien? Nutzen die Kinder Ergebnisse von schon berechneten Aufgaben für die nächsten? In welchem Zahlenraum bewegen sich ihre Eigenproduktionen?

Möglichkeiten zur Differenzierung

1 – 7 In allen Aufgaben kann das Zahlenmaterial angepasst werden.

64/65 Verdoppeln

Hinweise zu den Aufgaben

1 Das Verdoppeln enaktiv einführen: Zwei Kinder sitzen einander gegenüber, halten sich die gleichen Finger entgegen und finden die passende Plusaufgabe aus zwei gleichen Zahlen.

2 Verdopplungsaufgaben auf andere Sachverhalte übertragen.

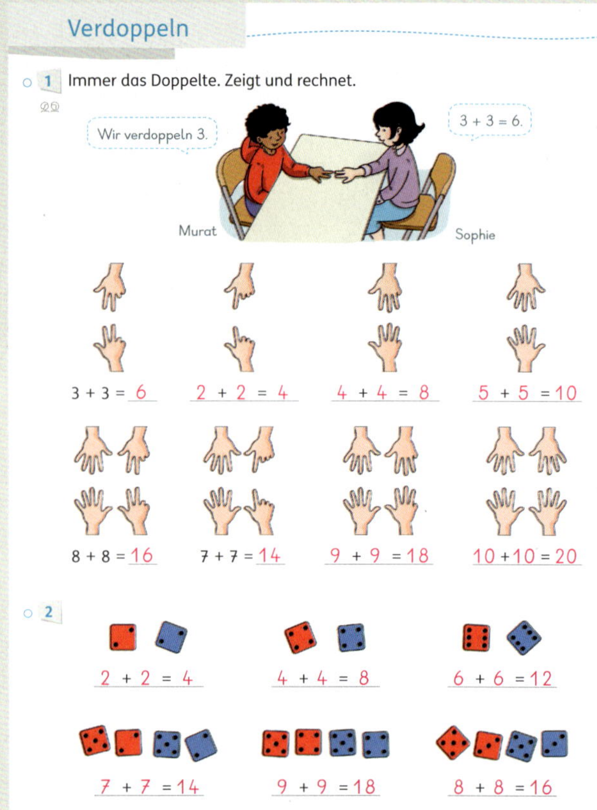

Wichtige Wörter

verdoppeln, das Doppelte, Verdopplungsaufgabe

Was wird benötigt?

Bilder mit Objekten zum Verdoppeln (Würfel, Eierschachteln ...), LF 3 *Zwanzigerfelder*, Plättchen und Fünferstreifen

Worum geht es?

Ein wichtiger Typus von einfachen Aufgaben (der später im Schuljahr zu dem Konstrukt der „geraden Zahlen“ führt) ist die Verdopplungsaufgabe. Sie liefert schnell interpretierbare Zahlbilder, so dass deren Ergebnisse einfach zu bestimmen und zu automatisieren sind. Dies gilt aber nur dann, wenn die Summanden (wie in den Abbildungen auf dieser Seite) im Feld untereinander gelegt werden – ansonsten lässt sich die Verdopplung nicht erkennen, sondern die Zahlzerlegungen entsprechend der Fünfer- und Zehnerstrukturen des Zwanzigerfeldes treten in den Vordergrund.

Wie kann man vorgehen?

1 Verdopplungen einführen
Im Plenum oder im Sitzkreis wird die abgebildete Aktivität erklärt: Zwei Kinder sitzen einander gegenüber und halten sich die gleichen Finger der jeweils anderen Hand entgegen. Die entstehende Additionsaufgabe wird notiert. Auf diese Weise entstehen natürlich nur Aufgaben, bei denen die Summanden gleich sind – solche Plusaufgaben mit zwei gleichen Zahlen werden Verdopplungsaufgaben genannt. Die Aktivität wird demonstriert, bis sie alle Kinder verstanden haben, dann von den Kindern eigenständig weiter geführt.

2, 3 Verdopplungen bei weiteren Sachverhalten
Es werden zunächst Würfelbilder mit zwei gleichen Zahlen als Verdopplungsaufgaben interpretiert. Anschließend suchen die Kinder in ihrer Umgebung nach Objekten, die doppelt auftreten. Diese werden aufgemalt oder fotografiert und entsprechende Verdopplungsaufgaben dazu dokumentiert. In der Ergebnispräsentation zeigen die Kinder ihre Bilder, die anderen Kinder nennen dazu die Verdopplungsaufgabe.

4 Verdopplungen am Zwanzigerfeld schnell sehen
Die Kinder legen die Verdopplungsaufgaben im Zwanzigerfeld mit Plättchen und Fünferstreifen und vervollständigen die Zahlbilder zu den Verdopplungsaufgaben, indem sie den zweiten Summanden unter den ersten legen bzw. zeichnen. Hierbei kann auffallen, dass jede zweite Zahl das Ergebnis einer Verdopplungsaufgabe ist.
Abschließend wird mit den Kindern besprochen, warum die Ergebnisse der Aufgaben einfach zu erkennen sind: Durch die Zehnerstruktur im linken Block des Zwanzigerfeldes ist das Ergebnis der Aufgabe im Vergleich mit dem Zehner schnell zu sehen. Weil etwa

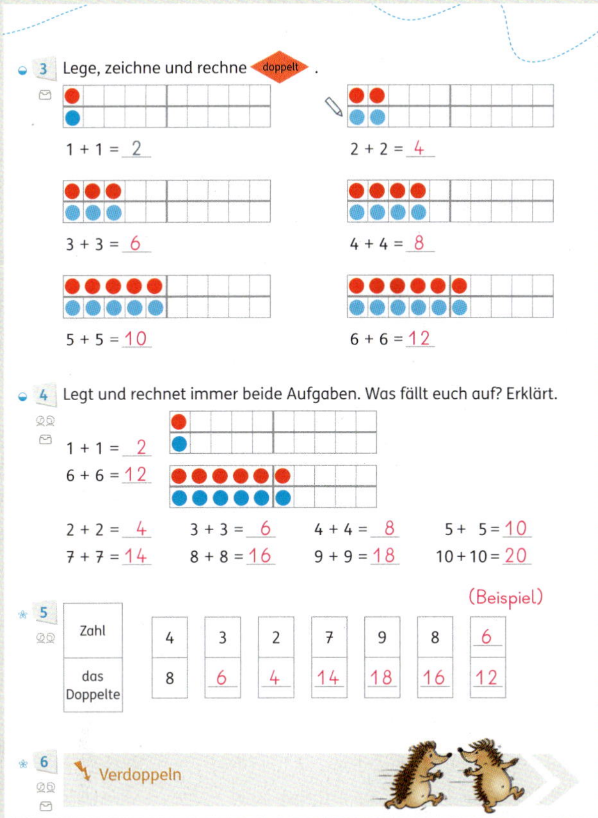
3 Lege, zeichne und rechne doppelt.

1 + 1 = 2 | 2 + 2 = 4
3 + 3 = 6 | 4 + 4 = 8
5 + 5 = 10 | 6 + 6 = 12

4 Legt und rechnet immer beide Aufgaben. Was fällt euch auf? Erklärt.

1 + 1 = 2
6 + 6 = 12

2 + 2 = 4 | 3 + 3 = 6 | 4 + 4 = 8 | 5 + 5 = 10
7 + 7 = 14 | 8 + 8 = 16 | 9 + 9 = 18 | 10 + 10 = 20

5 (Beispiel)

Zahl	4	3	2	7	9	8	6
das Doppelte	8	6	4	14	18	16	12

6 Verdoppeln

Hinweise zu den Aufgaben

3 Verdopplungsaufgaben als Typus einfacher Aufgaben kennenlernen, Verdopplungen sind im Zwanzigerraum am besten erkennbar, wenn man sie untereinander legt.

4 Der Unterschied zwischen den Summen der Aufgabepaare ist immer 10, da der Unterschied zwischen den einzelnen Summanden immer 5 ist.

5 Zahlen ihrer Verdopplung zuordnen.

6 Blitzrechnen: Verdoppeln
Zahlbilder und Ergebnisse von Verdopplungsaufgaben automatisieren. Sie haben einen hohen Wert für das Ableiten.

Verweise auf weitere Materialien

AH S. 41

FH S. 47

6 als 5 + 1 gesehen wird, kann man 6 + 6 als 10 + 2 erkennen. Diese Struktur wird in der folgenden Aufgabe vertieft.

5 Strukturen vertiefen
Da sich die beiden Summanden zwischen den Aufgabenpaaren immer um 5 unterscheiden, unterscheidet sich die Summe immer um das Doppelte von 5 – also um 10. In Partnerarbeit können die zusammengehörigen Aufgaben an zwei Zwanzigerfeldern dargestellt werden, z. B. legt ein Kind die kleinere Verdopplungsaufgabe, das andere Kind die größere.

6 Verdopplungen symbolisch vertiefen
Die Kinder weisen hier den Zahlen ihre Verdopplung zu und üben das Verdoppeln auf symbolischer Ebene.

7 Blitzrechnen: Verdoppeln
Zahlbilder und Ergebnisse von Verdopplungsaufgaben können leicht automatisiert werden und haben einen hohen Wert für das Ableiten schwieriger Aufgaben.

Diagnostisches Potenzial

Welche weiteren Sachsituationen zum Kontext Verdoppeln finden die Kinder? Wie beschreiben sie die vorgegebenen Sachsituationen? Wie bestimmen sie das Ergebnis von Verdopplungen am Zwanzigerfeld?

Möglichkeiten zur Differenzierung

4 Zur Lösung der Aufgaben ist es sinnvoll, mentale Vorstellungen aufzubauen, indem die Kinder ihre Handlung am Zwanzigerfeld beschreiben. Z. B. bei der Aufgabe 6 + 6: „Ich lege einen Fünferstreifen in die obere Reihe und ein Plättchen daneben. Darunter lege ich wieder einen Fünferstreifen und ein Plättchen daneben. Zusammen sind es: ein Zehner und zwei einzelne Plättchen. Also 12."

6 Kinder mit großen Schwierigkeiten können hier weiterhin Material nutzen. Kinder, die sich im Zahlenraum schon sicher bewegen, können Verdopplungen im Hunderterraum bilden und dabei schon versuchen, erste Strategien zu bilden.

66/67 Einfache Plusaufgaben

Hinweise zu den Aufgaben

1 Aufgaben besprechen: Welche sind einfach, welche sind schwierig und warum? Nur die einfachen Aufgaben schreiben und berechnen. Das können für einige Kinder sehr viele (oder alle), für andere Kinder sehr wenige sein.

2 Die Bedeutung des Zehners klären, ggf. alle Aufgaben mit einem Zehnerstreifen legen.

Wichtige Wörter

Zehner, mit 10

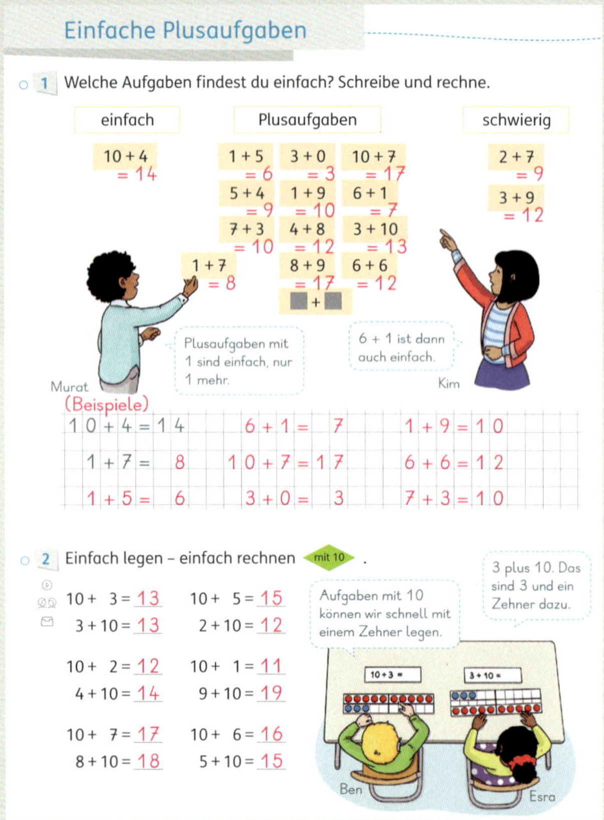
Einfache Plusaufgaben

1 Welche Aufgaben findest du einfach? Schreibe und rechne.

einfach: 10 + 4 = 14

Plusaufgaben: 1 + 5 = 6, 3 + 0 = 3, 10 + 7 = 17, 5 + 4 = 9, 1 + 9 = 10, 6 + 1 = 7, 7 + 3 = 10, 4 + 8 = 12, 3 + 10 = 13, 1 + 7 = 8, 8 + 9 = 17, 6 + 6 = 12, ■ + ■

schwierig: 2 + 7 = 9, 3 + 9 = 12

(Beispiele)
10 + 4 = 14, 6 + 1 = 7, 1 + 9 = 10
1 + 7 = 8, 10 + 7 = 17, 6 + 6 = 12
1 + 5 = 6, 3 + 0 = 3, 7 + 3 = 10

2 Einfach legen – einfach rechnen mit 10.

10 + 3 = 13, 10 + 5 = 15
3 + 10 = 13, 2 + 10 = 12
10 + 2 = 12, 10 + 1 = 11
4 + 10 = 14, 9 + 10 = 19
10 + 7 = 17, 10 + 6 = 16
8 + 10 = 18, 5 + 10 = 15

Was wird benötigt?

LF 3 *Zwanzigerfelder*, Plättchen, Fünfer- und Zehnerstreifen, LF 6 *Einspluseinsaufgaben bis 20*, Aufgabenkarten (auch leere Karten) zum Sortieren, LF 8 *Strategiekarten*

Worum geht es?

Im Zentrum der operativen Durchdringung des 1 + 1 geht es darum, schwierige Aufgaben aus einfachen bzw. aus bekannten Aufgaben abzuleiten. Auch wenn für unterschiedliche Kinder auch verschiedene Aufgaben schwierig bzw. einfach sind: Es gibt doch auch objektive Kriterien dafür, wann eine Aufgabe im Zwanzigerraum als einfach eingestuft werden kann – nämlich gerade dann, wenn die *Kraft der Fünf* oder die *Kraft der Zehn* einfließen.

Auf dieser und der nächsten Doppelseite wird ein Bewusstsein für die Merkmale dieser einfachen Aufgaben entwickelt, indem drei Kriterien aufgestellt werden. Eine Aufgabe im obigen Sinne ist dann einfach, wenn ...

- mit 5 – ein Summand 10 ist,
- mit 10 – ein Summand 5 ist,
- = 10 – die Summe 10 ist, die Summanden also den bekannten 10er-Zerlegungen entsprechen oder
- doppelt – beide Summanden gleich sind.

Zunächst werden eigene Kriterien für einfache Aufgaben entwickelt und diskutiert. Anschließend werden die Aufgabentypen durchgearbeitet, bei denen die entstehenden Zahlbilder einfach abzulesen sind.

Wie kann man vorgehen?

1 Individuelle Kriterien: Einfache Aufgaben

Anhand der Illustration (besser an der Tafel) wird thematisiert, welche Aufgaben einfach oder schwierig sind und warum. Viele Kinder werden etwa Aufgaben mit dem Summanden 1 als einfach ansehen, für andere Kinder sind Aufgaben mit der 1 nur dann einfach, wenn der zweite Summand 1 ist – in solchen Fällen erinnert die Lehrkraft ggf. an das Konzept der Tauschaufgaben. Anschließend erstellen die Kinder allein, in kleinen Gruppen oder gemeinsam an der Tafel eine Sammlung mit einfachen und ggf. auch mit schwierigen Aufgaben auf Karten. Diese Sammlung wird in den nächsten Wochen immer wieder erweitert und dient dazu, dass die Kinder eigenständig die Aufgaben immer wieder neu sortieren.

Zum Abschluss wird geklärt, dass im folgenden Unterricht drei verschiedene Typen einfacher Aufgaben durchgearbeitet werden (die Verdopplungen wurden bereits thematisiert). Dazu hängt die Lehrkraft einen Zehner- und einen Fünferstreifen an die Tafel und die zugehörigen Strategiekarten daneben.

Es wird besprochen, dass man Zahlen im Zwanzigerfeld schnell erkennen kann, wenn sie mit einem

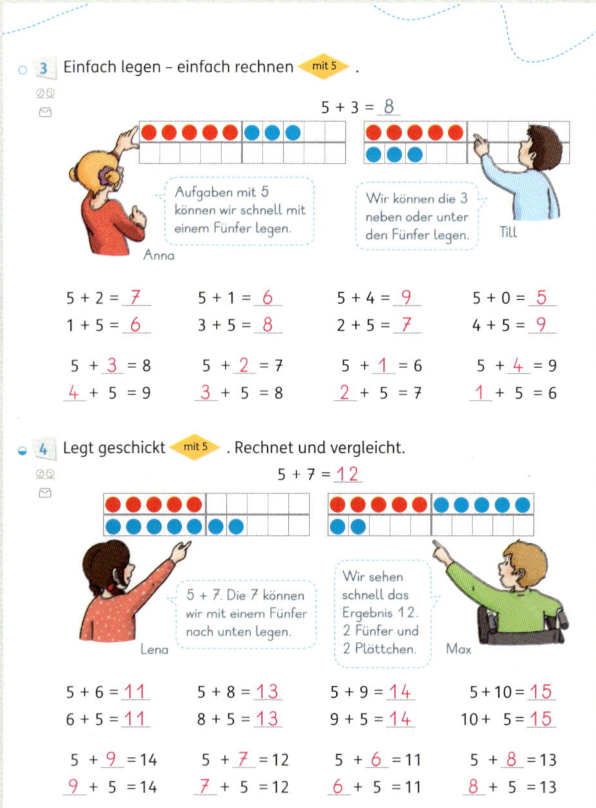

3 Einfach legen – einfach rechnen mit 5 .

5 + 3 = 8

5 + 2 = 7 | 5 + 1 = 6 | 5 + 4 = 9 | 5 + 0 = 5
1 + 5 = 6 | 3 + 5 = 8 | 2 + 5 = 7 | 4 + 5 = 9

5 + 3 = 8 | 5 + 2 = 7 | 5 + 1 = 6 | 5 + 4 = 9
4 + 5 = 9 | 3 + 5 = 8 | 2 + 5 = 7 | 1 + 5 = 6

4 Legt geschickt mit 5 . Rechnet und vergleicht.

5 + 7 = 12

5 + 6 = 11 | 5 + 8 = 13 | 5 + 9 = 14 | 5 + 10 = 15
6 + 5 = 11 | 8 + 5 = 13 | 9 + 5 = 14 | 10 + 5 = 15

5 + 9 = 14 | 5 + 7 = 12 | 5 + 6 = 11 | 5 + 8 = 13
9 + 5 = 14 | 7 + 5 = 12 | 6 + 5 = 11 | 8 + 5 = 13

Hinweise zu den Aufgaben

3 Aufgaben mit Fünferstreifen legen, die Beziehung zum Zehner (wie viele fehlen) thematisieren.

4 Aufgaben mit Fünferstreifen legen, die Beziehung zum Zehner (wie viele stehen über) thematisieren.

Wichtige Wörter

Fünfer, Zehner, neben, unter, mit 5

Verweise auf weitere Materialien

AH S. 42, 43

FH S. 48, 49

Fünfer oder mit einem Zehner gelegt werden können und dass dieses „schnelle Sehen“ die Grundlage dafür ist, dass die nachfolgend besprochenen Aufgaben einfach sind.

2 Einfache Aufgaben mit 10 durcharbeiten
Die 10 lässt sich in Additionsaufgaben am Zwanzigerfeld besonders schnell als Zehnerstreifen legen. Deswegen kann das Ergebnis einer „Plusaufgabe mit 10“ schnell gefunden werden: Man legt einen Zehner in die obere (wenn der erste Summand 10 ist) oder in die untere (wenn der zweite Summand 10 ist) Reihe des Zwanzigerfelds und kann dann das Ergebnis direkt anhand der Plättchen des zweiten Summanden ablesen. Wichtig ist, dass die Kinder hier die Zehnerstreifen nutzen und die Aufgaben nicht mit einzelnen Plättchen legen.

3, 4 Einfache Aufgaben mit 5 durcharbeiten
Die Zahlen in den Aufgaben sollen immer mit einem Fünferstreifen gelegt werden. Es sollte deutlich werden, dass die Ergebnisse aufgrund der Beziehung zum Zehner einfach abgelesen werden können: Man muss nur bestimmen, wie viele Plättchen zum Zehner fehlen (Aufgabe 3) oder wie viele Plättchen zusätzlich zum Zehner im Feld liegen (Aufgabe 4). Der Zehnerübergang ist hierbei kein Thema, die passende Zerlegung entsteht durch den Fünfer „automatisch“.

Diagnostisches Potenzial
Welche Kriterien für einfache und schwierige Aufgaben stellen die Kinder auf, welche (ggf. dazu im Widerspruch stehenden) Kriterien kann man aus ihren Aufgabensammlungen erschließen? Auf welche Weise berechnen die Kinder ihre Aufgaben?
Wie erkennen die Kinder die entstehenden Zahlbilder? Wie legen sie die Aufgaben? Inwiefern nutzen sie die Freiheit, die Zahlen neben- oder untereinander zu legen? Wie nutzen sie Fünfer- und Zehnerstreifen zum Legen und zum Ablesen der Zahlbilder?

Möglichkeiten zur Differenzierung
1 Die Kinder können die Aufgaben auf Karten zur Verfügung bekommen, so dass der Schreibaufwand minimiert wird (LF 6). Das Zahlenmaterial kann im Schwierigkeitsgrad angepasst werden (für den Fall, dass zu wenige oder zu viele der Aufgaben von den Kindern als einfach angesehen werden).

2 – 4 Alle Aufgaben können mit Material gelegt werden, dabei muss die Bedeutung des Zehner- oder Fünferstreifens verdeutlicht werden. Ggf. muss das schnelle Erkennen von Zahlbildern am Zwanzigerfeld noch wiederholt oder die Behandlung der verschiedenen Aufgaben zeitlich entzerrt werden.

68/69 Einfache Plusaufgaben

Hinweise zu den Aufgaben

1, 2 Bedeutung der Zehnerzerlegungen betonen, ggf. Zehnerzerlegungen wiederholen.

Wichtige Wörter

Zehner, gleich 10, zerlegen, Zehnerpartner

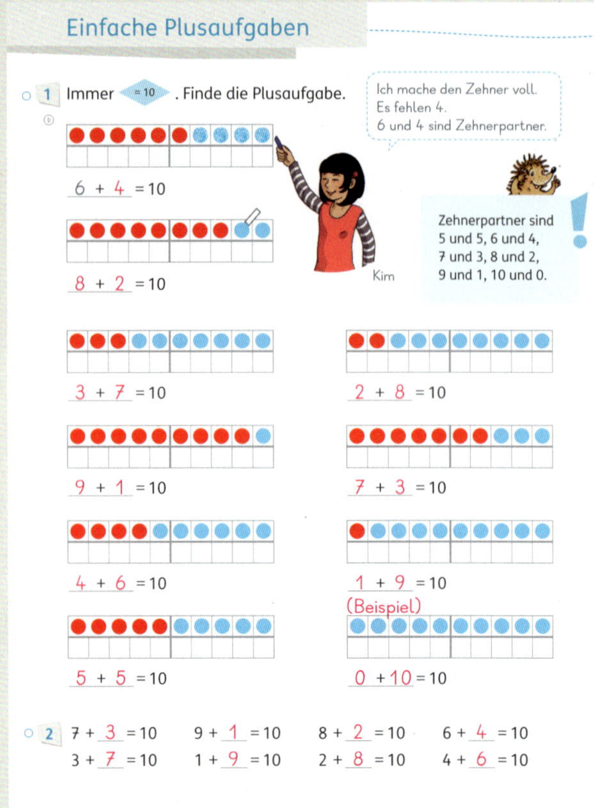
Einfache Plusaufgaben

1 Immer =10. Finde die Plusaufgabe.

6 + 4 = 10

8 + 2 = 10

3 + 7 = 10   2 + 8 = 10

9 + 1 = 10   7 + 3 = 10

4 + 6 = 10   1 + 9 = 10

(Beispiel)

5 + 5 = 10   0 + 10 = 10

2   7 + 3 = 10   9 + 1 = 10   8 + 2 = 10   6 + 4 = 10

3 + 7 = 10   1 + 9 = 10   2 + 8 = 10   4 + 6 = 10

Was wird benötigt?

LF 3 *Zwanzigerfeld*, Plättchen, Fünfer- und Zehnerstreifen, LF 6 *Einspluseinsaufgaben*, LF 8 *Strategiekarten*, KV 53 *Einfache Plusaufgaben finden*

Worum geht es?

Die Zerlegungen der 10 wurden in den vorangegangenen Abschnitten sehr intensiv behandelt und sollten den Kindern bekannt sein. Auf dieser Seite werden die Zerlegungen als Plusaufgaben umgedeutet und als letzter Typus einfacher Aufgaben vertieft und automatisiert.

Wie kann man vorgehen?

1, 2 Aufgaben mit dem Ergebnis 10 durcharbeiten
Es wird kurz besprochen, dass nun ein letzter Typ einfacher Aufgaben durchgearbeitet wird. Die Lehrkraft hängt einen Zehnerstreifen und die Raute mit 10 an die Tafel und gibt den Kindern den Hinweis, dass sie bei den Aufgaben an die Zehnerzerlegungen denken sollen. Nun soll allerdings die 10 nicht zerlegt, sondern aufgebaut werden – die Kinder müssen immer zu einer vorgegebenen Zahl den zugehörigen „Zehnerpartner" finden. Anschließend sollten die Kinder mit diesen Aufgaben selbstständig arbeiten können. Mit denjenigen Kindern, die im Zwanzigerraum noch nicht sicher sind, kann man allerdings auch vorab die Zehnerzerlegungen noch einmal wiederholen. Analog zur Seite 25 wird ein Zehnerstreifen mit Hilfe eines Stifts zerlegt, die Zerlegungen werden benannt und notiert. Danach wird die Zerlegung nicht durch den Stift, sondern durch Abdecken des zweiten Summanden hergestellt, schließlich bearbeiten die Kinder die Aufgaben im Buch. Durch das wiederholte Legen dieser Aufgaben am Zwanzigerfeld werden die Zerlegungen gleichermaßen wiederholt und für die Betrachtung einfacher Aufgaben vertieft.

3 Aufgaben mit dem Ergebnis 10 vertiefen
In dieser Aufgabe wird das Prinzip der Tauschaufgaben aufgegriffen und dadurch die einfachen Aufgaben mit dem Ergebnis 10 weiter vertieft und automatisiert.

4 Einfache Aufgaben vertiefen
Die Kinder suchen Aufgaben mit einem Summanden gleich 10 oder mit dem Ergebnis 10 und tragen sie in KV 53 ein. Die gefundenen Listen können ausgetauscht und gegenseitig überprüft werden.

5 Aufgaben mit dem Ergebnis 10 automatisieren
Die besondere Bedeutung der 10 im dezimalen Stellenwertsystem macht es notwendig, dass die Kinder Zahlen im Zehnerraum sicher bis 10 ergänzen können.
In dieser Aufgabe können sie durch eine spielerische Tätigkeit die entsprechenden Zehnerzerlegungen

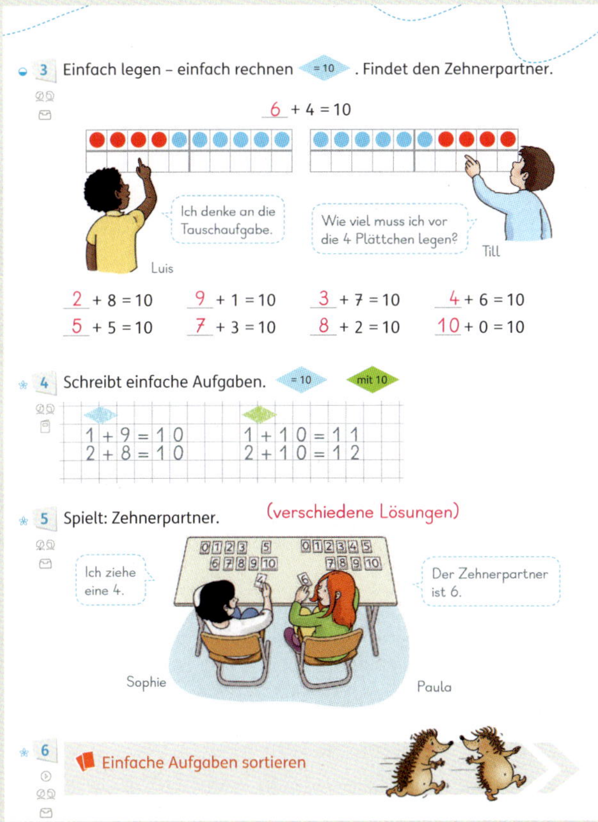
3 Einfach legen – einfach rechnen = 10. Findet den Zehnerpartner.

6 + 4 = 10

Ich denke an die Tauschaufgabe.

Wie viel muss ich vor die 4 Plättchen legen?

Luis

Till

2 + 8 = 10 | 9 + 1 = 10 | 3 + 7 = 10 | 4 + 6 = 10

5 + 5 = 10 | 7 + 3 = 10 | 8 + 2 = 10 | 10 + 0 = 10

4 Schreibt einfache Aufgaben. = 10 mit 10

1 + 9 = 10 | 1 + 10 = 11

2 + 8 = 10 | 2 + 10 = 12

5 Spielt: Zehnerpartner. (verschiedene Lösungen)

Ich ziehe eine 4.

Der Zehnerpartner ist 6.

Sophie

Paula

6 Einfache Aufgaben sortieren

Hinweise zu den Aufgaben

3 Plusaufgaben mit dem Ergebnis 10 vertiefen.

4 „Gleich 10"-Aufgaben automatisieren.

5 Einfache Aufgaben vertiefen.

6 Igeltraining: Einfache Aufgaben nach ihrem Typus sortieren.

mit 10 | mit 5 | = 10 | doppelt

Wichtige Wörter

Tauschaufgabe

Verweise auf weitere Materialien

AH S. 44

FH S. 50, 51

KV 54 *Einfache Plusaufgaben*

weiter vertiefen. Dabei legen zwei Partnerkinder wie in der Abbildung die Zahlenkarten von 0 bis 10 vor sich offen auf den Tisch. Ein Kind zieht eine der Karten, das andere Kind zieht möglichst schnell aus den eigenen Karten den Zehnerpartner.

6 Igeltraining: Einfache Aufgaben sortieren
Die Kinder haben nun insgesamt vier verschiedene Typen einfacher Aufgaben kennengelernt: Verdopplungsaufgaben, Aufgaben mit 10 oder 5 als Summanden und Aufgaben mit 10 als Ergebnis. Diese Aufgabentypen sollen sie nun weiter verinnerlichen, indem sie die zugehörigen Aufgabenkarten (LF 6) entsprechend der Strategiekarten (LF 8) sortieren. Es wird besprochen, warum diese Aufgaben so wichtig sind: In der weiteren Behandlung der Plusaufgaben werden sie zur Berechnung aller weiteren Aufgaben herangezogen, sie sind gewissermaßen die wichtigsten Werkzeuge beim geschickten Rechnen.

Diagnostisches Potenzial

Wie bestimmen die Kinder die Zehnerpartner? Welche Vorstellung zeigen sie von Tauschaufgaben? Inwiefern empfinden sie zwei Tauschaufgaben als gleich schwierig? Welche einfachen Aufgaben finden sie und inwiefern ordnen sie diese den Aufgabentypen zu?

Möglichkeiten zur Differenzierung

4 Kinder mit großen Schwierigkeiten können anstelle dieser Übung auch eine Zerlegungsübung in Partnerarbeit wiederholen: Auf dem Tisch liegt ein Zehnerstreifen. Ein Kind zerlegt den Zehner mit Hilfe eines Stifts, das andere Kind nennt möglichst schnell die beiden entstehenden Zehnerpartner. Anschließend werden die Rollen getauscht.

5 In dieser Aufgabe kann man den Zahlenraum für starke Kinder auch freigeben. Möglicherweise bilden diese Kinder auch analoge Aufgaben im Hunderterraum. Dabei sind die einfachen Aufgaben mindestens auf zwei verschiedene Weisen übertragbar: Durch Multiplikation mit 10 (aus 5 + 3 wird 50 + 30) oder durch Addition eines Vielfachen der 10 (aus 5 + 3 wird zum Beispiel 15 + 3). Auf der folgenden Doppelseite werden Übertragungen des zweiten Typs als „verwandte Aufgaben" bezeichnet und gezielt durchgearbeitet.

70/71 Verwandte Aufgaben

Hinweise zu den Aufgaben

Einstieg Begriff *verwandte Aufgaben* einführen: Zu einem Summanden wird ein Zehner dazu gelegt, der Schwierigkeitsgrad der Aufgaben ändert sich dadurch nicht.

1, 2 Verwandte Aufgaben durcharbeiten. Ggf. Material nutzen, dabei nur zehn einzelne Plättchen und einen Zehnerstreifen verfügbar machen.

Wichtige Wörter

verwandte Aufgaben, Zehner, Zehnerstreifen, kleine Aufgabe, große Aufgabe

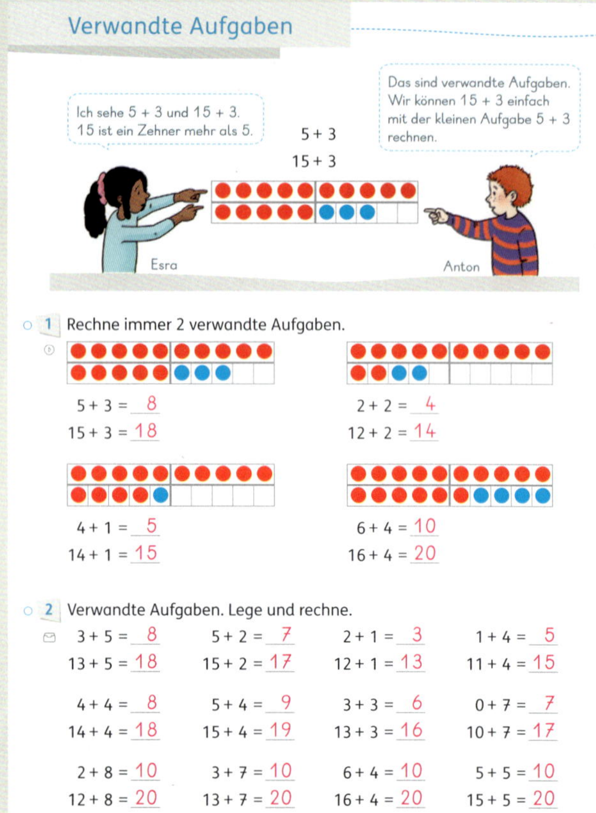
Verwandte Aufgaben

1 Rechne immer 2 verwandte Aufgaben.

5 + 3 = 8
15 + 3 = 18

2 + 2 = 4
12 + 2 = 14

4 + 1 = 5
14 + 1 = 15

6 + 4 = 10
16 + 4 = 20

2 Verwandte Aufgaben. Lege und rechne.

3 + 5 = 8	5 + 2 = 7	2 + 1 = 3	1 + 4 = 5
13 + 5 = 18	15 + 2 = 17	12 + 1 = 13	11 + 4 = 15
4 + 4 = 8	5 + 4 = 9	3 + 3 = 6	0 + 7 = 7
14 + 4 = 18	15 + 4 = 19	13 + 3 = 16	10 + 7 = 17
2 + 8 = 10	3 + 7 = 10	6 + 4 = 10	5 + 5 = 10
12 + 8 = 20	13 + 7 = 20	16 + 4 = 20	15 + 5 = 20

Was wird benötigt?

LF 1 *Zehnerfelder*, ggf. LF 3 *Zwanzigerfeld*, Zehnerstreifen, Plättchen

Worum geht es?

Aufgabenpaare, die sich nur durch einen glatten Zehner (später auch mehrere glatte Zehner) voneinander unterscheiden, werden als *verwandte Aufgaben* bezeichnet. Zwei zueinander verwandte Aufgaben haben denselben Schwierigkeitsgrad, auch wenn die Ergebnisse unterschiedlich groß ausfallen. Das liegt daran, dass die Aufgabe mit dem größeren Ergebnis aus der Aufgabe mit dem kleineren dadurch entsteht, dass nur ein Zehnerstreifen dazugelegt wird – solche Aufgaben sind aber schon als Plusaufgaben „mit 10" durchgearbeitet und als einfach erkannt worden. Das Konzept der verwandten Aufgaben ist wichtig, um das Vertrauen in die Tragfähigkeit der dezimalen Strukturen anzubahnen: Das Rechnen mit großen Zahlen funktioniert im Wesentlichen genauso wie das Rechnen mit kleinen Zahlen.

Wie kann man vorgehen?

Einstieg Verwandte Aufgabe einführen

An der Tafel wird die Aufgabe 5 + 3 mit Plättchen (5 in rot, 3 in blau) in ein lineares Zehnerfeld gelegt. Die Kinder benennen die Aufgabe und das Ergebnis. Anschließend hängt die Lehrkraft ein lineares Zehnerfeld mit einem roten Zehnerstreifen darüber und fragt die Kinder danach, welche Aufgabe jetzt entstanden ist. Es wird erarbeitet, dass aus der kleinen Aufgabe 5 + 3 = 8 die große Aufgabe 15 + 3 = 18 entstanden ist und festgehalten, dass die Aufgabe nicht schwieriger geworden ist: Es ist immer noch die 5 im ersten Summanden so enthalten, dass die einfache Aufgabe 5 + 3 erkennbar ist, nur in der unteren Reihe eines Zwanzigerfeldes liegt. Die Lehrkraft erklärt, dass solche Aufgabenpaare als *verwandte Aufgaben* bezeichnet werden. Je nach Klassensituation werden weitere Beispiele genannt, gelegt und gerechnet. Dabei wird stets erst die kleine Aufgabe an die Tafel gehängt und daraus mit einem Zehnerstreifen die große hergestellt. Anschließend bearbeiten die Kinder die Aufgaben.

1, 2 Verwandte Aufgaben lösen

In diesen Aufgaben können sich die Kinder an die Idee der verwandten Aufgaben gewöhnen. Für Aufgabe 2 sollte ggf. passendes Material zur Verfügung gestellt werden. Die Lehrkraft muss unbedingt darauf achten, dass die Kinder zum Legen der großen Aufgabe einen Zehnerstreifen nutzen und nicht einzelne Plättchen.

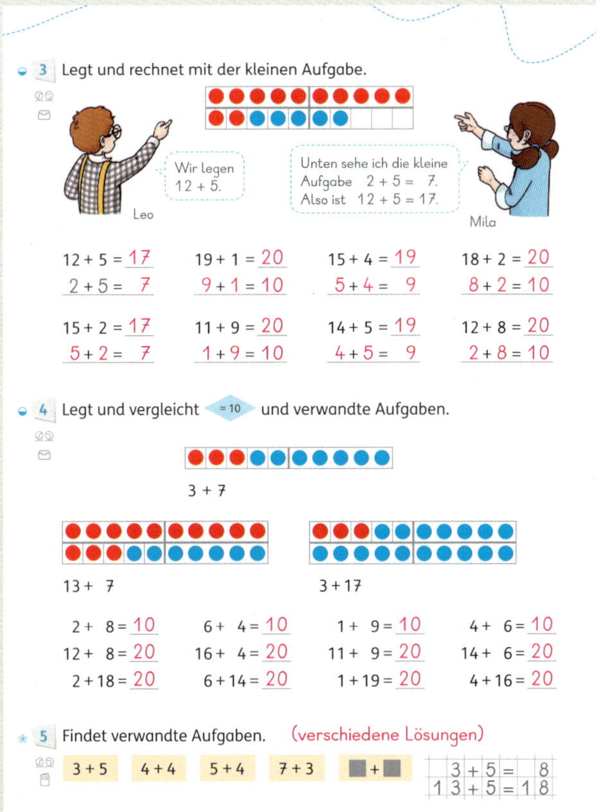

3 Legt und rechnet mit der kleinen Aufgabe.

12 + 5 = 17	19 + 1 = 20	15 + 4 = 19	18 + 2 = 20
2 + 5 = 7	9 + 1 = 10	5 + 4 = 9	8 + 2 = 10
15 + 2 = 17	11 + 9 = 20	14 + 5 = 19	12 + 8 = 20
5 + 2 = 7	1 + 9 = 10	4 + 5 = 9	2 + 8 = 10

4 Legt und vergleicht = 10 und verwandte Aufgaben.

3 + 7

13 + 7 3 + 17

2 + 8 = 10	6 + 4 = 10	1 + 9 = 10	4 + 6 = 10
12 + 8 = 20	16 + 4 = 20	11 + 9 = 20	14 + 6 = 20
2 + 18 = 20	6 + 14 = 20	1 + 19 = 20	4 + 16 = 20

5 Findet verwandte Aufgaben. (verschiedene Lösungen)

3 + 5 4 + 4 5 + 4 7 + 3 ■ + ■

3 + 5 = 8
13 + 5 = 18

Hinweise zu den Aufgaben

3 Zu einer großen Aufgabe die verwandte kleine Aufgabe finden.

4 Festhalten, dass es egal ist, zu welchem Summanden der Zehner addiert wird.

5 Verwandtschaftsbeziehungen weiter vertiefen, der Zahlenraum ist freigegeben.

Verweise auf weitere Materialien

AH S. 45

FH S. 52

3 Verwandte Aufgaben nutzen
Auf den nachfolgenden Seiten lernen die Kinder, wie man einfache Aufgaben zur Lösung von schwierigeren nutzen kann. In dieser Aufgabe werden entsprechende Ableitungsstrategien vorbereitet: Zu einer großen Aufgabe sollen die Kinder die verwandte kleine finden.

4 Verwandte Aufgaben vertiefen
Die Kinder lernen hier, dass es immer mehrere große verwandte Aufgaben zu einer kleinen gibt: Der Zehner kann zu jedem Summanden addiert werden, die Verwandtschaftsbeziehung ändert sich dadurch nicht.

5 Verwandte Aufgaben finden
Abschließend finden die Kinder selbst verwandte Aufgaben. Der Zahlenraum ist hier freigegeben.

Diagnostisches Potenzial

Wie beschreiben die Kinder den Begriff *verwandte Aufgaben*? Wie konstruieren sie aus einer kleinen Aufgabe die verwandte große? Welche verwandten Aufgaben finden sie selbst, in welchem Zahlenraum bewegen sie sich dabei? Inwiefern erkennen sie beide Aufgaben 13 + 5 und 3 + 15 als verwandte Aufgaben zur Aufgabe 3 + 5?

Möglichkeiten zur Differenzierung

Durchgängig kann hier der Einsatz von Material unterstützend wirken. Dabei ist darauf zu achten, dass die Zehnerstreifen genutzt und die Aufgaben nicht mit lauter einzelnen Plättchen gelegt werden. Dazu bietet es sich an, den Kindern nur zehn einzelne Plättchen und einen Zehnerstreifen verfügbar zu machen, so dass die großen Aufgaben mit einem Zehner gelegt werden müssen.

72/73 Schwierige Plusaufgaben

Hinweise zu den Aufgaben

1 – 3 Begriff *Nachbaraufgaben* auf Nachbarzahlen zurückführen, operative Beziehungen erkunden.

Wichtige Wörter

Nachbarzahlen, Nachbaraufgaben

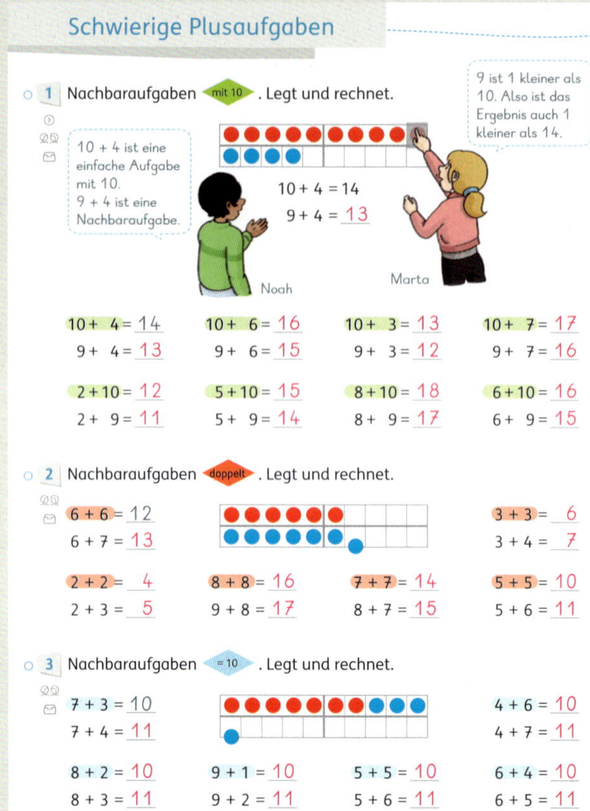

Schwierige Plusaufgaben

1 Nachbaraufgaben mit 10. Legt und rechnet.

10 + 4 ist eine einfache Aufgabe mit 10. 9 + 4 ist eine Nachbaraufgabe.

9 ist 1 kleiner als 10. Also ist das Ergebnis auch 1 kleiner als 14.

10 + 4 = 14
9 + 4 = 13

Noah
Marta

10 + 4 = 14	10 + 6 = 16	10 + 3 = 13	10 + 7 = 17
9 + 4 = 13	9 + 6 = 15	9 + 3 = 12	9 + 7 = 16
2 + 10 = 12	5 + 10 = 15	8 + 10 = 18	6 + 10 = 16
2 + 9 = 11	5 + 9 = 14	8 + 9 = 17	6 + 9 = 15

2 Nachbaraufgaben doppelt. Legt und rechnet.

6 + 6 = 12			3 + 3 = 6
6 + 7 = 13			3 + 4 = 7
2 + 2 = 4	8 + 8 = 16	7 + 7 = 14	5 + 5 = 10
2 + 3 = 5	9 + 8 = 17	8 + 7 = 15	5 + 6 = 11

3 Nachbaraufgaben = 10. Legt und rechnet.

7 + 3 = 10			4 + 6 = 10
7 + 4 = 11			4 + 7 = 11
8 + 2 = 10	9 + 1 = 10	5 + 5 = 10	6 + 4 = 10
8 + 3 = 11	9 + 2 = 11	5 + 6 = 11	6 + 5 = 11

Was wird benötigt?

Ggf. LF3 *Zwanzigerfeld*, Fünfer-, Zehnerstreifen und Plättchen, LF 6 *Einspluseinskarten*, LF 8 *Strategiekarten*

Worum geht es?

Auf dieser Doppelseite werden Aufgaben erarbeitet, die nicht zum Fundus der bisher behandelten einfachen Aufgaben gehören. Diese „schwierigen Aufgaben" kann man aber mit Hilfe der einfachen lösen, indem man sie strategisch geschickt ableitet: Durch Variation eines der beiden Summanden erhält man eine einfache Aufgabe, deren leicht zu bestimmendes (oder bekanntes) Ergebnis in der Nähe der gesuchten Lösung liegt. Anschließend muss die Variation nur noch am Ergebnis der einfachen Aufgabe rückgängig gemacht werden.

Für jede dieser schwierigen Aufgaben gibt es eine Nachbaraufgabe aus dem Fundus der einfachen Aufgaben, wobei die Ableitung unterschiedlich durchgeführt werden kann. So ist etwa 6 + 3 = 1 + 5 + 3 = 6 + 4 – 1, die Aufgabe kann also aus einer mit 5 oder einer = 10 Aufgabe abgeleitet werden. Wichtig ist, dass die Kinder ihre eigenen Wege gehen dürfen und die verschiedenen Ableitungsmöglichkeiten vergleichen und diskutieren können.

Diese frühen Rechenstrategien bestehen also darin, in der schwierigen Aufgabe eine einfache zu erkennen, die bei der Lösung helfen kann. Komplexere Strategien, die eine Variation beider Summanden (etwa 9 + 11 = 10 + 10) oder die Zerlegung eines der Summanden wie beim klassischen Zehnerübergang (etwa 7 + 8 = 7 + 3 + 5) erfordern, werden später im Buch ausführlich thematisiert, dürfen aber von den Kindern hier natürlich auch schon genutzt werden.

Wie kann man vorgehen?

1 Nachbaraufgaben kennenlernen

Anhand der ersten Aufgabe wird geklärt, was unter Nachbaraufgaben verstanden werden soll. Dazu schreibt die Lehrkraft zum Beispiel die Aufgabe 10 + 4 an die Tafel und lässt sie von einem Kind im Zwanzigerfeld legen. Dann schreibt die Lehrkraft die Aufgabe 9 + 4 dazu und vergleicht die beiden Aufgaben mit den Kindern: Die Aufgaben sind fast gleich, die unterschiedlichen Summanden sind Nachbarzahlen. Daraus wird die Bezeichnung Nachbaraufgabe entwickelt: Da die 9 eine Nachbarzahl der 10 ist, heißen die zugehörigen Aufgaben 9 + 4 und 10 + 4 Nachbaraufgaben.

Es wird besprochen, dass sich das Ergebnis einer Aufgabe um 1 ändert, wenn eine der Rechenzahlen durch eine Nachbarzahl ausgetauscht wird. Es werden einige Beispiele für Nachbaraufgaben gesammelt und geklärt, dass nun Nachbaraufgaben von einfachen Aufgaben gelöst werden sollen. Dann werden die Kinder in die Arbeitsphase entlassen.

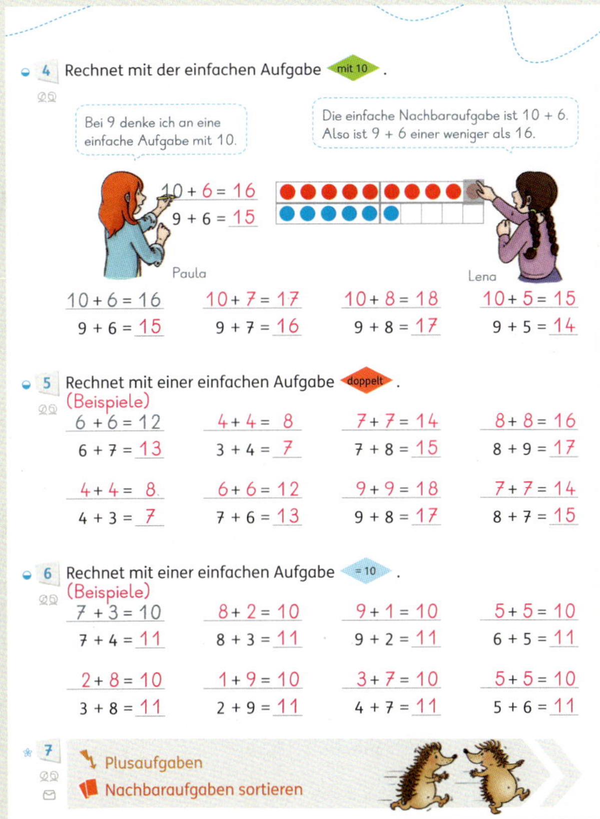
4 Rechnet mit der einfachen Aufgabe mit 10.

10 + 6 = 16	10 + 7 = 17	10 + 8 = 18	10 + 5 = 15
9 + 6 = 15	9 + 7 = 16	9 + 8 = 17	9 + 5 = 14

5 Rechnet mit einer einfachen Aufgabe doppelt.
(Beispiele)

6 + 6 = 12	4 + 4 = 8	7 + 7 = 14	8 + 8 = 16
6 + 7 = 13	3 + 4 = 7	7 + 8 = 15	8 + 9 = 17
4 + 4 = 8	6 + 6 = 12	9 + 9 = 18	7 + 7 = 14
4 + 3 = 7	7 + 6 = 13	9 + 8 = 17	8 + 7 = 15

6 Rechnet mit einer einfachen Aufgabe = 10.
(Beispiele)

7 + 3 = 10	8 + 2 = 10	9 + 1 = 10	5 + 5 = 10
7 + 4 = 11	8 + 3 = 11	9 + 2 = 11	6 + 5 = 11
2 + 8 = 10	1 + 9 = 10	3 + 7 = 10	5 + 5 = 10
3 + 8 = 11	2 + 9 = 11	4 + 7 = 11	5 + 6 = 11

7 Plusaufgaben
Nachbaraufgaben sortieren

Hinweise zu den Aufgaben

4 – 6 Einfache Aufgaben zur Ableitung der schwierigen selbst finden.

7 Igeltraining: Nachbaraufgaben sortieren
Ableitungen durch Sortierungen bewusst machen,
Blitzrechnen: Plusaufgaben
Ableitungsstrategien dann im Kopf vertiefen.

Verweise auf weitere Materialien

AH S. 46, 47

FH S. 53–55

KV 55 *Geschickt rechnen*

2, 3 Operative Beziehungen erkunden
Wie schon in Aufgabe 1 werden aus den einfachen Aufgaben systematisch generierte Nachbaraufgaben ausgerechnet.

4 – 6 Operative Beziehungen erkennen und nutzen
Die Kinder sollen bei diesen Aufgaben selbst die einfachen Nachbaraufgaben finden.

7 Igeltraining und Blitzrechnen
Beim Igeltraining geht es darum, die Ableitungsmöglichkeiten bewusster erkennen zu lernen. Dazu erhalten immer zwei Kinder einen Satz schwieriger Aufgaben (LF 10) und die Strategiekarten der Addition (LF 12). Ein Kind sortiert dann eine Aufgabenkarte derjenigen Strategiekarte der einfachen Aufgaben zu, aus denen es die schwierige ableiten würde. Das Partnerkind nennt die passende einfache Aufgabe, dann werden die Rollen getauscht.
Diese Übungen müssen in den nächsten Wochen regelmäßig durchgeführt werden.
Nach und nach kann dann die zugehörige Blitzrechenübung im Kopf, am besten ebenfalls in Partnerarbeit durchgeführt werden: Ein Kind nennt die Aufgabe, das andere die Lösung und seine Rechenstrategie. Nach fünf Minuten wechseln die Kinder die Rollen.

Diagnostisches Potenzial
Wie bestimmen die Kinder Ergebnisse von Nachbaraufgaben einfacher Aufgaben? Welche einfachen Aufgaben ziehen die Kinder zur Bearbeitung der schwierigen heran?

Möglichkeiten zur Differenzierung
1 – 7 Für alle Aufgaben kann den Kindern Material zur Verfügung gestellt werden. Es ist darauf zu achten, dass die schwierige Aufgabe durch Variation der einfachen gewonnen wird – und dass die Kinder die Aufgaben eines Aufgabenpaares nicht isoliert voneinander legen.
In den Aufgaben 1–3 kann auch das Ergebnis der einfachen Aufgaben vorgegeben werden. Dadurch wird den Kindern ggf. deutlicher, dass die Aufgaben ineinander überführt werden sollen.

74 Rechenwege

Hinweise zu den Aufgaben

1 Den Zehnerübergang thematisieren, ggf. Zehnerpartner wiederholen.

2 Rechenstrategien nutzen, vergleichen und diskutieren.

Wichtige Wörter

lange/kurze Aufgabe, Zehnerpartner, Zehnerübergang, weniger als, mehr als

Verweise auf weitere Materialien

AH S. 48

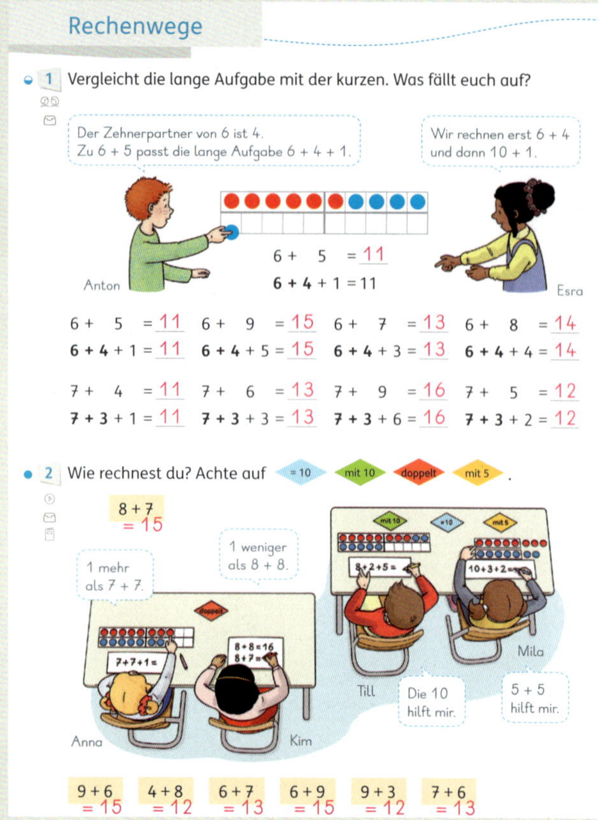
Rechenwege

1 Vergleicht die lange Aufgabe mit der kurzen. Was fällt euch auf?

6 + 5 = 11
6 + 4 + 1 = 11

6 + 5 = 11, 6 + 4 + 1 = 11 | 6 + 9 = 15, 6 + 4 + 5 = 15 | 6 + 7 = 13, 6 + 4 + 3 = 13 | 6 + 8 = 14, 6 + 4 + 4 = 14

7 + 4 = 11, 7 + 3 + 1 = 11 | 7 + 6 = 13, 7 + 3 + 3 = 13 | 7 + 9 = 16, 7 + 3 + 6 = 16 | 7 + 5 = 12, 7 + 3 + 2 = 12

2 Wie rechnest du? Achte auf = 10, mit 10, doppelt, mit 5.

8 + 7 = 15

9 + 6 = 15 | 4 + 8 = 12 | 6 + 7 = 13 | 6 + 9 = 15 | 9 + 3 = 12 | 7 + 6 = 13

Worum geht es?

Die Kinder lernen zum Abschluss der operativen Erarbeitung der Addition im Zwanzigerraum komplexere Strategien und Strukturen kennen: Auf der linken Seite wird der traditionelle Zehnerübergang als ein möglicher thematisiert, auf der rechten Seite wird systematisch erkundet, wie sich die Variation eines oder beider Summanden auf das Ergebnis einer Addition auswirken.

Was wird benötigt?

Ggf. Zwanzigerfeld, Fünfer-, Zehnerstreifen und Plättchen, LF 12 *Strategiekarten*

Wie kann man vorgehen?

1 Den Zehnerübergang kennenlernen

Die Aufgabe 6 + 5 wird an die Tafel geschrieben und mit sechs roten und fünf blauen Plättchen linear in das Zwanzigerfeld gelegt. Die Lehrkraft hängt die Strategiekarte (= 10) daneben und fragt die Kinder nach der zugehörigen einfachen Nachbaraufgabe. Es wird geklärt, dass man die Nachbarschaftsbeziehung auch als Zahlensatz notieren kann. Dazu schreibt die Lehrkraft die Rechnung 6 + 4 + 1 unter die Aufgabe und bespricht, dass in dieser Aufgabe zwei einfache Aufgaben enthalten sind: 6 + 4 = 10, also eine Aufgabe mit Zehnerpartnern, und 10 + 1 = 11, also eine Aufgabe mit 10. Entsprechend wird auch die Strategiekarte (mit 10) dazugehängt. Die Strategie wird ggf. mit mehreren Aufgaben wiederholt. Es wird geklärt, dass diese Strategie immer funktioniert, aber nicht immer für jeden die einfachste Vorgehensweise liefert. Die Aufgabe 6 + 9 beispielsweise ließe sich für viele Kinder sicher einfacher mithilfe von 6 + 10 lösen.

2 Strategien vergleichen

Die Kinder sollten in Partnerarbeit die Aufgabe 8 + 7 selbst lösen und ihren Rechenweg am Zwanzigerfeld begründet darstellen. Die Paare präsentieren ihre Ergebnisse anschließend im Sitzkreis, ordnen ihren Rechenweg einer Strategiekarte zu und diskutieren über die Eignung der Wege. Anschließend werden die weiteren Aufgaben in Partner- oder Gruppenarbeit gelöst und die Rechenwege diskutiert.

Diagnostisches Potenzial

Wie bewerkstelligen die Kinder die Zerlegung des zweiten Summanden beim Zehnerübergang? Welche Strategien nutzen sie und wie beschreiben und begründen sie ihre Vorgehensweise?

75 Forschen und Finden: Schöne Päckchen

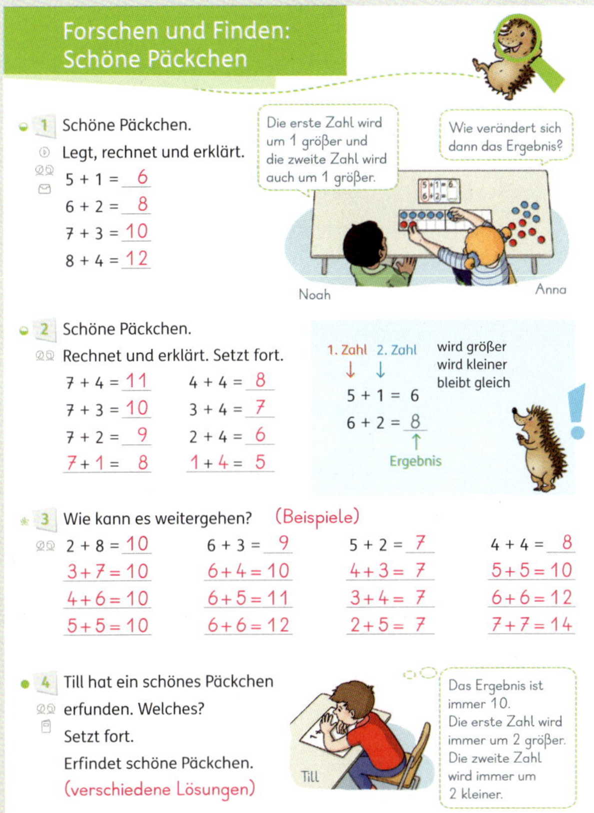

Forschen und Finden: Schöne Päckchen

1 Schöne Päckchen. Legt, rechnet und erklärt.

5 + 1 = 6
6 + 2 = 8
7 + 3 = 10
8 + 4 = 12

Die erste Zahl wird um 1 größer und die zweite Zahl wird auch um 1 größer.

Wie verändert sich dann das Ergebnis?

Noah Anna

2 Schöne Päckchen. Rechnet und erklärt. Setzt fort.

7 + 4 = 11	4 + 4 = 8
7 + 3 = 10	3 + 4 = 7
7 + 2 = 9	2 + 4 = 6
7 + 1 = 8	1 + 4 = 5

1. Zahl 2. Zahl — wird größer, wird kleiner, bleibt gleich

5 + 1 = 6
6 + 2 = 8
Ergebnis

3 Wie kann es weitergehen? (Beispiele)

2 + 8 = 10	6 + 3 = 9	5 + 2 = 7	4 + 4 = 8
3 + 7 = 10	6 + 4 = 10	4 + 3 = 7	5 + 5 = 10
4 + 6 = 10	6 + 5 = 11	3 + 4 = 7	6 + 6 = 12
5 + 5 = 10	6 + 6 = 12	2 + 5 = 7	7 + 7 = 14

4 Till hat ein schönes Päckchen erfunden. Welches? Setzt fort. Erfindet schöne Päckchen. (verschiedene Lösungen)

Till

Das Ergebnis ist immer 10. Die erste Zahl wird immer um 2 größer. Die zweite Zahl wird immer um 2 kleiner.

Hinweise zu den Aufgaben

1 Änderung der Summanden von Aufgabe zu Aufgabe besprechen: Wie ändert sich das Ergebnis?

2 Änderung der Summanden erkunden: Es ist egal, ob die erste oder die zweite Zahl verkleinert wird.

3 Schöne Päckchen selbst finden.

4 Rätsel lösen: Welches schöne Päckchen hat sich Till ausgedacht? Beachten, dass die erste Zahl schon auf dem Zettel steht. Anschließend weitere schöne Päckchen finden und die Regeln fixieren.

Wichtige Wörter

größer/kleiner werden, gleich bleiben, schönes Päckchen

Verweise auf weitere Materialien

AH S. 49

FH S. 56

Was wird benötigt?

Ggf. Zwanzigerfeld, Fünfer-, Zehnerstreifen und Plättchen, farbige Stifte zum Einkreisen

Wie kann man vorgehen?

1, 2 Aufgabenformat einführen

Die erste Aufgabe des Päckchens wird an die Tafel geschrieben und im Zwanzigerfeld gelegt. Dann wird gefragt, wie man aus dieser Darstellung die zweite Aufgabe, darauf aufbauend die dritte legen und das Päckchen passend dazu weiterführen kann. Die erkannte Regel wird dann beschrieben: Die erste Zahl wird immer um 1 größer, die zweite ebenfalls. Zur Visualisierung der Entdeckung wird jeder Summand und das Ergebnis farbig und ggf. mit Pfeilen markiert. Anschließend werden die Ergebnisse berechnet und festgehalten, dass sie von Aufgabe zu Aufgabe um 2 größer werden. Die Begründung ergibt sich aus dem Legen am Zwanzigerfeld: Zur ersten Zahl wird immer ein Plättchen, zur zweiten wird ebenfalls immer ein Plättchen dazugelegt, insgesamt werden also zwei Plättchen dazugelegt und das Ergebnis ändert sich entsprechend auch um 2. Abschließend wird erklärt, dass solche Päckchen, bei denen von Aufgabe zu Aufgabe immer gleiche Änderungen durchgeführt werden, *schöne Päckchen* heißen. Die Kinder bearbeiten dann die Aufgabe 2, die Beobachtungen werden anschließend besprochen und begründet.

3 Schöne Päckchen erfinden

Die Kinder setzen das Konstruktionsprinzip für schöne Päckchen eigenständig um. Dabei nutzen sie ggf. das Zwanzigerfeld. Anschließend wird überprüft, ob wirklich schöne Päckchen entstanden sind: Sind die Änderungen von Aufgabe zu Aufgabe überall gleich? Die entstehenden Muster werden beschrieben und begründet. Zur Unterstützung können die Kinder ihre Beobachtungen mit Hilfe von farbigen Stiften (sogenannte „Forschermittel": Einkreisungen, Unterstreichungen, Pfeilen, Rechentermen, o. Ä.) kennzeichnen.

4 Schöne Päckchen vertiefen

Die Kinder können Eigenproduktionen auf Karten dokumentieren: Auf der Vorderseite notieren sie das Päckchen (mit markierten Entdeckungen), auf der Rückseite die Regel. Andere Kinder versuchen mithilfe der Regel, das passende schöne Päckchen zu konstruieren. Der Zahlenraum ist freigestellt.

Diagnostisches Potenzial

Wie beschreiben die Kinder die zugrundeliegenden Regeln der schönen Päckchen? Welche Regeln überlegen sie sich selbst für schöne Päckchen? Welche Begründungen finden die Kinder für die Verletzung einer Regel? In welchem Zahlenraum bewegen sich ihre Päckchen?

76/77 Rückblick

Hinweise zu den Aufgaben

1 Plusaufgaben zum Bild finden, vgl. S. 58 – 61

2 Plusaufgaben am Zwanzigerfeld finden, vgl. S. 62, 63

3 Typen einfacher Aufgaben erkennen und ausrechnen, vgl. S. 64 – 69

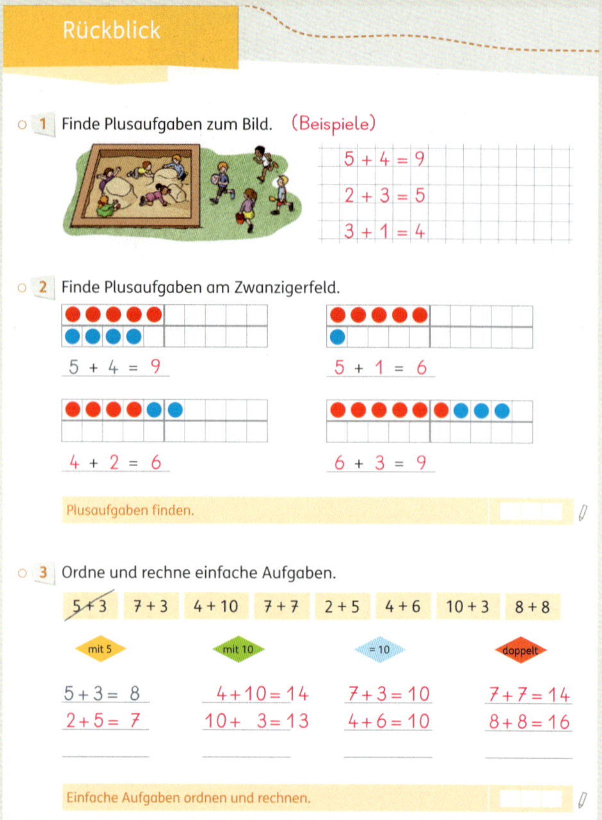
Rückblick

1 Finde Plusaufgaben zum Bild. (Beispiele)

5 + 4 = 9
2 + 3 = 5
3 + 1 = 4

2 Finde Plusaufgaben am Zwanzigerfeld.

5 + 4 = 9
5 + 1 = 6
4 + 2 = 6
6 + 3 = 9

Plusaufgaben finden.

3 Ordne und rechne einfache Aufgaben.

5 + 3 | 7 + 3 | 4 + 10 | 7 + 7 | 2 + 5 | 4 + 6 | 10 + 3 | 8 + 8

mit 5 | mit 10 | = 10 | doppelt

5 + 3 = 8 | 4 + 10 = 14 | 7 + 3 = 10 | 7 + 7 = 14
2 + 5 = 7 | 10 + 3 = 13 | 4 + 6 = 10 | 8 + 8 = 16

Einfache Aufgaben ordnen und rechnen.

Worum geht es?

Die inhaltsbezogenen Kompetenzen des Kapitels *Einführung der Addition* werden hier rückblickend angesprochen. Im Kern geht es darum, dass die Kinder

- für die Addition sach- bzw. materialbezogene Grundvorstellungen aufgebaut haben, also Additionsaufgaben kontextbezogen statisch und dynamisch deuten,
- einfache Aufgaben kennen und zum Lösen schwierigerer Aufgaben heranziehen,
- Analogien von Aufgaben im Zehnerraum zu Aufgaben mit größeren Summen im Sinne von Verwandtschaftsbeziehungen herstellen,
- Geldbeträge bestimmen, legen und gezielt variieren.

Die dabei geförderten prozessbezogenen Kompetenzen treten in Form des Modellierens, Darstellens, Argumentierens und Problemlösens auf. Diese werden stets eingebettet in die Entwicklung der inhaltsbezogenen Kompetenzen, indem die Kinder insbesondere

- für die Interpretation von Additionsaufgaben verschiedene Darstellungsebenen aus der sachlichen Umwelt und der symbolischen Mathematik zueinander in Beziehung setzen (Modellieren und Darstellen),
- das Assoziativgesetz der Addition zur Begründung von elementaren Rechenstrategien nutzen (Argumentieren),
- Lösungsstrategien wie systematisches Probieren anwenden (Problemlösen).

Wie kann man vorgehen?

Je nach den Gegebenheiten in der Klasse können alle Kinder gemeinsam oder nur einzelne Kinder die Aufgaben des Rückblicks bearbeiten. Ebenso kann die gesamte Seite oder nur die Aufgaben zu einem Thema bearbeitet werden. Nach der jeweiligen Bearbeitung einer Aufgabe oder eines Aufgabenblocks kreuzen die Kinder in der Selbsteinschätzung an, wie gut sie mit dem Inhalt zurecht gekommen sind. Dazu wird ggf. wiederholt, welche Position des Kreuzes zu welcher Selbsteinschätzung gehört (etwa von ganz links „schwierig“ bis nach ganz rechts „problemlos“). Anschließend können die Selbsteinschätzungen der Kinder mit den diagnostischen Erkenntnissen der Lehrkraft im Gespräch verglichen werden.

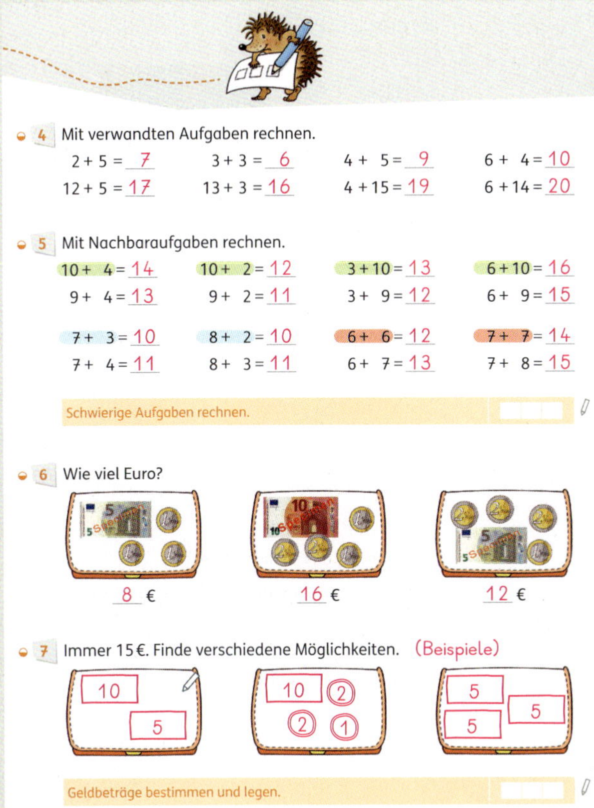

4 Mit verwandten Aufgaben rechnen.

2 + 5 = 7	3 + 3 = 6	4 + 5 = 9	6 + 4 = 10
12 + 5 = 17	13 + 3 = 16	4 + 15 = 19	6 + 14 = 20

5 Mit Nachbaraufgaben rechnen.

10 + 4 = 14	10 + 2 = 12	3 + 10 = 13	6 + 10 = 16
9 + 4 = 13	9 + 2 = 11	3 + 9 = 12	6 + 9 = 15
7 + 3 = 10	8 + 2 = 10	6 + 6 = 12	7 + 7 = 14
7 + 4 = 11	8 + 3 = 11	6 + 7 = 13	7 + 8 = 15

Schwierige Aufgaben rechnen.

6 Wie viel Euro?

8 €   16 €   12 €

7 Immer 15 €. Finde verschiedene Möglichkeiten. (Beispiele)

10, 5   10, 2, 2, 1   5, 5, 5

Geldbeträge bestimmen und legen.

Hinweise zu den Aufgaben

3 Verwandtschaftsbeziehungen zwischen Aufgaben nutzen, vgl. S. 70, 71

4 Aufgaben ableiten, vgl. S. 72 – 74

6, 7 Geldbeträge bestimmen und legen, vgl. S. 54, 55

Verweise auf weitere Materialien

- AH S. 50
- FH S. 57
- LZK 3 A – C im Materialband

Diagnostisches Potenzial

Für den Vergleich zwischen der Selbsteinschätzung der Kinder und der Diagnose durch die Lehrkraft können folgende Leitfragen hilfreich sein:

Plusaufgaben finden
Welche Vorstellungen von der Addition zeigen die Kinder? Inwiefern werden die Strukturen des Zwanzigerfelds zur Bildung der Aufgaben genutzt?

Einfache Aufgaben ordnen und rechnen
Wie erkennen die Kinder Typen einfacher Aufgaben? Wie bestimmen sie die Lösungen?

Schwierige Aufgaben rechnen
Wie nutzen sie die Ergebnisse der einfachen Aufgaben für die Berechnung der schwierigeren? Inwiefern können sie die Variation der Aufgaben und die Wirkung auf die Ergebnisse erklären?

Geldbeträge bestimmen und legen
Wie bestimmen die Kinder die Geldbeträge? Welche Strategie nutzen sie zur Variation Münzen und Scheine für einen festen Geldbetrag?

78/79 Ornamente

Hinweise zu den Aufgaben

Einstieg Das bisher erworbene Wissen über geometrische Muster aufgreifen: Ein geometrisches Muster hat ein Grundmuster, das sich wiederholt. Dazu Ornamente an die Tafel heften oder am Whiteboard zeigen, gemeinsam das Grundmuster erkennen und markieren (z. B. wie im Schulbuch Seite 14). Anschließend Grundmuster mit Fachwörtern beschreiben.

1 Ornamente mit Legematerial nachlegen, fortsetzen und verkleinert ins Schulbuch einzeichnen.

2 Eigenes Ornament mit Legematerial legen und in Originalgröße oder verkleinert abzeichnen.

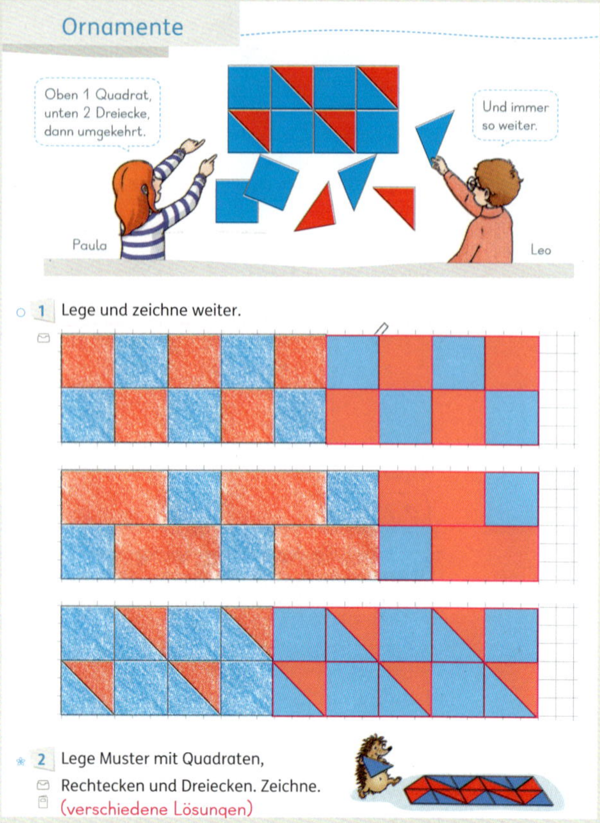

Wichtige Wörter

Ornament, Grundmuster, fortsetzen, immer so weiter, umgekehrt, Viereck, Dreieck, Rechteck, Quadrat, oben, unten, rechts, links

Was wird benötigt?
Legematerial (zur Demonstration mind. 200 % vergrößert), KV 56 *Ornamente*

Worum geht es?
Ornamente (auch Bandornamente genannt) sind geometrische Muster, die sich in einem jeweils gleichen Abstand nach rechts und links wiederholen, sodass sich Bänder ergeben. Sie sind den Kindern als Verzierungen von Alltagsgegenständen wie Armbändern, Mützen, Pullovern, Tellern, Tapeten etc. sowie von Gebäuden bekannt. Zudem wissen manche Kinder, dass Ornamente auch in anderen Kulturen und Völkern eine große Rolle spielen.
Mit geometrischen Mustern haben sich die Kinder bereits auf den Doppelseiten 14/15 beschäftigt. Sie kennen das Fachwort *Grundmuster* und wissen, dass sich ein geometrisches Muster aus einem sich immer wiederholenden Grundmuster zusammensetzt. Die Komplexität der fortzusetzenden Muster wird auf dieser Doppelseite im Vergleich zu den vorherigen Seiten leicht gesteigert. Weiterhin werden die zeichnerischen Kompetenzen der Kinder weiter gefördert sowie die Fachwörter für die geometrischen Formen *Dreieck*, *Rechteck* und *Quadrat* vertieft.

Wie kann man vorgehen?
Einstieg Bandornamente einführen
Bandornamente wie die im Schulbuch Seite 78 werden in vergrößerter Form im Plenum gezeigt. Die Kinder werden an die Arbeit mit geometrischen Mustern zu Beginn des Schuljahres (siehe Schulbuch 14/15) erinnert. Erneut werden Grundmuster markiert und die Muster gemeinsam fortgesetzt. Zur Beschreibung der Grundmuster nutzen die Kinder Fachausdrücke für die geometrischen Formen und deren Raumlage. Ein bereits erstellter Wortspeicher kann erneut zum Einsatz kommen.

1 Ornamente legen und zeichnen
Die dargestellten Ornamente sollen mit dem Legematerial nachgelegt, fortgesetzt und im Schulbuch verkleinert gezeichnet werden. Für noch unsichere Kinder ist das Muster in seiner Fortsetzung angedeutet.

2 Ornamente mit Legematerial erfinden
Die Kinder legen eigene Ornamente mit dem Legematerial und zeichnen diese in Originalgröße oder verkleinert in ihr Heft. Bei großen Schwierigkeiten beim Abzeichnen kann man die Ornamente der Kinder auch abfotografieren.

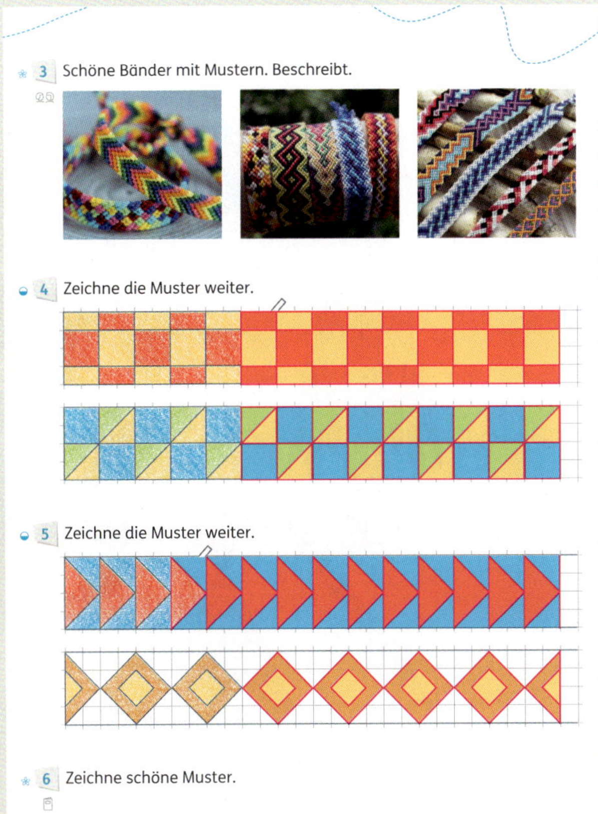
3 Schöne Bänder mit Mustern. Beschreibt.

4 Zeichne die Muster weiter.

5 Zeichne die Muster weiter.

6 Zeichne schöne Muster.

Hinweise zu den Aufgaben

3 Freundschaftsbänder beschreiben. Dabei Fachwörter wie *Quadrat* und *Ecke* aber auch Alltagswörter wie *gezacktes Muster* erlauben. Auf sich wiederholende Farben achten.

4, 5 Vorgegebene Muster (analog zu den Freundschaftsbändern) als Freihandzeichnung fortsetzen.

6 Eigenes Ornament erfinden und ins Heft zeichnen.

Verweise auf weitere Materialien

AH S. 51

Zur Würdigung der eigenen Ornamente werden diese der ganzen Klasse präsentiert. Zunächst wird gemeinsam kontrolliert, ob alle Ornamente ein sich wiederholendes Grundmuster haben oder ob einzelne noch korrigiert werden müssen. Die einzelnen Grundmuster in den Ornamenten werden beschrieben. Alternativ können die Kinder diesen Austausch nur mit einem Partnerkind vornehmen. Das Partnerkind muss das Grundmuster zeigen oder beschreiben, das Ornament nachlegen und fortsetzen.

Zur Vertiefung können die Ornamente für ein Mathespiel genutzt werden: Ein Kind beschreibt das Grundmuster seines Ornaments (ggf. hilft die Lehrkraft dabei). Die Kinder versuchen dieses Grundmuster mit Legematerial an ihren Plätzen nachzulegen, anschließend setzen sie das Muster fort. Folgende Beschreibung ist hier möglich: „Mein Grundmuster hat zwei Reihen. In der obere Reihe liegt ein rotes Rechteck. Eine lange Seite zeigt also nach unten. Rechts daneben liegt ein blaues Quadrat. Die zweite Reihe beginnt mit einem blauen Quadrat, rechts daneben liegt ein rotes Rechteck. Eine lange Seite zeigt nach unten. Dann immer so weiter."

3 Freundschaftsbänder als Ornamente
Die Kinder erkennen, dass Freundschaftsbänder ebenso schöne Muster haben, die sich wiederholen. Das Gespräch über die Freundschaftsbänder kann als Vorbereitung der Aufgabe 4 genutzt werden.

4, 5 Ornamente zeichnerisch fortsetzen
Die Aufgabe nimmt direkten Bezug zu den Fotos der vorherigen Aufgaben. Die dargestellten Ornamente ähneln nämlich den Freundschaftsbändern. Für noch unsichere Kinder ist das Muster in seiner Fortsetzung angedeutet. Kinder, die hiermit keinerlei Probleme haben, versuchen, das Ornament als Freihandzeichnung fortzuführen.

6 Eigene Ornamente erfinden
Die Kinder erfinden eigene Ornamente in ihren Heften. Bei zeichnerischen Schwierigkeiten KV 56 *Ornamente* nutzen. Zur Ergebnispräsentation werden die verschiedenen Ornamente der Kinder gesammelt und Grundmuster identifiziert.

Diagnostisches Potenzial

Erkennen die Kinder das Grundmuster in den Ornamenten? Wie beschreiben sie die Grundmuster? Wie sicher setzen sie das Muster fort? Wie sicher zeichnen sie Muster? Welche eigenen Ornamente entwickeln sie?

80/81 Spiegeln

Hinweise zu den Aufgaben

1 Mit dem Spiegel experimentieren und in den Gegenständen Spiegelachsen finden.
Begriff Spiegelachse einführen, Besonderheit einer spiegelsymmetrischen Figur klären.

Wichtige Wörter

Spiegelachse, spiegeln, Hälfte

Was wird benötigt?

Arbeitsmaterial: kleine Spiegel für die Kinder, möglichst ohne Rahmen (Hinweis: rahmenlose, unzerbrechliche Handspiegel, 10 cm x 15 cm, mit leicht abgerundeten Ecken werden als Begleitmaterial zum ZAHLENBUCH angeboten.)
Demonstrationsmaterial: große Spiegel zum gemeinsamen Handeln vor der Tafel (Tipp: im Baumarkt erhältlich)

Worum geht es?

Im Rahmen dieser Schulbuchdoppelseite wird ein erster Zugang zur Achsensymmetrie mithilfe des Spiegels angebahnt. Der Spiegel erzeugt eine Hälfte der achsensymmetrischen Figur als Projektion im Spiegel – also nur als Bild. Die Kinder müssen damit eine real existierende Hälfte mit einer im Spiegel als Bild projizierten Hälfte zu einer symmetrischen Figur verknüpfen. Dieser Zugang zur Achsensymmetrie ist vor allem für Kinder, die bisher noch wenig mit einem Spiegel selbstständig experimentiert haben, durchaus anspruchsvoll. Daher wird im Rahmen dieser Schulbuchdoppelseite den Kindern zuerst die Möglichkeit geboten, mit dem Spiegel achsensymmetrische Figuren zu untersuchen, bevor sie achsensymmetrische Figuren selbst erzeugen.

Wie kann man vorgehen?

1 Spiegelachsen finden
Bevor das Thema „Achsensymmetrie mit dem Spiegel" systematisch erarbeitet wird, müssen die Erfahrungen der Kinder mit Spiegeln aufgegriffen bzw. durch eine Phase des freien Experimentierens aktiviert werden. Im Sitzkreis sollten zunächst die Vorerfahrungen der Kinder mit Spiegeln gesammelt werden: Was ist das Besondere wenn ihr euch oder etwas anderes im Spiegel betrachtet? Die Kinder können etwa antworten: Ich sehe mein Spiegelbild. Ich sehe alles doppelt. Ich kann damit nach hinten sehen. Was die Kinder damit genau meinen, können sie an einem Demonstrationsspiegel vor der Tafel zeigen.
Anschließend bekommt jedes Kind einen Handspiegel und darf mit diesem im Klassenzimmer forschen. Der Spiegel wird vor oder auf Gegenstände (Stifte, Radiergummi, Plättchen, Legematerial) gelegt und verschoben. Zur Dokumentation können die Kinder aufgefordert werden, den Gegenstand vor dem Spiegel und das Bild im Spiegel aufzuzeichnen oder als Foto festzuhalten. Möglicherweise entdecken und beschreiben manche Kinder, dass der Spiegel die Gegenstände verdoppelt. Aber auch die Entdeckung, dass manche Gegenstände gleiche Hälften haben (wie z. B. die Formen des Legematerials), ist hier möglich.

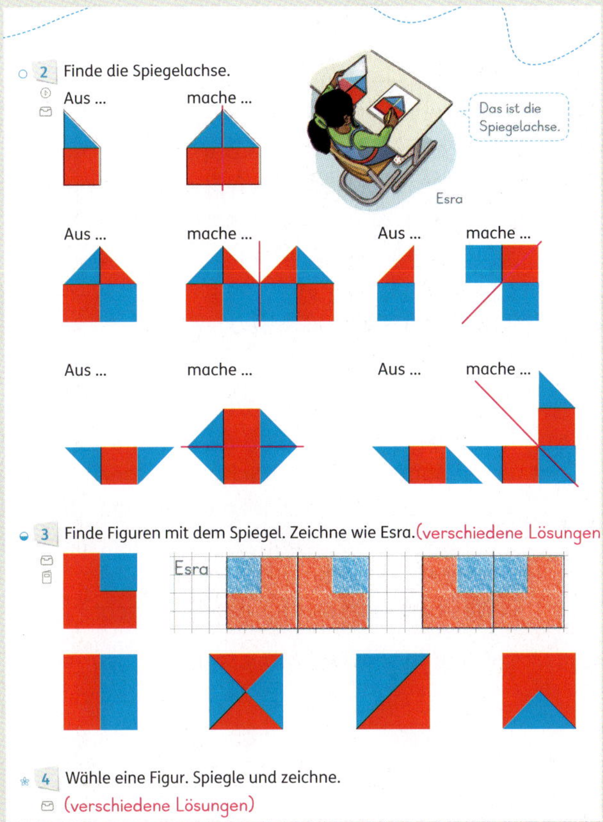

Hinweise zu den Aufgaben

2 Startfigur mit Legematerial legen, überlegen, wo der Spiegel platziert werden muss, damit die Zielfigur entsteht. Spiegelachse im Schulbuch einzeichnen.

3 Spiegel an die Startfigur halten, möglichst viele Zielfiguren erzeugen und im Heft dokumentieren.

4 Eigene Startfiguren legen, mit dem Spiegel achsensymmetrische Zielfiguren erzeugen und ins Heft zeichnen.

Wichtige Wörter

Startfigur, Zielfigur

Verweise auf weitere Materialien

AH S. 52

KV 57 *Spiegeln*

Die spontanen Äußerungen der Kinder werden in einer anschließenden gemeinsamen Phase gebündelt: Was ist euch aufgefallen, als ihr mit dem Spiegel gearbeitet habt?
Nach diesem Einstieg wird gemeinsam über die in der Einstiegsillustration dargestellte Situation gesprochen. Es wird geklärt, was die Kinder mit ihren Äußerungen meinen und wie sie mit dem Spiegel arbeiten. Es ist hilfreich, die Bilder der Schulbuchseite in vergrößerter Form in die Mitte zu legen und mit einem großen Spiegel zu arbeiten. Der Fachausdruck Spiegelachse wird eingeführt.
So vorbereitet können die Kinder selbstständig mit einem Spiegel die Aufgabe im Schulbuch bearbeiten und die Spiegelachse als Freihandzeichnung einzeichnen. Im Plenum präsentieren die Kinder ihre Ergebnisse (falls möglich an vergrößerten Bildern der Schulbuchseite) und erklären, wie sie die Spiegelachse gefunden haben.

2 Achsensymmetrische Figuren erzeugen
Im Sitzkreis werden die ersten beiden Figuren der Aufgabe in die Mitte gelegt. Die Kinder sollen vermuten, wo sie im linken Bild den Spiegel platzieren müssen, damit das rechte Bild entsteht. Der Begriff *Spiegelachse* wird erneut thematisiert. Zudem können die Ausdrücke *Startfigur* und *Zielfigur* hilfreich sein. Die Kinder legen die Startfiguren links mit Legematerial nach. Sie probieren mit dem Spiegel zunehmend systematisch, wo sie ihn platzieren müssen, damit die rechtsstehende Zielfigur entsteht.
In der Zielfigur zeichnen sie die Spiegelachse ein.

3 Verschiedene Figuren erzeugen
Bei dieser Aufgabe sollen die Kinder den Spiegel an alle vier verschiedenen Seiten der aus dem Legematerial gelegten Startfigur halten. Die entstehende achsensymmetrische Figur wird als Skizze in das Heft übertragen. Bei Problemen mit dem Abzeichnen können die Legefiguren mit dem Stift umfahren werden.

4 Eigene Figuren spiegeln
Die Kinder legen mit Legematerial eigene Startfiguren und platzieren den Spiegel. Die entstehenden achsensymmetrischen Zielfiguren zeichnen sie in ihr Heft. Bei Problemen Legematerial mit dem Stift umfahren.

Diagnostisches Potenzial

Wie beschreiben die Kinder, was die Besonderheit einer achsensymmetrischen Figur ausmacht? Finden sie Symmetrieachsen? Können sie symmetrische Figuren mit Legematerial und Spiegel erzeugen? Wie zeichnen sie diese?

Themenblock Einführung der Subtraktion

Die Subtraktion ist die Umkehroperation der Addition. Daher können die Ergebnisse von Subtraktionsaufgaben aus den Ergebnissen von Additionsaufgaben abgeleitet werden. Aus diesem Grund wird die Subtraktion in der Regel im Anschluss an die Addition behandelt. Das ZAHLENBUCH folgt dieser Tradition, allerdings nicht uneingeschränkt.
Im ZAHLENBUCH werden operative Beziehungen zwischen Addition und Subtraktion schon vor den Themenblöcken zur Addition und Subtraktion hergestellt: Zum Beispiel stellen die Schulbuchseiten und Blitzrechen-übungen zu „Immer 10/Immer 20" (S. 42/43) oder die Rechengeschichten (S. 56/57) schon einen engen Bezug zwischen beiden Operationen her, der auch bei der Erarbeitung der einfachen Plusaufgaben (S. 66 f.) einfließt. Weiter ist anzumerken, dass nach dem Themenblock „Einführung in die Subtraktion" noch zwei Themenblöcke („Addieren und Subtrahieren", sowie „Zahlen und Aufgaben vergleichen") folgen, in denen die Operationen explizit verzahnt werden, was sich auf die weiteren Durchgänge durch diese Themen günstig auswirkt. Insbesondere sei hier auf die Übungsformate *Rechendreiecke* und *Zahlenmauern* hingewiesen, in denen sich die Beziehungen zwischen den Rechenoperationen besonders gut herstellen lassen.

Besonderheiten der Subtraktion

Die Subtraktion unterscheidet sich von der Addition formal dadurch, dass die beiden Zahlen auf der einen Seite des Gleichheitszeichens verschiedene Bedeutungen haben, was sich schon daran zeigt, dass für die Subtraktion das Vertauschungsgesetz nicht gilt. Daher ist es besonders wichtig, dass die Handlungen, die der Subtraktion zugrunde liegen, sorgfältig geklärt werden. Ein Rechensatz wie 8 – 2 muss strikt von links nach rechts gelesen und mit Handlungen verbunden werden: Die Zahl 8 ist durch eine Menge (z. B. von Plättchen) gegeben. Das Minuszeichen zeigt an, dass etwas weggenommen oder abgedeckt wird. Die hinter dem Minuszeichen stehende Zahl zeigt an, wie viel weggenommen oder abgedeckt wird. Die Anzahl der verbleibenden Plättchen steht als Ergebnis auf der anderen Seite des Gleichheitszeichens.
Genauso wenig wie man bei der Addition das Pluszeichen nur als „hinzufügen" und das Gleichheitszeichen nur als „ergibt" verstehen darf, darf man bei der Subtraktion das Minuszeichen nicht nur als „wegnehmen" (insbesondere des vorher Hinzugefügten) und das Gleichheitszeichen nur als „ergibt" interpretieren. Das Minuszeichen kann auch „abdecken" bedeuten. Weiter muss das Wegnehmen oder Abdecken von Plättchen auch nicht immer „von rechts" erfolgen. Von Anfang an muss also im Auge behalten werden, dass die Subtraktion als Umkehrung der Addition in zwei Varianten vorkommt: als *Abziehen* und als *Ergänzen*.

Eins nach dem anderen

Angesichts dieser Komplexität der Subtraktion verbietet es sich, alle ihre Besonderheiten auf einen Schlag zu behandeln. Der richtige Weg besteht daran, bei den verschiedenen Durchgängen durch die Subtraktion eine Besonderheit nach der anderen einzubeziehen und das Verständnis zu erweitern.
Auf später aufgeschoben wird insbesondere der Aspekt „Ergänzen", für den eine eigene Doppelseite vorgesehen ist (S. 108/109).

Die Beziehung „Teil-Ganzes"

Um die operativen Beziehungen zwischen Addition und Subtraktion deutlich zu machen, ist es sinnvoll, das Abdecken einer Teilmenge gegenüber dem Wegnehmen zu betonen, um damit die Beziehung „Teil-Ganzes" zu betonen.
Was bedeutet das für den Unterricht?

Wenn man 8 Plättchen legt

und dann 2 Plättchen wegnimmt, sind diese 2 Plättchen verschwunden.

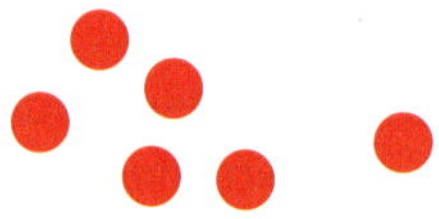

Man sieht nur noch das Ergebnis: 6 Plättchen.
Wenn dagegen 8 Plättchen gelegt und 2 davon nur abgedeckt werden,

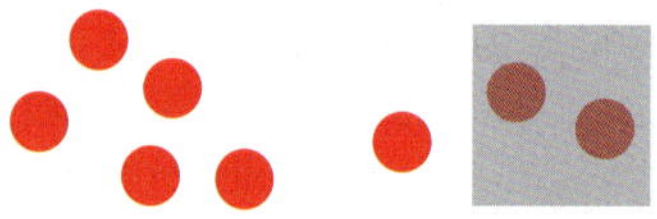

dann sind die beiden Plättchen noch präsent – auch wenn man sie nicht sieht. Man braucht die Abdeckung nur zur Seite zu schieben, um wieder die ursprüngliche Anzahl 8 herzustellen.
Bei dieser Interpretation der Subtraktion ist eine enge Beziehung zum Zerlegen gegeben, das die Kinder aus den Orientierungen im Zahlenraum schon gut kennen: Eine Zahl wird in zwei Zahlen zerlegt. Dazu kann man jeden Teil der Zahl abdecken, sodass zwei Subtraktionsaufgaben entstehen. Diese operativen Beziehungen werden bereits auf Seite 85 explizit angesprochen und fließen bei der Erarbeitung einfacher Aufgaben implizit ein.
Wenn sich die Kinder diese Beziehungen klar gemacht haben, können sie aus einer Plusaufgabe zwei Minusaufgaben ohne weitere Rechnung ableiten. Deshalb erscheint es uns sinnvoll, der Addition im ZAHLENBUCH doch Priorität einzuräumen.

Nutzung des Zwanzigerfelds

Um reale Situationen modellieren zu können, müssen Anzahlen auch durch bloße Plättchenmengen dargestellt werden. Für die rechnerische Behandlung der Subtraktion ist es dabei sinnvoll, das Zwanzigerfeld zu benutzen, weil dadurch Zahlbeziehungen viel besser zur Geltung gebracht werden können.
Beispiel:
Wenn die Aufgabe 8 – 2 gelegt wird,

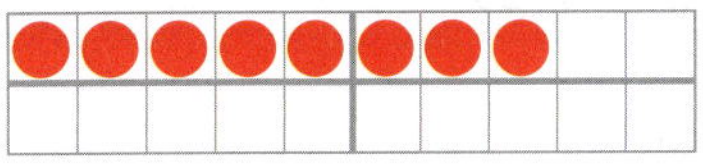

erscheint 8 sofort in der Gestalt 5 + 3 (*Kraft der Fünf*) und das Ergebnis ist über 5 + 1 sofort als 6 erkennbar (nochmals *Kraft der Fünf*).

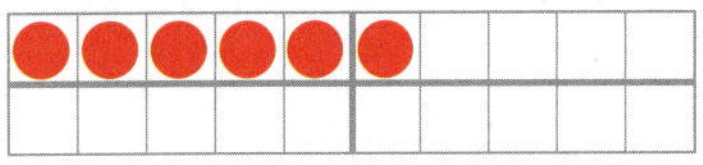

Am Zwanzigerfeld kann man die Subtraktion auch so darstellen, dass die wegzunehmenden Plättchen über den Rand geschoben werden und noch sichtbar sind.

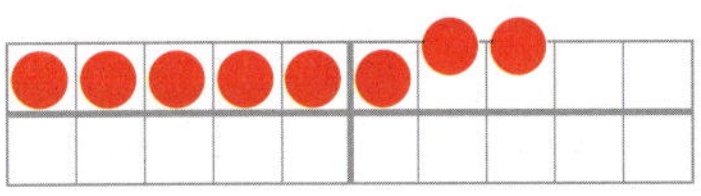

Das ist eine zum Abdecken gleichwertige Darstellung, die in diesem Abschnitt konsequent durchgehalten wird.

Aufbau des Themenblocks

er Themenblock startet analog zum vorigen mit einer Thematisierung von Grundvorstellungen zur Subtraktion, die bereits durch die Rechengeschichten (S. 56/57) vor der formalen Einführung der Addition angebahnt wurden.

Schulbuch, S. 82

Anschließend werden statische und dynamische Operationsvorstellungen am Zwanzigerfeld vertieft.

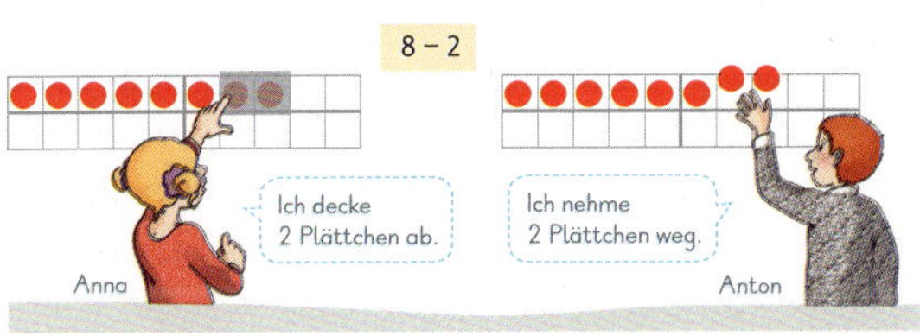

Schulbuch 1, S. 84

Es folgt (analog zur Einführung der Addition, S. 86 – 91) die Erarbeitung der einfachen Minusaufgaben, wobei durch eine entsprechende Kennzeichnung der Aufgaben der Charakter der Subtraktion als Umkehrung der Addition deutlich gemacht wird. Es handelt sich hier um die Aufgaben ...

- ⟨10⟩ mit Zehnerpartnern (etwa 10 – 3 = 7), also die Umkehraufgaben der Additionen mit der Summe 10,
- ⟨10⟩ mit Zehnern (etwa 17 – 7 = 10 oder 17 – 10 = 7), also die Umkehraufgaben der Additionen mit dem Summanden 10,
- ⟨5⟩ mit Fünfern (etwa 8 – 3 = 5 oder 8 – 5 = 3), also die Umkehraufgaben der Additionen mit dem Summanden 5,
- ⟨halb⟩ des Halbierens (etwa 8 – 4 = 4), also die Umkehraufgaben der Verdopplungsaufgaben.

Ebenfalls analog zur Addition werden dann die verwandten Aufgaben besprochen und anschließend erarbeitet, wie man schwierige Aufgaben aus den einfachen Aufgaben ableiten kann.

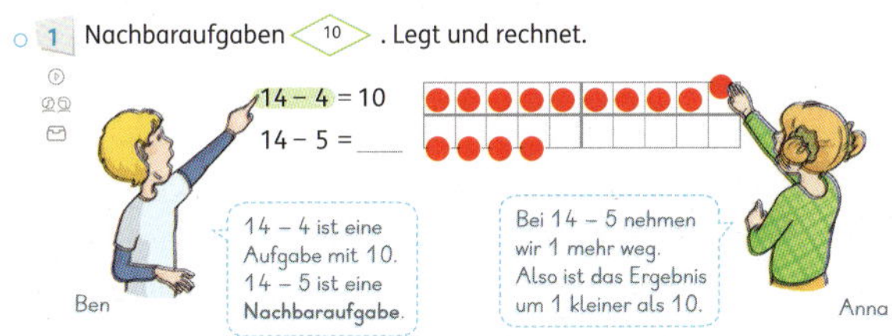

Schulbuch 1, S. 92

Davon abgesehen sind die Seiten wie bei der Einführung der Addition aufgebaut und münden ebenfalls in Überlegungen dazu, wie man schwierige Aufgaben aus einfachen ableiten kann.
Nach der vertiefenden Thematisierung von Rechenstrategien erfolgt eine Behandlung von schönen Päckchen der Subtraktion, bei denen der Fokus darauf liegt, wie sich die Änderungen des Minuenden oder/ und des Subtrahenden auf das Ergebnis auswirken.

Schulbuch 1, S. 95

Abschließend können die Kinder auf S. 76/77 im Rückblick die Erarbeitung der Subtraktion noch einmal Revue passieren lassen und sich entsprechend selbst einschätzen.

82/83 Minusaufgaben in der Umwelt

Hinweise zu den Aufgaben

Einstieg Dargestellte Sachsituation beschreiben und Rechengeschichten zum Bild erzählen. Welche Geschichten passen zur vorgegebenen Additionsaufgabe?
Wichtig: Auch Geschichten zulassen, die von der vorgegebenen Aufgabe abweichen (insbesondere additive Deutungen) und diese als Zahlensatz festhalten.

1 Geschichten zu den Bildern erzählen und als Subtraktionsaufgabe festhalten. Klären, dass es verschiedene Geschichten und damit auch verschiedene Aufgaben zu einem Bild gibt. Geschichten ggf. nachspielen.

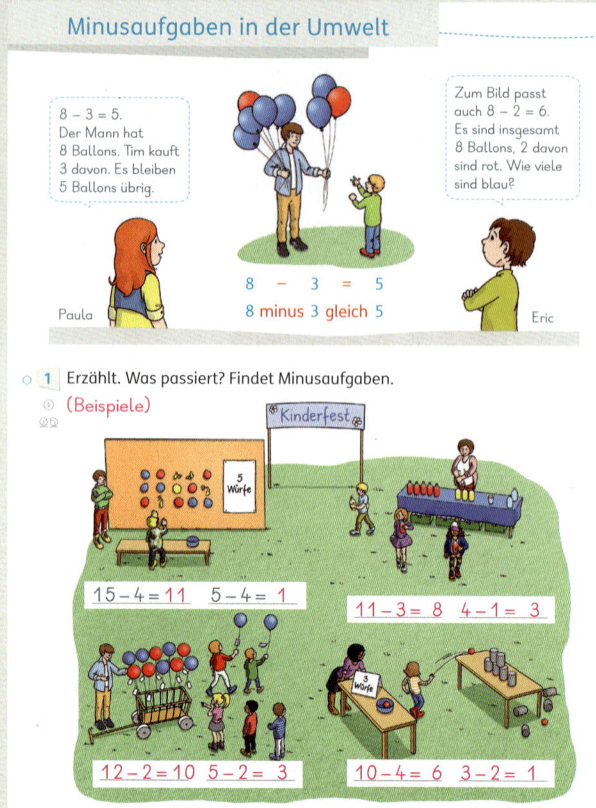

Wichtige Wörter

erste Zahl, Minuszeichen, zweite Zahl, Gleichheitszeichen, Ergebnis

Worum geht es?

Auf dieser Doppelseite werden zwei zentrale Grundvorstellungen zur Subtraktion entwickelt:

1. Die Verkleinerung einer Menge durch Wegnehmen einer Teilmenge (*dynamische Deutung*),
2. die Zerlegung einer Menge in zwei Teilmengen (*statische Deutung*).

Bei der dynamischen Deutung steht der Minuend für etwas (noch) Vorhandenes, der Subtrahend gibt die Anzahl der Objekte an, die weggehen (wegfliegen, weggegeben werden, verschwinden ...). Die Situation muss also in einen Zustand vor der Handlung und einen Zustand nach der Handlung eingeteilt werden. Da diese Vorstellung für einige Kinder schwierig ist, kann es günstig sein, die Situation im Einstiegsbild nachzuspielen und die den Handlungen entsprechenden Subtraktionsaufgaben verbal mündlich und als Zahlensätze schriftlich festzuhalten.
Bei der statischen Deutung wird eine Menge von zunächst als gleichartig betrachteten Objekten durch Fokussierung auf ein Merkmal in zwei Mengen unterteilt. Es verschwindet also nichts, sondern es wird eine Teil-Ganze Beziehung in einer Menge konstruiert. Beispielsweise kann man die Gesamtanzahl der Ballons des Verkäufers zählen und sehen, dass zwei davon rot sind: Wie viele müssen dann blau sein?
Beide Deutungen sollen auf dieser Doppelseite entwickelt werden, indem zu den Bildern möglichst verschiedene Geschichten erzählt werden. Der Getränkestand auf dem Kinderfest kann z. B. dynamisch verstanden werden (Getränke werden von den Kindern weggenommen) oder statisch (Getränke können eingeteilt werden in rote und gelbe Farben).

Wie kann man vorgehen?

Einstieg Subtraktionsaufgaben einführen
Es werden Rechengeschichten über das Einstiegsbild erzählt. Die Kinder werden ggf. daran erinnert, dass nur Geschichten erzählt werden sollen, in denen Zahlen vorkommen. Die Rechengeschichten der Kinder werden als Subtraktionsaufgaben festgehalten, dabei ist bewusst auf die Verbindung von Handlung und Zahlsymbolen zu achten; ggf. bietet es sich an, Zahlenkarten, Minus- und Gleichheitszeichenkarten zu verwenden, diese den Objekten zuzuordnen und sprachlich zu unterstützen.
Beispiele sind

- *Dynamisch:* Der Ballonverkäufer hat zunächst noch 8 Ballons, von denen er dem Kind 3 gibt. Hinterher hat der Verkäufer nur noch 5 Ballons (8 – 3 = 5).
- *Statisch:* Der Verkäufer hat 8 Ballons, von denen 2 rot sind. Also muss es 8 – 2 = 6 blaue Ballons geben.
- *Dynamisch:* Der Ballonverkäufer gibt von seinen 2 roten Ballons einen ab. Es verbleibt bei ihm ein roter Ballon, denn 2 – 1 = 1.
- *Statisch:* Der Junge kauft 3 Ballons, von denen 1 Ballon rot ist, also 3 – 1 = 2 Ballons blau sind.

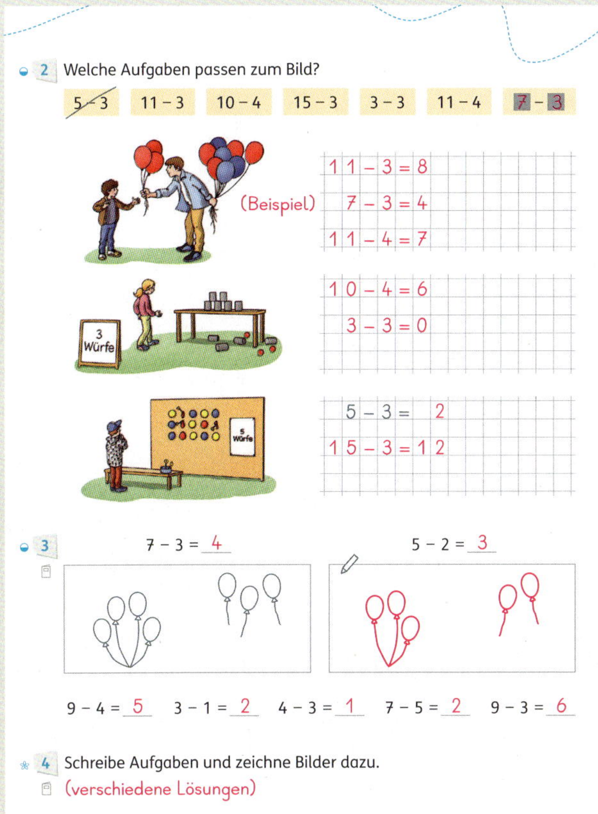

2 Welche Aufgaben passen zum Bild?

~~5 − 3~~ | 11 − 3 | 10 − 4 | 15 − 3 | 3 − 3 | 11 − 4 | 7 − 3

(Beispiel) 11 − 3 = 8
7 − 3 = 4
11 − 4 = 7

10 − 4 = 6
3 − 3 = 0

5 − 3 = 2
15 − 3 = 12

3 7 − 3 = 4 5 − 2 = 3

9 − 4 = 5 3 − 1 = 2 4 − 3 = 1 7 − 5 = 2 9 − 3 = 6

4 Schreibe Aufgaben und zeichne Bilder dazu.
(verschiedene Lösungen)

Hinweise zu den Aufgaben

2 Zu den Bildern verschiedene Geschichten erzählen, als Zahlensatz notieren. Welche der vorgegebenen Aufgaben passen zu welchem Bild? Welche weiteren Geschichten und Zahlensätze passen?

3, 4 Eigene Bilder zu Aufgaben malen. Dabei können konkrete Situationen mit Gegenständen, Tieren, Menschen o. Ä. gemalt (oder gestempelt) werden, aber auch Plättchendarstellungen sind erlaubt. Abschließend im Plenum präsentieren.

Verweise auf weitere Materialien

AH S. 53, 54

FH S. 58, 59

Anschließend können noch gemeinsam Rechengeschichten zur ersten Situation in Aufgabe 1 gesucht und notiert werden. So vorbereitet können die Kinder in die Arbeitsphase entlassen werden. Die Kinder können die von ihnen gefundenen Aufgaben mit Buntstiften in den Bildern markieren.

1, 2 Erkunden: Zu den Bilder erzählen
Die Kinder überlegen, welche (Subtraktions-)Aufgaben zu den Bildern passen und schreiben diese in die Felder.

3, 4 Vertiefung: Geschichten und Aufgaben erfinden
Die Kinder malen Bilder zu den vorgegebenen oder selbst konstruierten Aufgaben. In Aufgabe 4 ist der Zahlenraum freigegeben.
Zur Ergebnispräsentation der Aufgaben 3 und 4 kann man Zeichnungen der Kinder an der Tafel sammeln und gemeinsam überlegen, welche Geschichte dargestellt ist und welche Aufgabe dazu passt. Oder aber ein Kind erzählt eine Rechengeschichte und die anderen Kinder wählen das passende Bild begründet aus.

Diagnostisches Potenzial

Wie schlüssig sind die zu den Bildern erzählten Geschichten? Werden dynamische und statische Deutungen gleichermaßen konstruiert? Welche Handlungen, welche statischen Situationen werden als Subtraktionen interpretiert? Wie werden sie bezeichnet? Inwiefern sind die von den Kindern erstellten Zeichnungen verständlich?

Möglichkeiten zur Differenzierung

1, 2 Den Kindern können Bestandteile zu den einzelnen Bildern vorgegeben werden: Die Lehrkraft gibt etwa zu einem Bild eine Aufgabe vor und die Kinder erzählen eine Geschichte dazu. Oder die Lehrkraft erzählt eine Geschichte und die Kinder finden eine Aufgabe dazu.

3, 4 Anstatt eigene Zeichnungen anzufertigen, können die Kinder Situationen mithilfe von Stickern, Bildern aus Prospekten o. Ä. darstellen. Möglich ist es auch, die Aufgaben durch reale Gegenstände (Spielzeugautos o. Ä.) vorzustellen und ggf. vorzuspielen.

84/85 Minusaufgaben am Zwanzigerfeld

Hinweise zu den Aufgaben

Einstieg Statische Deutungen (Abdecken) und dynamische Deutungen (Wegnehmen) auf das Zwanzigerfeld übertragen.

1 Dynamische Deutung: Wegnehmen wird durch Verschieben der Plättchen an den oberen (später auch unteren) Rand des Feldes dargestellt.

2 Statische Deutung: Verbindung zur Addition im Sinne der Zahlzerlegung herstellen.

3 Aufgaben am Zwanzigerfeld legen und rechnen.

4 Der Zahlenraum ist freigestellt.

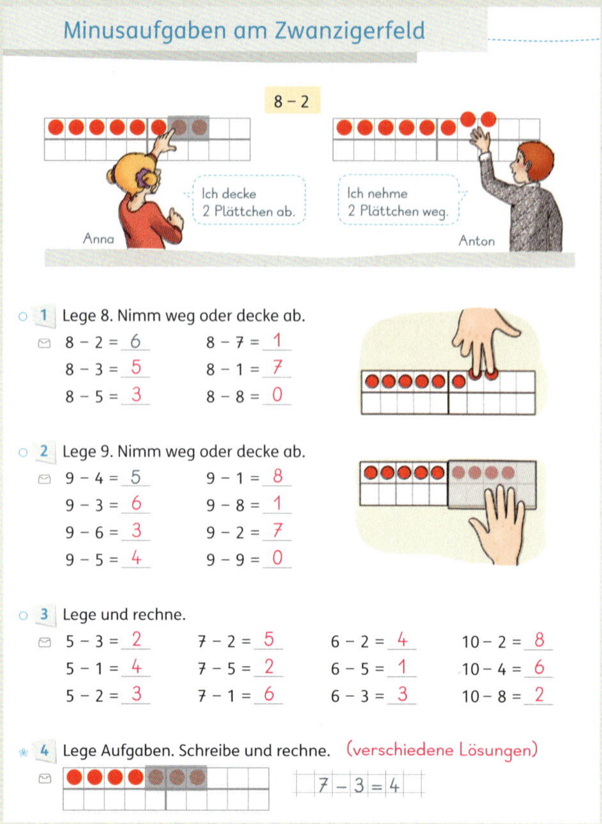
Minusaufgaben am Zwanzigerfeld

8 – 2

Ich decke 2 Plättchen ab. (Anna)

Ich nehme 2 Plättchen weg. (Anton)

1 Lege 8. Nimm weg oder decke ab.

8 – 2 = 6	8 – 7 = 1
8 – 3 = 5	8 – 1 = 7
8 – 5 = 3	8 – 8 = 0

2 Lege 9. Nimm weg oder decke ab.

9 – 4 = 5	9 – 1 = 8
9 – 3 = 6	9 – 8 = 1
9 – 6 = 3	9 – 2 = 7
9 – 5 = 4	9 – 9 = 0

3 Lege und rechne.

5 – 3 = 2	7 – 2 = 5	6 – 2 = 4	10 – 2 = 8
5 – 1 = 4	7 – 5 = 2	6 – 5 = 1	10 – 4 = 6
5 – 2 = 3	7 – 1 = 6	6 – 3 = 3	10 – 8 = 2

4 Lege Aufgaben. Schreibe und rechne. (verschiedene Lösungen)

7 – 3 = 4

Wichtige Wörter

erste Zahl, zweite Zahl, Ergebnis

Was wird benötigt?

LF 3 *Zwanzigerfeld*, Plättchen, Abdeckstreifen (gut geeignet sind farbige, transparente Abdeckstreifen, z. B. aus laminiertem Transparentpapier), Subtraktionsaufgaben auf Karten (LF 7 *Einminuseinsaufgaben bis 20*), ggf. (KV 58, 59 *Minusaufgaben am Zwanzigerfeld*)

Worum geht es?

Die aus der konkreten Umwelt entwickelten Grundvorstellungen sollen auf die strukturierte Zahldarstellung im Zwanzigerfeld bezogen werden: Plättchen wegzunehmen entspricht der dynamischen Vorstellung, Plättchen mit einem Abdeckstreifen abzudecken entspricht der statischen Vorstellung. Dabei ist wichtig, dass die Kinder bereits bekannte Punktedarstellung im Zwanzigerfeld (insbesondere deren additive Struktur) weiter zur Bestimmung von Differenzen nutzen und nicht immer alle Plättchen einzeln zählen.

Wie kann man vorgehen?

Einstieg Einführung: Aufgaben legen

Gemeinsam werden beide Darstellungen der Aufgabe 8 – 2 am Zwanzigerfeld beschrieben und dazu passende Rechengeschichten erfunden. Dabei muss darauf geachtet werden, dass Subtraktionsaufgaben nicht nur als Aufgaben zum Wegnehmen (wegfliegen, verschwinden ...) gedeutet werden können, sondern auch als Zerlegen einer Menge. Die Rechengeschichten werden als Zahlensätze notiert und durch Abdecken bzw. Wegnehmen gelöst.

Es bietet sich an, an der Tafel beide Vorgehensweisen nebeneinander darzustellen. Die Kinder können aus vorbereiteten Aufgabenkarten jeweils eine auswählen, am Zwanzigerfeld durch Abdecken oder Wegnehmen geschickt lösen und zur entsprechenden Vorgehensweise hängen.

abdecken | wegnehmen

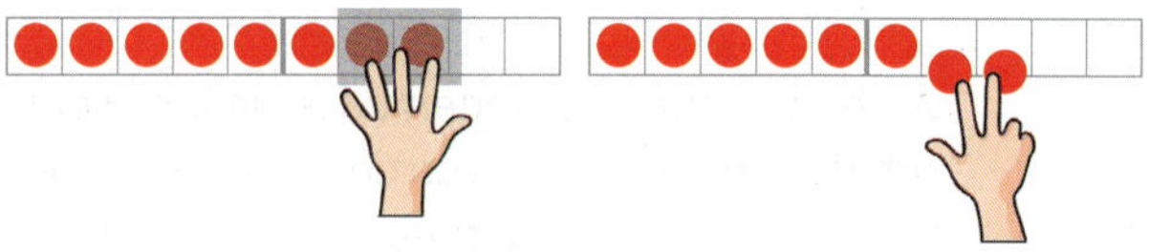

Wichtig ist, dass beim Wegnehmen sowie beim Abdecken geschickt vorgegangen wird: So ist es etwa bei der Aufgabe 8 – 5 sinnvoll, den links liegenden Fünfer abzudecken bzw. wegzunehmen, bei der Aufgabe 8 – 3 dagegen die drei rechts liegenden einzelnen Plättchen.

8 – 5 | 8 – 3

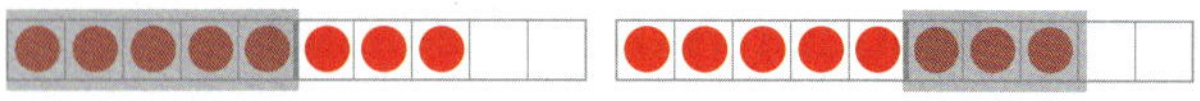

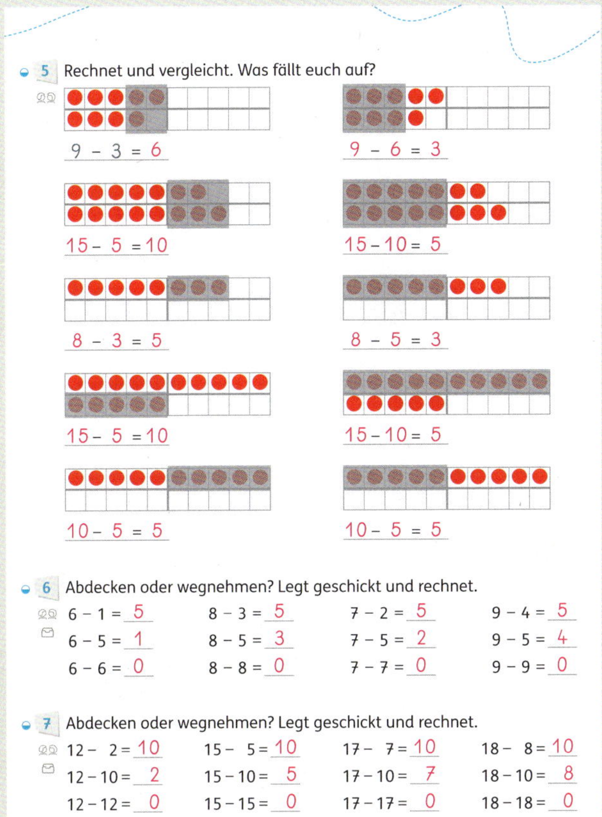

5 Rechnet und vergleicht. Was fällt euch auf?

9 - 3 = 6 | 9 - 6 = 3
15 - 5 = 10 | 15 - 10 = 5
8 - 3 = 5 | 8 - 5 = 3
15 - 5 = 10 | 15 - 10 = 5
10 - 5 = 5 | 10 - 5 = 5

6 Abdecken oder wegnehmen? Legt geschickt und rechnet.

6 – 1 = 5	8 – 3 = 5	7 – 2 = 5	9 – 4 = 5
6 – 5 = 1	8 – 5 = 3	7 – 5 = 2	9 – 5 = 4
6 – 6 = 0	8 – 8 = 0	7 – 7 = 0	9 – 9 = 0

7 Abdecken oder wegnehmen? Legt geschickt und rechnet.

12 – 2 = 10	15 – 5 = 10	17 – 7 = 10	18 – 8 = 10
12 – 10 = 2	15 – 10 = 5	17 – 10 = 7	18 – 10 = 8
12 – 12 = 0	15 – 15 = 0	17 – 17 = 0	18 – 18 = 0

Hinweise zu den Aufgaben

5 Beziehungen zwischen den Aufgaben besprechen, deutlich den Zusammenhang zu den Tauschaufgaben der Addition hervorheben.

6, 7 Entscheiden, welche Deutung der Subtraktion naheliegender erscheint. Alternativ Partnerarbeit: Ein Kind deckt ab, das andere nimmt weg.

Verweise auf weitere Materialien

AH S. 55

FH S. 60, 61

KV 60 *Minusaufgaben üben*

1, 2 Aufgaben legen
Jedes Kind erhält dafür ein Zwanzigerfeld, Plättchen und ggf. Fünferstreifen. Zum Abdecken kann man den Kindern farbige transparente Abdeckstreifen zur Verfügung stellen, damit auch der abgedeckte Subtrahend noch sichtbar ist. Der Einsatz des Fünferstreifens ist hier nicht für alle Kinder hilfreich: Zumindest bei Aufgaben, bei denen die Kinder Plättchen wegnehmen müssen, kann der Streifen zu unnötigen Problemen führen. Für interessierte Kinder kann aber auch gerade der Einsatz des Fünferstreifens eine sinnvolle Herausforderung sein.
Wichtig ist für alle Kinder, dass sie ihre Kenntnisse zur Zahldarstellung am Zwanzigerfeld aktivieren, damit sie die Subtraktionsaufgaben nicht nur zählend lösen.

3 Aufgaben legen und rechnen
Das Legen und Rechnen von Aufgaben wird hier weiter geübt.

4 Vertiefung: Aufgaben erfinden
Die Erfahrungen werden nun individuell weitergeführt. Der Zahlenraum kann überschritten werden.

5 Zusammenhang zwischen Subtrahend und Differenz
Vertauscht man Subtrahend und Differenz, so erhält man wieder einen gültigen Zahlensatz: So wird etwa aus 9 - 3 = 6 der Zahlensatz 9 - 6 = 3 gebildet. Mit Material wird dies so dargestellt: In der Aufgabe rechts werden genau diejenigen Plättchen (von links) abgedeckt, die in der Aufgabe links unverdeckt waren. Dieser Zusammenhang entspricht der Beziehung zweier Tauschaufgaben in der Addition und wird später intensiv besprochen („Immer 4 Aufgaben").

6, 7 Vernetzung: Legestrategie wählen
Die Kinder sollen hier selbst entscheiden, ob sie die Aufgaben durch Wegnehmen oder Abdecken legen wollen. Prinzipiell ist immer beides möglich.

Diagnostisches Potenzial
Wie bestimmen die Kinder die Anzahl der Plättchen (Minuend, Subtrahend, Differenz)? In welchem Zahlenraum denken sich die Kinder die eigenen Aufgaben aus? Welche Aufgaben empfinden sie als einfach/schwierig? Wird die statische oder die dynamische Vorstellung der Subtraktion bevorzugt?

Möglichkeiten zur Differenzierung
1–3 Anstelle der symbolischen Aufgaben können die Kinder auch ikonische Darstellungen erhalten, zu denen sie dann jeweils die Subtraktionsaufgabe aufschreiben (KV 58, 59 *Minusaufgaben am Zwanzigerfeld*).
In allen Aufgaben kann das Zahlenmaterial variiert werden.

86/87 Einfache Minusaufgaben

Hinweise zu den Aufgaben

1 Aufgaben besprechen: Welche sind einfach, welche schwierig und warum? Nur die einfachen Aufgaben schreiben und berechnen. Das können für einige Kinder sehr viele (oder alle), für andere Kinder sehr wenige sein.

2 Aufgaben mit 10 als Minuend erarbeiten, Bezug zu den Zehnerpartnern der Addition herstellen.

Wichtige Wörter

Zehnerpartner

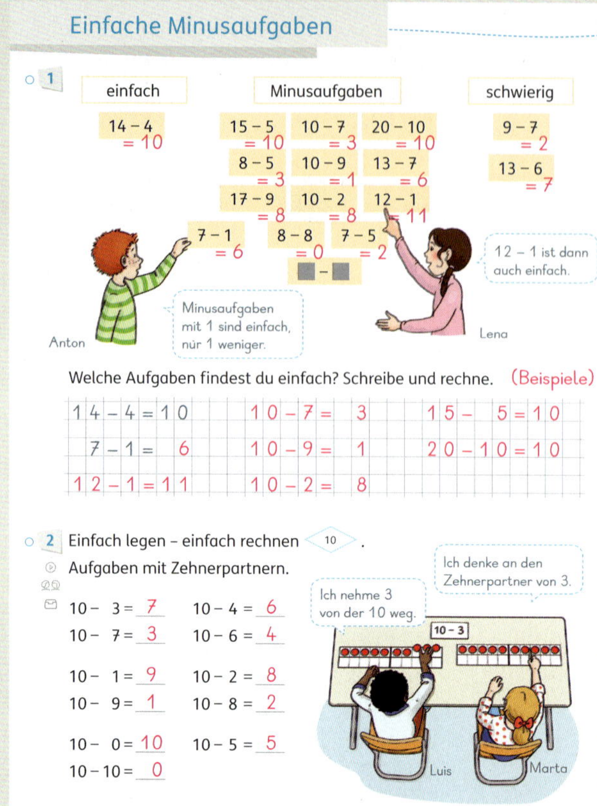

Was wird benötigt?

LF 1 *Zwanzigerfeld*, Plättchen Zehnerstreifen, LF 7 *Einsminuseinsaufgaben bis 20*, LF 9 *Strategiekarten (Subtraktion)*

Worum geht es?

Wie bei der Addition auch steht im Zentrum der operativen Durchdringung des 1 – 1, schwierige Aufgaben aus einfachen bzw. aus bekannten Aufgaben abzuleiten. Auch hier gibt es objektive Kriterien dafür, wann eine Aufgabe im Zwanzigerraum als einfach eingestuft werden kann – nämlich gerade dann, wenn die *Kraft der Fünf* oder die *Kraft der Zehn* einfließen. Auf dieser und der nächsten Doppelseite wird ein Bewusstsein für die Merkmale dieser einfachen Aufgaben entwickelt, indem drei Kriterien aufgestellt werden. Eine Aufgabe im obigen Sinne ist dann einfach, wenn

- 10 der Minuend 10 ist oder
- 10 der Subtrahend oder die Differenz 10 ist oder
- 5 der Subtrahend oder die Differenz 5 ist oder
- halb der Subtrahend und die Differenz gleich sind.

Auf der linken Seite entwickeln die Kinder zunächst eigene Kriterien dafür, was eine „einfache Aufgabe“ ausmacht. Anschließend werden die Aufgabentypen durchgearbeitet, bei denen die entstehenden Zahlbilder einfach abzulesen sind – auch und vor allem deshalb, weil sie analog zu den einfachen Aufgaben der Addition strukturiert sind. Die Kennzeichnung der einfachen Aufgaben sind deshalb angelehnt an die bekannten Kennzeichnungen aus der Addition. Es ist wichtig, den Kindern immer wieder bewusst zu machen, dass die zunächst schwierigere Subtraktion nichts anderes ist als die Umkehrung der Addition.

Wie kann man vorgehen?

1 Individuelle Kriterien: Einfache Aufgaben
Anhand der Illustration (besser an der Tafel) wird thematisiert, welche Aufgaben einfach oder schwierig sind und warum. Über unterschiedlich ausfallende Kriterien wird diskutiert. Viele Kinder werden etwa alle Aufgaben mit dem Subtrahenden 1 als einfach ansehen, für andere Kinder sind Aufgaben mit der 1 nur dann einfach, wenn der Minuend überschaubar bleibt. Anschließend erstellen die Kinder allein oder in Gruppen eine Sammlung mit einfachen und ggf. auch mit schwierigen Aufgaben auf Karten. Diese Sammlung wird in den nächsten Wochen immer wieder erweitert und dient dazu, dass die Kinder eigenständig die Aufgaben immer wieder neu sortieren.
Zum Abschluss wird geklärt, dass im folgenden Unterricht vier verschiedene Typen einfacher Aufgaben durchgearbeitet werden. Dazu hängt die Lehrkraft

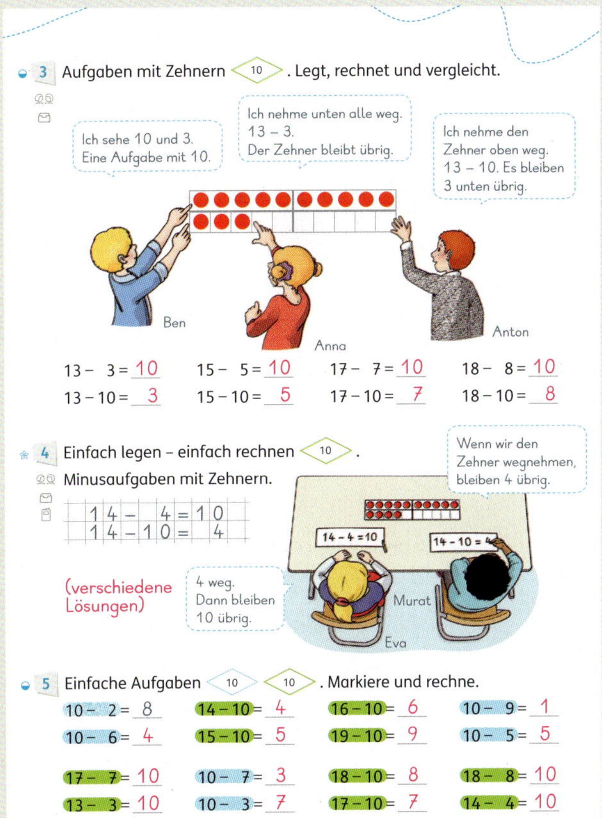

3 Aufgaben mit Zehnern 10. Legt, rechnet und vergleicht.

13 − 3 = 10 | 15 − 5 = 10 | 17 − 7 = 10 | 18 − 8 = 10
13 − 10 = 3 | 15 − 10 = 5 | 17 − 10 = 7 | 18 − 10 = 8

4 Einfach legen – einfach rechnen 10.
Minusaufgaben mit Zehnern.

14 − 4 = 10
14 − 10 = 4

(verschiedene Lösungen)

5 Einfache Aufgaben 10 10. Markiere und rechne.

10 − 2 = 8 | 14 − 10 = 4 | 16 − 10 = 6 | 10 − 9 = 1
10 − 6 = 4 | 15 − 10 = 5 | 19 − 10 = 9 | 10 − 5 = 5

17 − 7 = 10 | 10 − 7 = 3 | 18 − 10 = 8 | 18 − 8 = 10
13 − 3 = 10 | 10 − 3 = 7 | 17 − 10 = 7 | 14 − 4 = 10

Hinweise zu den Aufgaben

3 – 5 Aufgaben mit 10 als Subtrahend oder Differenz erarbeiten, Bezug zu Plusaufgaben mit 10 herstellen.

Wichtige Wörter

Zehner, oben, unten

Verweise auf weitere Materialien

AH S. 56

FH S. 62, 63

zunächst zwei der Strategiekarten mit den folgenden Erläuterungen an die Tafel:

10 Bei diesen Aufgaben müsst ihr die Zehnerpartner suchen.

10 Bei diesen Aufgaben wird ein Zehner weggenommen oder ein Zehner bleibt übrig.

Anschließend bearbeiten die Kinder die Aufgaben.

2 Aufgaben mit Zehnerpartnern
Die Zerlegungen der 10 wurden im Unterricht schon vielfach thematisiert und sollten den meisten Kindern jetzt gut vertraut sein. Sofern Kinder hier noch unsicher sind, müssen die Übungen zum Auffinden der Zehnerpartner wieder aufgegriffen werden.

3, 4 Aufgaben mit Zehnern
Zahlen zwischen 10 und 20 lassen sich besonders schnell mit einem Zehnerstreifen legen. Deswegen sind Aufgaben einfach, bei denen der Zehner subtrahiert wird (man nimmt ihn weg) oder bei denen man alle Plättchen aus der unteren Reihe wegnimmt (der Zehner bleibt liegen). Es ist zentral, dass die Zahlen zur Durchdringung dieser einfachen Aufgaben auch alle mit einem Zehnerstreifen gelegt werden.

5 Aufgaben mit 10 vertiefen
Die Zehnerstrukturen bei der Subtraktion sollen hier noch stärker ins Bewusstsein rücken.

Diagnostisches Potenzial

Welche Kriterien für einfache und schwierige Aufgaben stellen die Kinder auf, welche kann man aus ihren Aufgabensammlungen erschließen? Auf welche Weise berechnen die Kinder ihre Aufgaben?
Wie erkennen die Kinder die entstehenden Zahlbilder? Wie strukturieren sie das Zwanzigerfeld? Wie legen sie die Aufgaben? Wie nutzen sie Zehnerstreifen zum Legen und zum Ablesen der Zahlbilder?

Möglichkeiten zur Differenzierung

1 Die Kinder können die Aufgaben auf Karten zur Verfügung bekommen, so dass der Schreibaufwand minimiert wird (LF 7). Das Zahlenmaterial kann im Schwierigkeitsgrad angepasst werden (für den Fall, dass zu wenige oder zu viele der Aufgaben von den Kindern als einfach angesehen werden).
Für Kinder mit Unterstützungsbedarf kann es sinnvoll sein, die Behandlung der verschiedenen Aufgabentypen zeitlich zu entzerren.

88/89 Einfache Minusaufgaben

Hinweise zu den Aufgaben

Einstieg Zu Beispielaufgaben Aufgaben mit 5 formulieren lassen.

1 Aufgaben mit 5 als Subtrahend oder Differenz erarbeiten, Bezug zu Plusaufgaben mit 5 herstellen.

2 Aufgaben mit 5 als Subtrahend vertiefen: Immer einen Fünfer wegnehmen.

3 Aufgaben mit 5 als Differenz vertiefen: Es bleibt immer ein Fünfer liegen.

Wichtige Wörter

Fünfer

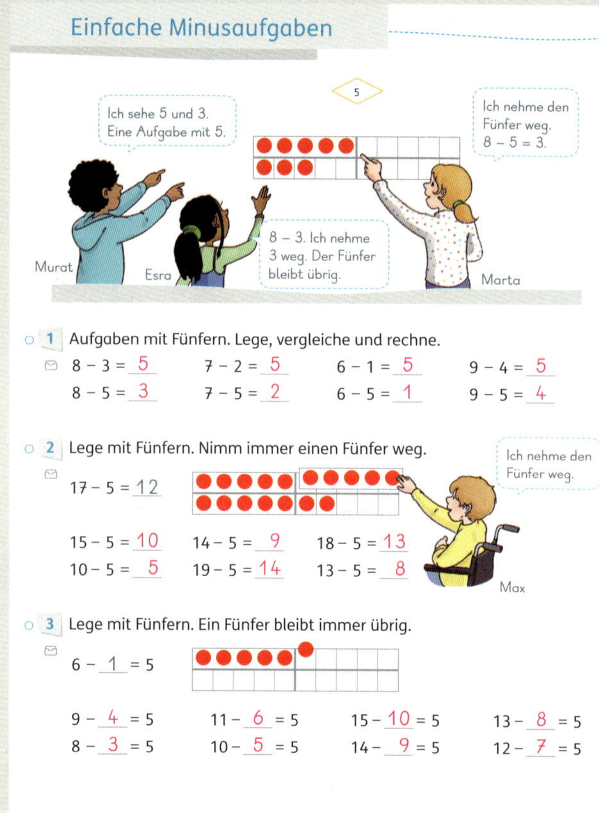

Einfache Minusaufgaben

1 Aufgaben mit Fünfern. Lege, vergleiche und rechne.

8 − 3 = 5 | 7 − 2 = 5 | 6 − 1 = 5 | 9 − 4 = 5
8 − 5 = 3 | 7 − 5 = 2 | 6 − 5 = 1 | 9 − 5 = 4

2 Lege mit Fünfern. Nimm immer einen Fünfer weg.

17 − 5 = 12

15 − 5 = 10 | 14 − 5 = 9 | 18 − 5 = 13
10 − 5 = 5 | 19 − 5 = 14 | 13 − 5 = 8

3 Lege mit Fünfern. Ein Fünfer bleibt immer übrig.

6 − 1 = 5

9 − 4 = 5 | 11 − 6 = 5 | 15 − 10 = 5 | 13 − 8 = 5
8 − 3 = 5 | 10 − 5 = 5 | 14 − 9 = 5 | 12 − 7 = 5

Was wird benötigt?

LF 3 *Zwanzigerfeld*, Plättchen, Fünfer- und Zehnerstreifen, ggf. LF 7 *Einminuseinsaufgaben bis 20* und LF 9 *Strategiekarten (Subtraktion)*, ggf. KV 61 *Einfache Minusaufgaben finden*

Worum geht es?

Auf dieser Doppelseite werden die beiden anderen Typen einfacher Subtraktionsaufgaben durchgearbeitet: Aufgaben mit 5 und Halbierungsaufgaben.
Aufgaben mit 5 als Subtrahend oder als Differenz sind deswegen einfach, weil der Fünfer eine prominente Rolle in der Struktur des Zwanzigerfeldes einnimmt. Die Kinder haben bei der Erarbeitung des Zwanzigerraums genau wie bei der Erarbeitung der Addition diese Fünferstruktur immer wieder aufgegriffen und sollten mit ihr vertraut sein.
Zudem werden die Halbierungsaufgaben thematisiert. Sie sind deswegen einfach, weil die Kinder viele Erfahrungen mit Zahlenbildern im Block gemacht haben, so dass sie die Anzahl von zwei übereinander liegende Reihen von Plättchen (natürlich unter Ausnutzung der Zehner- und Fünferstrukturen des Feldes) schnell erfassen können.

Wie kann man vorgehen?

Einstieg Aufgaben mit Fünfern nennen

Der Einstieg kann analog zur vorangegangenen Doppelseite gestaltet werden: Die Lehrkraft hängt die beiden Strategiekarten der Subtraktion an die Tafel mit den folgenden Erläuterungen:

- 5 – Bei diesen Aufgaben müsst ihr auf den Fünfer achten.
- halb – Bei diesen Aufgaben legt ihr die Zahlen als Doppelreihen. Aus einer der beiden Reihen werden alle Plättchen weggenommen.

Anschließend bearbeiten die Kinder die Aufgaben.

1 – 3 Aufgaben mit Fünfern kennenlernen und vertiefen

Es ist wesentlich, dass die Kinder bei allen Aufgaben den Minuenden mit Fünfern legen. Sofern die Kinder nicht von sich aus auf diesen Vergleich kommen, kann man an die Plusaufgaben mit 5 erinnern.

4, 5 Halbierungsaufgaben kennenlernen und vertiefen

Den Kindern sollte hier klar sein, dass sie die Minuenden als Doppelreihen legen sollen, um die Aufgaben schnell lösen zu können. Die Zahlen sollen wiederum mit Fünfern und Zehnern gelegt werden. Da immer eine gesamte Reihe weggenommen wird, führt dies

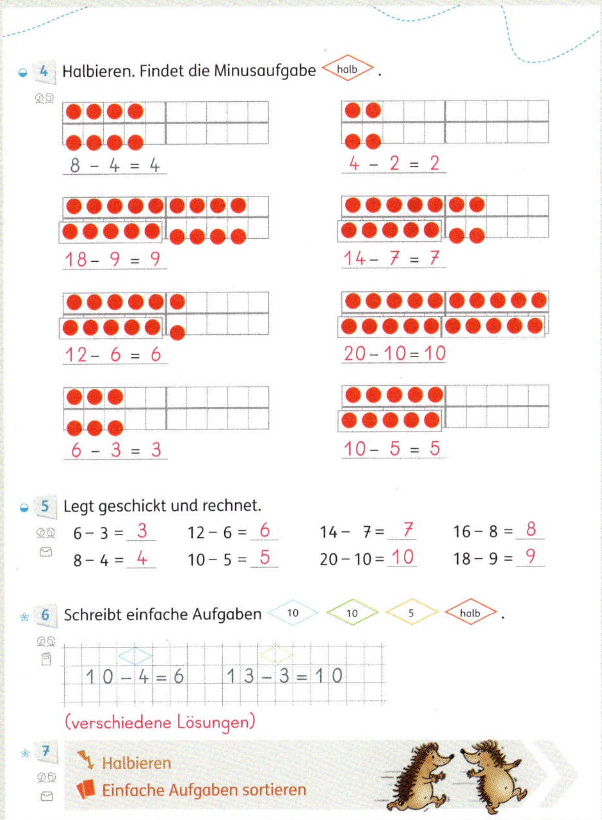
4 Halbieren. Findet die Minusaufgabe halb.

8 – 4 = 4 | 4 – 2 = 2
18 – 9 = 9 | 14 – 7 = 7
12 – 6 = 6 | 20 – 10 = 10
6 – 3 = 3 | 10 – 5 = 5

5 Legt geschickt und rechnet.

6 – 3 = 3	12 – 6 = 6	14 – 7 = 7	16 – 8 = 8
8 – 4 = 4	10 – 5 = 5	20 – 10 = 10	18 – 9 = 9

6 Schreibt einfache Aufgaben 10 10 5 halb.

10 – 4 = 6   13 – 3 = 10

(verschiedene Lösungen)

7 Halbieren
Einfache Aufgaben sortieren

Hinweise zu den Aufgaben

4, 5 Die Minuenden müssen als Doppelreihen gelegt werden, eine Reihe wird komplett weggenommen. Bezeichnung *halbieren* klären.

6 Einfache Aufgaben vertiefen.

7 Blitzrechnen: Halbieren
Halbierungen automatisieren.
Igeltraining: Einfache Aufgaben sortieren
Einfache Aufgaben nach ihren Merkmalen sortieren:

10 10 5 halb

Wichtige Wörter

Doppelreihe, halbieren, die Hälfte, Reihe

Verweise auf weitere Materialien

AH S. 58

FH S. 64, 65

KV 62 *Einfache Minusaufgaben*

hier nicht zu Entbündelungsproblemen, hilft aber durchaus bei der schnellen Erkennung der Ergebnisse.

6 Einfache Aufgaben vertiefen
Die Kinder suchen einfache Aufgaben mit 10 als Minuend, mit 5 als Subtrahend oder als Differenz oder Halbierungsaufgaben und tragen sie in KV 61 ein. Die gefundenen Listen können ausgetauscht und gegenseitig überprüft werden.

7 Blitzrechnen und Igeltraining
Im Rahmen des Blitzrechnens werden die Halbierungsaufgaben geübt.
Die Kinder haben nun insgesamt vier verschiedene Typen einfacher Aufgaben der Subtraktion kennen gelernt: Aufgaben mit Zehnern oder Fünfern als Subtrahenden oder Differenz, Aufgaben mit Zehnerpartnern und Halbierungsaufgaben. Diese Aufgabentypen sollen sie nun weiter verinnerlichen, indem sie sie geordnet aufschreiben (Aufgabe 6) oder indem sie die zugehörigen Aufgabenkarten (LF 7) entsprechend der Strategiekarten (LF 9) sortieren. Es wird besprochen, warum diese Aufgaben so wichtig sind: In der weiteren Behandlung der Minusaufgaben werden sie zur Berechnung aller weiteren Aufgaben herangezogen; sie sind gewissermaßen die wichtigsten Werkzeuge beim geschickten Rechnen.

Diagnostisches Potenzial

Wie gehen die Kinder mit dem Fünferstreifen um, wie bestimmen sie die Anzahlen in Doppelreihen von Plättchen? Welche einfachen Aufgaben finden sie und inwiefern ordnen sie diese den Aufgabentypen zu?

Möglichkeiten zur Differenzierung

6 In dieser Aufgabe kann man den Zahlenraum für starke Kinder auch freigeben. Möglicherweise bilden diese Kinder auch analoge Aufgaben im Hunderterraum. Dabei sind die einfachen Aufgaben mindestens auf zwei verschiedene Weisen übertragbar: Durch Multiplikation mit 10 (aus 8 – 5 wird 80 – 50) oder durch Addition eines Vielfachen der 10 (aus 8 – 5 wird zum Beispiel 18 – 5). Auf der folgenden Doppelseite werden Übertragungen des zweiten Typs als verwandte Aufgaben bezeichnet und gezielt durchgearbeitet.

90/91 Verwandte Aufgaben

Hinweise zu den Aufgaben

Einstieg Begriff *verwandte Aufgaben* auf Subtraktion übertragen: Die Minusaufgabe im unteren Zehnerfeld wird als Minusaufgabe im gesamten Zwanzigerfeld gedeutet, der Schwierigkeitsgrad der Aufgabe ändert sich dadurch nicht.

1, 2 Verwandte Aufgaben durcharbeiten. Ggf. Material nutzen, dabei nur zehn einzelne Plättchen und einen Zehnerstreifen verfügbar machen.

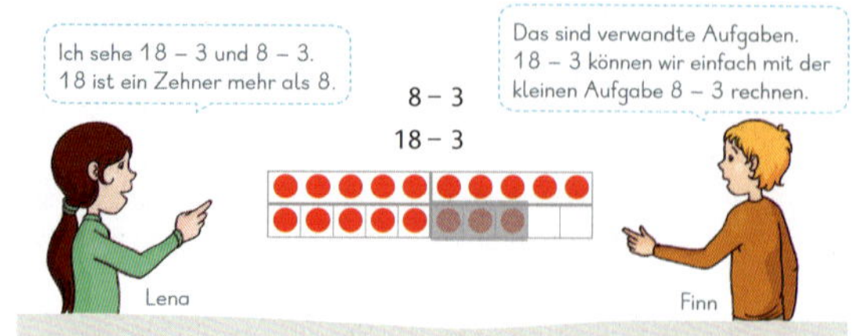
Verwandte Aufgaben

1 Rechne immer 2 verwandte Aufgaben.

8 − 3 = 5
18 − 3 = 15

7 − 5 = 2
17 − 5 = 12

9 − 5 = 4
19 − 5 = 14

6 − 3 = 3
16 − 3 = 13

2 Verwandte Aufgaben. Lege und rechne.

9 − 1 = 8	5 − 3 = 2	7 − 2 = 5	6 − 5 = 1
19 − 1 = 18	15 − 3 = 12	17 − 2 = 15	16 − 5 = 11
8 − 4 = 4	4 − 2 = 2	10 − 5 = 5	10 − 6 = 4
18 − 4 = 14	14 − 2 = 12	20 − 5 = 15	20 − 6 = 14
9 − 3 = 6	5 − 1 = 4	8 − 2 = 6	10 − 8 = 2
19 − 3 = 16	15 − 1 = 14	18 − 2 = 16	20 − 8 = 12

Wichtige Wörter

verwandte Aufgaben, Zehner, Zehnerstreifen, kleine Aufgabe, große Aufgabe

Was wird benötigt?

LF 3 *Zwanzigerfeld*, ggf. LF 1 *Zehnerfeld*, Zehnerstreifen, Plättchen

Worum geht es?

Wie auch bei der Addition werden hier Aufgabenpaare, die sich nur durch einen glatten Zehner (später auch mehrere glatte Zehner) voneinander unterscheiden, als *verwandte Aufgaben* bezeichnet. Zwei zueinander verwandte Aufgaben haben denselben Schwierigkeitsgrad, auch wenn die Ergebnisse unterschiedlich groß ausfallen. Das liegt daran, dass die Aufgabe mit dem größeren Minuenden aus der mit dem kleineren dadurch entsteht, dass nur ein Zehnerstreifen dazugelegt wird – die Differenzen unterscheiden sich also nur um einen Zehner, der selbst nicht zerlegt wird. Das Konzept der verwandten Aufgaben ist auch bei der Subtraktion wichtig, um das Vertrauen auf die Tragfähigkeit der dezimalen Strukturen anzubahnen: Das Rechnen mit großen Zahlen funktioniert im Wesentlichen genauso wie das Rechnen mit kleinen Zahlen.

Wie kann man vorgehen?

Einstieg Verwandte Aufgaben einführen

An der Tafel wird die Aufgabe 8 – 3 mit Plättchen in ein lineares Zehnerfeld gelegt. Die Kinder benennen die Aufgabe und das Ergebnis. Anschließend hängt die Lehrkraft ein lineares Zehnerfeld mit einem Zehnerstreifen darüber und fragt die Kinder danach, welche Aufgabe jetzt entstanden ist. Es wird erarbeitet, dass aus der kleinen Aufgabe 8 – 3 = 5 die große Aufgabe 18 – 3 = 15 entstanden ist und festgehalten, dass die Aufgabe nicht schwieriger geworden ist: Es ist immer noch die 5 im Ergebnis in der unteren Reihe des Zwanzigerfeldes erkennbar, es wurde nur ein Zehner darüber gelegt. Die Lehrkraft erinnert an den analogen Fall der Addition und erklärt, dass auch solche Aufgabenpaare als *verwandte Aufgaben* bezeichnet werden. Je nach Klassensituation werden weitere Beispiele gesucht, gelegt und gerechnet. Dabei wird stets erst die kleine Aufgabe an die Tafel gehängt und daraus mit einem Zehnerstreifen die große hergestellt.

1, 2 Verwandte Aufgaben lösen

Die Kinder können sich hier an die verwandten Aufgaben der Subtraktion gewöhnen. Für Aufgabe 2 sollte ggf. das passende Material zur Verfügung gestellt werden. Es ist zentral, dass die Kinder zum Legen der großen Aufgabe einen Zehnerstreifen nutzen und nicht einzelne Plättchen.

3 Verwandte Aufgaben nutzen

Auf den nachfolgenden Seiten lernen die Kinder, wie man einfache Aufgaben zur Lösung von schwierigeren nutzen kann. In dieser Aufgabe werden

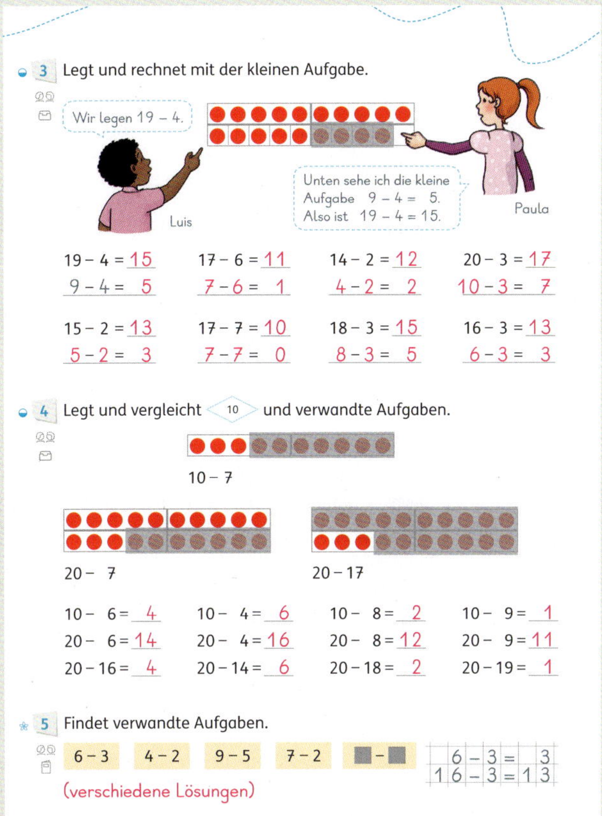

3 Legt und rechnet mit der kleinen Aufgabe.

Wir legen 19 – 4.

Unten sehe ich die kleine Aufgabe 9 – 4 = 5. Also ist 19 – 4 = 15.

Luis

Paula

19 – 4 = 15	17 – 6 = 11	14 – 2 = 12	20 – 3 = 17
9 – 4 = 5	7 – 6 = 1	4 – 2 = 2	10 – 3 = 7
15 – 2 = 13	17 – 7 = 10	18 – 3 = 15	16 – 3 = 13
5 – 2 = 3	7 – 7 = 0	8 – 3 = 5	6 – 3 = 3

4 Legt und vergleicht 10 und verwandte Aufgaben.

10 – 7

20 – 7

20 – 17

10 – 6 = 4	10 – 4 = 6	10 – 8 = 2	10 – 9 = 1
20 – 6 = 14	20 – 4 = 16	20 – 8 = 12	20 – 9 = 11
20 – 16 = 4	20 – 14 = 6	20 – 18 = 2	20 – 19 = 1

5 Findet verwandte Aufgaben.

6 – 3 4 – 2 9 – 5 7 – 2 ■ – ■

6 – 3 = 3
16 – 3 = 13

(verschiedene Lösungen)

Hinweise zu den Aufgaben

3 Zu einer großen Aufgabe die verwandte kleine Aufgabe finden.

4 Zehner- und Zwanzigerzerlegungen als besondere Verwandtschaftsbeziehungen thematisieren.

5 Verwandtschaftsbeziehungen weiter vertiefen, der Zahlenraum ist freigegeben.

Verweise auf weitere Materialien

AH S. 59

FH S. 66

entsprechende Ableitungsstrategien vorbereitet: Zu einer großen Aufgabe sollen die Kinder die verwandte kleine finden.

4 Verwandte Aufgaben vertiefen
In dieser Aufgabe werden besondere Verwandtschaftsbeziehungen thematisiert: Aufgaben mit dem Minuenden 10 und mit dem Minuenden 20. Sofern Kinder den Transfer nicht von allein leisten, kann hier an die Zerlegungen der 10 und der 20 erinnert werden (vgl. „Immer 10 – immer 20“, S. 42).

5 Verwandte Aufgaben finden
Abschließend finden die Kinder selbst verwandte Aufgaben. Der Zahlenraum ist hier freigegeben.

Diagnostisches Potenzial

Wie beschreiben die Kinder den Begriff *verwandte Aufgaben*? Wie konstruieren sie aus einer kleinen Aufgabe die verwandte große? Zeigen sich Unterschiede im Verständnis gegenüber der Addition? Welche verwandten Aufgaben finden sie selbst, in welchem Zahlenraum bewegen sie sich dabei?

Möglichkeiten zur Differenzierung

Durchgängig kann hier der Einsatz von Material unterstützend wirken. Dabei ist darauf zu achten, dass die Zehnerstreifen genutzt und die Aufgaben nicht mit lauter einzelnen Plättchen gelegt werden. Dazu bietet es sich an, den Kindern nur zehn einzelne Plättchen und einen Zehnerstreifen verfügbar zu machen, so dass die großen Aufgaben mit einem Zehner gelegt werden müssen.

92/93 Schwierige Minusaufgaben

Hinweise zu den Aufgaben

1, 2 Begriff *Nachbaraufgabe* auf Nachbarzahlen zurückführen, operative Beziehungen zwischen Aufgaben mit Zehnerzahlen und ihren Nachbaraufgaben erkunden.

Wichtige Wörter

Nachbaraufgabe, Nachbarzahl, Zehner

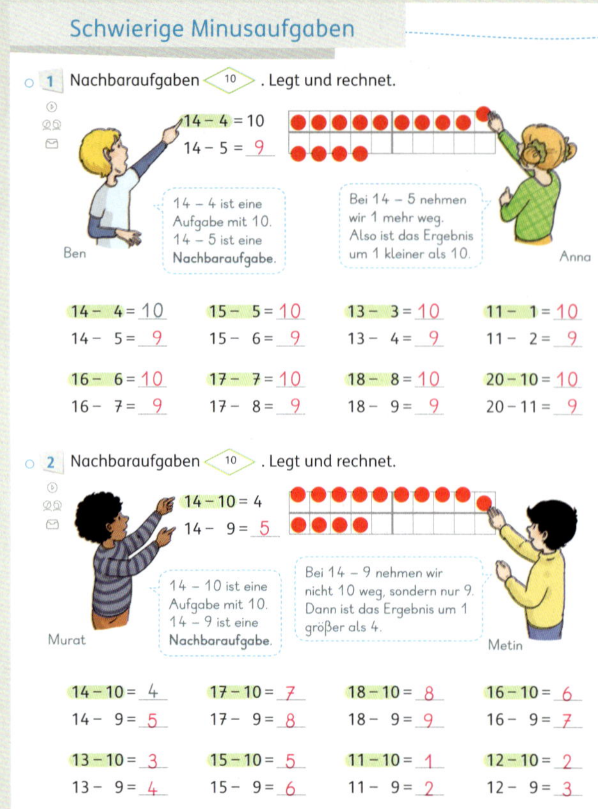
Schwierige Minusaufgaben

1 Nachbaraufgaben 10. Legt und rechnet.

14 − 4 = 10
14 − 5 = 9

14 − 4 = 10	15 − 5 = 10	13 − 3 = 10	11 − 1 = 10
14 − 5 = 9	15 − 6 = 9	13 − 4 = 9	11 − 2 = 9
16 − 6 = 10	17 − 7 = 10	18 − 8 = 10	20 − 10 = 10
16 − 7 = 9	17 − 8 = 9	18 − 9 = 9	20 − 11 = 9

2 Nachbaraufgaben 10. Legt und rechnet.

14 − 10 = 4
14 − 9 = 5

14 − 10 = 4	17 − 10 = 7	18 − 10 = 8	16 − 10 = 6
14 − 9 = 5	17 − 9 = 8	18 − 9 = 9	16 − 9 = 7
13 − 10 = 3	15 − 10 = 5	11 − 10 = 1	12 − 10 = 2
13 − 9 = 4	15 − 9 = 6	11 − 9 = 2	12 − 9 = 3

Was wird benötigt?

Ggf. LF 3 *Zwanzigerfeld*, Fünfer-, Zehnerstreifen und Plättchen, LF 9 *Strategiekarten (Subtraktion)*, LF 7 *Einsminuseinskarten*

Worum geht es?

Analog zur Addition werden nun Aufgaben erarbeitet, die nicht zum Fundus der bisher behandelten einfachen Aufgaben gehören. Diese „schwierigen Aufgaben" kann man aber mithilfe der einfachen lösen, indem man sie strategisch geschickt ableitet: Durch Variation von Minuend oder Subtrahend erhält man eine einfache Aufgabe, deren leicht zu bestimmendes (oder bekanntes) Ergebnis in der Nähe der gesuchten Lösung liegt. Anschließend muss die Variation nur noch am Ergebnis der einfachen Aufgabe rückgängig gemacht werden.

Wichtig ist, dass man für jede dieser schwierigen Aufgaben eine Nachbaraufgabe aus dem Fundus der einfachen Aufgaben finden kann, wobei die Ableitung ggf. unterschiedlich durchgeführt werden kann. So ist etwa 11 − 6 = 1 + 10 − 6 = 12 − 6 − 1. Die Aufgabe kann also aus einer 10 oder einer halb Aufgabe abgeleitet werden. Die Kinder müssen hier wie bei der Addition ihre eigenen Wege gehen dürfen und die verschiedenen Strategien der Ableitung vergleichen und diskutieren.

Diese frühen Rechenstrategien bestehen also darin, in der schwierigen Aufgabe eine einfache zu erkennen, die bei der Lösung helfen kann. Komplexere Strategien, die eine Variation beider Summanden (etwa 17 − 9 = 18 − 10) oder die Zerlegung eines der Summanden wie beim klassischen Zehnerübergang (etwa 17 − 9 = 17 − 7 − 2) erfordern, werden später im Buch ausführlich thematisiert, dürfen aber von den Kindern hier natürlich auch schon genutzt werden.

Wie kann man vorgehen?

1 Nachbaraufgaben der Subtraktion erarbeiten

Anhand der ersten Aufgabe wird geklärt, was hier unter Nachbaraufgaben verstanden werden soll. Dazu schreibt die Lehrkraft zum Beispiel die Aufgabe 14 − 4 an die Tafel und lässt sie von einem Kind im Zwanzigerfeld legen. Dann schreibt die Lehrkraft die Aufgabe 14 − 5 dazu und vergleicht die beiden Aufgaben mit den Kindern: Die Aufgaben sind fast gleich, die unterschiedlichen Subtrahenden sind Nachbarzahlen. Daraus wird die Bezeichnung Nachbaraufgabe entwickelt: Da die 5 eine Nachbarzahl der 4 ist, heißen die zugehörigen Aufgaben 14 − 5 und 14 − 4 Nachbaraufgaben.

Es wird besprochen, dass sich das Ergebnis einer Aufgabe um 1 ändert, wenn eine der Rechenzahlen durch eine Nachbarzahl ausgetauscht wird.

Dabei sollte klar werden, dass es darauf ankommt, ob die erste oder die zweite Zahl variiert wird. Nach der Sammlung einiger Beispiele wird geklärt, dass nun Nachbaraufgaben von einfachen Aufgaben gelöst

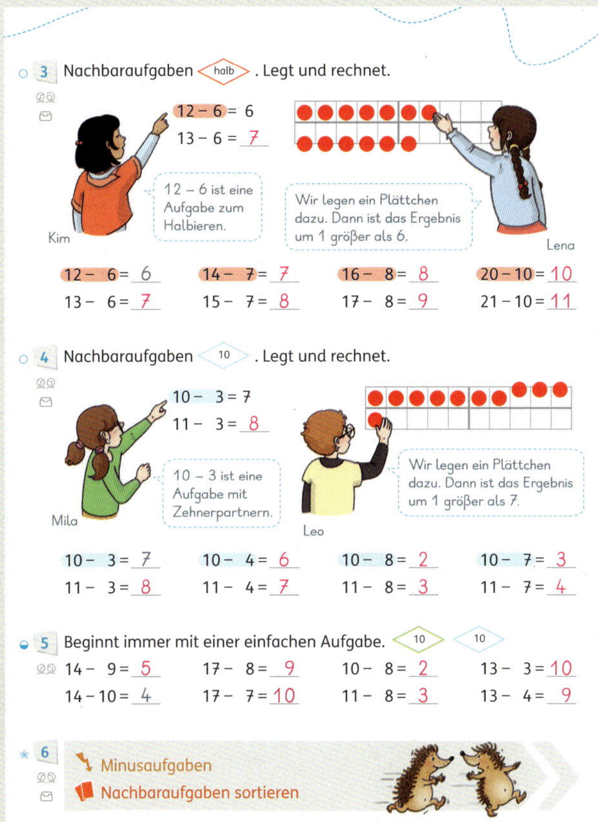

3 Nachbaraufgaben halb. Legt und rechnet.

12 − 6 = 6
13 − 6 = 7

12 − 6 ist eine Aufgabe zum Halbieren.

Wir legen ein Plättchen dazu. Dann ist das Ergebnis um 1 größer als 6.

Kim

Lena

12 − 6 = 6	14 − 7 = 7	16 − 8 = 8	20 − 10 = 10
13 − 6 = 7	15 − 7 = 8	17 − 8 = 9	21 − 10 = 11

4 Nachbaraufgaben 10. Legt und rechnet.

10 − 3 = 7
11 − 3 = 8

10 − 3 ist eine Aufgabe mit Zehnerpartnern.

Wir legen ein Plättchen dazu. Dann ist das Ergebnis um 1 größer als 7.

Mila

Leo

10 − 3 = 7	10 − 4 = 6	10 − 8 = 2	10 − 7 = 3
11 − 3 = 8	11 − 4 = 7	11 − 8 = 3	11 − 7 = 4

5 Beginnt immer mit einer einfachen Aufgabe. 10 10

14 − 9 = 5	17 − 8 = 9	10 − 8 = 2	13 − 3 = 10
14 − 10 = 4	17 − 7 = 10	11 − 8 = 3	13 − 4 = 9

6 Minusaufgaben
Nachbaraufgaben sortieren

Hinweise zu den Aufgaben

3 Operative Beziehungen zwischen Halbierungsaufgaben und ihren Nachbaraufgaben erkunden.

4 Operative Beziehungen zwischen Aufgaben mit Zehnerpartnern und ihren Nachbaraufgaben erkunden.

5 Einfache Aufgaben zur Ableitung der schwierigen selbst finden.

6 Igeltraining: Nachbaraufgaben sortieren
Blitzrechnen: Minusaufgaben
Ableitungen durch Sortierungen bewusst machen, Ableitungsstrategien dann im Kopf vertiefen.

Verweise auf weitere Materialien

AH S. 60, 61

FH S. 67–69

KV 63 *Geschickt rechnen*

werden sollen. Dann werden die Kinder in die Arbeitsphase entlassen. Sie sollen bei allen Aufgaben genau überlegen, ob die Ergebnisse beim Übergang zur Nachbaraufgabe größer oder kleiner werden.

2 Operative Beziehungen erkunden
Bei diesen Aufgaben wird der Subtrahend variiert, das Ergebnis ändert sich gegensinnig um 1.

3, 4 Operative Beziehungen erkunden
Hier wird der Minuend variiert, das Ergebnis ändert sich gleichsinnig um 1.

5 Operative Beziehungen erkennen und nutzen
Die Kinder sollen bei diesen Aufgaben selbst die einfachen Nachbaraufgaben finden.

6 Igeltraining und Blitzrechnen
Beim Igeltraining lernen die Kinder, die Strategien der Ableitungen bewusster zu erkennen. Dazu erhalten immer zwei Kinder einen Satz schwieriger Aufgaben (LF 7) und die Strategiekarten der Subtraktion (LF 9). Ein Kind sortiert eine Aufgabe derjenigen Strategiekarte der einfachen Aufgaben zu, von denen es die schwierige ableiten würde. Das Partnerkind nennt die passende einfache Aufgabe, dann werden die Rollen getauscht.
Diese Übungen müssen in den nächsten Wochen regelmäßig durchgeführt werden.

Wenn die Sortierungen problemlos laufen, können sich die Kinder dem Blitzrechnen widmen und die Übungen analog zu denen der Addition im Kopf, am besten ebenfalls in Partnerarbeit durchführen.

Diagnostisches Potenzial

Wie bestimmen die Kinder Ergebnisse von Nachbaraufgaben einfacher Aufgaben? Welche einfachen Aufgaben ziehen die Kinder zur Bearbeitung der schwierigen heran?

Möglichkeiten zur Differenzierung

Analog zur Erarbeitung der schwierigen Plusaufgaben können die Kinder für alle Aufgaben Material zur Verfügung gestellt bekommen. Zudem können die Ergebnisse der einfachen Aufgaben in Aufgaben 1–4 vorgegeben werden.

94 Rechenwege

Hinweise zu den Aufgaben

1 Den Zehnerübergang thematisieren.

2 Rechenstrategien nutzen, vergleichen und diskutieren.

Wichtige Wörter

lange/kurze Aufgabe, Zehnerübergang

Verweise auf weitere Materialien

AH S. 62

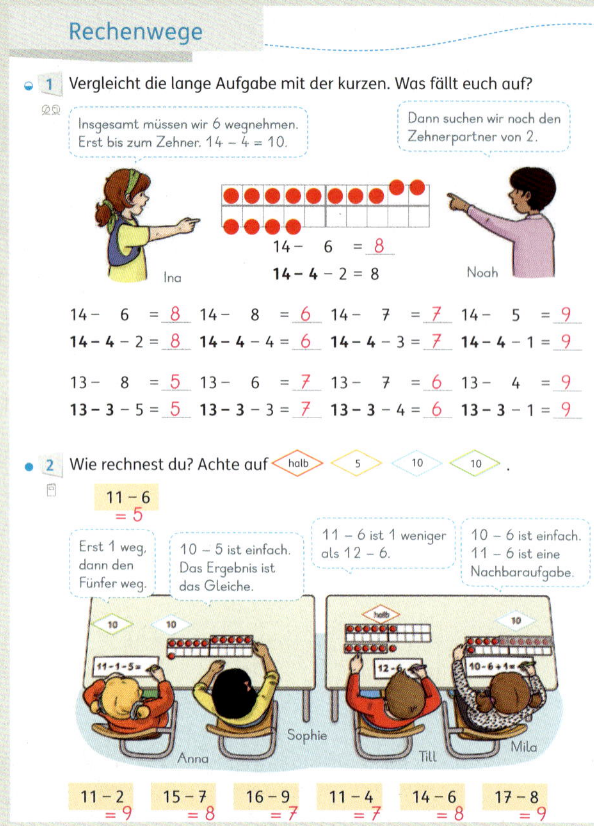
Rechenwege

1 Vergleicht die lange Aufgabe mit der kurzen. Was fällt euch auf?

Insgesamt müssen wir 6 wegnehmen. Erst bis zum Zehner. 14 − 4 = 10.

Dann suchen wir noch den Zehnerpartner von 2.

14 − 6 = 8
14 − 4 − 2 = 8

Ina
Noah

14 − 6 = 8	14 − 8 = 6	14 − 7 = 7	14 − 5 = 9
14 − 4 − 2 = 8	14 − 4 − 4 = 6	14 − 4 − 3 = 7	14 − 4 − 1 = 9
13 − 8 = 5	13 − 6 = 7	13 − 7 = 6	13 − 4 = 9
13 − 3 − 5 = 5	13 − 3 − 3 = 7	13 − 3 − 4 = 6	13 − 3 − 1 = 9

2 Wie rechnest du? Achte auf halb, 5, 10, 10.

11 − 6 = 5

Erst 1 weg, dann den Fünfer weg.

10 − 5 ist einfach. Das Ergebnis ist das Gleiche.

11 − 6 ist 1 weniger als 12 − 6.

10 − 6 ist einfach. 11 − 6 ist eine Nachbaraufgabe.

Anna
Sophie
Till
Mila

11 − 2 = 9 | 15 − 7 = 8 | 16 − 9 = 7 | 11 − 4 = 7 | 14 − 6 = 8 | 17 − 8 = 9

Worum geht es?

Analog zur Addition lernen die Kinder zum Abschluss der operativen Erarbeitung der Subtraktion komplexere Strategien und Strukturen kennen: Den traditionellen Zehnerübergang und die schönen Päckchen.

Was wird benötigt?

Ggf. LF 3 *Zwanzigerfeld*, Fünfer-, Zehnerstreifen und Plättchen, LF 9 *Strategiekarten (Subtraktion)*

Wie kann man vorgehen?

1 Den Zehnerübergang kennenlernen

Die Aufgabe 14 − 6 wird an die Tafel geschrieben und linear in der Grundvorstellung „Wegnehmen“ in das Zwanzigerfeld gelegt. Die Lehrkraft hängt die Strategiekarte ‹10› daneben, verdeckt mit dem Arm kurz die untere Reihe des Feldes und fragt die Kinder nach der dabei zu sehenden Minusaufgabe 10 − 2. Sie erklärt, dass man beim Zehnerübergang der Subtraktion immer eine Aufgabe mit Zehnerpartnern sucht, die dasselbe Ergebnis hat wie die ursprüngliche Aufgabe. Dazu nimmt man zunächst alle Plättchen aus der unteren Reihe weg, um das Zwischenergebnis 10 zu erhalten. Solche Aufgaben kennen die Kinder bereits: Die Lehrkraft hängt die Strategiekarte ‹10› dazu, schreibt den Term 14 − 4 an die Tafel und fragt danach, wie viele Plättchen sie noch wegnehmen muss, um das Ergebnis der Aufgabe 14 − 6 zu erhalten. Dann ergänzt sie die Aufgabe zur langen Aufgabe 14 − 4 − 2.

Die Strategie wird ggf. mit mehreren Aufgaben wiederholt. Es wird geklärt, dass sie immer funktioniert, aber nicht immer die einfachste Strategie ist. Die Aufgabe 16 − 9 beispielsweise ließe sich für viele Kinder sicher einfacher mithilfe von 16 − 10 lösen.

2 Strategien vergleichen

Zunächst wird die Aufgabe 11 − 6 in Partnerarbeit selbst gelöst und der Rechenweg am Zwanzigerfeld begründet dargestellt. Die Rechenwege werden dann im Sitzkreis präsentiert, den Strategiekarten zugeordnet und diskutiert. Anschließend werden die weiteren Aufgaben in Partner- oder Gruppenarbeit gelöst und die Rechenwege diskutiert.

Diagnostisches Potenzial

Wie bewerkstelligen die Kinder die Zerlegung des zweiten Summanden beim Zehnerübergang? Welche Strategien nutzen sie und wie beschreiben/begründen sie ihre Vorgehensweise?

95 Forschen und Finden: Schöne Päckchen

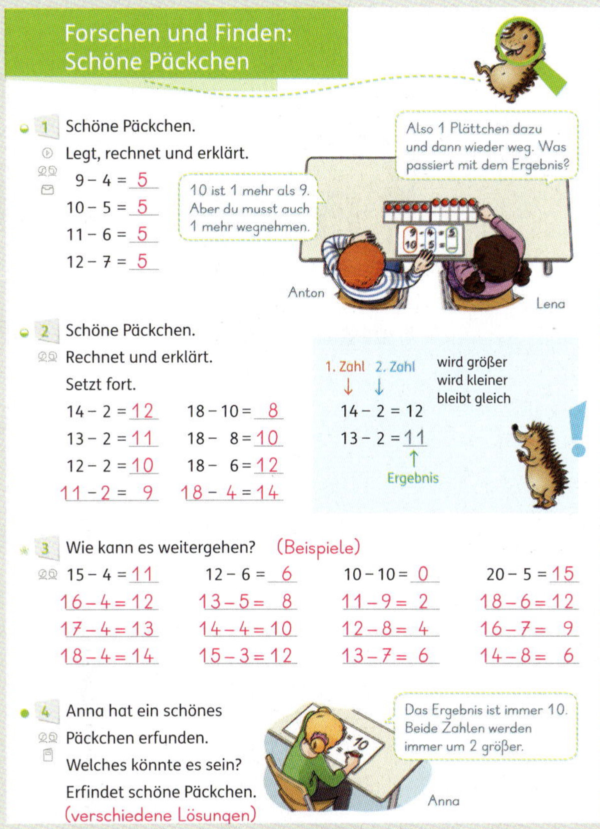

Forschen und Finden: Schöne Päckchen

1 Schöne Päckchen.
Legt, rechnet und erklärt.

9 − 4 = 5
10 − 5 = 5
11 − 6 = 5
12 − 7 = 5

2 Schöne Päckchen.
Rechnet und erklärt.
Setzt fort.

14 − 2 = 12	18 − 10 = 8
13 − 2 = 11	18 − 8 = 10
12 − 2 = 10	18 − 6 = 12
11 − 2 = 9	18 − 4 = 14

3 Wie kann es weitergehen? (Beispiele)

15 − 4 = 11	12 − 6 = 6	10 − 10 = 0	20 − 5 = 15
16 − 4 = 12	13 − 5 = 8	11 − 9 = 2	18 − 6 = 12
17 − 4 = 13	14 − 4 = 10	12 − 8 = 4	16 − 7 = 9
18 − 4 = 14	15 − 3 = 12	13 − 7 = 6	14 − 8 = 6

4 Anna hat ein schönes Päckchen erfunden.
Welches könnte es sein?
Erfindet schöne Päckchen.
(verschiedene Lösungen)

Hinweise zu den Aufgaben

1 Änderung der Rechenzahlen von Aufgabe zu Aufgabe besprechen: Wie ändert sich das Ergebnis?

2 Änderung der Rechenzahlen erkunden:
Die Änderung der ersten Zahl wirkt sich anders auf das Ergebnis aus als die Änderung der zweiten Zahl.

3 Schöne Päckchen selbst finden.

4 Rätsel lösen: Welches schöne Päckchen hat sich Anna ausgedacht? Beachten, dass das erste Ergebnis schon auf dem Zettel steht. Anschließend weitere schöne Päckchen finden und die Regeln fixieren.

Wichtige Wörter

größer werden, kleiner werden, gleich bleiben

Verweise auf weitere Materialien

AH S. 63

FH S. 70

Was wird benötigt?

Ggf. LF 3 *Zwanzigerfeld*, Plättchen, farbige Stifte zum Einkreisen

Wie kann man vorgehen?

1, 2 Aufgabenformat auf Subtraktion beziehen

Die erste Aufgabe des Päckchens wird an die Tafel geschrieben und in der Grundvorstellung „Wegnehmen" gelegt. Dazu legt man zunächst neun Plättchen in eine Reihe und schiebt die vier wegzunehmenden Plättchen etwas nach oben, es bleiben links fünf Plättchen liegen. Gemeinsam wird erarbeitet, wie man daraus die zweite Aufgabe machen kann: Man legt ein Plättchen genau dort hinzu, wo es ohnehin gleich wieder weggenommen wird, so dass die Aufgabe 10 − 5 entsteht. Da die Differenz (die fünf Plättchen links) einfach liegen bleibt, ändert sich das Ergebnis nicht. Ebenso werden die nächsten Aufgaben gelegt und geschrieben. Das Zwanzigerfeld kann sich hierbei als etwas sperrig erweisen und sollte ggf. weggelassen werden.
Abschließend wird wiederholt, dass solche Päckchen, bei denen von Aufgabe zu Aufgabe immer gleiche Änderungen durchgeführt werden, *schöne Päckchen* heißen. Die Kinder bearbeiten die Aufgabe 2, die Beobachtungen werden anschließend besprochen und begründet.

3 Schöne Päckchen erfinden

Die Kinder setzen das Konstruktionsprinzip für schöne Päckchen eigenständig um. Anschließend wird überprüft, ob wirklich schöne Päckchen entstanden sind: Sind die Änderungen von Aufgabe zu Aufgabe überall gleich? Die entstehenden Muster werden beschrieben (ggf. mit den Stiften markiert) und begründet.

4 Schöne Päckchen vertiefen

Die Kinder können Eigenproduktionen auf Karten dokumentieren: Auf der Vorderseite notieren sie das Päckchen (mit markierten Entdeckungen), auf der Rückseite die Regel. Andere Kinder versuchen mithilfe der Regel, das passende schöne Päckchen zu konstruieren. Der Zahlenraum ist freigestellt.

Diagnostisches Potenzial

Wie beschreiben die Kinder die zugrundeliegenden Regeln der schönen Päckchen? Wie beschreiben sie die Unterschiede zur Addition? Welche Regeln überlegen sie sich selbst für schöne Päckchen? In welchem Zahlenraum bewegen sich ihre Päckchen?

96/97 Rückblick

Hinweise zu den Aufgaben

1 Minusaufgaben zum Bild finden, vgl. S. 82, 83

2 Minusaufgaben am Zwanzigerfeld finden, vgl. S. 84, 85

3 Typen einfacher Aufgaben erkennen und ausrechnen, vgl. S. 86–89

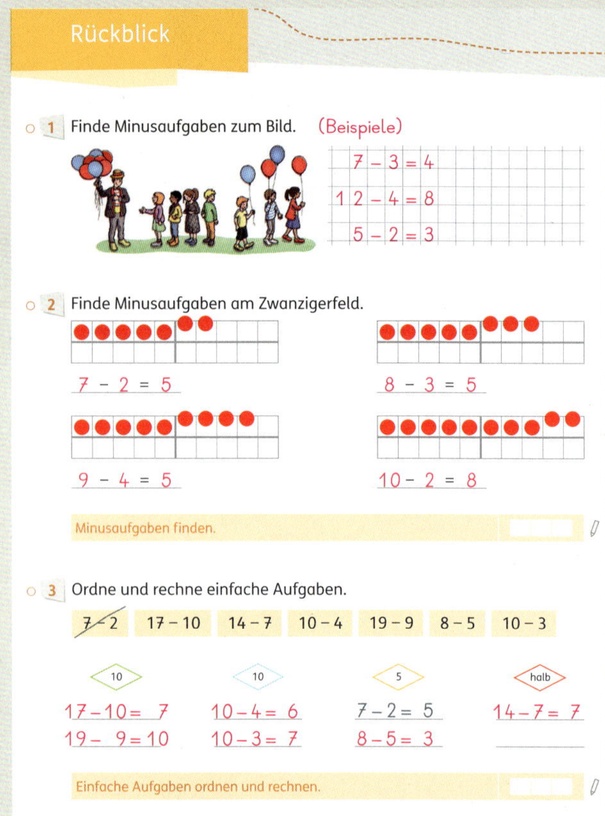
Rückblick

1 Finde Minusaufgaben zum Bild. (Beispiele)

7 – 3 = 4
12 – 4 = 8
5 – 2 = 3

2 Finde Minusaufgaben am Zwanzigerfeld.

7 – 2 = 5
8 – 3 = 5
9 – 4 = 5
10 – 2 = 8

Minusaufgaben finden.

3 Ordne und rechne einfache Aufgaben.

7 – 2 | 17 – 10 | 14 – 7 | 10 – 4 | 19 – 9 | 8 – 5 | 10 – 3

10: 17 – 10 = 7, 19 – 9 = 10
10: 10 – 4 = 6, 10 – 3 = 7
5: 7 – 2 = 5, 8 – 5 = 3
halb: 14 – 7 = 7

Einfache Aufgaben ordnen und rechnen.

Worum geht es?

Die inhaltsbezogenen Kompetenzen des Kapitels *Einführung der Subtraktion* werden hier rückblickend angesprochen. Im Kern geht es darum, dass die Kinder

- für die Subtraktion sach- und materialbezogene Grundvorstellungen aufgebaut haben, also Subtraktionsaufgaben kontextbezogen statisch und dynamisch deuten,
- einfache Aufgaben kennen und zum Lösen schwierigerer Aufgaben heranziehen,
- Analogien von Aufgaben im Zehnerraum zu Aufgaben mit größeren Minuenden im Sinne von Verwandtschaftsbeziehungen herstellen.

Die dabei geförderten prozessbezogenen Kompetenzen treten in Form des Modellierens, Darstellens, Argumentierens und Problemlösens auf, indem die Kinder insbesondere

- für die Interpretation von Subtraktionsaufgaben verschiedene Darstellungsebenen aus der sachlichen Umwelt und der symbolischen Mathematik zueinander in Beziehung setzen (Modellieren und Darstellen),
- das Assoziativgesetz der Addition im Kontext der Subtraktion zur Begründung von elementaren Rechenstrategien nutzen (Argumentieren),
- Lösungsstrategien wie systematisches Probieren anwenden (Problemlösen).

Wie kann man vorgehen?

Je nach den Gegebenheiten in der Klasse können alle Kinder gemeinsam oder nur einzelne Kinder die Aufgaben des Rückblicks bearbeiten. Ebenso kann die gesamte Seite oder nur die Aufgaben zu einem Thema bearbeitet werden. Nach der jeweiligen Bearbeitung einer Aufgabe oder eines Aufgabenblocks kreuzen die Kinder in der Selbsteinschätzung an, wie gut sie mit dem Inhalt zurecht gekommen sind. Dazu wird ggf. wiederholt, welche Position des Kreuzes zu welcher Selbsteinschätzung gehört (etwa von ganz links „schwierig" bis nach ganz rechts „problemlos"). Anschließend können die Selbsteinschätzungen der Kinder mit den diagnostischen Erkenntnissen der Lehrkraft im Gespräch verglichen werden.

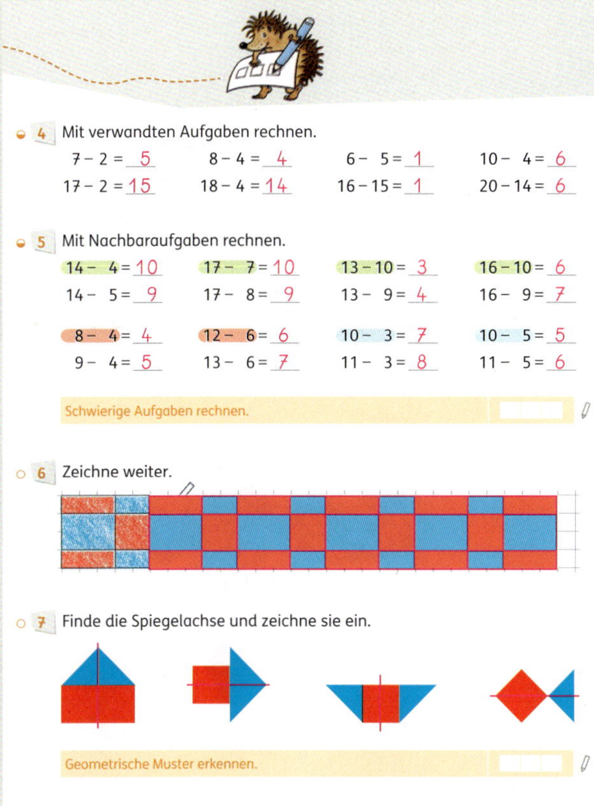

4 Mit verwandten Aufgaben rechnen.

7 − 2 = 5	8 − 4 = 4	6 − 5 = 1	10 − 4 = 6
17 − 2 = 15	18 − 4 = 14	16 − 15 = 1	20 − 14 = 6

5 Mit Nachbaraufgaben rechnen.

14 − 4 = 10	17 − 7 = 10	13 − 10 = 3	16 − 10 = 6
14 − 5 = 9	17 − 8 = 9	13 − 9 = 4	16 − 9 = 7
8 − 4 = 4	12 − 6 = 6	10 − 3 = 7	10 − 5 = 5
9 − 4 = 5	13 − 6 = 7	11 − 3 = 8	11 − 5 = 6

Schwierige Aufgaben rechnen.

6 Zeichne weiter.

7 Finde die Spiegelachse und zeichne sie ein.

Geometrische Muster erkennen.

Hinweise zu den Aufgaben

4 Verwandtschaftsbeziehungen zwischen Aufgaben nutzen, vgl. S. 90, 91

5 Aufgaben ableiten, vgl. S.92 – 94

6, 7 Ornamente fortsetzen und Symmetrieachsen finden, vgl. S. 78 – 81

Verweise auf weitere Materialien

- AH S. 64
- FH S. 71
- LZK 4 A – C im Materialband

Diagnostisches Potenzial

Für den Vergleich zwischen der Selbsteinschätzung der Kinder und der Diagnose durch die Lehrkraft können folgende Leitfragen hilfreich sein:

Minusaufgaben finden
Welche Vorstellungen von der Subtraktion zeigen die Kinder? Inwiefern werden die Strukturen des Zwanzigerfelds zur Bildung der Aufgaben genutzt?

Einfache Aufgaben ordnen und rechnen
Wie erkennen die Kinder Typen einfacher Aufgaben? Wie bestimmen sie die Lösungen?

Schwierige Aufgaben rechnen
Wie nutzen sie die Ergebnisse der einfachen Aufgaben für die Berechnung der schwierigeren? Inwiefern können sie die Variation der Aufgaben und die Wirkung auf die Ergebnisse erklären?

Geometrische Muster erkennen
Wie bestimmen die Kinder ein Grundmuster in Ornamenten? Welche Vorstellung von Achsensymmetrie haben sie?

98/99 Meter und Zentimeter

Hinweise zu den Aufgaben

1 Im Klassenzimmer oder außerhalb Gegenstände, Körperteile etc. suchen, die kürzer als ein Meter, genauso lang wie ein Meter oder zwischen ein und zwei Meter lang sind. Gemeinsam Beispiele zuordnen.

Vorstellung zu einem Meter aufbauen. Repräsentanten für einen Meter anschauen. Bezeichnung und Schreibweise einführen.

Wichtige Wörter

Meter, Meterstab, Maßband, Zollstock, Lineal, länger als, kürzer als, genauso lang wie

Was wird benötigt?

KV 64 *Längen messen – Protokoll*, KV 65 *Metermaß*, verschiedene Messgeräte (Zollstock, Lineal, Tafellineal, Maßband (z. B. aus Möbelhäusern ...), selbst erstellte Meterseile und Meterstäbe (etwa aus Haselrute), Papier für Notizen (ca. DIN A 6)

Worum geht es?

Die Kinder sollen Einsichten in die Verwendung der Zahlen als Maßzahlen von Längen gewinnen. Die Grundidee ist zunächst, die Einheit Meter (1 Meter = 1 m) vorzugeben und mit dieser zu arbeiten, bevor mit der kleineren Einheit Zentimeter gearbeitet wird. Häufig wird empfohlen, dass Kinder mit nicht normierten Längen (z. B. Fuß, Elle, Schritt) messen sollen. Hieraus wird die Notwendigkeit einer Normierung abgeleitet. Dieses Vorgehen kostet nicht nur relativ viel Unterrichtszeit, es führt manchmal sogar zu falschen Vorstellungen. Deshalb wird im ZAHLENBUCH von der alltäglichen Messpraxis ausgegangen, zu der viele Kinder bereits zahlreiche Erfahrungen mitbringen. Diese Erfahrungen werden bewusst aufgegriffen und systematisch ausgebaut. Längen von Körperteilen und anderen Gegenständen werden in Bezug zu den Maßen 1 Meter und 1 Zentimeter gesetzt, damit sie als Stützpunktvorstellungen zum Abschätzen von Längen genutzt werden können, etwa: Die Tür ist ungefähr ein Meter breit. Der Tisch passt quer niemals durch die Tür. Er muss also länger als ein Meter sein.

Da der Zahlenraum bis 100 nicht Thema des ersten Schuljahrs ist, wird an dieser Stelle noch auf die Unterteilung des Meters in 100 Zentimeter verzichtet. Der Aufbau des Meters aus 100 Zentimetern erfolgt im zweiten Schuljahr.

Wie kann man vorgehen?

1 Messen mit Messinstrumenten

Die Lehrkraft legt als Impuls verschiedene Messinstrumente in die Mitte: mehrere Lineale, Zollstöcke, Maßbänder, Tafellineal ... Die Kinder sollen sich äußern, inwiefern sie solche Messinstrumente schon kennen und nutzen können. Ein Kind oder auch mehrere können zeigen, wie man mit diesen misst. An Meterstäben, Metermaßbändern oder Meterschnüren wird die Länge *1 Meter* veranschaulicht. Ein Repräsentant für einen Meter, z. B. ein Maßband dieser Länge oder das Tafellineal, wird gut sichtbar in der Klassen aufgehängt. Daneben wird notiert: Das ist 1 Meter. Zudem wird die Kurzschreibweise erklärt und ebenfalls notiert: 1 Meter = 1 m.
Anschließend werden drei Plakate mit den Überschriften „kürzer als 1 m“, „genauso lang wie 1 m“ und „zwischen 1 m und 2 m“ aufgehängt. Die Kinder sollen Gegenstände finden, die sie diesen Plakaten zuordnen können (KV 64 *Längen messen – Protokoll*). Dazu suchen sie im Klassenraum bzw. im Schulgebäude weitere Beispiele für die drei Plakate.

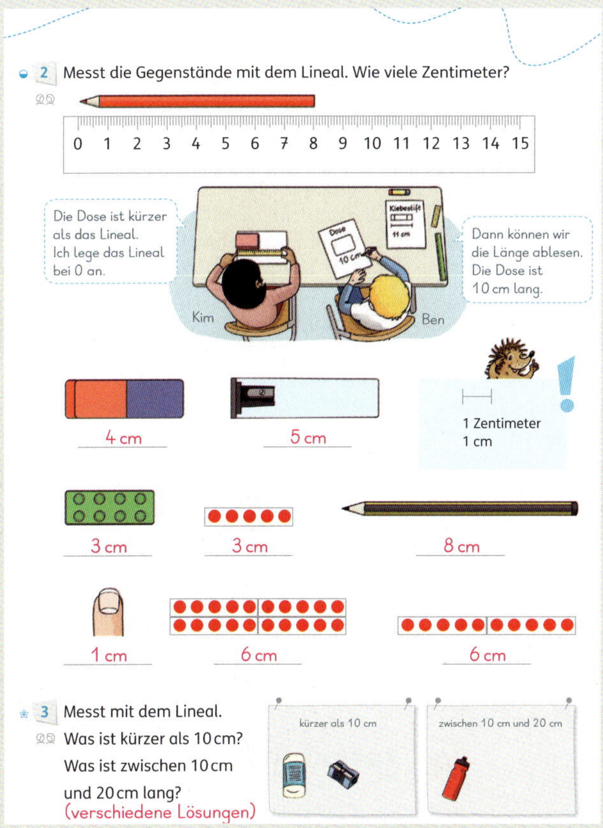

Hinweise zu den Aufgaben

2 Mit dem Lineal die horizontale Länge der Gegenstände messen. Darauf achten, dass das Lineal richtig angelegt und die Länge richtig abgelesen wird.

3 Gegenstände finden, die kürzer oder länger als 10 cm sind. Auf Zetteln notieren und sammeln.

Wichtige Wörter

Zentimeter

Verweise auf weitere Materialien

AH S. 65

Sie skizzieren jedes Beispiel auf einem Blatt Papier (ca. DIN A6), beschreiben es ggf. kurz (z. B. „der Tisch“) und markieren in der Skizze durch einen Strich, was sie genau gemessen haben (z. B. die Höhe des Tisches). Diese Blätter hängen die Kinder fortlaufend an das entsprechende Plakat an der Tafel. Abschließend werden die drei Plakate gemeinsam betrachtet.

2 Mit dem Lineal messen
Als Vorbereitung versammelt die Lehrkraft die Kinder an einem Gruppentisch, auf dem verschiedene Gegenstände liegen. Ein Kind soll einen Gegenstand messen und beschreiben, wie es dabei das Lineal benutzt und die Länge bestimmt. Das Anlegen im Nullpunkt muss hierbei besonders angesprochen werden. Neu ist die Einheit Zentimeter, die aber sicherlich in den Gesprächen zur linken Schulbuchseite schon gefallen ist. Am Lineal kann die Einheit 1 Zentimeter betrachtet und in Bezug zur Skala gesetzt werden: Welche Striche sind Zentimeterstriche?
An der Tafel wird zum Metermaß ein Zentimeterstück angeheftet und mit dem Satz versehen: Das ist 1 Zentimeter. 1 Zentimeter = 1 cm.
Anschließend messen die Kinder die Gegenstände im Schulbuch.

3 Länger oder kürzer als 10 Zentimeter?
Analog zu den Meterplakaten werden 10 Zentimeter-Plakate erstellt: Die Kinder suchen Gegenstände, die länger oder kürzer als 10 cm sind, skizzieren diese auf Zetteln, markieren die gemessene Länge und heften diese Zettel auf das entsprechende Plakat. Wer mag, kann auch die genaue Länge (z. B. 8 cm) dazuschreiben.

Diagnostisches Potenzial

Welche Vorerfahrungen zum Messen bringen die Kinder mit? Kennen sie Meter und Zentimeter? Kennen sie verschiedene Messinstrumente und wissen sie, wie man diese benutzt? Können sie abschätzen, was ungefähr 1 cm, 10 cm und 1 m groß ist?

Möglichkeiten zur Differenzierung

3 Die Kinder messen nicht mit einem Lineal, sondern mit einem 10 cm Streifen (KV 65 *Metermaß*).

Themenblock Addieren und Subtrahieren

Wie bereits bei der Einleitung zum vorhergehenden Themenblock angemerkt, wurden operative Beziehungen zwischen der Addition und der Subtraktion an verschiedenen Stellen schon angelegt. Jetzt geht es darum, sie eigens zu thematisieren und noch stärker bewusst zu machen.

Operative Beziehungen zwischen Plus- und Minusaufgaben

Den Schlüssel für eine operative Sicht auf das Einspluseins bilden die gegenläufigen Operationen „Zusammenfassen und Zerlegen“ sowie „Hinzufügen und Wegnehmen“, die so eng verbunden sind, dass man bei bildlichen Darstellungen am Zwanzigerfeld im Grunde genommen gar nicht unterscheiden kann, worum es sich gerade handelt.

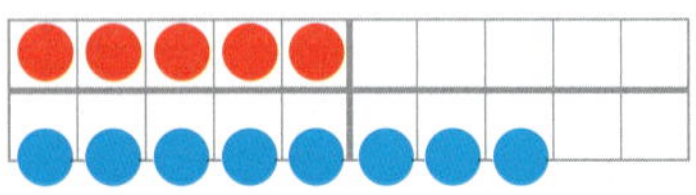

Diese Plättchendarstellung kann nicht nur als Wegnehmen, sondern auch als Hinzuschieben von Plättchen gedeutet werden, d. h. die beiden Umkehraufgaben 13 – 8 = 5 und 5 + 8 = 13 sind in derselben Darstellung sichtbar, jede folgt also zwingend aus der anderen.
Da zusätzlich bei der Additionsaufgabe nicht notwendigerweise klar ist, welche Plättchenmenge zuerst gelegt wurde (oder wenn eine statische Sichtweise auf die Addition eingenommen wird), kann zusätzlich noch die Tauschaufgabe 8 + 5 = 13, sowie natürlich auch ihre Umkehraufgabe 13 – 5 = 8 gesehen werden.
Es ergibt sich also ein operatives Gefüge von vier Aufgaben, die man mit zwei Zahlen *a* und *b* bilden kann:

$a + b = c$	$c - b = a$
$b + a = c$	$c - a = b$

Die Einsicht in diesen allgemeinen und fundamentalen operativen Zusammenhang zwischen Addition und Subtraktion erleichtert das flexible Rechnen ganz entscheidend und ist ein Musterbeispiel dafür, wie die im Fach liegenden Muster und Strukturen für ökonomisches Lernen genutzt werden können. Alle Mühe muss darauf verwandt werden, dass besonders auch die schwächeren Kinder operative Beziehungen erkennen und anwenden können. Das Ziel dieses Abschnitts ist es, diese Beziehungen zu vertiefen und noch stärker ins Bewusstsein zu bringen.

Rechendreiecke

Zur integrativen Übung der Addition und Subtraktion eignet sich in besonderer Weise das Aufgabenformat „Rechendreiecke“, das im weiteren Unterricht bis in die Mittel- und Oberstufe hinein immer wieder benutzt werden kann.
Die Rechenregel bei Rechendreiecken ist einfach:

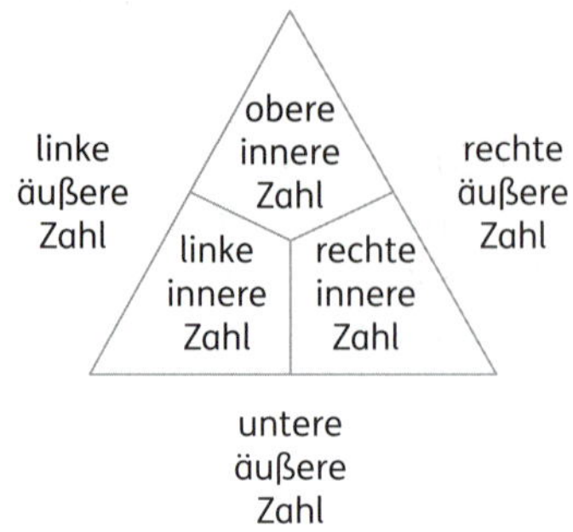

In die drei inneren Felder werden Zahlen geschrieben oder Plättchen als Anzahlen gelegt. Je zwei benachbarte innere Zahlen werden addiert, und die Summe wird außen an die gemeinsame Seite geschrieben. Beispiel:

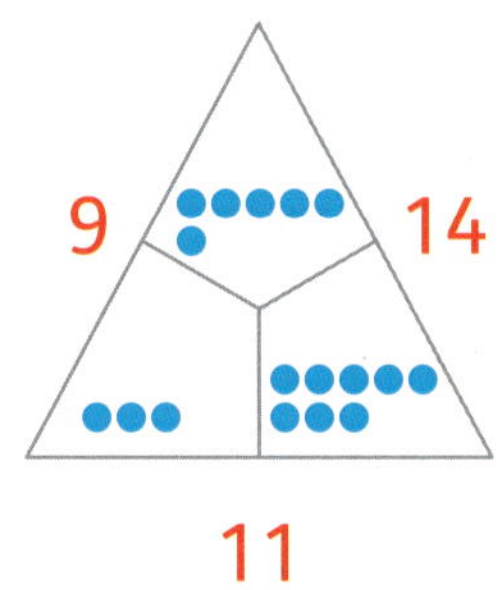

Wenn alle drei inneren Zahlen vorgegeben sind, muss man nur addieren um die äußeren Zahlen zu erhalten. Wenn aber zwei äußere und eine innere Zahl oder zwei innere und eine äußere Zahl vorgegeben sind, muss man auch subtrahieren. Insgesamt kann man an einem komplett ausgefüllten Rechendreieck sechs Additions- und sechs Subtraktionsaufgaben ablesen:

3 + 6 = 9	3 + 8 = 11	8 + 6 = 14
6 + 3 = 9	8 + 3 = 11	6 + 8 = 14
9 – 6 = 3	11 – 8 = 3	14 – 6 = 8
9 – 3 = 6	11 – 3 = 8	14 – 8 = 6

Je nachdem, welche der Zahlen vorgegeben sind, ergeben sich unterschiedlich schwierige Aufgabenstellungen, von denen einige grundlegende in diesem Abschnitt beim Forschen und Finden untersucht werden.

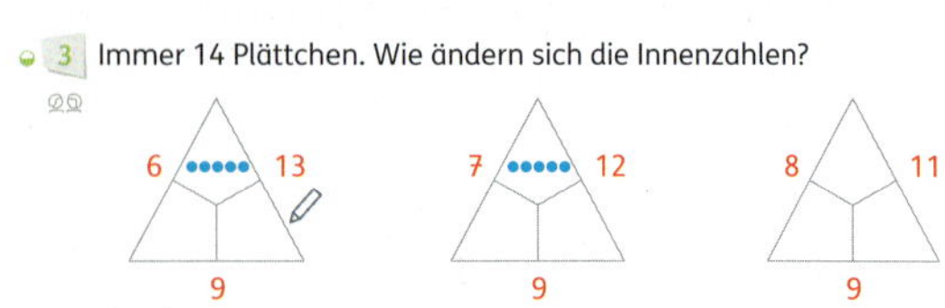

Schulbuch 1, S. 111

Aufbau des Themenblocks

Der Themenblock startet mit einer Anwendung der bereits bekannten Rechenoperationen in Sachsituationen, sodass die Grundvorstellungen noch einmal aufgefrischt werden können. Dabei sollen Sachsituationen stets flexibel als Addition und als Subtraktion gedeutet werden, damit von Beginn an die operativen Beziehungen zwischen beiden Rechenarten zum Tragen kommen. Um das Bewusstsein noch stärker zu fördern, wird hier der Fachbegriff „Umkehraufgabe“ eingeführt.

Schulbuch 1, S. 100

Es wird dann ein weiteres Mal der Kontext *Räuber und Goldschatz* genutzt, um die operativen Strukturen der Addition und Subtraktion auch im ordinalen Zahlaspekt in der Zwanzigerreihe zu vertiefen, wobei insbesondere die Umkehrbarkeit von Operationen bewusst gemacht wird: Eine Operation lässt sich durch ihre Umkehroperation rückgängig machen.

Schulbuch 1, S. 103

Nach diesen sachgebundenen und spielerisch organisierten Vertiefungen werden die operativen Beziehungen zwischen Addition und Subtraktion auf das Zwanzigerfeld übertragen, so dass sich die Kinder auch die Mehrdeutigkeit einer Darstellung am Zwanzigerfeld bewusst machen.

Schulbuch 1, S. 104

Derartige Beziehungen werden dann anhand von einigen Problemaufgaben vertiefend angewandt.

Schulbuch 1, S. 106

Zum Abschluss wird den Kindern dann noch vertiefend nahegelegt, dass die Differenz zwischen zwei Zahlen auch durch eine Addition, das Ergänzen berechnet werden kann. Das Ergänzen wird von vielen Kindern besonders dann als einfacher empfunden als das Abziehen, wenn Minuend und Subtrahend nahe beieinander liegen.

Schulbuch 1, S. 109

Die Aktivitäten zum Forschen und Finden drehen sich um das Aufgabenformat Rechendreiecke, bei dem die Wendeplättchen als Erkenntnismittel zum Tragen kommt: Was passiert mit den Außenzahlen, wenn man ein Plättchen von einem Innenfeld in ein anderes Innenfeld verschiebt?

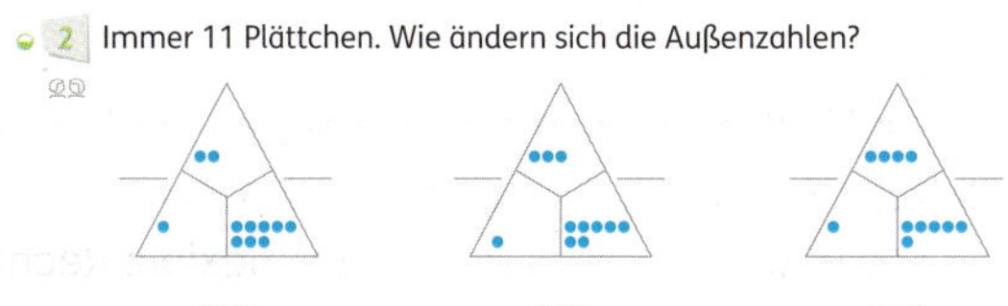

Schulbuch 1, S. 111

Den Abschluss des Themenblocks bildet wie immer der Rückblick mit den Möglichkeiten zur Selbsteinschätzung für die Kinder.

100/101 Plus und Minus

Hinweise zu den Aufgaben

Einstieg Sachsituation besprechen: Werden die gezeigten Gegenstände hinzugefügt oder weggenommen?
Begriff *Umkehraufgabe* einführen.

1 Offenheit der Sachsituationen nutzen, um eine Aufgabe und ihre Umkehraufgabe zu bilden.

Wichtige Wörter

Umkehraufgabe

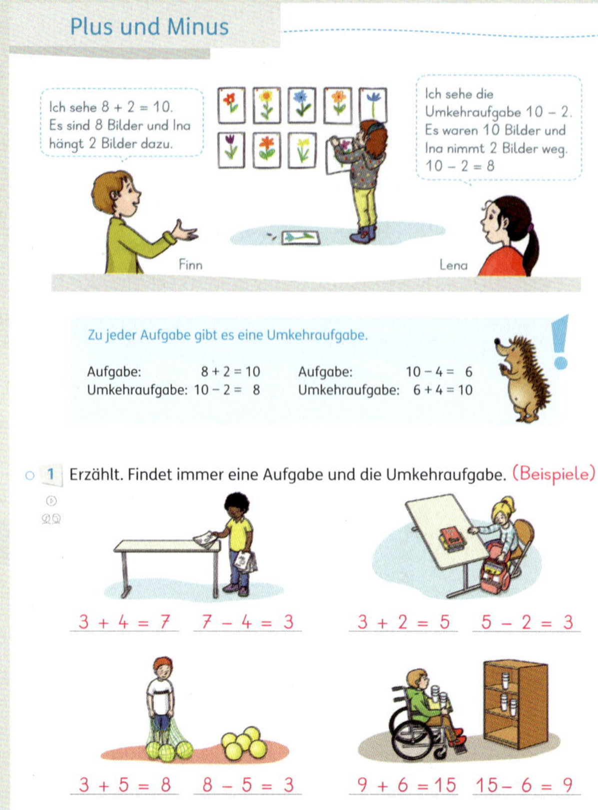
Plus und Minus

Ich sehe 8 + 2 = 10.
Es sind 8 Bilder und Ina hängt 2 Bilder dazu.

Ich sehe die Umkehraufgabe 10 – 2.
Es waren 10 Bilder und Ina nimmt 2 Bilder weg.
10 – 2 = 8

Finn

Lena

Zu jeder Aufgabe gibt es eine Umkehraufgabe.

Aufgabe: 8 + 2 = 10
Umkehraufgabe: 10 – 2 = 8

Aufgabe: 10 – 4 = 6
Umkehraufgabe: 6 + 4 = 10

1 Erzählt. Findet immer eine Aufgabe und die Umkehraufgabe. (Beispiele)

3 + 4 = 7 7 – 4 = 3
3 + 2 = 5 5 – 2 = 3
3 + 5 = 8 8 – 5 = 3
9 + 6 = 15 15 – 6 = 9

Was wird benötigt?

ggf. Alltagsgegenstände zum Nachspielen verschiedener Situationen.

Worum geht es?

Schon auf der Seite Rechengeschichten (S. 56/57) haben die Kinder erfahren, dass eine dargestellte Situation oft unterschiedliche Deutungen zulässt und die Dynamik erst durch das Erzählen einer Rechengeschichte deutlich wird. Auf dieser Seite werden erneut Bilder gezeigt, die jeweils sowohl additiv als auch subtraktiv interpretiert werden können. Dieses Mal liegt der Fokus auf den zugehörigen Aufgaben. Bereits bei der Einführung der Subtraktion wurde darauf hingewiesen, dass zu Subtraktionsaufgaben stets auch Additionsaufgaben gehören. Diese starke Beziehung ist sowohl für den Aufbau einer soliden und flexiblen Operationsvorstellung wichtig, als auch für den Aufbau von geeigneten Rechenstrategien für die Subtraktion: Damit Kinder Ergebnisse von Subtraktionsaufgaben nicht nur durch Abzählen bestimmen, sondern strategisch vorzugehen lernen, müssen sie ihnen schon bekannte additive Strukturen wiedererkennen. Hierzu werden auf dieser Seite dynamische Deutungen der Addition und der Subtraktion miteinander verknüpft. Den Kindern wird dazu ein Fachwort an die Hand gegeben: Die zu einer Additionsaufgabe gehörende Subtraktionsaufgabe ist ihre *Umkehraufgabe*.

Wie kann man vorgehen?

Einstieg Umkehraufgaben einführen

Die Kinder betrachten das Einstiegsbild und beschreiben die dargestellte Situation: Ina steht vor einer Wand mit Bildern. Sie hält ein Bild in der Hand, ein weiteres Bild liegt vor ihr auf dem Boden. Es ist offen, ob Ina die Bilder auf- oder abhängt. Beide Deutungen werden besprochen und die zugehörigen Aufgaben an der Tafel notiert. Die Lehrkraft führt den Fachausdruck *Umkehraufgabe* ein: Die Plusaufgabe ist die Umkehraufgabe der Minusaufgabe (bzw. anders herum).

1 Je zwei Aufgaben finden

Ebenso wie im Einstieg werden die Bilder gemeinsam besprochen und beide Aufgaben dazu notiert:

Der Junge sammelt die Blätter ein: 3 + 4 = 7.
Der Junge legt die Blätter ab: 7 – 4 = 3.
Das Mädchen holt die Bücher aus der Tasche: 3 + 2 = 5.
Das Mädchen packt die Bücher ein: 5 – 2 = 3.
Der Junge sammelt die Bälle ein: 3 + 5 = 8.
Der Junge packt die Bälle aus: 8 – 5 = 3.
Der Junge stellt die Gläser ins Regal: 9 + 6 = 15.
Der Junge nimmt die Gläser aus dem Regal: 15 – 6 = 9.

Die Kinder müssen sich dabei sowohl die Ausgangssituation als auch die Schlusssituation bildlich vorstellen. Um diesen Schritt zu erleichtern, empfiehlt es sich, einige Situationen mit realen Gegenständen in

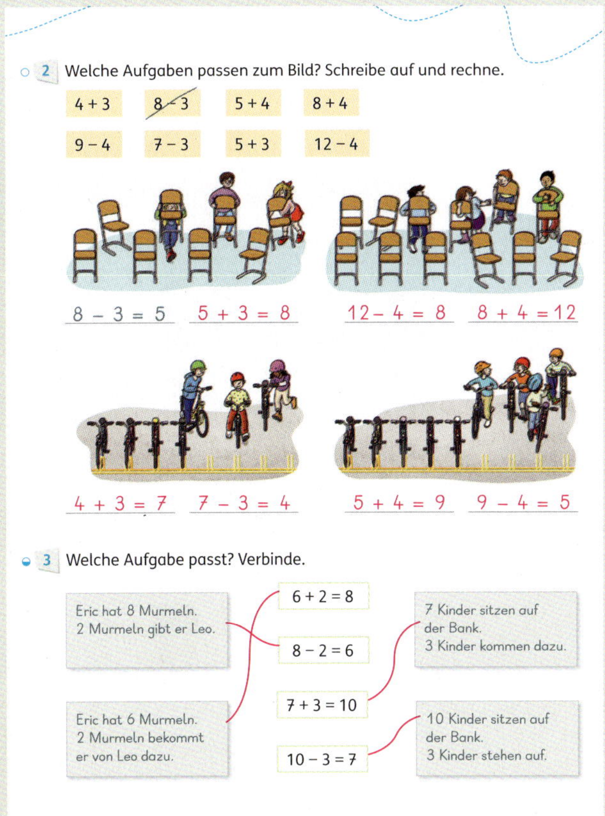

Hinweise zu den Aufgaben

2 Aufgaben zu Bildern ordnen und passende Geschichten erzählen.

3 Textaufgaben gemeinsam lesen. Situationen ggf. nachspielen bzw. Bild dazu malen. Aufgaben verbinden.

Verweise auf weitere Materialien

- AH S. 66
- FH S. 72, 73
- KV 66 *Sachaufgaben finden und lösen*

der Klasse nachzuspielen. Dadurch wird deutlich, dass bei jedem Bild stets zwei Bewegungsrichtungen möglich sind.

2 Zu Bildern erzählen
Den Bildern werden passende Aufgaben zugeordnet. Dazu wird immer die vermittelnde Rechengeschichte erzählt:
- Die Kinder stellen weitere Stühle hinzu, bzw. sie nehmen die Stühle, um sie wegzutragen.
- Die Kinder stellen ihre Fahrräder in die Fahrradständer, bzw. sie schieben ihre Fahrräder vom Fahrradständer weg, um loszufahren.

Anschließend können die Kinder in Kleingruppen oder mit einem Partnerkind eigene Karten mit einer Aufgabe und der passenden Tauschaufgabe beschriften und dazu entweder ein passendes Bild malen oder mit den Gegenständen aus dem Klassenraum eine geeignete Situation nachspielen. Die Ergebnisse präsentieren sie anschließend im Plenum.

3 Aufgaben den Rechengeschichten zuordnen
Die Textaufgaben werden ggf. gemeinsam gelesen. Danach können sie nachgespielt werden und die Kinder können ein passendes Bild dazu malen. Anschließend werden die Aufgaben den Texten zugeordnet und mit diesen verbunden. Zu jeweils zwei Textaufgaben kann dasselbe Bild gezeichnet werden, da die Aufgaben Umkehraufgaben sind.

Diagnostisches Potenzial

Inwiefern ist es den Kindern möglich, ein Bild unterschiedlich zu deuten? Können sie andere Deutungen nachvollziehen? Wie erklären sie den Begriff Umkehraufgabe? Welche Rechenaufgaben notieren sie zu den Bildern?

Möglichkeiten zur Differenzierung

1 Den Kindern können Teilaufgaben zu den einzelnen Bildern gestellt werden: Die Lehrkraft gibt etwa zu einem Bild eine Aufgabe vor und die Kinder erzählen eine Geschichte dazu (oder anders herum). Da hier Partnerarbeit vorgesehen ist, können die Kinder sich in dieser Weise gegenseitig unterstützen.

2, 3 Die Situationen können nachgespielt werden.

102/103 Plus und Minus

Hinweise zu den Aufgaben

1 *Räuber und Goldschatz* spielen, Spielregeln wiederholen (vgl. Schulbuch, S. 7), Notation der Aufgaben ergänzen. Addition und Subtraktion auf die Bewegungen in der Zahlenreihe übertragen.

2 Immer zwei aufeinander folgende Spielzüge notieren, von der 10 aus starten.

Wichtige Wörter

plus, minus, vor, zurück, vorwärts, rückwärts, ggf. rechts, links, Umkehraufgabe

Plus und Minus

1

Spielt Räuber und Goldschatz. Schreibt die Aufgaben auf.

10 + 4 = 14   8 + 3 = 11

14 – 6 = 8   11 –

(verschiedene Lösungen)

2 Immer zwei Aufgaben von 10 aus. Wo liegt der Schatz?

10 + 6 = 16

16 – 2 = 14

Mila

Erst 6 vor, dann 2 zurück. Jetzt liegt der Schatz auf der 14.

10 + 5 = 15	10 + 3 = 13	10 + 1 = 11
15 – 4 = 11	13 – 4 = 9	11 – 5 = 6

Was wird benötigt?

Für das Spiel *Räuber und Goldschatz*: ggf. Spielplan als Plakat, Spielwürfel, Plättchen o. Ä. (für den Schatz), KV 67 *Räuber und Goldschatz* zur Notation der Spielzüge (alternativ: ins Heft schreiben)

Worum geht es?

Auf dieser Doppelseite wird das zuvor thematisierte Prinzip der Umkehraufgaben auf den ordinalen Zahlaspekt bezogen: Bei Plusaufgaben bewegt man sich auf der Zahlenreihe weiter (nach rechts), bei der Subtraktion zurück (nach links). Es ist wichtig, dass die Kinder auch das Konzept der Umkehraufgaben wiedererkennen: Wenn man sich um eine gewisse Anzahl an Positionen auf der Zahlenreihe weiter bewegt und sich dann um dieselbe Anzahl an Positionen wieder zurück bewegt, dann ist das Ergebnis der Subtraktion der erste Summand der ersten Aufgabe. Diese Bewegungen auf der Zahlenreihe werden in den spielerischen Kontext von *Räuber und Goldschatz* eingebettet.

Wie kann man vorgehen?

1, 2 Spielzüge dokumentieren

Im Sitzkreis werden die Regeln des Spiels wiederholt. Dazu teilt man Lerngruppe in zwei Gruppen ein: den Plusräuber (Vorwärtsziehen des Schatzes auf der Zahlenreihe) und den Minusräuber (Rückwärtsziehen auf der Zahlenreihe). Abwechselnd würfeln jeweils einzelne Kinder aus den Gruppen, versetzen den Schatz startend bei 10 auf der Zwanzigerreihe und notieren die anfallenden Spielzüge als Würfelbild und Plus- bzw. Minusaufgabe (KV 67 *Räuber und Goldschatz*). Es wird vereinbart, die aufeinanderfolgenden Aufgaben als Liste untereinander zu schreiben.
Anschließend spielen die Kinder in Partnerarbeit einige Runden *Räuber und Goldschatz* und notieren die dabei anfallenden Spielzüge als Liste von Rechenaufgaben im Heft oder auf der Kopiervorlage. Die Lehrkraft muss darauf achten, dass die Aufgaben des Plusräubers auch als Addition und die Aufgaben des Minusräubers als Subtraktion notiert werden. Zudem ist die bewusste Nutzung der Zwanzigerreihe als Spielplan zentral für die Umsetzung dieser Doppelseite: Bei der Addition zieht man auf der Zahlenreihe vor, bei der Subtraktion zurück. Wenn einige Kinder früher als andere fertig sind, bearbeiten sie die zweite Aufgabe.
Nach dem Spiel suchen die Kinder in ihren Spielzügen nach besonderen Aufgaben: Bei wem ist der Schatz nach einem Zug des Plusräubers und dem darauffolgenden Zug des Minusräubers (oder andersherum) wieder auf dem Ausgangsfeld gelandet? Es wird besprochen, dass sich hierbei um Umkehraufgaben handelt: Die Bewegung der Plusaufgabe (Minusaufgabe)

3 Umkehraufgaben. Vergleicht. Wo liegt der Schatz?

10 + 3 = 13
13 − 3 = 10

10 + 2 = 12
12 − 2 = 10

10 + 4 = 14	10 + 5 = 15	10 + 6 = 16
14 − 4 = 10	15 − 5 = 10	16 − 6 = 10

4 Findet die Umkehraufgabe.

9 + 7 = 16	6 + 5 = 11	11 + 7 = 18	9 + 5 = 14
16 − 7 = 9	11 − 5 = 6	18 − 7 = 11	14 − 5 = 9
2 + 6 = 8	7 + 8 = 15	4 + 8 = 12	6 + 7 = 13
8 − 6 = 2	15 − 8 = 7	12 − 8 = 4	13 − 7 = 6
8 − 3 = 5	12 − 4 = 8	7 − 5 = 2	14 − 6 = 8
5 + 3 = 8	8 + 4 = 12	2 + 5 = 7	8 + 6 = 14

5 Schreibe Aufgaben und Umkehraufgaben.
(verschiedene Lösungen)

6 Rechnet ohne zu rechnen. Erklärt. Findet weitere Aufgaben.

8 + 5 − 5 = 8	9 + 3 − 3 = 9	9 + 4 − 3 = 10	11 + 6 − 5 = 12
8 − 5 + 5 = 8	9 − 3 + 3 = 9	9 − 3 + 4 = 10	11 − 5 + 6 = 12

Hinweise zu den Aufgaben

3 – 5 Konzept der Umkehraufgaben auf den ordinalen Zahlaspekt übertragen: Vor und wieder zurück. Dabei wird nach und nach die Selbstständigkeit bei der Bildung der Umkehraufgaben erhöht.

6 Struktur der Umkehraufgaben nutzen, um Rechnungen zu vereinfachen.

Verweise auf weitere Materialien

AH S. 67

FH S. 74, 75

Zahlenbuch-App: Umkehraufgaben

wird durch ihre Umkehraufgabe rückgängig gemacht. Anschließend bearbeiten die Kinder in Partnerarbeit die rechte Schulbuchseite.

3 – 5 Umkehraufgaben ordinal vertiefen
Den Kindern sollte hier noch einmal bewusst werden, dass eine Umkehraufgabe eine Rechenoperation rückgängig macht.

6 Anwendungen von Umkehraufgaben
Die Struktur der Umkehraufgaben wird genutzt, um Aufgaben zu vereinfachen.

Diagnostisches Potenzial

Welche Rechenaufgaben notieren die Kinder zu ihren Spielzügen? Inwiefern beziehen sie die Rechenoperationen (plus und minus) auch sprachlich auf die Zahlenreihe (vor und zurück)? Wie nutzen sie dazu die Zahlen der Zwanzigerreihe? Wie vollständig werden die Protokolle zu den Spielzügen notiert? Wie wichtig für die Vorstellung von den Umkehraufgaben ist das konkrete Würfelspiel? In welchem Zahlenraum bewegen sich die Eigenproduktionen?

Möglichkeiten zur Differenzierung

2 – 6 Die Kinder können in allen Aufgaben das Spielfeld mit einem Spielstein als Schatz nutzen. Bei großen Schwierigkeiten sollte dabei das Startfeld bei der Plusaufgabe markiert werden – nur so wird deutlich, dass man nach der Minusaufgabe auch wirklich auf das Ausgangsfeld zurückkehrt.
Bei allen Aufgaben kann der Zahlenraum variiert werden.

104/105 Umkehr- und Tauschaufgaben

Hinweise zu den Aufgaben

Einstieg Rechengeschichten zur Darstellung am Zwanzigerfeld erzählen: Welche Plättchen könnten dazugelegt worden sein, welche könnten gleich weggenommen werden?

1 Immer vier Aufgaben finden: Es passen immer zwei Tauschaufgaben und deren Umkehraufgaben zu den Darstellungen.

Wichtige Wörter

Tauschaufgabe, Umkehraufgabe

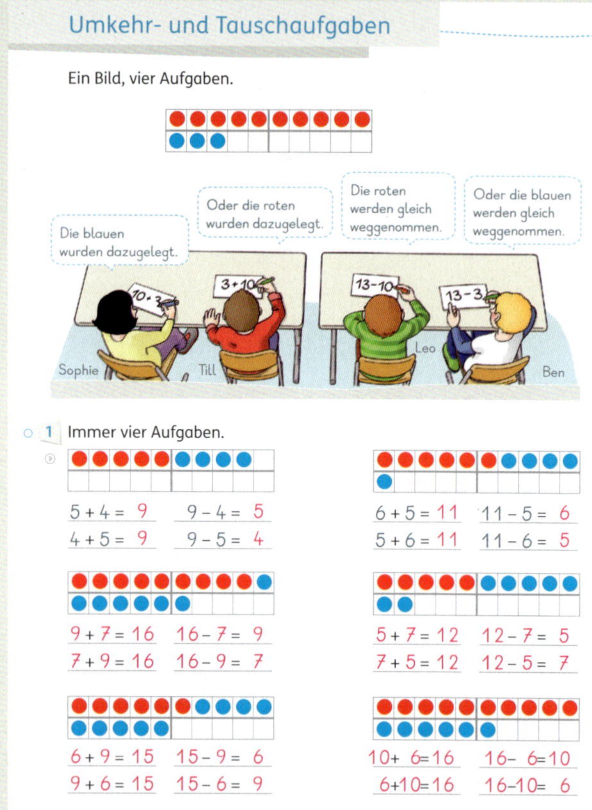
Umkehr- und Tauschaufgaben

Ein Bild, vier Aufgaben.

1 Immer vier Aufgaben.

5 + 4 = 9 | 9 − 4 = 5
4 + 5 = 9 | 9 − 5 = 4

6 + 5 = 11 | 11 − 5 = 6
5 + 6 = 11 | 11 − 6 = 5

9 + 7 = 16 | 16 − 7 = 9
7 + 9 = 16 | 16 − 9 = 7

5 + 7 = 12 | 12 − 7 = 5
7 + 5 = 12 | 12 − 5 = 7

6 + 9 = 15 | 15 − 9 = 6
9 + 6 = 15 | 15 − 6 = 9

10 + 6 = 16 | 16 − 6 = 10
6 + 10 = 16 | 16 − 10 = 6

Was wird benötigt?

Zahlenkarten, Zwanzigerfeld, Plättchen, Fünfer- und Zehnerstreifen, transparente Abdeckstreifen, ggf. Karten mit Plus-, Minus- und Gleichheitszeichen

Worum geht es?

Die Kinder haben bisher zwei Begriffe kennengelernt, durch die sie Aufgaben zueinander in Beziehung setzen können:
Zu einer Plusaufgabe gehört immer eine Tauschaufgabe mit demselben Ergebnis und zu einer Aufgabe gehört immer eine Umkehraufgabe, durch die man die durchgeführte Operation rückgängig macht.
Für ein flexibles Verständnis von den Rechenoperationen ist es wichtig, aus solchen Beziehungen ein Begriffsnetz zu bilden, durch das sogenannte Aufgabenfamilien entstehen können: Zu einer Aufgabe gehört immer eine Tauschaufgabe und zu diesen beiden Aufgaben gibt es jeweils eine Umkehraufgabe. Zum Beispiel kann man die Zahlbeziehung zwischen den drei Zahlen 3, 4 und 7 auf vier verschiedene Weisen ausdrücken: Durch die Plusaufgabe 4 + 3 = 7, durch ihre Tauschaufgabe 3 + 4 = 7 und durch deren Umkehraufgaben 7 − 3 = 4 und 7 − 4 = 3. Ein solches Verständnis von Aufgabenstrukturen stellt eine Erleichterung für die Orientierung in der großen Anzahl von verschiedenen Rechenaufgaben dar und erhöht damit deutlich die Lösungssicherheit der Kinder.

Wie kann man vorgehen?

Einstieg, 1 Umkehr- und Tauschaufgaben vernetzen
Die Lehrkraft gibt ein Zwanzigerfeld mit zehn roten und drei blauen Plättchen vor. Die Kinder erzählen dazu verschiedene Rechengeschichten und notieren die entsprechenden Aufgaben. Hierbei werden die Begriffe Tauschaufgabe und Umkehraufgabe wiederholt. Gemeinsam wird geklärt, dass jeweils zwei Tauschaufgaben und die dazugehörigen beiden Umkehraufgaben zu der einen Plättchendarstellung passen. Entsprechend illustriert findet sich die Vorgehensweise im Einstiegsbild dieser Doppelseite. Diejenigen Kinder, die das Aufgabenformat verstanden haben, können selbstständig die Aufgaben 1 und 2 bearbeiten. Mit den anderen Kindern können noch gemeinsam einige Beispiele im Sitzkreis bearbeitet werden. Folgende Impulse unterstützen den Arbeitsprozess sinnvoll: Wurden die blauen oder die roten Plättchen dazugelegt? Sollen die blauen oder die roten Plättchen weggenommen werden?

2 Übung: Immer vier Aufgaben finden
Hier werden die vier Aufgaben zu einer symbolisch dargestellten Aufgabe notiert. Die Kinder können auch mit Zwanzigerfeld und Plättchen arbeiten, die vorgegebene Aufgabe legen und die anderen drei daraus herleiten.

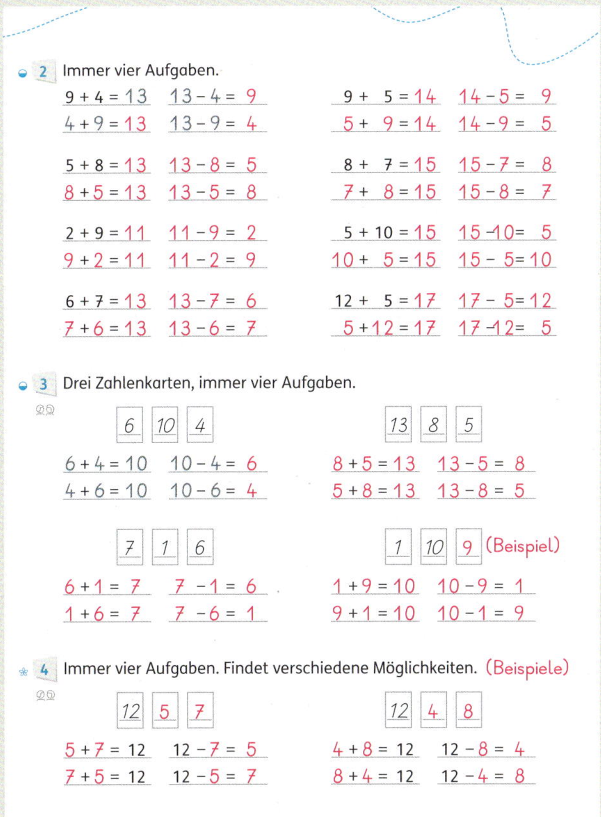

2 Immer vier Aufgaben.

9 + 4 = 13 13 − 4 = 9 9 + 5 = 14 14 − 5 = 9
4 + 9 = 13 13 − 9 = 4 5 + 9 = 14 14 − 9 = 5

5 + 8 = 13 13 − 8 = 5 8 + 7 = 15 15 − 7 = 8
8 + 5 = 13 13 − 5 = 8 7 + 8 = 15 15 − 8 = 7

2 + 9 = 11 11 − 9 = 2 5 + 10 = 15 15 − 10 = 5
9 + 2 = 11 11 − 2 = 9 10 + 5 = 15 15 − 5 = 10

6 + 7 = 13 13 − 7 = 6 12 + 5 = 17 17 − 5 = 12
7 + 6 = 13 13 − 6 = 7 5 + 12 = 17 17 − 12 = 5

3 Drei Zahlenkarten, immer vier Aufgaben.

6 10 4 — 13 8 5

6 + 4 = 10 10 − 4 = 6 8 + 5 = 13 13 − 5 = 8
4 + 6 = 10 10 − 6 = 4 5 + 8 = 13 13 − 8 = 5

7 1 6 — 1 10 9 (Beispiel)

6 + 1 = 7 7 − 1 = 6 1 + 9 = 10 10 − 9 = 1
1 + 6 = 7 7 − 6 = 1 9 + 1 = 10 10 − 1 = 9

4 Immer vier Aufgaben. Findet verschiedene Möglichkeiten. (Beispiele)

12 5 7 — 12 4 8

5 + 7 = 12 12 − 7 = 5 4 + 8 = 12 12 − 8 = 4
7 + 5 = 12 12 − 5 = 7 8 + 4 = 12 12 − 4 = 8

Hinweise zu den Aufgaben

2 Tauschaufgaben und deren Umkehraufgaben zur symbolischen Darstellung finden und lösen.

3 Immer vier Aufgaben zu drei Zahlen finden. Klären, dass es bei der letzten Aufgaben zwei Möglichkeiten für die dritte Karte gibt.

4 Verschiedene Möglichkeiten für die Belegung der Karten suchen.

Verweise auf weitere Materialien

AH S. 68

FH S. 76, 77

KV 68 *Umkehr- und Tauschaufgaben*

Zahlenbuch-App: Umkehraufgaben

3 Vertiefung des Zusammenhangs
Hier werden keine Aufgaben, sondern drei Zahlen vorgegeben und die Kinder müssen die zugehörigen Aufgaben selbst finden. Besondere Aufmerksamkeit sollte der letzten Teilaufgabe gewidmet werden: Zu zwei Zahlen kann man immer eine Zahl finden, mit deren Hilfe man zwei Tausch- und zwei Umkehraufgaben angeben kann. Die Lösung ist dabei nicht eindeutig: So führt die Zahl 9 als dritte Zahl zu den Aufgaben 9 + 1 = 10, 1 + 9 = 10, 10 − 1 = 9 und 10 − 9 = 1. Die 11 ist aber ebenso möglich und führt zu den vier Aufgaben 10 + 1 = 11, 1 + 10 = 11, 11 − 1 = 10 und 11 − 10 = 1.

4 Selbst Aufgaben finden
Ausgehend von der Zahl 12 suchen die Kinder nach zwei weiteren Karten, durch die vier Aufgaben nach dem Prinzip der Umkehr- und Tauschaufgaben entstehen. Dabei sollte besprochen werden, dass die Wahl der zweiten Zahl die dritte Zahl schon festlegt (weil die 12 als Ergebnis der ersten Plusaufgabe festgelegt ist).

Diagnostisches Potenzial

Wie erklären die Kinder die Begriffe Tauschaufgabe und Umkehraufgabe? Welche Rechengeschichten erzählen sie zu den Darstellungen am Zwanzigerfeld? Wie bestimmen sie die Ergebnisse der gefundenen Aufgaben – insbesondere in dem Fall, dass eine der Aufgaben bereits gelöst wurde?

Möglichkeiten zur Differenzierung

Den Kindern kann durchgehend das Zwanzigerfeld mit Plättchen und Abdeckstreifen zur Verfügung gestellt werden. Der Zahlenraum kann beliebig variiert werden.

4 Die Kinder können sich selbst Zahlenkarten ausdenken, der Zahlenraum ist freigestellt.

106/107 Legen und Überlegen

Hinweise zu den Aufgaben

1 Passende Skizzen zu den Sachaufgaben zeichnen, dabei an der ersten Skizze orientieren: Die Anzahl der Murmeln wird gezeichnet (oder mit Plättchen gelegt), der Unterschied bestimmt und mit einem Rechensatz ausgedrückt.

2 Eigene Rechengeschichten erfinden, Lösung anfertigen, gegenseitig vorstellen. Dabei an den vorherigen Aufgabenstrukturen orientieren.

Wichtige Wörter

Skizze, mehr als, weniger als, halb so viele wie, doppelt so viele wie

Was wird benötigt?

Wendeplättchen

Worum geht es?

Diese Doppelseite ist für die sachrechnerischen Kompetenzen der Kinder von großer Bedeutung, denn es werden erstmals Skizzen als grafische Bearbeitungshilfe von Sachaufgaben erarbeitet. Im Vordergrund steht die prozessbezogene Kompetenz des Modellierens: Die Kinder müssen die dargestellten Sachsituationen erfassen und überlegen, wie sie diese mithilfe einer Skizze lösen können. Das „Erfinden“ eigener Skizzen stellt für die Kinder eine nicht zu unterschätzende Anforderung dar. Daher werden konkrete Lösungsskizzen angeboten, an denen sie sich orientieren können und auch sollen. Während auf der linken Schulbuchseite der Fokus auf dem Anfertigen von Skizzen liegt, werden auf der rechten Seite unterschiedliche Lösungswege angeboten: Eine bildhafte Darstellung, eine abstrakte Skizze und verschiedene rechnerische Darstellungen.

Wie kann man vorgehen?

1 Lösungsskizzen nutzen

An der Tafel steht die Aufgabe: Murat hat 6 Murmeln. Finn hat 3 Murmeln mehr als Murat. Wie viele Murmeln hat Finn? Diese Aufgabe kann mit einer Skizze gelöst werden. Dazu muss den Kinder erklärt werden, dass eine Skizze eine Lösungshilfe ist, bei der es nicht um eine genaue, fotografische Darstellung der Situation geht, sondern um eine Darstellung der wichtigen Informationen in einer Zeichnung. Gemeinsam wird überlegt, welche Informationen wichtig sind und wie man diese darstellen kann. So wird zunächst im ersten Satz der Text „6 Murmeln“ unterstrichen und daneben werden 6 Kreise gezeichnet. Im nächsten Satz wird „3 Murmeln“ und „mehr als Murat“ unterstrichen.

Die Kinder überlegen, wie sie dies grafisch darstellen können. Analog zum Schulbuch werden erst Murats sechs Murmeln gezeichnet. Finn hat drei Murmeln mehr, also werden für Finn erst sechs Murmeln gezeichnet und um drei weitere ergänzt. Da die Kinder die Entstehung der Skizze im Rahmen dieser Erarbeitung miterleben, fällt es ihnen leichter, die weiteren Aufgaben mit Hilfe analoger Skizzen selbstständig zu lösen.

2 Eigene Aufgaben erfinden

Die Kinder erfinden eigene Rätsel. Dabei können sie sich an den Rätseln von Aufgabe 1 orientieren, z. B. können sie Satzbausteine und Lösungsskizzen übernehmen.

3 Lösungswege vergleichen

Die dargestellte Situation der Gänse hinter dem Zaun wird gemeinsam betrachtet oder mit Spielfiguren

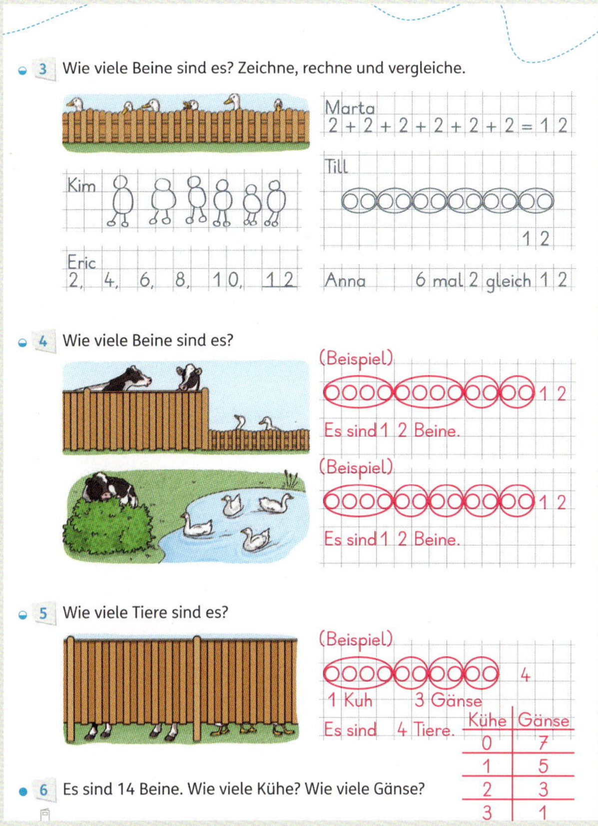

Hinweise zu den Aufgaben

3 Aufgabe von Kindern ggf. erst selbst lösen lassen, dann Lösungsideen der Kinder und aus dem Schulbuch besprechen.

4 Zaunrätsel lösen. Dabei ähnliche Lösungswege wie in Aufgabe 3 wählen.

5 Eine eigene Skizze für das abgewandelte Zaunrätsel finden und zur Bearbeitung nutzen.

6 Zaunrätsel lösen. Es gibt vier verschiedene Lösungen.

Verweise auf weitere Materialien

AH S. 69

KV 69 *Legen und Überlegen*

nachgestellt. Die Kinder überlegen, wie viele Beine diese Tiere zusammen haben (Murmelphase). Einige Lösungsideen werden anschließend gesammelt und festgehalten. Zudem ergänzt die Lehrkraft die Kinderlösungen aus dem Schulbuch. Zu jeder Lösung sollen die Kinder erklären, warum sie zur Zaunaufgabe passt.

4 Lösungsskizzen entwickeln
Um die Gesamtanzahl der Beine zu bestimmen, können die Kinder sich an einem der Lösungswege aus Aufgabe 3 orientieren.

5 Lösungsskizzen verändern
Es wird nach der Anzahl der Köpfe der Tiere gefragt, daher müssen die bisherigen Skizzen oder Rechnungen passend zur neuen Fragestellung abgewandelt werden. Es sind ähnliche Notationen wie in der vorherigen Aufgabe möglich. Darüber hinaus können die Kinder 4 + 2 + 2 + 2 oder 1 + 1 + 1 + 1 oder auch 1 + 3 notieren und die Füße der Tiere direkt zu einem Tier zusammenfassen.

6 Problemaufgabe lösen
Hier bietet sich ggf. der Einsatz von Wendeplättchen zur Lösungsfindung an. Die Kinder legen 14 Plättchen und gruppieren sie in Zweier- und Vierer-Gruppen. Die gefundenen Lösungen werden an der Tafel präsentiert. Vier Lösungen sind möglich:

Anzahl Kühe	0	1	2	3
Anzahl Gänse	7	5	3	1

Die Kinder erklären, warum es keine weiteren Lösungen geben kann, etwa: „Kommt eine weitere Kuh hinzu, müssen es zwei Gänse weniger werden. Bei vier Kühen wären es schon 16 Beine."

Diagnostisches Potenzial

Wie erschließen die Kinder Sachaufgaben? Wie deuten sie Skizzen zu Sachaufgaben? Wie detailliert gestalten sie eigene Skizzen zur Lösungsfindung? Gehen sie bei der Lösungsfindung systematisch vor und finden alle Lösungen?

Möglichkeiten zur Differenzierung

Die Aufgaben können mit Plättchen oder Figuren nachgestellt werden.
Kindern mit Schwierigkeiten beim Erstellen von Skizzen können vorgefertigte Skizzen zur Verfügung gestellt werden. Die Kinder erklären, warum diese Skizzen zur Aufgabe passen.

108/109 Ergänzen und Wegnehmen

Hinweise zu den Aufgaben

Einstieg Stickeralbum als Kontext für zweite Grundvorstellung der Subtraktion nutzen: Wie viele Sticker fehlen und müssen noch gesammelt werden, bis das Album vollständig ist (Ergänzen: 9 + __ = 12)?

1, 2 Anzahl der fehlenden Plättchen herausfinden, Ergänzen am Zwanzigerfeld und symbolisch üben.

Wichtige Wörter

ergänzen

Ergänzen und Wegnehmen

1 Ergänze.

6 + 4 = 10 — 4 + 6 = 10

12 + 3 = 15 — 13 + 2 = 15

13 + 5 = 18 — 15 + 3 = 18

2 Lege und ergänze.

7 + 3 = 10	7 + 5 = 12	9 + 6 = 15	19 + 1 = 20
6 + 4 = 10	6 + 6 = 12	7 + 8 = 15	9 + 11 = 20
5 + 5 = 10	5 + 7 = 12	5 + 10 = 15	11 + 9 = 20
3 + 7 = 10	3 + 9 = 12	6 + 9 = 15	3 + 17 = 20
2 + 8 = 10	2 + 10 = 12	4 + 11 = 15	13 + 7 = 20
1 + 9 = 10	1 + 11 = 12	2 + 13 = 15	7 + 13 = 20

Was wird benötigt?

Ggf. ein Sammelalbum, Setzkasten o. Ä., bei dem schon einige, aber nicht alle Sammelobjekte vorhanden sind.

Worum geht es?

Auf dieser Seite wird eine zweite Grundvorstellung für die Subtraktion erarbeitet: Während Subtraktionen bisher als Wegnehmen (12 – 9 = __) interpretiert wurden, wird den Kindern hier die Sichtweise des Ergänzens nahegelegt (9 + __ = 12).
Für die Kinder ist diese Einführung aus drei Gründen an dieser Stelle wichtig:
Erstens ist das Ergänzen notwendig dafür, dass die engen Beziehungen zwischen der Addition und der Subtraktion vertiefter bewusst werden.
Zweitens ist das Ergänzen eine strategische Bereicherung für die Bestimmung von Differenzen: Aufgaben, bei denen Minuend und Subtrahend dicht bei einander liegen, lassen sich durch Ergänzen in der Regel einfacher und weniger fehlerbelastet lösen. Drittens wird hierdurch schon früh einem starren Verständnis des Gleichheitszeichens entgegen gewirkt, bei denen die Kinder auf der linken Seite eine feststehende Aufgabe und auf der rechten Seite eine zu errechnende Ergebniszahl erwarten. Dies ist wichtig, weil eine zu starre Verwendung des Gleichheitszeichens als sog. „Aufgabe-Ergebnis-Trennung" einen algebraischen Blick auf arithmetische Zusammenhänge blockiert. Aus diesem Grunde ist die Schreibweise des Ergänzens, bei dem auf der linken Seite der Gleichung bereits ein Platzhalter auftritt, für den Aufbau eines tragfähigen arithmetischen Verständnisses fruchtbar.

Wie kann man vorgehen?

Einstieg Vorstellung des Ergänzens erarbeiten
Im Klassengespräch wird das Sammeln (von Stickern für ein Album, Sammelobjekten für einen Setzkasten o. Ä.) als Ergänzungsaufgabe gedeutet: 9 Objekte einer 12-teiligen Sammlung sind schon vorhanden – wie viele Objekte müssen noch gesammelt werden? Die Lehrkraft führt die mathematische Notation 9 + __ = 12 für diese Aufgabe ein. Anschließend werden weitere Situationen besprochen, in denen danach gefragt werden soll, wie viele noch fehlen, z. B.:

- Von 20 Kindern einer Klasse sind bereits 17 Kinder angekommen,
- von 8 Rechenaufgaben wurden schon 6 gelöst,
- von 5 Schulstunden sind schon 3 vorbei, o. Ä.

Wichtig ist, dass zu den Situationen stets die Zahlensätze geschrieben werden und die additive Form der Subtraktionsgleichung ausreichend thematisiert wird.

3 Löst Minusaufgaben durch Ergänzen.

20 − 17	17 − 13	12 − 9	11 − 1
17 + 3 = 20	13 + 4 = 17	9 + 3 = 12	1 + 10 = 11
20 − 14	16 − 11	13 − 7	19 − 15
14 + 6 = 20	11 + 5 = 16	7 + 6 = 13	15 + 4 = 19

4 Welche Aufgabe findet ihr einfacher? Kreuzt an. Erklärt.

13 − 11 = 2	x 16 − 2 = 14	11 − 9 = 2
x 11 + 2 = 13	2 + 14 = 16	x 9 + 2 = 11
x 10 − 3 = 7	15 − 13 = 2	20 − 11 = 9
3 + 7 = 10	x 13 + 2 = 15	x 11 + 9 = 20

5 Rechne geschickt. Löse durch Ergänzen oder Wegnehmen.

14 − 11 = 3	12 − 8 = 4	15 − 10 = 5	20 − 17 = 3	16 − 1 = 15
18 − 16 = 2	13 − 11 = 2	17 − 12 = 5	19 − 15 = 4	16 − 9 = 7
11 − 6 = 5	17 − 13 = 4	18 − 13 = 5	20 − 13 = 7	17 − 3 = 14
16 − 13 = 3	20 − 19 = 1	14 − 9 = 5	15 − 11 = 4	19 − 1 = 18

Hinweise zu den Aufgaben

3 Ergänzen als Strategie zur Lösung von Subtraktionsaufgaben kennenlernen.

4 Das Ergänzen bietet vielen Kindern einen Rechenvorteil, wenn Minuend und Subtrahend dicht beieinander liegen.

5 Selbst entscheiden, ob das Ergänzen oder das Wegnehmen vorteilhafter ist.

Verweise auf weitere Materialien

AH S. 70

FH S. 78, 79

KV 70 *Ergänzen*

1 Ergänzen am Zwanzigerfeld
Bei dieser Aufgabe können die Kinder das einzusetzende Ergebnis im Zwanzigerfeld sehen. Dadurch soll sichergestellt werden, dass sie den Sinn des Platzhalters verstehen und die Grundvorstellung des Ergänzens stabil aufbauen.

2 Ergänzen in operativen Aufgabenserien
Die operativen Serien folgen dem Muster der Konstanz der Summe, wie es die Kinder bereits bei den schönen Päckchen kennengelernt haben.

3 Ergänzen und Wegnehmen gegenüber stellen
Am Beispiel der Einstiegsaufgabe werden die beiden unterschiedlichen Rechenwege zur Aufgabe 20 − 17 am Zwanzigerfeld gelegt und besprochen. Dabei werden beide Grundvorstellungen zur Subtraktion (Ergänzen und Wegnehmen) aktiviert und dabei die entsprechen Begriffe verwendet. So üben die Kinder, zwischen beiden Grundvorstellungen zu wechseln.

4, 5 Rechenvorteile erkennen und nutzen
In diesen Aufgaben wird der Fokus auf geschicktes Rechnen gelegt. Die Kinder sollen entscheiden, welche Aufgabe ihnen leichter fällt.
Abgesehen von ganz einfachen Aufgaben (etwa 11 − 10) bietet sich das Ergänzen immer an, wenn Minuend und Subtrahend einer Aufgabe dicht beieinander liegen. Das kann mit den Kindern an dieser Stelle thematisiert werden. Nichtsdestotrotz werden einige Kinder stabil die bekanntere Darstellung der Aufgabe bevorzugen (das Wegnehmen), weil sie sich darin sicherer fühlen. Dies sollte auch zugelassen werden. Häufig ändert sich diese Vorgehensweise noch, wenn die Kinder viele Übungsgelegenheiten erhalten.

Diagnostisches Potenzial

Welche Rechengeschichten erzählen die Kinder zum Ergänzen? Wie ermitteln sie die Differenzen beim Ergänzen? Bei welchen Aufgaben bevorzugen die Kinder welche Grundvorstellung? Ist die Fehleranfälligkeit abhängig von der Grundvorstellung?

Möglichkeiten zur Differenzierung

Die Kinder können durchgängig Plättchen, Zwanzigerfelder und Abdeckstreifen nutzen, der Zahlenraum kann variabel an das Leistungsniveau angepasst werden.

110 Rechendreiecke

Hinweise zu den Aufgaben

Einstieg Aufgabenformat Rechendreiecke einführen: Die Summe zweier benachbarter Innenzahlen ergibt die zugehörige Außenzahl.

1 Regeln des Aufgabenformats verinnerlichen, die Aufgaben sind unstrukturiert.

2 Aufgaben durch Ergänzen lösen.

Wichtige Wörter

Rechendreieck, Innenzahl, Außenzahl, ergänzen

Verweise auf weitere Materialien

AH S. 71

FH S. 80

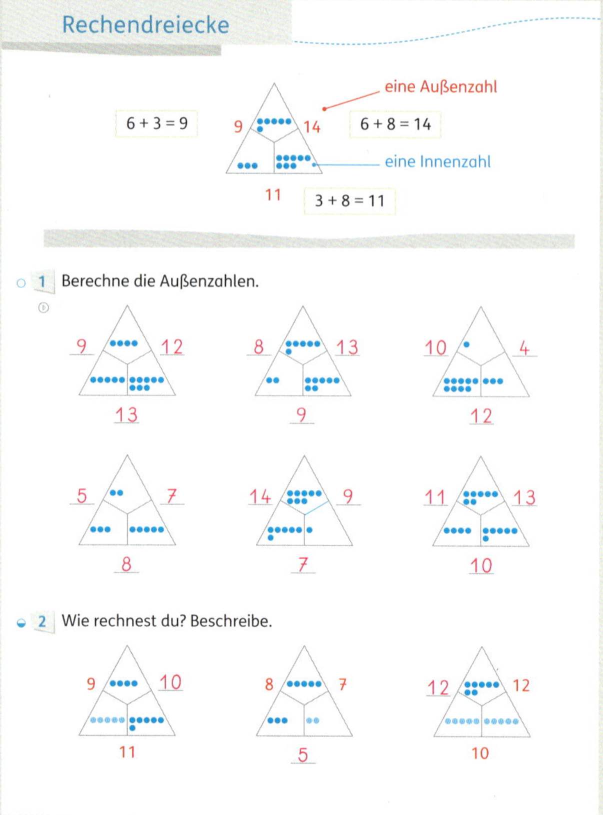

Was wird benötigt?

LF 11, 12 *Rechendreiecke* (Operationsfeld und Arbeitsblatt), Wendeplättchen, Zahlenkarten

Worum geht es?

Die grundlegende Regel des Aufgabenformats *Rechendreiecke* ist einfach: Die Summe zweier benachbarter Innenzahlen ergibt die zugehörige Außenzahl. Vier Aufgabentypen entstehen dadurch:

Typ 1:
Alle drei Innenzahlen sind vorgegeben.

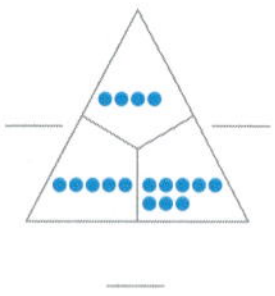

Typ 2:
Zwei Innenzahlen, eine Außenzahl an einer nicht gemeinsamen Seite des Dreiecks und ggf. eine weitere Außenzahl sind vorgegeben.

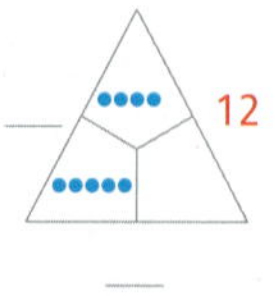

Typ 3:
Eine innere Zahl und zwei Außenzahlen sind vorgegeben.

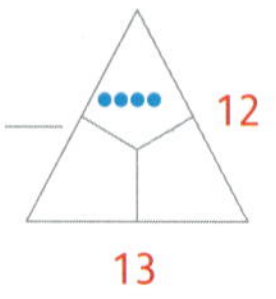

Typ 4:
Es sind nur die äußeren Zahlen vorgegeben.

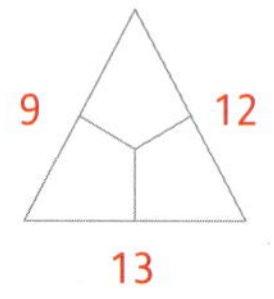

Im Typ 1 wird nur addiert, in den Typen 2 und 3 wird wechselweise eine Differenz bestimmt und addiert. Der Lösungsweg für Typ 4 wird deutlich komplexer: Eine direkte Lösungsstrategie dafür wird später thematisiert, hier werden die Grundlagen zu deren Erarbeitung geschaffen.
Wie in jedem substantiellen Aufgabenformat geht es nicht allein um das Rechnen, sondern besonders um das Entdecken von Mustern und Strukturen. Diese basieren bei Rechendreiecken auf der Beziehung zwischen den Innen- und Außenzahlen: Jede Innenzahl geht in zwei Außenzahlen ein.

Wie kann man vorgehen?

Einstieg, 1, 2 Aufgabenformat einführen
Gemeinsam wird die Regel zu einem ausgefüllten Rechendreieck besprochen und die Bezeichnungen Innenzahl und Außenzahl werden eingeführt. Es werden einige Aufgaben des Typs 1, ggf. auch des Typs 2 gelöst. Sobald den Kindern das Format klar ist, können sie eigenständig an den Aufgaben weiter arbeiten.

111 Forschen und Finden: Rechendreiecke

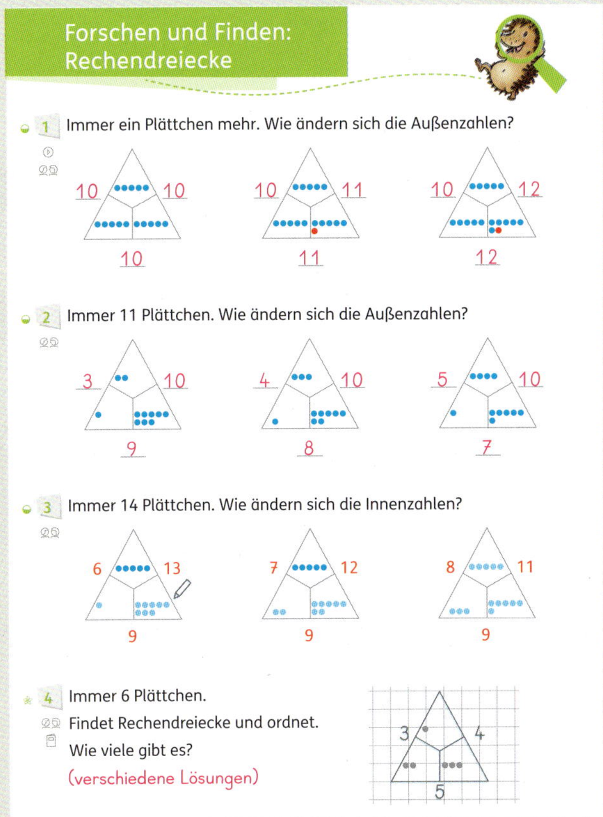
Forschen und Finden: Rechendreiecke

1 Immer ein Plättchen mehr. Wie ändern sich die Außenzahlen?

2 Immer 11 Plättchen. Wie ändern sich die Außenzahlen?

3 Immer 14 Plättchen. Wie ändern sich die Innenzahlen?

4 Immer 6 Plättchen. Findet Rechendreiecke und ordnet. Wie viele gibt es?
(verschiedene Lösungen)

Hinweise zu den Aufgaben

1 Eine Innenzahl wird verändert: Wie wirkt sich das auf die Außenzahlen aus?

2 Ein Plättchen wird verschoben: Wie wirkt sich das auf die Außenzahlen aus?

3 Das Muster in der Serie nutzen: Wo müssen Plättchen verschoben werden, um vom zweiten zum dritten Rechendreieck zu kommen?

4 Rechendreiecke mit konstanter Innensumme finden und ordnen. Es gibt 15 Lösungen.

Verweise auf weitere Materialien

AH S. 71

FH S. 81

Was wird benötigt?

LF 11, 12 *Rechendreiecke* (Operationsfeld und Arbeitsblatt), Wendeplättchen, Zahlenkarten.

Worum geht es?

Die Kinder können hier nun erste Strukturen im Rechendreieck finden und begründen. Es geht im Wesentlichen darum, wie sich die Änderungen der inneren Zahlen auf die Außenzahlen auswirken: Wenn ein Plättchen im Innern des Dreiecks von einem Feld zum nächsten verschoben wird, dann bleibt die zu beiden Innenfeldern gehörende Außenzahl gleich, die anderen Außenzahlen ändern sich gegensinnig.

1 Erste Erkundungen: Eine Innenzahl ändern

Es ist hilfreich, wenn die Kinder hier zum Legen und Ausprobieren ein großes Rechendreieck (Operationsfeld LF 11) nutzen, in das sie in die Innenfelder die entsprechenden Plättchen sowie zur Darstellung der Außenzahl die Zahlenkarten legen können. Dabei werden die Plättchen nicht als Rechenhilfe, sondern als Erkenntnismittel genutzt: Es wird klar, dass die Änderung einer Innenzahl immer Auswirkungen auf beide angrenzenden Außenzahlen hat.

2, 3 Zwei Innenzahlen systematisch variieren

Die Kinder verschieben ein Plättchen von einem inneren Feld in ein anderes und beobachten die Änderungen der Außenzahlen. Diese Beziehungen nutzen sie in Aufgabe 3, um das letzte Rechendreieck zu lösen: Wo muss man ein Plättchen verschieben, um die Änderungen der Außenzahlen zu bewirken?

4 Rechendreiecke finden und ordnen

Es sollte festgelegt werden, dass auch solche Rechendreiecke verschieden voneinander sind, bei denen die gleichen drei Innenzahlen in verschiedenen Feldern stehen. Die Kinder finden und notieren zunächst einige Rechendreiecke auf Karten, damit sie durch Verschieben der Karten eine Ordnung herstellen können. Eine gute Ordnung ergibt sich durch die Zusammenfassung aller Dreiecke mit der gleichen oberen Innenzahl: So gibt es zur oberen Innenzahl 0 genau 7 Dreiecke, zur Innenzahl 1 gibt es 6, zur Innenzahl 2 sind es noch 5 usw., so dass es insgesamt 7 + 6 + 5 + 4 + 3 + 2 + 1 = 28 Rechendreiecke mit genau 6 Plättchen im Innern gibt.

Diagnostisches Potenzial

Wie nutzen die Kinder die Plättchen? Wie beschreiben sie die Muster, wie begründen sie die Zusammenhänge? Gehen die Kinder systematisch vor?

112/113 Rückblick

Hinweise zu den Aufgaben

1 Aufgabe und Umkehraufgabe zu Bildern finden, vgl. S. 100, 101

2 Umkehraufgaben finden und rechnen, vgl. S. 102, 103

3 Umkehraufgaben und Tauschaufgaben finden und rechnen, vgl. S. 104, 105

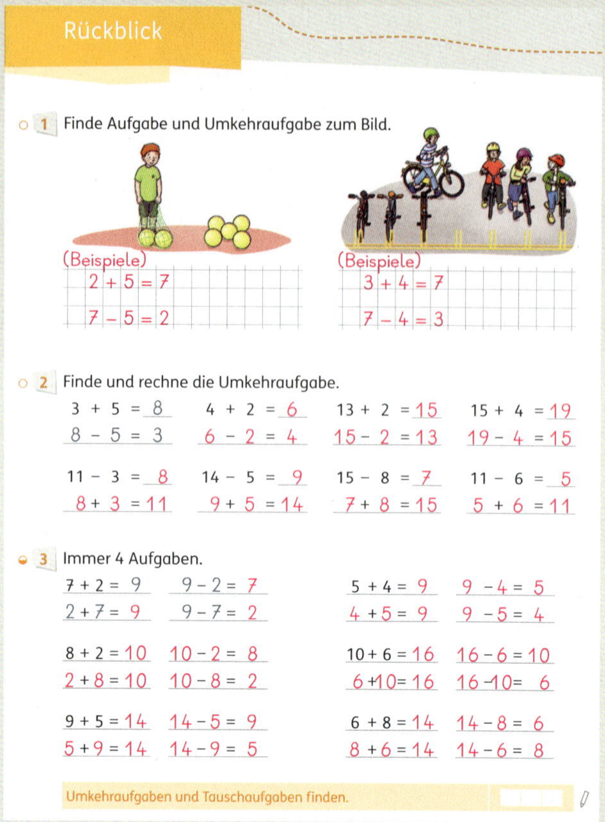

Rückblick

1 Finde Aufgabe und Umkehraufgabe zum Bild.

(Beispiele) 2 + 5 = 7; 7 − 5 = 2

(Beispiele) 3 + 4 = 7; 7 − 4 = 3

2 Finde und rechne die Umkehraufgabe.

3 + 5 = 8	4 + 2 = 6	13 + 2 = 15	15 + 4 = 19
8 − 5 = 3	6 − 2 = 4	15 − 2 = 13	19 − 4 = 15
11 − 3 = 8	14 − 5 = 9	15 − 8 = 7	11 − 6 = 5
8 + 3 = 11	9 + 5 = 14	7 + 8 = 15	5 + 6 = 11

3 Immer 4 Aufgaben.

7 + 2 = 9	9 − 2 = 7	5 + 4 = 9	9 − 4 = 5
2 + 7 = 9	9 − 7 = 2	4 + 5 = 9	9 − 5 = 4
8 + 2 = 10	10 − 2 = 8	10 + 6 = 16	16 − 6 = 10
2 + 8 = 10	10 − 8 = 2	6 + 10 = 16	16 − 10 = 6
9 + 5 = 14	14 − 5 = 9	6 + 8 = 14	14 − 8 = 6
5 + 9 = 14	14 − 9 = 5	8 + 6 = 14	14 − 6 = 8

Umkehraufgaben und Tauschaufgaben finden.

Worum geht es?

Die inhaltsbezogenen Kompetenzen des Kapitels *Addieren und Subtrahieren* werden hier rückblickend angesprochen. Im Kern geht es darum, dass die Kinder

- in Sachsituationen Aufgaben und ihre Umkehraufgaben erkennen und aufeinander beziehen,
- das System von Tausch- und Umkehraufgaben durchdringen,
- Differenzen in den unterschiedlichen Grundvorstellungen Wegnehmen und Ergänzen bestimmen,
- das Lineal zum Messen von Gegenständen nutzen.

Die dabei geförderten prozessbezogenen Kompetenzen treten in Form des Modellierens, Darstellens, Kommunizierens, Argumentierens und Problemlösens auf, indem die Kinder insbesondere

- verschiedene Darstellungsebenen aus der sachlichen Umwelt und der symbolischen Mathematik zueinander in Beziehung setzen (Modellieren und Darstellen),
- Umkehr- und Tauschaufgaben zielgerichtet finden und aus einer gefundenen Lösung systematisch die Lösungen der anderen Aufgaben herleiten (Argumentieren),
- das Ergänzen als eine Lösungsmöglichkeit für Subtraktionsaufgaben erklären (Darstellen und Kommunizieren).

Wie kann man vorgehen?

Je nach den Gegebenheiten in der Klasse können alle Kinder gemeinsam oder nur einzelne Kinder die Aufgaben des Rückblicks bearbeiten. Ebenso kann die gesamte Seite oder nur die Aufgaben zu einem Thema bearbeitet werden. Nach der jeweiligen Bearbeitung einer Aufgabe oder eines Aufgabenblocks kreuzen die Kinder in der Selbsteinschätzung an, wie gut sie mit dem Inhalt zurecht gekommen sind. Dazu wird ggf. wiederholt, welche Position des Kreuzes zu welcher Selbsteinschätzung gehört (etwa von ganz links „schwierig“ bis nach ganz rechts „problemlos“). Anschließend können die Selbsteinschätzungen der Kinder mit den diagnostischen Erkenntnissen der Lehrkraft im Gespräch verglichen werden.

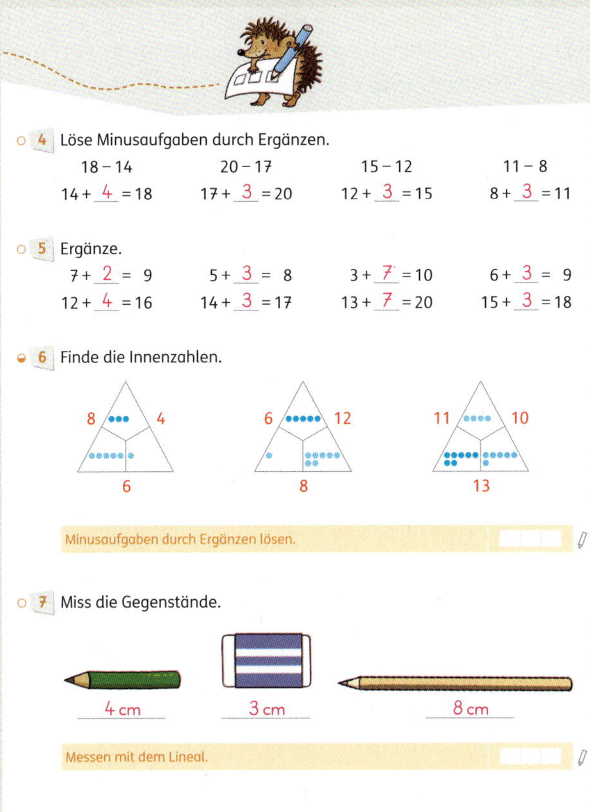

4 Löse Minusaufgaben durch Ergänzen.

18 − 14	20 − 17	15 − 12	11 − 8
14 + 4 = 18	17 + 3 = 20	12 + 3 = 15	8 + 3 = 11

5 Ergänze.

7 + 2 = 9	5 + 3 = 8	3 + 7 = 10	6 + 3 = 9
12 + 4 = 16	14 + 3 = 17	13 + 7 = 20	15 + 3 = 18

6 Finde die Innenzahlen.

Minusaufgaben durch Ergänzen lösen.

7 Miss die Gegenstände.

Messen mit dem Lineal.

Hinweise zu den Aufgaben

4 Minusaufgaben ergänzend lösen, vgl. S. 109

5 Ergänzen, vgl. S. 108

6 Rechendreiecke durch Ergänzen oder Abziehen lösen, vgl. S. 110

7 Abgebildete Gegenstände messen, vgl. S. 98, 99

Verweise auf weitere Materialien

AH S. 72

FH S. 82

LZK 5 A–C im Materialband

Diagnostisches Potenzial

Für den Vergleich zwischen der Selbsteinschätzung der Kinder und der Diagnose durch die Lehrkraft können folgende Leitfragen hilfreich sein:

Umkehraufgaben und Tauschaufgaben finden
Welche Vorstellung von Tauschaufgaben zeigen die Kinder bei der Interpretation von Sachkontexten? Wie finden sie zu einer Aufgabe die Tauschaufgabe und die zugehörigen Umkehraufgaben? Inwiefern nutzen sie die Lösung einer gefundenen Aufgabe zur Lösung der weiteren?

Minusaufgaben durch Ergänzen lösen
Welche Vorstellung von der Beziehung zwischen dem Abziehen und dem Ergänzen zeigen die Kinder? Welche Rolle spielt das Zählen beim Lösen der Aufgaben?

Messen mit dem Lineal
Wie legen die Kinder das Lineal an? Wie lesen sie die gemessene Länge ab? Welche Bedeutung schreiben sie der Null auf dem Lineal zu?

Themenblock Zahlen und Aufgaben vergleichen

In diesem Themenblock geht es darum, aus dem Vergleichen von Zahlen das Vergleichen von Rechentermen abzuleiten. Dabei erfolgt insbesondere ein neuer Durchgang durch das Einspluseins, der durch eine systematische Behandlung anhand der Einspluseins-Tafel eingeleitet wird.

Struktur der Einspluseins-Tafel

Auf dieser Tafel sind alle Einspluseinsaufgaben von 0 + 0 bis 10 + 10 ohne Ergebnisse systematisch dargestellt. Sie steht als Demonstrationsmittel (Poster) und als Arbeitsmittel (Umschlag Arbeitsheft) zur Verfügung. Die gesamte Tafel und die Felder haben die Form einer Raute. Diese Darstellung hat den Vorteil, dass für die Aufgaben genügend Platz vorhanden ist und bei Übungsblättern mit der Tafel in DIN-A4-Format sogar noch Platz zum Eintragen der Ergebnisse zur Verfügung steht (vgl. Kopiervorlagen im Materialband). Durch die Färbung der Felder werden erneut die einfachen Plusaufgaben herausgestellt, die den Kindern schon vertraut sind. Das sind die Aufgaben ...

- doppelt – des Verdoppelns, 7 + 7 = 14
- mit 10 – mit dem Summanden 10, etwa 10 + 3 = 13, ergänzt durch die Aufgaben mit 0 und mit 1
- mit 5 – mit dem Summanden 5, etwa 5 + 3 = 8
- = 10 – mit dem Ergebnis 10, etwa 6 + 4 = 10

Einige Aufgaben gehören zu mehreren dieser Gruppen, z. B. 5 + 5. Anstatt sie bunt zu färben, wurde jeweils eine dominante Farbe festgelegt: rot vor grün, gelb und blau; gelb vor grün und blau vor grün.
In den weißen Feldern stehen (bis auf 3 + 2 und 2 + 3) die schwierigeren Aufgaben.

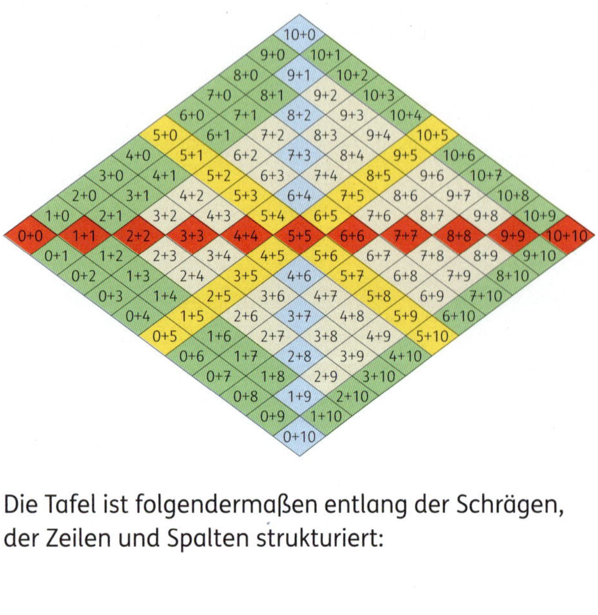

Die Tafel ist folgendermaßen entlang der Schrägen, der Zeilen und Spalten strukturiert:

Schräge Streifen von links nach rechts oben aufsteigend, bei denen der erste Summand immer um 1 zunimmt und der zweite konstant ist.
Schräge Streifen von oben nach rechts unten absteigend, bei denen der erste Summand konstant ist und der zweite immer um 1 zunimmt.
Zeilen, in denen beide Summanden von links nach rechts immer um 1 zunehmen.
Spalten, in denen von oben nach unten der erste Summand immer um 1 abnimmt, der zweite um 1 zunimmt.
Jede „weiße" Aufgabe hat in einem der beiden Streifen, zu dem sie gehört, einen farbigen Nachbarn. Jede schwierige Aufgabe kann also von einer einfachen Aufgabe abgeleitet werden, indem man einen Summanden der einfachen Aufgabe um 1 vergrößert oder verkleinert, was zur Folge hat, dass sich auch das Ergebnis um 1 vergrößert oder verkleinert.

Arbeit mit der Einspluseins-Tafel

Die Tafel bietet die Möglichkeit, die Aufgaben des Einspluseins systematisch zu vernetzen und dabei die schwierigen Aufgaben noch fester an die einfachen Aufgaben anzubinden. Wenn die Kinder auf der Tafel von Feld zu Feld wandern, treten die operativen Veränderungen der Aufgaben und die Veränderung der dadurch bewirkten Ergebnisse markant in Erscheinung. Die Tafel unterstützt so das Lernen des Einspluseins bis hin zur blitzartigen Beherrschung. Hilfreicher, als eine analoge Tafel zum Einsminuseins zu entwickeln, ist es, die Unterrichtszeit auf die Herausstellung der operativen Beziehungen zwischen Plus- und Minusaufgaben zu verwenden, wie es im vorangehenden Themenblock auch geschehen ist. Wegen der systematischen Beziehung zwischen Addition und Subtraktion sind im Folgenden mit Einspluseins immer alle Plusaufgaben von 0 + 0 bis 10 + 10 und ihre Umkehrungen gemeint.

Struktur des Themenblocks

Der Themenblock startet mit Aktivitäten an der Einspluseins-Tafel, an der insbesondere thematisiert wird, dass alle schwierigen Aufgaben zu mindestens einer einfachen Aufgabe benachbart sind. Durch die systematische Darstellung des Einspluseins soll diese Nachbarschaftsbeziehung noch bewusster gemacht werden.

Schulbuch 1, S. 119

Anschließend werden die schon bekannten arithmetischen Vergleichssymbole =, < und > vertieft, indem sie zum Vergleich von Rechentermen und Zahlen, aber auch schon zum Vergleich von Termen untereinander herangezogen werden. Dabei werden sowohl Additionen als auch Subtraktionen angesprochen und die Idee der operativen Variationen von Aufgaben aufgegriffen.

2 < oder > oder =?

8 + 2 ◯ 8 + 3	6 + 5 ◯ 5 + 10	3 + 3 ◯ 2 + 4
8 + 4 ◯ 8 + 4	7 + 6 ◯ 6 + 9	5 + 4 ◯ 4 + 5
8 + 6 ◯ 8 + 5	8 + 7 ◯ 7 + 8	7 + 5 ◯ 6 + 6

Schulbuch 1, S. 120

Spätestens hier wird deutlich, wie die arithmetischen Grundlagen schon in erste algebraische Überlegungen übergehen, bei denen Aufgaben nicht notwendiger Weise ausgerechnet, sondern im Sinne eines Rechenterms als eigenständige Objekte angesehen werden.
Anschließend geht es um die Parität von Zahlen, d. h. es werden gerade und ungerade Zahlen untersucht und erarbeitet, wann deren Summen oder Differenzen wieder eine gerade oder eine ungerade Zahl ergeben.

4 Legt und rechnet Plusaufgaben mit geraden und ungeraden Zahlen.

2 gerade Zahlen	2 ungerade Zahlen
10 + 6 = ___	3 + 5 = ___
2 + 4 = ___	5 + 1 = ___
6 + 6 = ___	7 + 3 = ___
4 + 8 = ___	9 + 5 = ___

1 gerade und 1 ungerade Zahl

6 + 5 = ___	2 + 1 = ___	1 + 4 = ___	5 + 2 = ___
4 + 3 = ___	8 + 5 = ___	7 + 2 = ___	3 + 6 = ___

Erklärt: Welche Ergebnisse sind immer gerade, welche ungerade?

Schulbuch 1, S. 123

Zusätzlich wird noch ein Ausblick auf die zweite Klasse gegeben, in der Multiplikation und Division eingeführt werden. Am Ende der ersten Klasse können die Kinder dadurch schon eine erste Idee bekommen, wie es in der zweiten Klasse weitergeht: Plusaufgaben mit lauter gleichen Summanden, können kürzer geschrieben werden. Diese Idee wird anhand des „Mini-Einmaleins" von 1·1 bis 5·5 thematisiert, so dass der Zahlenraum nur bei der Aufgabe 5·5 etwas überschritten wird.

1

Fünfer	Zweier
5 + 5	2 + 2 + 2 + 2 + 2

Schulbuch 1, S. 124

Zum Abschluss des Themenblocks werden anhand der Zahlenmauern noch einmal operative Strukturen in der Arithmetik beleuchtet, die bereits stark algebraisch geprägt sind.
Zahlenmauern können aus beliebig vielen Stockwerken aufgebaut sein, wobei die (gleichgroßen) Steine der Grundschicht lückenlos aneinander gesetzt und jeder weitere Stein mittig über zwei andere gesetzt wird. Eine dreistöckige Mauer hat folgende Form:

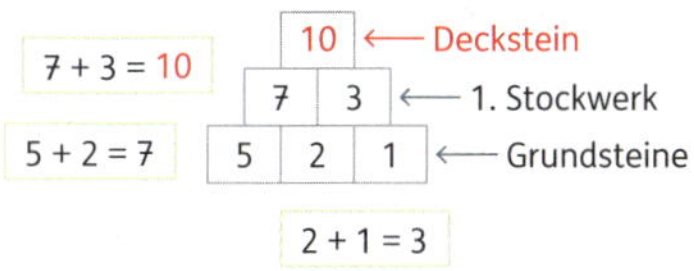

Schulbuch 1, S. 126

Die Steine werden mit Zahlen beschrieben, wobei folgende Regel gilt: Auf jedem Stein, der über zwei anderen Steinen liegt, muss die Summe der beiden Zahlen auf diesen beiden Steine liegen. Hieraus ergibt sich eine besondere Beziehung zwischen der Zahl im Deckstein und Zahlen in den Basissteinen: Der mittlere Basisstein geht doppelt in den Deckstein ein:

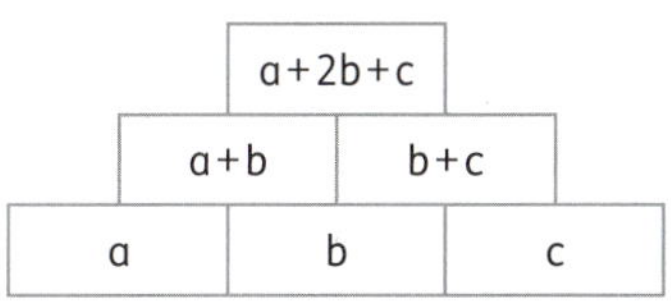

Diese Strukturen erschließen sich die Kinder anhand von operativen Serien – natürlich ohne Variablen zu nutzen – indem sie systematisch die Zahlen in den Grundsteinen variieren, die Auswirkung auf den Deckstein beobachten und anschließend auch begründen:

1 Ein Grundstein wird immer größer. Wie ändert sich der Deckstein?

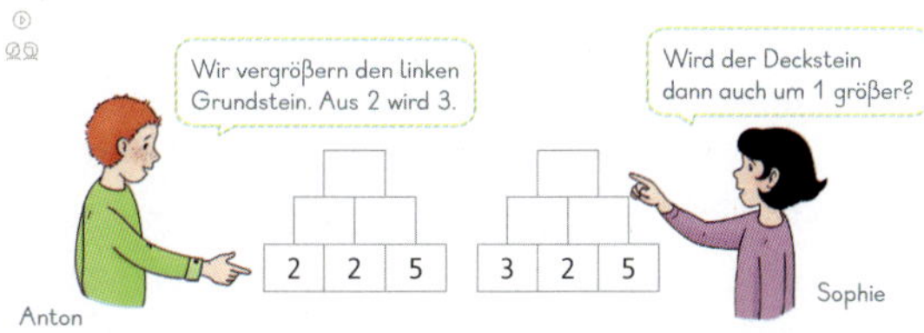

Schulbuch 1, S. 127

Wie immer folgt am Ende des Themenblocks der Rückblick, bei dem sich die Kinder bzgl. der gelernten Inhalte selbst einschätzen können.

114/115 Mit Geld rechnen

Hinweise zu den Aufgaben

Einstieg Sachsituation „Flohmarkt“ klären, Gegenstände und Preise benennen.
Rollenspiel: Sachen kaufen und bezahlen.

1 Preise der abgebildeten Gegenstände mit Rechengeld nachlegen und zeichnen.

2 Vorgegebene Beträge bestimmen und passende Gegenstände vom Bild auswählen und zeichnen.

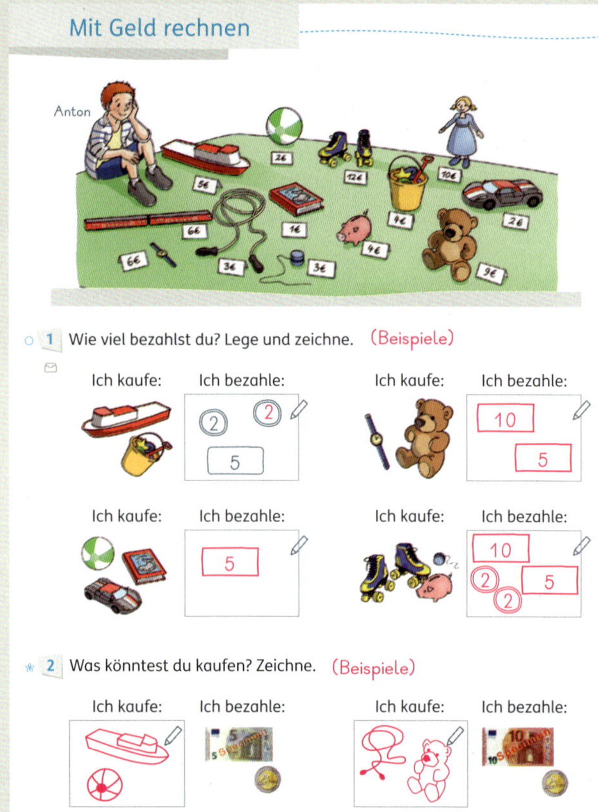

Wichtige Wörter

kaufen, bezahlen

Was wird benötigt?

Arbeitsmaterial: Rechengeld (Euro-Münzen und Scheine bis 20 Euro), KV 71 *Mit Geld rechnen*
Demonstrationsmaterial: Rechengeld, Gegenstände als Verkaufsattrappen, Kasse, Preisschilder

Worum geht es?

Die Kinder sollen die Grundstruktur eines Kaufes (Preis, Bezahlung) erfassen. Bei allen Aufgaben der linken Seite werden die Gegenstände mit Scheinen und Münzen passend bezahlt. Dabei spielen zwei im täglichen Leben häufig vorkommende Situationen eine Rolle. Zum einen wird der Preis von Gegenständen berechnet und bezahlt. Zum anderen wird geschaut, wie viel Geld zur Verfügung steht und was davon gekauft werden kann.
Auf der rechten Seite wird das Berechnen des Rückgeldes erweiternd thematisiert. Entsprechend der Struktur von Kassenbons (gekauft, gegeben, zurück) wird zwischen der Rechnungssumme (ich kaufe), dem gegebenen Geld (ich gebe) und dem Rückgeld (ich bekomme zurück) unterschieden. Den Kindern sollte dabei deutlich werden, dass Einkaufen und Bezahlen ein (hoffentlich fairer) Tauschhandel ist. Die Einstiegssituation ist lebensnah und vielen Kindern bekannt. Der Schwerpunkt liegt zunächst auf dem Erfassen der Sachsituation und dem Herausfinden des Lösungsweges, daher sind die rechnerischen Anforderungen anfangs bewusst einfach gehalten.

Wie kann man vorgehen?

Einstieg Einführung in Sachsituation Flohmarkt
Anhand des Einstiegsbildes wird zunächst die Sachsituation Flohmarkt geklärt. Für die folgenden Aufgaben leitende Fragen sind: Was verkaufen die Kinder? Was kosten die einzelnen Sachen? Wie kann man die Beträge bezahlen? Gemeinsam werden verschiedene Möglichkeiten der Bezahlungen von den Kindern gelegt, beschrieben und auf Karten notiert. Euro-Münzen werden mit zwei äußeren Ringen dargestellt, um sie später von Centmünzen (ein Ring) unterscheiden zu können, Euroscheine werden als Rechtecke gezeichnet.
Besonders schön ist es, wenn die Kinder vor der Behandlung der Schulbuchseite selbst einen eigenen Flohmarkt simulieren. Dafür sollten vorbereitend entweder die Kinder oder die Lehrkraft Gegenstände mitbringen, die mit entsprechenden Preisen versehen werden. Kinder können dann im Rollenspiel (erst im Plenum, dann in Partnerarbeit) Sachen kaufen, mit Rechengeld bezahlen und diese Einkäufe dokumentieren (analog zu Aufgabe 1).
Zur Ergebnispräsentation hängt jede Partnergruppe eine Einkaufssituation (Gegenstand, Preis und Bezahlung) an die Tafel. Diese werden gemeinsam besprochen und verschiedene Legemöglichkeiten für gleiche Beträge in den Blick genommen.

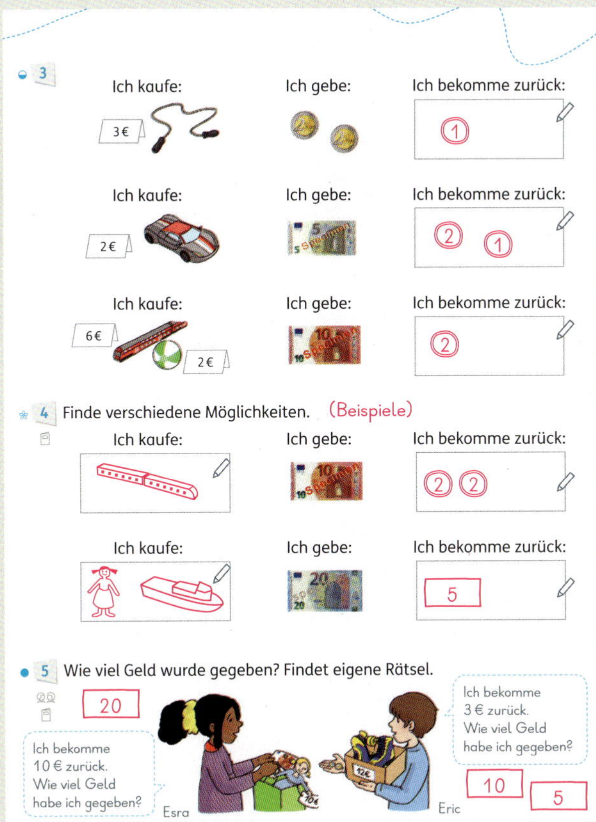

3 Ich kaufe: 3 € — Ich gebe: — Ich bekomme zurück: 1

Ich kaufe: 2 € — Ich gebe: — Ich bekomme zurück: 2 1

Ich kaufe: 6 € 2 € — Ich gebe: — Ich bekomme zurück: 2

4 Finde verschiedene Möglichkeiten. (Beispiele)

Ich kaufe: — Ich gebe: — Ich bekomme zurück: 2 2

Ich kaufe: — Ich gebe: — Ich bekomme zurück: 5

5 Wie viel Geld wurde gegeben? Findet eigene Rätsel.

20

Ich bekomme 10 € zurück. Wie viel Geld habe ich gegeben?

Esra

Ich bekomme 3 € zurück. Wie viel Geld habe ich gegeben?

10 5

Eric

Hinweise zu den Aufgaben

3, 4 Besprechen und Nachspielen der Situationen: Der Verkäufer gibt passendes Rückgeld heraus.

5 Rätsel mit einem Partnerkind lösen. Überlegen, welche Scheine Esra und Eric abgegeben haben. Eigene Rätsel erfinden.

Wichtige Wörter

kaufen, geben, zurückbekommen, Rückgeld, Wechselgeld

Verweise auf weitere Materialien

AH S. 73

KV 71 *Mit Geld rechnen*

1 Preise bestimmen und bezahlen
Bei der ersten Teilaufgabe werden die Preise der beiden Gegenstände addiert. Anschließend legt jedes Kind mit Rechengeld 9 Euro. An der Tafel können verschiedene Lösungen mit Rechengeld gezeigt werden. Die Kinder malen ihre Lösung und können anschließend die weiteren Teilaufgaben selbstständig lösen.

2 Gegenstände auswählen
Es müssen jeweils mindestens zwei Gegenstände kombiniert werden, um den gezeigten Geldbetrag zu erreichen. In einer anschließenden Ergebnispräsentation wird herausgestellt, dass es möglich ist, unterschiedliche Gegenstände für den gleichen Betrag zu kaufen.

3, 4 Rückgeld berechnen
Nun kommt die Berechnung des Rückgeldes hinzu. Es bietet sich an, erneut einen Flohmarkt zu simulieren. Die Kinder erhalten zum Bezahlen vorerst nur Euroscheine, so dass die Notwendigkeit besteht, sich mit Rückgeld auseinanderzusetzen. Anschließend werden die ersten beiden Teilaufgaben gemeinsam besprochen und nachgespielt.
Es sollte besprochen werden, dass das Rückgeld durch Ergänzen ermittelt werden kann.
Die Kinder bearbeiten anschließend die weiteren Aufgaben selbstständig mit Rechengeld, zu Aufgabe 4 KV 71 nutzen.

5 Rätsel lösen
Gemeinsam mit einem Partnerkind wird die dargestellte Situation besprochen und eventuell nachgespielt. Die Kinder berechnen, wie viel Euro jeweils abgegeben worden sind. Danach überlegen sich die Kinder eigene Rätsel, die sie im Anschluss im Plenum vorstellen.

Diagnostisches Potenzial

Können die Kinder Geldbeträge addieren und den Gesamtpreis ermitteln? Wie legen sie die Geldbeträge? Finden sie zu einem Geldbetrag Gegenstände, die damit gekauft werden können? Sind sie in der Lage, Geldbeträge zu wechseln und das Rückgeld zu ermitteln?

Möglichkeiten zur Differenzierung

1 Anzahl der Gegenstände verringern.

2 Beträge so verringern, dass der gesamte Betrag auch für einen einzelnen Gegenstand ausgegeben werden kann.

3 Beträge gemeinsam mit dem Kind in Münzen wechseln, danach Betrag passend bezahlen lassen.

116/117 Mit Geld rechnen

Hinweise zu den Aufgaben

Einstieg Zum Bild erzählen, von eigenen Erfahrungen berichten, Preisschilder kommentieren. Preise für die abgebildeten Familien berechnen. Kinder kosten die Hälfte.

1 Symbole für Erwachsene und Kinder klären, Preise berechnen.

2 Gesamtpreise berechnen.

3 Passende Gegenstände auswählen und aufzeichnen.

Mit Geld rechnen

○ 1 Achterbahn. Wie viel Euro müssen die Familien bezahlen?

10 € | 8 € | 12 € | 10 €

○ 2 Wie viel Euro kostet es zusammen?

9 € | 11 € | 7 €

✳ 3 Was wurde gekauft? (Beispiele)

8€ | 10€ | 13€

Was wird benötigt?

Arbeitsmaterial: Rechengeld
Demonstrationsmaterial: Rechengeld, evtl. Zettel als „Fahrkarten“ mit Preisangaben

Worum geht es?

Der Umgang mit Geld wird im Rahmen einer vielen Kindern bekannten Sachsituation fortgesetzt: Eine Familie geht auf einen Jahrmarkt. Die Kinder lernen bei diesem Thema die Möglichkeit kennen, dass die Preise für Kinder reduziert sind und können überlegen, wofür sie Geld auf dem Jahrmarkt ausgeben würden. Sie legen Preistabellen an und erfahren anschließend, dass diese bei der Berechnung von mehreren Gegenständen eine große Hilfe darstellen. Die wiederholte Addition von Geldbeträgen bereitet Einsichten in proportionale Zusammenhänge vor: Wenn ein Luftballon 3 € kostet, dann kosten doppelt so viele Luftballons auch doppelt so viel.

Wie kann man vorgehen?

Einstieg Jahrmarktbesuch

Das Einstiegsbild regt zur Diskussion über den Kauf von Fahrkarten, Eis und Luftballons an. Gemeinsam wird überlegt, was die Familien auf dem Bild bezahlen müssen, wenn sie mit der Achterbahn fahren wollen. Im Rollenspiel können an einer Kasse Fahrkarten für die eigene Familie oder Kindergruppen angefordert und bezahlt werden. Die Aufgaben und Rechnungen sollten so notiert werden wie in Aufgabe 1.

1 Gesamtpreis berechnen

Vorab müssen die Piktogramme für Erwachsene und Kinder geklärt werden. Für diese und für die weiteren Aufgaben sollte den Kindern Rechengeld und evtl. „Fahrkarten“ mit Preisangaben zur Verfügung gestellt werden.

2 Preise berechnen

Bei diesen Aufgaben wird zusätzlich noch Bezug auf die Preise für Eis und Luftballons genommen. Die erste Teilaufgabe wird gemeinsam besprochen. Danach können sich die Kinder mit den weiteren Teilaufgaben selbstständig beschäftigen. Ggf. nutzen sie dazu Rechengeld. Interessierte Kinder können zusätzlich die Preise für einen Ausflug mit ihrer eigenen Familie oder ausgedachte Gruppen im Heft berechnen.

3 Gegenstände auswählen

Es müssen jeweils mindestens zwei bzw. drei Gegenstände kombiniert werden, um den gezeigten Geldbetrag zu erreichen. In einer anschließenden Ergebnispräsentation wird herausgestellt, dass es möglich ist, unterschiedlich viele Gegenstände für den gleichen Betrag zu kaufen.

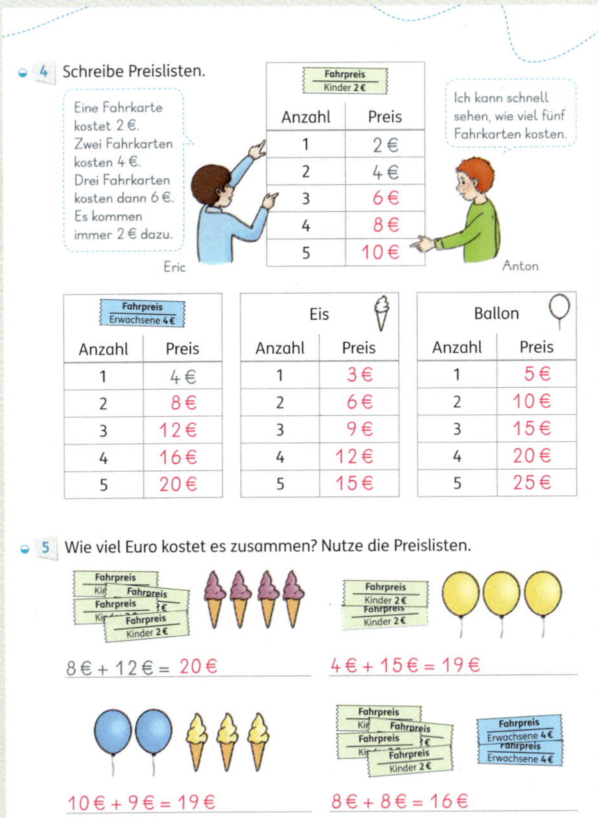

4 Schreibe Preislisten.

Fahrpreis Kinder 2 €	
Anzahl	Preis
1	2 €
2	4 €
3	6 €
4	8 €
5	10 €

Fahrpreis Erwachsene 4 €	
Anzahl	Preis
1	4 €
2	8 €
3	12 €
4	16 €
5	20 €

Eis	
Anzahl	Preis
1	3 €
2	6 €
3	9 €
4	12 €
5	15 €

Ballon	
Anzahl	Preis
1	5 €
2	10 €
3	15 €
4	20 €
5	25 €

5 Wie viel Euro kostet es zusammen? Nutze die Preislisten.

8 € + 12 € = 20 €

4 € + 15 € = 19 €

10 € + 9 € = 19 €

8 € + 8 € = 16 €

Hinweise zu den Aufgaben

4 Aufbau der Preislisten besprechen, Preislisten ausfüllen.

5 Preislisten zur Bestimmung des Gesamtpreises nutzen.

Wichtige Wörter

Preisliste

Verweise auf weitere Materialien

AH S. 74

4 Preislisten schreiben

Die Tabellenstruktur wird den Kindern verdeutlicht, ein spaltenweises Ausfüllen und zeilenweises Lesen wird demonstriert. Die erste Tabelle wird gemeinsam vervollständigt und besprochen. Dann rechnet jedes Kind alleine weiter und füllt die übrigen Tabellen ggf. unter Hinzunahme von Rechengeld aus.

Im Plenum werden die Ergebnisse überprüft und die Preislisten mit den Fahrkarten verglichen. Dabei fällt auf, dass die Fahrkarten für Erwachsene stets doppelt so teuer sind wie die für Kinder. Die Kinder erkennen dadurch, dass sich die Beobachtung, die sie zu Beginn für die einzelne Fahrkarte bereits gemacht haben, auch bei größeren Stückzahlen fortsetzt.

Anschließend üben sich die Kinder darin, sich in den Tabellen zu orientieren. Dazu stellen sie sich gegenseitig Fragen.

Beispiele:

Wie viel Euro kosten vier Eis?

Wie viel Euro kosten fünf Luftballons?

Herausfordernd kann auch schon besprochen werden, wie viel Euro z. B. 10 Kinderfahrkarten oder 6 Eis kosten würden. Dazu wählen die Kinder geeignete Beträge aus den Preislisten aus und addieren diese.

5 Preise berechnen

Die Kinder sollen bei dieser Aufgabe jeweils den Gesamtpreis ermitteln. Im Gegensatz zu Aufgabe 2 handelt es sich hier um größere Anzahlen von Gegenständen. Um sich das Rechnen zu erleichtern, sollen die Kinder die Preise für jeweils eine Sorte von Gegenständen erst in den Preislisten ablesen, bevor sie sie anschließend addieren.

Interessierte Kinder können danach noch weitere Aufgaben in ihr Heft malen und die Preise bestimmen.

Diagnostisches Potenzial

Können die Kinder den Preistafeln Informationen entnehmen? Wie addieren die Kinder mehrere Summanden? Wie teilen sie einen vorgegebenen Geldbetrag unter Berücksichtigung der Einzelpreise auf? Können sie eine Preisliste interpretieren und fortsetzen? Wie orientieren sie sich in den Preislisten? Nutzen sie die Ergebnisse der Preislisten für weitere Aufgaben?

Möglichkeiten zur Differenzierung

Alle Preise können mit Rechengeld gelegt werden.

2 Anzahl der Gegenstände verringern.

3 Beträge verringern.

5 Preise in den Preislisten (Aufgabe 4) markieren.

118/119 Die Einspluseinstafel

Hinweise zu den Aufgaben

1 Die bekannten einfachen Aufgaben in der Tafel suchen und mit ihrer Hilfe den Aufbau beschreiben (etwa entlang der farbigen Streifen).

2, 3 Einfache Aufgaben in der Tafel finden.

4 Orientierungen an der Tafel: Die Aufgaben mit einem Ergebnis kleiner (größer) als 10, stehen links (rechts) von = 10 Aufgaben.

Wichtige Wörter

Einspluseins-Tafel (oder Plus-Tafel), erste Pluszahl, zweite Pluszahl, wird um ... größer, wird um ... kleiner, oben, unten, rechts, links, schräg

Die Einspluseins-Tafel

1 Einfache und schwierige Aufgaben. Beschreibe.

2 Zeige und rechne einfache Aufgaben.

= 10	3 + 7 = 10 4 + 6 = 10	8 + 2 = 10 1 + 9 = 10	7 + 3 = 10 5 + 5 = 10
doppelt	3 + 3 = 6 6 + 6 = 12	4 + 4 = 8 9 + 9 = 18	8 + 8 = 16 10 + 10 = 20
mit 5	5 + 2 = 7 5 + 4 = 9	3 + 5 = 8 1 + 5 = 6	5 + 6 = 11 5 + 8 = 13

3 Rechne einfache Aufgaben mit 5, mit 10, = 10, doppelt, mit 1.

5 + 3 = 8 10 + 1 = 11

(verschiedene Lösungen)

4 Finde Plusaufgaben an der Einspluseins-Tafel. (verschiedene Lösungen)

Das Ergebnis ist kleiner als 10. | Das Ergebnis ist größer als 10.

Was wird benötigt?

Einspluseins-Tafel als Poster und auf der Rückseite des Arbeitshefts (siehe auch LF10 *Einspluseinstafel*), LF 3 *Zwanzigerfeld*, Plättchen

Worum geht es?

Auf dieser Doppelseite werden die operativen Zusammenhänge der Aufgaben des Einspluseins weiter vertieft. Im Mittelpunkt steht die Einspluseins-Tafel (kurz Plus-Tafel), in der alle 121 Aufgaben des kleinen Einspluseins in Beziehung zueinander dargestellt sind. Dabei sind die zur Einführung der Addition hervorgehobenen einfachen Aufgaben passend gefärbt:

- doppelt – Verdopplungsaufgaben
- mit 5 – Aufgaben mit 5
- = 10 – Aufgaben mit 0, 1 und 10
- mit 10 – 10er-Zerlegung

Jede der restlichen, ungefärbten Aufgaben ist Nachbar mindestens einer gefärbten Aufgabe und kann durch operative Veränderung daraus gewonnen werden. Dazu müssen die Kinder wissen, wie sich die Veränderung eines Summanden auf das Ergebnis auswirkt.

Entscheidend bei der Behandlung der Tafel ist nicht ihre statische Betrachtung, sondern das Wandern auf der Tafel unter ständiger Beobachtung, wie sich dabei die Ergebnisse der Aufgaben verändern.

Wie kann man vorgehen?

1 Einspluseins-Tafel beschreiben

Es ist sinnvoll, die Plus-Tafel schon vor ihrer Einführung in der Klasse aufzuhängen, damit sich die Kinder schon im Vorfeld zwanglos damit vertraut machen können. Bei der eigentlichen Vorstellung als Poster oder als Folie werden zunächst die gefärbten Aufgaben genauer betrachtet: Es wird festgestellt, dass es sich hierbei um die schon vertrauten einfachen Aufgaben handelt und wiederholt, wie man aus ihnen die Ergebnisse der Nachbaraufgaben ableiten kann. Anschließend wird die Struktur der Tafel betrachtet: Die Kinder beschreiben, wie sich die Aufgaben auf den schrägen Streifen, waagerechten Zeilen und senkrechten Spalten jeweils ändern. Die Ergebnisse spielen in dieser ersten Phase keine Rolle.

Die schwierigen Raumlagebegriffe müssen von der Lehrkraft unterstützend eingebracht werden:

- *Schrägen von links unten nach rechts oben*: Die erste Zahl vergrößert sich immer um 1, die zweite bleibt gleich.
- *Schrägen von links nach rechts unten*: Die erste Zahl bleibt gleich, die zweite vergrößert sich um 1.

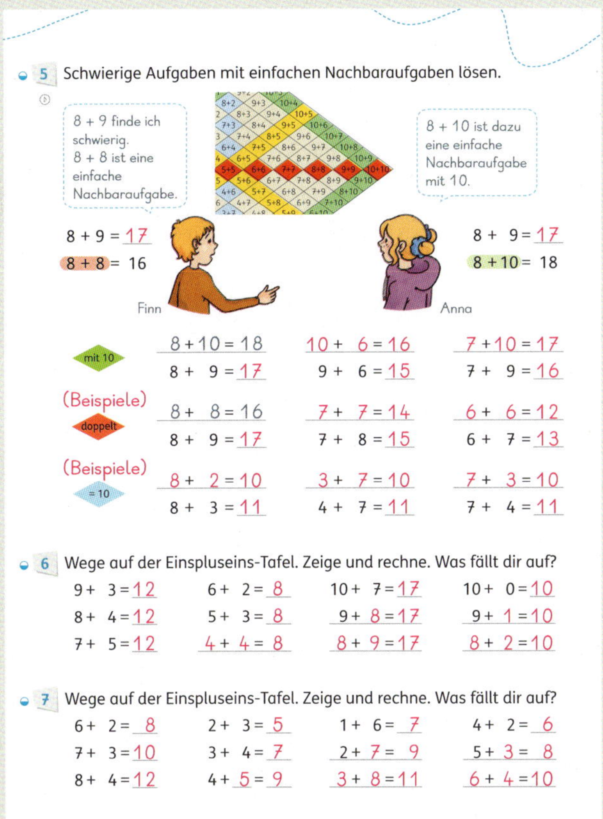

5 Schwierige Aufgaben mit einfachen Nachbaraufgaben lösen.

8 + 9 = 17
8 + 8 = 16

8 + 9 = 17
8 + 10 = 18

mit 10	8 + 10 = 18	10 + 6 = 16	7 + 10 = 17
	8 + 9 = 17	9 + 6 = 15	7 + 9 = 16
(Beispiele) doppelt	8 + 8 = 16	7 + 7 = 14	6 + 6 = 12
	8 + 9 = 17	7 + 8 = 15	6 + 7 = 13
(Beispiele) = 10	8 + 2 = 10	3 + 7 = 10	7 + 3 = 10
	8 + 3 = 11	4 + 7 = 11	7 + 4 = 11

6 Wege auf der Einspluseins-Tafel. Zeige und rechne. Was fällt dir auf?

9 + 3 = 12	6 + 2 = 8	10 + 7 = 17	10 + 0 = 10
8 + 4 = 12	5 + 3 = 8	9 + 8 = 17	9 + 1 = 10
7 + 5 = 12	4 + 4 = 8	8 + 9 = 17	8 + 2 = 10

7 Wege auf der Einspluseins-Tafel. Zeige und rechne. Was fällt dir auf?

6 + 2 = 8	2 + 3 = 5	1 + 6 = 7	4 + 2 = 6
7 + 3 = 10	3 + 4 = 7	2 + 7 = 9	5 + 3 = 8
8 + 4 = 12	4 + 5 = 9	3 + 8 = 11	6 + 4 = 10

Hinweise zu den Aufgaben

5 Strukturen der Tafel nutzen: Schwierige Aufgaben auf einfache Nachbaraufgaben zurückführen.

6 Senkrechte Wege auf der Tafel als schöne Päckchen identifizieren: Bei Wegen, die von oben nach unten (oder umgekehrt) verlaufen, wird eine Zahl größer und die andere kleiner, die Summe bleibt gleich.

7 Waagerechte Wege auf der Tafel als schöne Päckchen identifizieren: Bei Wegen, die von links nach rechts (von rechts nach links) verlaufen, werden beide Zahlen größer (kleiner), die Summe wird um 2 größer (kleiner).

Wichtige Wörter

Nachbaraufgaben, Wege, oben, unten, links, rechts

Verweise auf weitere Materialien

AH S. 75, 76

FH S. 83, 84

- *Von oben nach unten*: Die erste Zahl wird um 1 kleiner, die zweite um 1 größer.
- *Von links nach rechts*: Beide Zahlen werden um 1 größer.

Wenn diese Strukturen klar geworden sind, können die Kinder in die Arbeitsphase gehen. Dazu nutzen sie die Plus-Tafel auf der Rückseite des Arbeitsheftes.

2, 3 Einfache Aufgaben finden
Nun werden die Aufgaben ausgerechnet. Die Lehrkraft regt in Aufgabe 3 ggf. dazu an, einfache Aufgaben entlang eines gefärbten Weges sortiert zu wählen und die Strukturen der Tafel zu nutzen.

4 Orientierungen an der Tafel
Die Aufgaben links (rechts) von den Zehnerzerlegungen liefern ein Ergebnis, das kleiner (größer) ist als 10.

5 Ableiten an der Tafel
Die Idee, schwierige Aufgaben aus einfachen Nachbaraufgaben abzuleiten, wird auf die Tafel übertragen. Dabei sollte klar werden, dass Nachbaraufgaben auf der Einspluseins-Tafel auch wirklich aneinander grenzen.

6, 7 Wege auf der Tafel
Hier wird das Prinzip der schönen Päckchen auf die Einspluseinstafel übertragen: Wählt man die Aufgaben einer Serie entlang eines Weges an der Tafel, dann ändern sich die Summanden der Aufgaben in einer systematischen Weise.

Diagnostisches Potenzial

Wie beschreiben die Kinder Wege durch die Tafel, die Raumlage und die Aufgabenänderungen in der Tafel? Wie bestimmen sie die Ergebnisse einfacher Aufgaben, wie schließen sie daraus auf die Ergebnisse der Nachbaraufgaben?

Möglichkeiten zur Differenzierung

Bei allen Aufgaben können die Kinder ein Zwanzigerfeld mit Plättchen nutzen, um die Beziehungen zwischen den Nachbaraufgaben besser klären zu können. Bei großen Schwierigkeiten mit dem Ableiten von Aufgaben können noch einmal Nachbarzahlen am Zwanzigerfeld thematisiert werden: Nachbaraufgaben entstehen dadurch, dass man einen Summanden durch eine Nachbarzahl ersetzt.

120/121 Gleichungen und Ungleichungen

Hinweise zu den Aufgaben

1 Relationszeichen kleiner als, größer als und gleich wiederholen, Terme geschickt mit Zahlen vergleichen.

2 Terme geschickt mit Termen vergleichen.

3 Terme geschickt mit der 10 vergleichen.

Wichtige Wörter

kleiner als, größer als, gleich

Gleichungen und Ungleichungen

1 < oder > oder =?

5 + 2 < 10
5 + 5 = 10
5 + 7 > 10

5 + 2 < 10	5 + 5 = 10	5 + 7 > 10
5 + 2 ist kleiner als 10	5 + 5 ist gleich 10	5 + 7 ist größer als 10

7 + 7 < 20	5 + 4 < 10	3 + 4 < 10	5 + 5 < 12
7 + 7 < 15	5 + 6 > 10	4 + 5 < 10	6 + 6 = 12
7 + 7 > 10	5 + 8 > 10	5 + 6 > 10	7 + 7 > 12

2 < oder > oder =?

8 + 2 < 8 + 3	6 + 5 < 5 + 10	3 + 3 = 2 + 4
8 + 4 = 8 + 4	7 + 6 < 6 + 9	5 + 4 = 4 + 5
8 + 6 > 8 + 5	8 + 7 = 7 + 8	7 + 5 = 6 + 6

3 Ordnet die Aufgaben.
Das Ergebnis ist < 10 oder = 10 oder > 10.
Findet weitere Aufgaben und ordnet.

~~5 + 4~~	5 + 7	8 + 9	8 + 1	8 + 2
3 + 7	4 + 7	1 + 9	5 + 5	(Beispiel) 2 + 1

< 10	= 10	> 10
5 + 4	8 + 2	5 + 7
8 + 1	3 + 7	8 + 9
2 + 1	1 + 9	4 + 7
	5 + 5	

Was wird benötigt?

Zahlenkarten

Worum geht es?

Auf dieser Doppelseite wird die Bedeutung der Zeichen < und > erweitert und vertieft: Wurden sie bislang zum Vergleich von zwei Zahlen genutzt, so stellen sie nun Beziehungen zwischen Aufgaben und Zahlen bzw. Aufgaben her. Den Kindern soll bewusst gemacht werden, dass sie – ohne zu rechnen – von Beziehungen zwischen Zahlen auf Beziehungen zwischen Aufgaben schließen können: Die Kinder wissen etwa, 5 + 5 = 10 und 7 > 5. Daraus folgt, dass 5 + 7 > 10 sein muss.
Dadurch werden die Grundlagen geschaffen, um erste Erfahrungen mit der Lösung von Gleichungen und Ungleichungen mit einer Variable zu machen: Die Kinder suchen für Leerstellen passende Zahlen, um eine korrekte (Un-)gleichung zu erhalten – dabei sind die (Un-)gleichungen hier allesamt lösbar. Für die Gleichungen gibt es immer genau eine Lösung, für die Ungleichungen gibt es jeweils mehrere, in einigen Fällen unendlich viele Lösungen.
Beim Lösen soll die Bewusstheit über Eigenschaften von (Un-)gleichungen erweitert werden: Wenn man weiß, dass 6 + __ = 10 durch 4 gelöst wird, kann man die Lösungen der zugehörigen Ungleichungen ableiten:
6 + __ < 10 wird gelöst durch alle Zahlen kleiner 4,
6 + __ > 10 wird gelöst durch alle Zahlen größer 4.
Den Kindern wird hierbei schnell klar werden, dass man für die zweite Ungleichung prinzipiell auch noch größere Zahlen einsetzen kann, dass es sogar unendlich viele Lösungen gibt.

Wie kann man vorgehen?

1–3 Die Lehrkraft erinnert die Kinder an die Zeichen zum Vergleich von zwei Zahlen. Dazu schreibt sie die Lückenterme 2 ◯ 5, 5 ◯ 5 und 7 ◯ 5 an die Tafel und fragt, welche Zeichen in die Kreise geschrieben werden müssen, damit der Vergleich der Zahlen korrekt ist. Bei Schwierigkeiten erinnert die Lehrkraft ggf. an das Krokodil als Merkhilfe (vgl. Seite 44 im Schulbuch) und bespricht weitere Beispiele, bis den Kindern die Relationszeichen und Bezeichnungen wieder geläufig sind. Dann kündigt die Lehrkraft an, dass nun Rechnungen mit Zahlen verglichen werden, ohne dass immer die Ergebnisse der Rechnungen bestimmt werden müssten. Dann schreibt sie die Aufgabe 5 + 5 = 10 und darüber bzw. darunter die Lückenterme 5 + 2 ◯ 10 und 5 + 7 ◯ 10 an die Tafel.
Die Kinder sollen überlegen, wie man ohne zu rechnen herausfinden kann, welches Relationszeichen den Zahlensatz jeweils korrekt vervollständigt: Wenn beispielsweise 7 größer ist als 5 und 5 + 5 =10 ist, dann ist sicher 5 + 7 > 10.

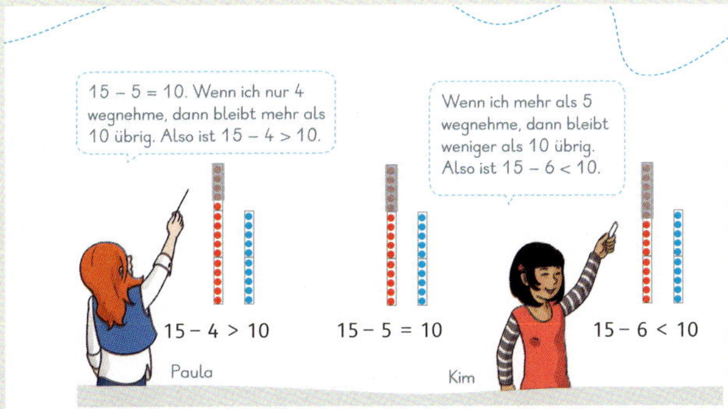

4 < oder > oder =?

15 – 4 > 10	20 – 3 > 15	18 – 6 < 15	11 – 1 < 11
15 – 5 = 10	20 – 5 = 15	14 – 6 < 14	12 – 2 = 10

10 – 2 < 15 – 5	16 – 5 > 16 – 6	20 – 17 < 10 – 3
10 – 4 < 15 – 7	17 – 5 > 16 – 5	19 – 16 = 9 – 6

5 Welche Zahlen passen? Probiere. 0 1 2 3 4 5 6 7 8 9

6 + ■ < 10	6 + ■ = 10	6 + ■ > 10
3, 2, 1, 0	4	5, 6, 7, 8, 9
14 + ■ < 20	14 + ■ = 20	14 + ■ > 20
0, 1, 2, 3, 4, 5	6	7, 8, 9
14 – ■ < 10	14 – ■ = 10	14 – ■ > 10
5, 6, 7, 8, 9	4	3, 2, 1, 0

Hinweise zu den Aufgaben

Einstieg, 4 Überlegungen auf Subtraktionsterme übertragen, Unterschied zu Addition bewusst machen: Eine Variation der ersten Minuszahl wirkt sich anders auf das Ergebnis aus als dieselbe Variation auf die zweite Minuszahl.

5 Lösungszahlen, ggf. unter Nutzung der Wendekarten bestimmen. In jeder Aufgabenzeile tritt jede Wendekarte genau einmal auf.

Verweise auf weitere Materialien

AH S. 77

FH S. 85, 86

KV 73 *Gleichungen und Ungleichungen*

In einem weiteren Schritt werden die Vergleiche zwischen Termen (für die Kinder „Rechenaufgaben") analog angestellt: Wenn 5 + 5 = 10 ist und 7 größer ist als 5, dann kann man ohne weitere Rechnung auf den Vergleich 5 + 7 > 5 + 5 schließen. Es werden ggf. einige weitere Beispiele durchgesprochen.

Einstieg, 4 Übertragung auf die Subtraktion
Nun werden die obigen Überlegungen auf Subtraktionsterme übertragen. Dabei ergibt sich (wie immer bei der Subtraktion) die Schwierigkeit, dass sich Variationen von Minuend und Subtrahend unterschiedlich auf die Differenz auswirken. Möglicherweise muss den Kindern deswegen noch einmal mit Material oder an der Abbildung im Schulbuch verdeutlicht werden: Wenn man die zweite Minuszahl vergrößert (wenn man mehr wegnimmt), dann erhält man ein kleineres Ergebnis (dann bleibt weniger übrig). Sobald das klar ist, kann die Aufgabe genau wie die vorangehenden bearbeitet werden.

5 Lösungszahlen bestimmen
Nun ist das Relationszeichen vorgegeben und die Kinder suchen mithilfe von Zahlenkarten passende Zahlen für die (Un-)gleichung. Pro Zeile können alle Zahlenkarten zugeordnet werden, d. h. jede der Zahlen passt in genau eine der drei (Un-)gleichungen – sofern das den Kindern auffällt, können sich hieraus fruchtbare Argumentationen ergeben.

Zur Ergebnispräsentation beschreiben die Kinder, wie man die Zahlen möglichst geschickt zuweisen kann. Einigen wird aufgefallen sein, dass man nur die passende Zahl der Gleichung finden muss und daraus bereits alle Zahlen für die Ungleichungen ableiten kann. Bei additiven Ungleichungen gehören alle kleineren Zahlen in die linke und alle größeren in die rechte Ungleichung. Bei den subtraktiven Ungleichungen ist es genau umgekehrt.

Diagnostisches Potenzial

Wie finden die Kinder die Lösungen der (Un-)gleichungen? Inwiefern nutzen sie dafür bekannte Relationen zwischen den Zahlen? Welche Begründungen entwickeln sie für den Vergleich ohne Rechnung?

Möglichkeiten zur Differenzierung

In allen Aufgaben kann der Zahlenraum nach unten oder nach oben angepasst werden.

122/123 Gerade und ungerade Zahlen

Hinweise zu den Aufgaben

Einstieg An Halbieren als Umkehrung des Verdoppelns erinnern.

1, 2 Zahlen untersuchen: Welche Zahlen lassen sich halbieren, welche nicht?

Wichtige Wörter

verdoppeln, halbieren, Doppelreihe, Fast-Doppelreihe

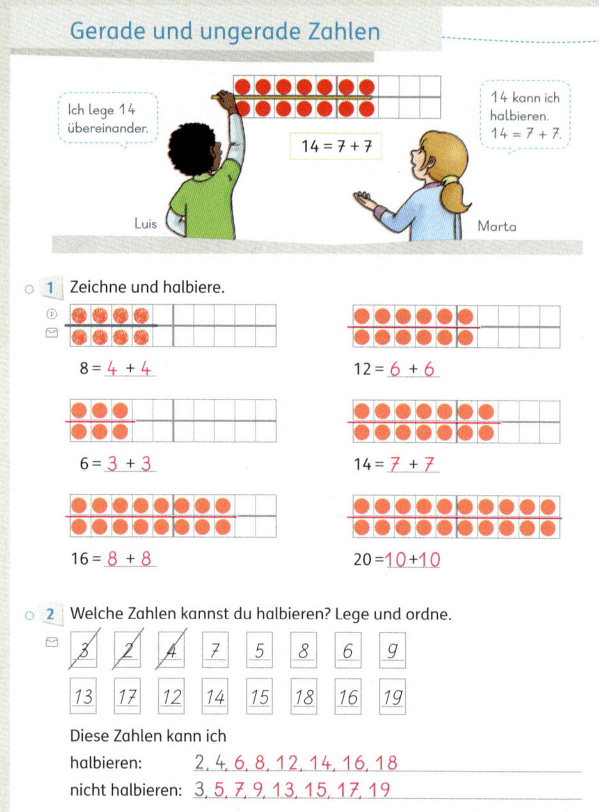
Gerade und ungerade Zahlen

1 Zeichne und halbiere.

8 = 4 + 4 12 = 6 + 6

6 = 3 + 3 14 = 7 + 7

16 = 8 + 8 20 = 10 + 10

2 Welche Zahlen kannst du halbieren? Lege und ordne.

3 2 4 7 5 8 6 9

13 17 12 14 15 18 16 19

Diese Zahlen kann ich

halbieren: 2, 4, 6, 8, 12, 14, 16, 18

nicht halbieren: 3, 5, 7, 9, 13, 15, 17, 19

Was wird benötigt?

Plättchen und Zwanzigerfelder, KV 74 *Punktefelder für gerade und ungerade Zahlen*, Schere und Klebestifte

Worum geht es?

Wenn man Plättchen paarweise in zwei Reihen anordnet, dann gibt es zwei Fälle:

Fall 1: Es entsteht eine Doppelreihe, d. h. alle Kanten sind gerade.

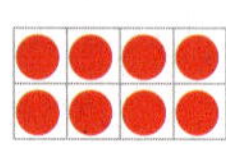

Fall 2: Es entsteht nur fast eine Doppelreihe: An einer Seite erhält genau ein Plättchen keinen Partner, es entsteht also eine geknickte (ungerade) Kante.

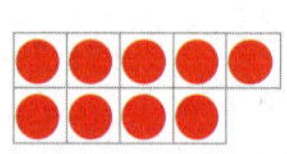

Die Zahlen von Fall 1 heißen gerade, die Zahlen vom Fall 2 heißen ungerade. Legt man die Zahlen auf diese Weise in Doppelreihen, dann sieht man schnell, dass sich die geraden mit den ungeraden Zahlen in der Zahlenreihe abwechseln.

Die Eigenschaft der natürlichen Zahlen, dass sie entweder gerade oder ungerade sind, heißt Parität einer Zahl. Auf dieser Doppelseite nähern sich die Kinder der Idee der Parität unter der Perspektive der Teilbarkeit: Die Zahlen, die sich halbieren lassen, sind gerade Zahlen und die, die sich nur fast halbieren lassen, sind ungerade.

Auf der rechten Seite untersuchen die Kinder entsprechend des operativen Prinzips, wie sich die Parität gegenüber der Addition und Subtraktion verhält. Idealerweise werden dazu gerade und ungerade Zahlen aus Punktefeldern hergestellt, weil man die Wirkungen der Operation dann am besten beobachten und verstehen kann: Addiert man ...

- zwei gerade Zahlen, so entsteht durch das Zusammenschieben der Doppelreihen wieder eine Doppelreihe.

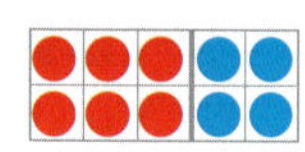

- eine gerade zu einer ungeraden Zahl, so entsteht beim Zusammenschieben wieder eine ungerade Kante.

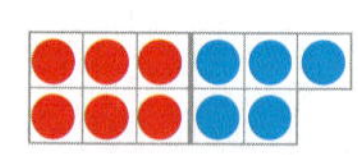

- zwei ungerade Zahlen miteinander, dann kann man die beiden ungeraden Kanten gegenseitig ausgleichen.

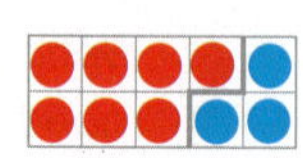

So geführte „operative Beweise“ sind ein sehr mächtiges Instrument der Mathematik (nicht nur) in der Grundschule. Da man hierbei nicht mit den konkreten Zahlen, sondern nur mit ihren Eigenschaften, eine gerade oder ungerade Kante zu haben, argumentiert, liegt in der Analyse weniger Beispiele die Beweiskraft für die gesamte algebraische Struktur.

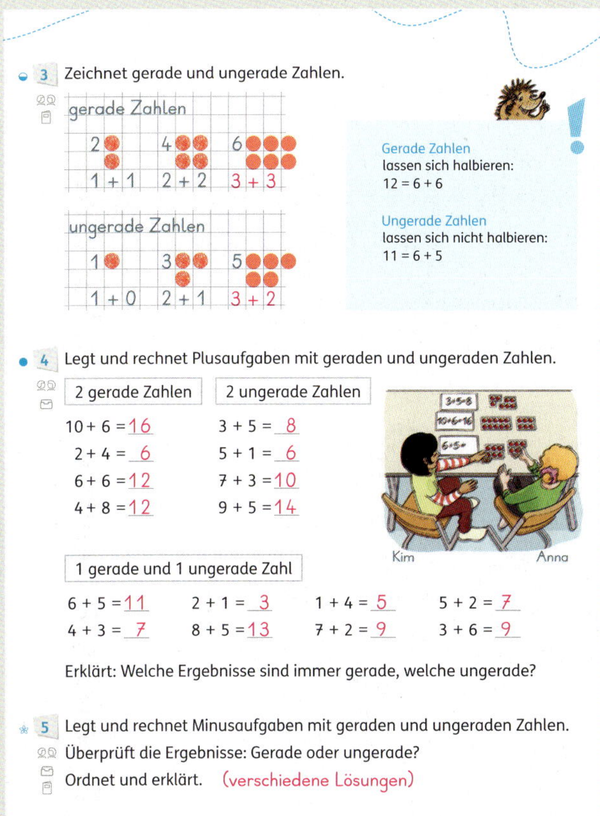

3 Zeichnet gerade und ungerade Zahlen.

gerade Zahlen

2 4 6

1 + 1 2 + 2 3 + 3

ungerade Zahlen

1 3 5

1 + 0 2 + 1 3 + 2

Gerade Zahlen lassen sich halbieren: 12 = 6 + 6

Ungerade Zahlen lassen sich nicht halbieren: 11 = 6 + 5

4 Legt und rechnet Plusaufgaben mit geraden und ungeraden Zahlen.

2 gerade Zahlen	2 ungerade Zahlen
10 + 6 = 16	3 + 5 = 8
2 + 4 = 6	5 + 1 = 6
6 + 6 = 12	7 + 3 = 10
4 + 8 = 12	9 + 5 = 14

Kim Anna

1 gerade und 1 ungerade Zahl

6 + 5 = 11	2 + 1 = 3	1 + 4 = 5	5 + 2 = 7
4 + 3 = 7	8 + 5 = 13	7 + 2 = 9	3 + 6 = 9

Erklärt: Welche Ergebnisse sind immer gerade, welche ungerade?

5 Legt und rechnet Minusaufgaben mit geraden und ungeraden Zahlen. Überprüft die Ergebnisse: Gerade oder ungerade? Ordnet und erklärt. (verschiedene Lösungen)

Hinweise zu den Aufgaben

3 Gerade und ungerade Zahlen einführen und herstellen.

4, 5 Herausfinden wie sich die Parität bzgl. der Addition und Subtraktion verhält. Dazu die Zahlbilder geeignet zusammenschieben (Addition) oder zerlegen (Subtraktion) und auf die geraden und ungeraden Kanten achten.

Wichtige Wörter

gerade, ungerade, Doppelreihe, Fast-Doppelreihe

Verweise auf weitere Materialien

AH S. 78

FH S. 87

Wie kann man vorgehen?

Einstieg, 1, 2 Zahlen halbieren

Die Lehrkraft schreibt eine gerade und eine ungerade Zahl an die Tafel und die Kinder versuchen, die Zahlen jeweils in zwei (möglichst) gleich große Zahlen zu zerlegen – sowohl im Zwanzigerfeld als auch mit einem Term. Es wird herausgestellt, dass eine Zahl als Verdopplungsaufgabe dargestellt werden kann, die andere nicht. Die Lehrkraft erläutert, dass man diese Eigenschaft auch anders formulieren kann: Eine Zahl lässt sich halbieren, die andere kann man nicht halbieren. Die Kinder untersuchen diese Eigenschaften der Zahlen dann in der Arbeitsphase genauer. Dabei wird herausgestellt, dass sich die Zahlen in der Zahlenreihe immer abwechselnd halbieren lassen oder nicht.

3 – 5 Mit geraden und ungeraden Zahlen operieren
Mit Bezug auf die Plättchendarstellung (gerade und ungerade Kante) werden die Bezeichnungen gerade und ungerade Zahlen eingeführt. Dann erhalten die Kinder Punktefelder (KV 74 *Punktefelder für gerade und ungerade Zahlen*), stellen die geraden und ungeraden Zahlen zur Bearbeitung der folgenden Aufgaben selbst her (mindestens von 1 bis 10) und dokumentieren ihre Ergebnisse im Heft. In Aufgabe 4 legen die Kinder mit den Punktefeldern die Aufgaben nach. In der Ergebnispräsentation wird gemeinsam sichergestellt, dass die Eigenschaften der Summen an den Punktefeldern deutlich werden.
Abschließend untersuchen die Kinder in Aufgabe 5 die Differenzen von geraden und ungeraden Zahlen. Analog geht es darum, ob das Punktefeld für die Differenz zweier Zahlen mit einer gerade Kante gebildet werden kann oder ob eine Kante ungerade werden muss. Hierfür können auch Punktefelder zerschnitten werden.

Diagnostisches Potenzial

Wie stellen die Kinder fest, ob sich eine Zahl halbieren lässt? Welche Beobachtungen machen sie bei Addition und Subtraktion der Zahlen, wie begründen sie ihre Erkenntnisse? In welchem Zahlenraum bewegen sich ihre Eigenproduktionen?

Möglichkeiten zur Differenzierung

Einige Kinder werden Schwierigkeiten beim Ausschneiden der Punktebilder haben. Da nicht unbedingt jedes Kind alle Punktebilder haben muss, können mehrere Kinder gemeinsam ein Set ausschneiden.

124/125 Mini Einmaleins

Hinweise zu den Aufgaben

Einstieg, 1 Bündelungseinheiten in Alltagsgegenständen sehen und beschreiben, für Plusaufgaben mit gleichen Zahlen nutzen. Dabei das Wort mal bewusst machen, etwa „4 mal 5 Schokoküsse“.

2 Bündelungseinheiten auf standardisierte Anschauungsmittel (rechteckige Punktefelder) beziehen und Abstraktionen anbahnen: zu 4 Zweiern passt die Aufgabe „4-mal die 2“. Verständnis vom Vertauschungsgesetz anbahnen.

Wichtige Wörter

Zweier, Dreier, Vierer, Fünfer usw., mal

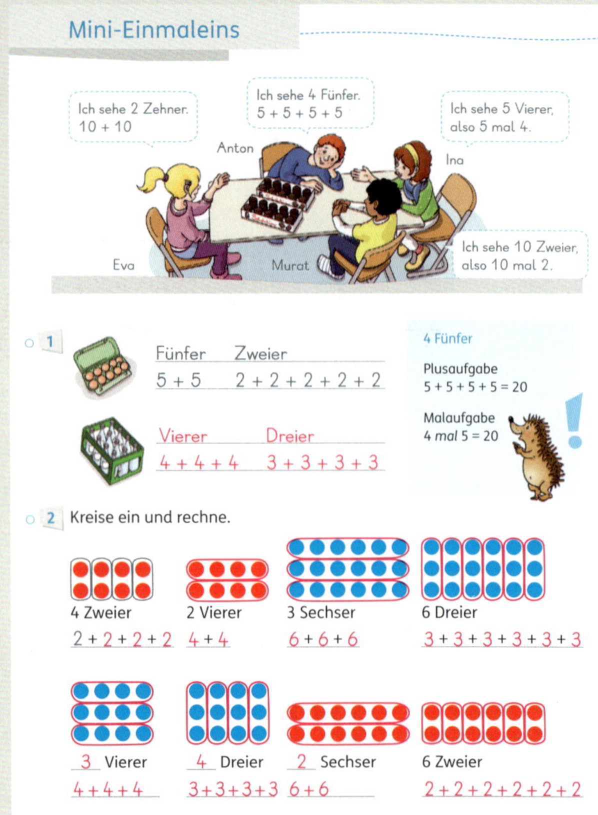

Was wird benötigt?

Ggf. rechteckige Punktefelder, Abdeckwinkel

Worum geht es?

Da die Multiplikation eine verkürzte Addition gleicher Summanden („Bündelungseinheiten“) ist, sollte sie auch schon in der ersten Klasse als Spezialfall der Addition angesprochen werden. Mindestens zwei Typen von Aufgaben mit gleichen Summanden wurden bereits behandelt:

- Beim Verdoppeln handelt es sich um eine Additionsaufgabe mit (zwei) gleichen Summanden,
- der Fünferstreifen ist als Bündelungseinheit vertraut, so besteht etwa die 10 aus 2 Fünfern, das Zwanzigerfeld aus 4 Fünfern.

Diese Erfahrungen werden hier insbesondere durch die Sprechweisen aufgegriffen, in denen die Idee der Multiplikation, dass eine feste Bündelungseinheit (der Multiplikand) in einer gewissen Anzahl (der Multiplikator) vorhanden ist, besonders deutlich wird: 5 + 5 + 5 + 5 wird zu „4 Fünfern“, dann zu „4 mal die Fünf“ und schließlich kurz zu 4 mal 5. In dieser Verwendungsweise ist das Wort *mal* vielen Kindern auch schon aus der Umwelt bekannt, wobei im Sprachgebrauch oftmals eine Handlung eingebunden ist: Ich gehe 4-mal in den Keller und hole jedes Mal 5 Flaschen Wasser hoch.
Dabei werden diejenigen 25 Einmaleinsaufgaben thematisiert, deren Ergebnisse (bis auf $5 \cdot 5 = 25$) im Zwanzigerraum liegen und die sich deswegen ohne große Mühe erschließen lassen: Das „Mini-Einmaleins“.

Wie kann man vorgehen?

Einstieg, 1, 2 Bündelungseinheiten einführen
Die Lehrkraft legt in die Mitte des Sitzkreises 20 Gegenstände in der rechteckigen Form $4 \cdot 5$ (am einfachsten große Plättchen, natürlich sind auch rechteckig angeordnete Alltagsgegenstände wie in den Illustrationen günstig). Die Kinder sollen beschreiben, wie sie angeordnet sind. Mögliche Antworten:

- Das sind 2 Zehner.
- Da sind 4 Reihen. In jeder sind 5 Plättchen.
- Ich sehe 5 Reihen, in jeder 4 Plättchen.
- Ich sehe 5 Vierer oder 4 Fünfer.
- Ich sehe 5 mal 4. Ich sehe 4 mal 5.

Falls die Kinder die Mal-Sprechweise nicht spontan benutzen, kann sie von der Lehrkraft eingeführt werden.
Durch die unterschiedlichen Positionen der Kinder im Sitzkreis werden ggf. Aussagen provoziert, die auf das Vertauschungsgesetz der Multiplikation verweisen, das dann in der zweiten Aufgabe aufgegriffen werden kann. Sofern den Kindern das Vertauschungsgesetz nicht zugänglich ist, muss hierauf aber keine große Energie verwendet werden.

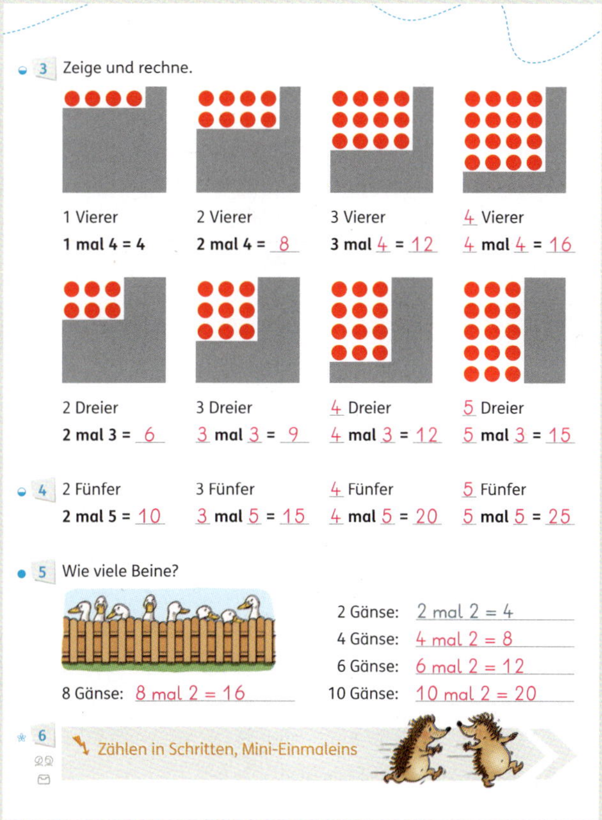
3 Zeige und rechne.

1 Vierer	2 Vierer	3 Vierer	4 Vierer
1 mal 4 = 4	**2 mal 4 =** 8	**3 mal** 4 **=** 12	4 **mal** 4 **=** 16
2 Dreier	3 Dreier	4 Dreier	5 Dreier
2 mal 3 = 6	3 **mal** 3 **=** 9	4 **mal** 3 **=** 12	5 **mal** 3 **=** 15

4

2 Fünfer	3 Fünfer	4 Fünfer	5 Fünfer
2 mal 5 = 10	3 **mal** 5 **=** 15	4 **mal** 5 **=** 20	5 **mal** 5 **=** 25

5 Wie viele Beine?

2 Gänse: 2 mal 2 = 4
4 Gänse: 4 mal 2 = 8
6 Gänse: 6 mal 2 = 12
8 Gänse: 8 mal 2 = 16
10 Gänse: 10 mal 2 = 20

6 Zählen in Schritten, Mini-Einmaleins

Hinweise zu den Aufgaben

3 Aufbau der Multiplikation verdeutlichen: Immer eine Bündelungseinheit mehr.

4 Idee der Multiplikation vertiefen. Der Zahlenraum ist freigegeben.

5 Multiplikative Strukturen in Sachkontexten erkennen.

6 Blitzrechnen: Zählen in Schritten, Mini-Einmaleins
Idee der Multiplikation beim Zählen in Schritten und beim Mini-Einmaleins vertiefen

Verweise auf weitere Materialien

KV 75 *In Schritten zählen*

Anschließend zeigt die Lehrkraft, wie man ein Punktefeld durch Einkreisen in Bündelungseinheiten zerlegen bzw. eine Anzahl von Bündelungseinheiten am Punktefeld durch Abdecken erzeugen kann. Die Wörter Zehner, Fünfer, Vierer, Dreier, Zweier sollten angeschrieben werden. Insgesamt muss deutlich werden, dass zu jeder Zerlegung eine Plusaufgabe mit gleichen Summanden gehört. Die Überlegungen können anschließend auf das Einstiegsbild der Doppelseite übertragen werden, bevor die Kinder in die Arbeitsphase entlassen werden.

3, 4 Multiplikation an Punktefeldern vertiefen
Einfache Multiplikationsaufgaben werden anhand von rechteckigen Punktebildern systematisch bearbeitet.

5 Multiplikation auf Sachsituationen ausweiten
In dieser Aufgabe soll aufgegriffen werden, dass multiplikative Strukturen in der Umwelt natürlich auch in nicht-rechteckiger Form auftreten.

6 Blitzrechnen: Zählen in Schritten, Mini-Einmaleins
Das Zählen in Schritten und das Mini-Einmaleins sollte von hier an regelmäßig geübt werden. Beides vertieft die Vorstellung vom Zahlenraum und bereitet auf das Verständnis der Multiplikation vor, wie es im zweiten Schuljahr erarbeitet wird. Ein Punktefeld findet sich auf der Umschlagklappe des Arbeitsheftes.

Diagnostisches Potenzial

Wie kreisen die Kinder die Faktoren ein? Wie beschreiben sie Bündelungen, inwiefern kennen sie Bündelungen schon aus dem Alltag?

Möglichkeiten zur Differenzierung

4, 5 Kindern mit Schwierigkeiten kann man hier entsprechendes Material zur Verfügung stellen.
Kinder mit besonderem Interesse an der Arithmetik können auch schon Aufgaben mit größeren Faktoren bearbeiten.

126 Zahlenmauern

Hinweise zu den Aufgaben

Einstieg, 1 Aufgabenformat *Zahlenmauer* einführen, Grundregel und Bezeichnungen der Steine besprechen.

2 Aufgaben ergänzend lösen. Darauf achten, dass die Grundregel eingehalten wird.

3 Zahlenmauern selbst finden, der Zahlenraum ist freigestellt.

Wichtige Wörter

Zahlenmauer, Deckstein, Grundstein, 1. Stockwerk, linker Stein, rechter Stein, mittlerer Stein, darüber, darunter

Verweise auf weitere Materialien

AH S. 79

FH S. 88

KV 76 *Rechnen mit Zahlenmauern*

Zahlenmauern

7 + 3 = 10

5 + 2 = 7

	10		← Deckstein
7		3	← 1. Stockwerk
5	2	1	← Grundsteine

2 + 1 = 3

1 Berechne die Zahlenmauern.

- 12 / 5, 7 / 2, 3, 4
- 17 / 6, 11 / 1, 5, 6
- 12 / 4, 8 / 3, 1, 7
- 10 / 6, 4 / 4, 2, 2
- 13 / 9, 4 / 6, 3, 1
- 11 / 6, 5 / 4, 2, 3
- 12 / 6, 6 / 5, 1, 5
- 11 / 7, 4 / 3, 4, 0

2 Wie rechnest du? Beschreibe.

- 16 / 5, 11 / 1, 4, 7
- 16 / 9, 7 / 6, 3, 4
- 15 / 8, 7 / 5, 3, 4
- 17 / 8, 9 / 4, 4, 5

3 Finde Zahlenmauern.
(verschiedene Lösungen)

Was wird benötigt?

LF 13, 14 *Zahlenmauern* (Operationsfeld und Arbeitsblatt)

Worum geht es?

Das Aufgabenformat *Zahlenmauern* erlaubt eine Vielzahl von Aufgabenstellungen für die gesamte Grundschulzeit und darüber hinaus. Die zugrunde liegende Regel ist einfach: Jeder Stein trägt die Summe der beiden Steine, auf denen er liegt. Man unterscheidet bei dreistöckigen Zahlenmauern zwischen den Grundsteinen, den Steinen im 1. Stockwerk und dem Deckstein. Je nachdem, welche der Zahlen vorgegeben sind, ergeben sich Additionsaufgaben (alle Grundsteine sind bekannt, vgl. Aufgabe 1) oder Ergänzungsaufgaben (einzelne Grundsteine fehlen, vgl. Aufgabe 2). Die Zahlenmauern weisen eine schöne und für Kinder zugängliche Beziehung zwischen den Grundsteinen und dem Deckstein auf, die sichtbar wird, wenn man nicht die Ergebnisse, sondern die Aufgaben in die Steine schreibt:

	2+5+5+3	
2+5		5+3
2	5	3

Wie kann man vorgehen?

Einstieg Zahlenmauern einführen

Im Sitzkreis wird an einer fertig ausgefüllten Zahlenmauer die Regel besprochen. Dazu werden die Bezeichnungen Deckstein, Steine im 1. Stockwerk und Grundsteine eingeführt. Gemeinsam werden einige unstrukturierte Beispiele (auch zum Ergänzen) gerechnet, anschließend berechnen die Kinder selbstständig die Aufgaben der linken Seite.

1, 2 Aufgabenformat kennenlernen

Es ist darauf zu achten, dass die Regel zur Berechnung der Zahlen in den Steinen unbedingt eingehalten wird.

3 Zahlenmauern selbst finden

Der Zahlenraum ist freigestellt. Im Anschluss können solche Zahlenmauern besprochen werden, die aus besonderen Zahlen gebildet wurden.

Diagnostisches Potenzial

Wie bestimmen die Kinder die Zahlen in den Steinen, insbesondere bei den Ergänzungsaufgaben?

Möglichkeiten zur Differenzierung

Der Zahlenraum kann überall angepasst werden.

127 Forschen und Finden: Zahlenmauern

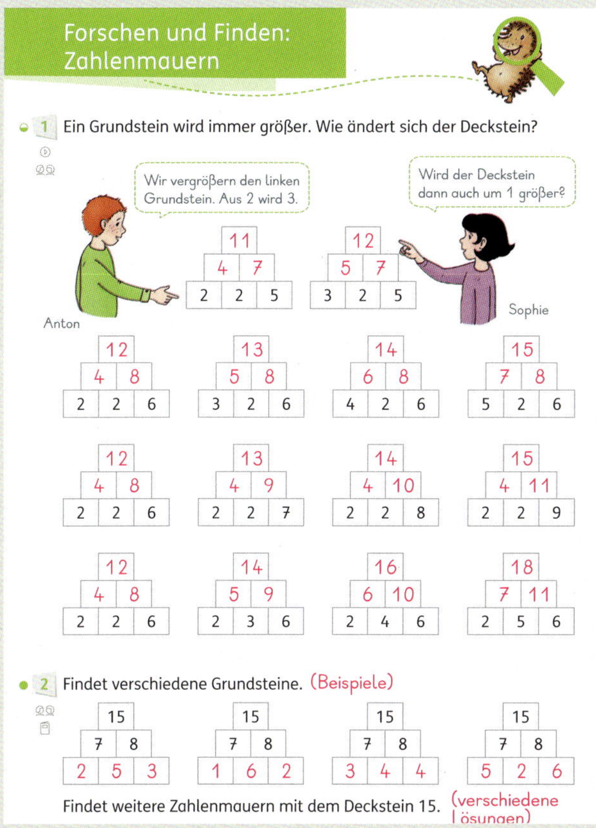
Forschen und Finden: Zahlenmauern

1 Ein Grundstein wird immer größer. Wie ändert sich der Deckstein?

2 Findet verschiedene Grundsteine. (Beispiele)

Findet weitere Zahlenmauern mit dem Deckstein 15. (verschiedene Lösungen)

Hinweise zu den Aufgaben

1 Operative Serien rechnen, zur Beschreibung und Begründung der Wirkungen im Deckstein anregen: Was passiert mit dem Deckstein, wenn der linke/rechte/mittlere Grundstein geändert wird? Warum passiert nicht bei allen Änderungen dasselbe?

2 Die Summanden 7 und 8 systematisch zerlegen, Lösungen sortieren und vervollständigen. Ggf. analog vorgehen mit anderen Zahlen im 1. Stockwerk.

Wichtige Wörter

Zahlenmauer, Deckstein, Grundstein, 1. Stockwerk, linker Stein, rechter Stein, mittlerer Stein, darüber, darunter, um 1 größer/kleiner werden, wenn ..., dann ...

Verweise auf weitere Materialien

AH S. 80

FH S. 88

KV 79 *Mit Zahlenmauern knobeln*

Worum geht es?

Hier geht es um das zentrale Muster dreistöckiger Zahlenmauern: Vergrößert man einen der äußeren Grundsteine um 1, dann vergrößert sich der Deckstein auch um 1. Vergrößert man aber den mittleren Grundstein um 1, so vergrößert sich der Deckstein um 2. Diese Wirkungen kann man dann gut (ein)sehen, wenn man die Variation in die Zahlenmauer integriert:

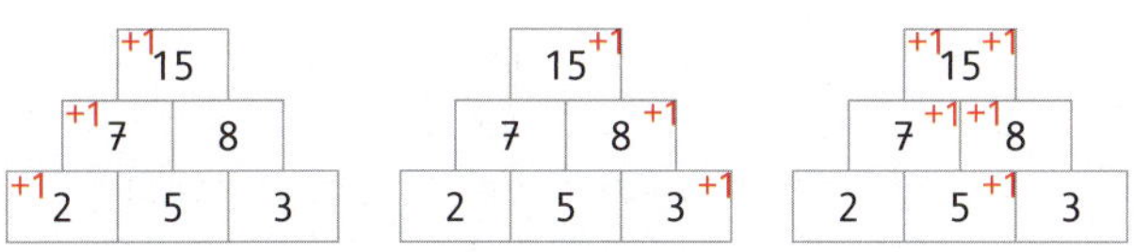

Wie kann man vorgehen?

1 Operative Variationen erkunden

Da die Kinder Zahlenmauern schon kennen, können sie die Aufgaben selbstständig bearbeiten. Ggf. ist es aber sinnvoll, vorab die Struktur der Beobachtungsaufträge anhand der Ausgangsmauer in der Illustration zu besprechen: Was passiert mit dem Deckstein, wenn ein Grundstein um 1 erhöht wird? Zur Beschreibung und Begründung können die Kinder Forschermittel einsetzen (Pfeile, farbige Markierungen, aber auch Rechnungen wie in der Abbildung oben). Die Beobachtungen und Begründungen werden anschließend noch einmal gemeinsam an der Tafel besprochen.

2 Systematisch Grundsteine suchen

Man muss die Zahlen 7 und 8 so zerlegen, dass beide Zerlegungen in einem Summanden (der Zahl im mittleren Stein) übereinstimmen. Es gibt es acht Lösungen: 7 + 0 + 8, 6 + 1 + 7, 5 + 2 + 6, 4 + 3 + 5, 3 + 4 + 4, 2 + 5 + 3, 1 + 6 + 2, 0 + 7 + 1.
Zur Ergebnispräsentation können die Kinder ihre Zahlenmauern zusammentragen. Wenn sie ihre Lösungen sortieren, werden sie die ggf. fehlenden Lösungen schnell ermitteln können. Analog dazu können alle Zahlenmauern mit einer anderen Zerlegung der 15 im 1. Stockwerk gefunden werden.

Diagnostisches Potenzial

Wie beschreiben die Kinder die systematischen Variationen in den Aufgaben? Welche Begründungen entwickeln die Kinder für die Auswirkungen auf den Deckstein? Welche Strategien finden sie zur Ordnung gefundener Lösungen?

Möglichkeiten zur Differenzierung

Vielen Kindern fällt es schwer, kausale Beziehungen zu beschreiben. Hier kann die Lehrkraft Satzanfänge bzw. Satzfragmente bieten, z. B., „wenn ich die Zahl im mittleren Grundstein um 1 erhöhe, dann ...“ u. Ä.

128/129 Rückblick

Hinweise zu den Aufgaben

1 Zu schwierigen Aufgaben einfache Nachbaraufgaben finden und nutzen, vgl. S. 119

2, 3 Ordnungsrelation auf den Vergleich von Additions- und Subtraktionsaufgaben mit Zahlen anwenden, vgl. S. 120, 121

4 Eigenschaften von geraden und ungeraden Zahlen nutzen, vgl. S. 122, 123

Rückblick

1 Schwierige Aufgaben mit einfachen Nachbaraufgaben lösen. (Beispiele)

10 + 6 = 16	7 + 7 = 14	4 + 10 = 14	6 + 4 = 10
9 + 6 = 15	7 + 8 = 15	4 + 9 = 13	6 + 3 = 9
6 + 6 = 12	8 + 2 = 10	1 + 9 = 10	10 + 8 = 18
6 + 7 = 13	8 + 3 = 11	2 + 9 = 11	9 + 8 = 17

Nachbaraufgaben finden und rechnen.

2 < oder > oder =?

6 + 6 < 15	10 + 3 < 15	10 < 8 + 6	13 > 4 + 4
6 + 6 > 10	10 + 5 = 15	10 < 8 + 4	13 > 6 + 6
6 + 6 > 5	10 + 7 > 15	10 = 8 + 2	13 < 8 + 8

3 < oder > oder =?

17 – 5 > 10	20 – 8 < 15	5 < 16 – 10	10 < 20 – 7
17 – 6 > 10	20 – 6 < 15	10 > 17 – 10	12 < 20 – 7
17 – 7 = 10	20 – 4 > 15	15 > 18 – 10	14 > 20 – 7

Aufgaben und Zahlen vergleichen.

4 Schreibe Aufgaben und ordne zu. (Beispiele)

Das Ergebnis ist gerade: 6 + 6, 10 + 8, 5 + 3, 9 + 7

Das Ergebnis ist ungerade: 6 + 7, 9 + 8, 6 + 3, 4 + 9

Aufgaben mit geraden und ungeraden Zahlen finden.

Worum geht es?

Die inhaltsbezogenen Kompetenzen des Kapitels *Zahlen und Aufgaben* vergleichen werden hier rückblickend angesprochen. Im Kern geht es darum, dass die Kinder

- Ableitungsstrategien zur Lösung von schwierigen Aufgaben heranziehen,
- die Ordnungsrelation zum Vergleich von Aufgaben mit Zahlen nutzen,
- die Eigenschaften gerader und ungerader Zahlen kennen,
- erste multiplikative Strukturen erkennen,
- Ergänzungsstrategien in Zahlenmauern nutzen,
- Differenzbeträge zwischen Geldwerten bestimmen.

Die dabei geförderten prozessbezogenen Kompetenzen treten in Form des Darstellens, Kommunizierens, Argumentierens und Modellierens auf. Diese werden stets eingebettet in die Entwicklung der inhaltsbezogenen Kompetenzen weiterentwickelt, indem die Kinder insbesondere

- Aufgaben untereinander vergleichen und daraus Rechenstrategien entwickeln, darstellen und begründen (Darstellen und Argumentieren),
- arithmetische Strukturen in Zahlen und Aufgabenformaten entdecken, beschreiben und operativ begründen (Kommunizieren und Argumentieren),
- Einkaufssituationen durch die Bestimmung von Differenzen zwischen Geldbeträgen interpretieren (Modellieren und Darstellen).

Wie kann man vorgehen?

Je nach den Gegebenheiten in der Klasse können alle Kinder gemeinsam oder nur einzelne Kinder die Aufgaben des Rückblicks bearbeiten. Ebenso kann die gesamte Seite oder nur die Aufgaben zu einem Thema bearbeitet werden. Nach der jeweiligen Bearbeitung einer Aufgabe oder eines Aufgabenblocks kreuzen die Kinder in der Selbsteinschätzung an, wie gut sie mit dem Inhalt zurecht gekommen sind. Dazu wird ggf. wiederholt, welche Position des Kreuzes zu welcher Selbsteinschätzung gehört (etwa von ganz links „schwierig" bis nach ganz rechts „problemlos"). Anschließend können die Selbsteinschätzungen der Kinder mit den diagnostischen Erkenntnissen der Lehrkraft im Gespräch verglichen werden.

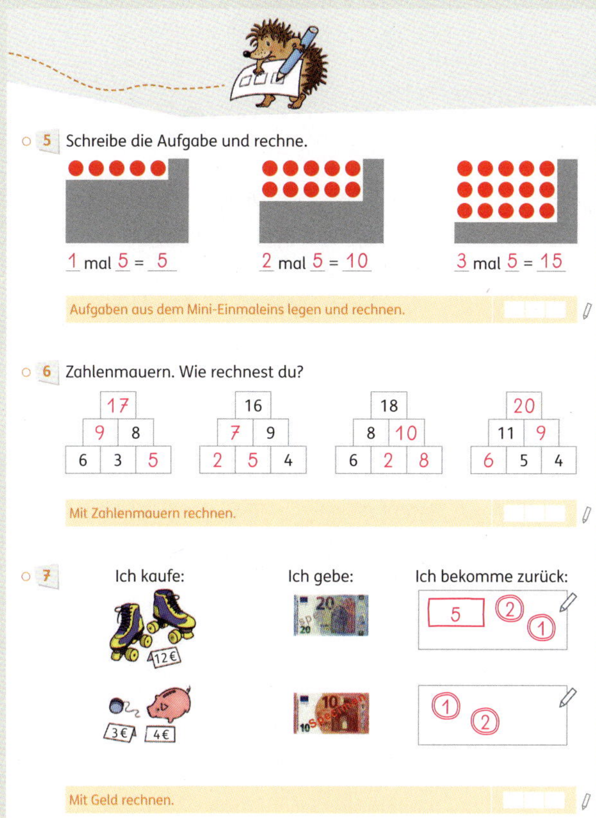

Hinweise zu den Aufgaben

5 Fortgesetzte Addition ausnutzen, vgl. S.124, 125

6 Ergänzung als Lösungsstrategie für Zahlenmauern nutzen, vgl. S. 126

7, 8 Differenzen zwischen Geldbeträgen bestimmen, vgl. S. 115

Verweise auf weitere Materialien

AH S. 81

LZK 6 A–C im Materialband

Diagnostisches Potenzial

Für den Vergleich zwischen der Selbsteinschätzung der Kinder und der Diagnose durch die Lehrkraft können folgende Leitfragen hilfreich sein:

Nachbaraufgaben finden und rechnen
Wie finden und lösen die Kinder einfache Nachbaraufgaben? Welche Vorstellung von Ableitungen haben sie?

Aufgaben und Zahlen vergleichen
Inwiefern nutzen die Kinder die Strukturen in den Termen, um die Vergleiche anzustellen? Welche Rolle spielt dabei das Ausrechnen der Rechenterme?

Aufgaben mit geraden und ungeraden Zahlen finden
Welche Vorstellung haben die Kinder von geraden und ungeraden Zahlen? Wie erklären sie die Rechenregeln?

Aufgaben des Mini-Einmaleins legen und rechnen
Welche Vorstellung zeigen die Kinder von der multiplikativen Struktur der Darstellungen? Inwiefern spielen die Unterscheidung zwischen Multiplikator und Multiplikand eine Rolle?

Mit Zahlenmauern rechnen
Wie entscheiden die Kinder, bei welcher Lücke sie anfangen? Lösen sie die Aufgaben ergänzend oder mittels eine Abziehstrategie?

Mit Geld rechnen
Welche Grundvorstellung der Subtraktion aktivieren die Kinder? Wie bestimmen sie die Differenzbeträge? Welche Rolle spielen die Bündelungseinheiten des Geldes?

130/131 Sitzpläne

Hinweise zu den Aufgaben

1 Über die dargestellte Situation am Gruppentisch und den darunter stehenden Sitzplan sprechen. Zusammenhang beider Darstellungen klären. Dabei Raumlage von Kindern und Gegenständen beschreiben: Was liegt auf den Tischen? Was liegt unter den Tischen? Wer sitzt wo? Anschließend auf die Aussage von Murat eingehen.

2 – 7 Sitzplanrätsel lösen, dabei jeweils die Perspektive des abgebildeten Kindes einnehmen; ggf. die Situation nachstellen.

Wichtige Wörter

Sitzplan, rechts von, links von, gegenüber von, zwischen, auf, unter, neben

Sitzpläne

1 Erzähle.

Till	Anna	Paula	Murat
Ben	Mila	Esra	Max

2 Ich bin Murat.
Rechts von mir sitzt Paula.
Links von mir sitzt niemand.
Mir gegenüber sitzt Max.

3 Ich bin Ben.
Rechts von mir sitzt Mila.
Links von mir sitzt niemand.
Mir gegenüber sitzt Till.

4 Ich bin Mila.
Rechts von mir sitzt Esra.
Links von mir sitzt Ben.
Mir gegenüber sitzt Anna.

5 Ich bin Till.
Rechts von mir sitzt niemand.
Links von mir sitzt Anna.
Mir gegenüber sitzt Ben.

6 Ich bin Paula.
Rechts von mir sitzt Anna.
Links von mir sitzt Murat.
Mir gegenüber sitzt Esra.

7 Ich bin Max/Esra
Rechts von mir sitzt niemand/Ma
Links von mir sitzt Esra/Mila
Mir gegenüber sitzt Murat/Paula

Was wird benötigt?

KV 78 *Sitzpläne*, ggf. vergrößerter Sitzplan von der Schulbuchseite 130 als Demonstrationsmaterial, ggf. KV 79 *Mit Sitzplänen knobeln*

Worum geht es?

Auf dieser und der nachfolgenden Doppelseite lernen die Kinder Pläne zu lesen, sich darin zu orientieren, sowie selbst Pläne zu erstellen. Pläne sind Übersichtskarten, die häufig mit Blick von oben, angelegt werden. Oftmals werden weniger relevante Informationen vernachlässigt. Beispielsweise wird für einen Sitzplan die Anordnung der Tische grundrissartig dargestellt und nur die Namen der Kinder werden eingetragen. Für die Sitzordnung unwichtige Informationen wie Höhe der Tische, Stühle an den Tischen oder das Aussehen der Kinder werden nicht dargestellt. Die Idee der Reduktion der Informationen in Plänen ist grundlegend für deren Verständnis.
Darüber hinaus ist die Förderung der Raumorientierung ein weiterer Schwerpunkt dieser Doppelseite: *rechts von* und *links von* sind relationale Begriffe, d. h. ein Bezugspunkt bzw. eine Bezugsperson muss mitgenannt werden, etwa *rechts von mir* oder *rechts von Paula*. Die Perspektive des Betrachters muss nicht der Perspektive der Bezugsperson entsprechen. Was heißt es etwa, wenn Paula sagt: „Rechts von mir sitzt Anne“? Der Betrachter muss hier einen Perspektivwechsel vornehmen.

Möglicherweise bringen Kinder Erfahrungen zu diesem Thema mit in den Unterricht: Grundrisse von Zimmern, Stadtpläne, Pläne für Flucht- und Rettungswege sind den Kindern eventuell im Alltag schon begegnet.

Wie kann man vorgehen?

1 Raumlage beschreiben, Plan einführen
Bevor das Bild besprochen wird, wird eine ähnliche, aber etwas reduziertere Variante gestellt. Sechs Stühle werden in zwei Dreierreihen einander gegenübergestellt. Dazu wird ein Sitzplan, in dem die Lehrkraft bereits sechs Kindernamen der Klasse eingetragen hat, geheftet. Die Kinder sollen vermuten, wie sich die betreffenden sechs Kinder auf die Stühle verteilen müssen. Die benannten Kinder nehmen auf den Stühlen Platz. Zur Überprüfung, ob die Kinder nun richtig sitzen, beschreiben die sitzenden Kinder, welche Kinder *rechts (von)*, *links (von)* und *gegenüber (von)* ihnen sitzen. Auch hier gilt: Die zuhörenden Kinder müssen sich dabei immer in die Lage des erzählenden Kindes versetzen, denn es beschreibt die Raumlage in Abhängigkeit von seiner Blickrichtung. Diese Problematik sollte mit den Kindern sorgsam besprochen werden.
Anschließend wird der Plan verändert. Mögliche Gesprächsimpulse sind: Was muss sich am Plan ändern, wenn zwei Kinder die Plätze tauschen? Wie ändern sich die Sitznachbarn: wer sitzt nun „rechts von“ oder

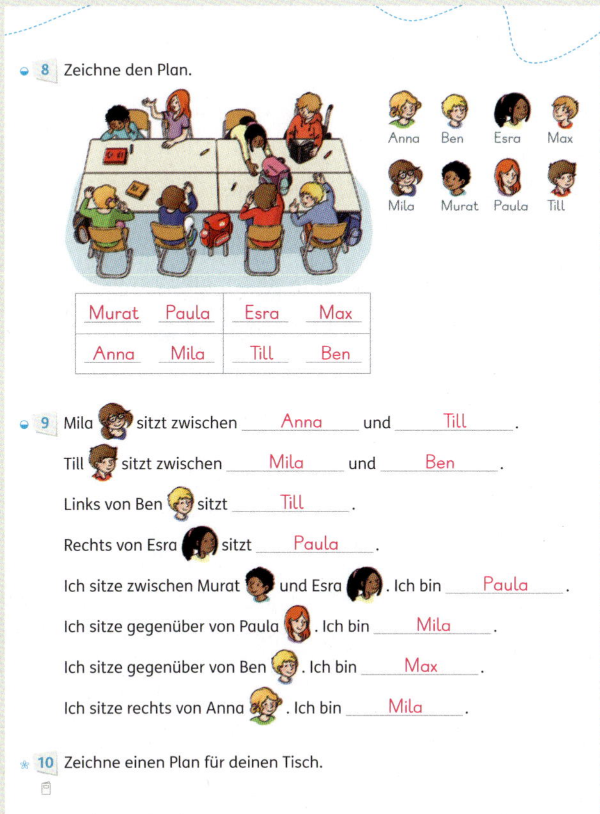

8 Zeichne den Plan.

Murat	Paula	Esra	Max
Anna	Mila	Till	Ben

9 Mila sitzt zwischen Anna und Till.
Till sitzt zwischen Mila und Ben.
Links von Ben sitzt Till.
Rechts von Esra sitzt Paula.
Ich sitze zwischen Murat und Esra. Ich bin Paula.
Ich sitze gegenüber von Paula. Ich bin Mila.
Ich sitze gegenüber von Ben. Ich bin Max.
Ich sitze rechts von Anna. Ich bin Mila.

10 Zeichne einen Plan für deinen Tisch.

Hinweise zu den Aufgaben

8 Sitzplan passend zur neuen Situation erstellen. Bei Schwierigkeiten KV 79 *Sitzpläne* nutzen.

9 Sitzplanaufgaben lösen. Bei Problemen Kopiervorlage 79 nutzen.

10 Für den eigenen (Gruppen-)Tisch einen Sitzplan erstellen. Weiterführender Arbeitsauftrag: Einen Sitzplan für die gesamte Klasse erstellen.

Verweise auf weitere Materialien

AH S. 82

„links von" wem? Wie sieht es aus, wenn ein Kind seinen Platz verlässt und dieser Stuhl leer bleibt? Anschließend übertragen die Kinder ihre Erfahrungen auf die im Einstiegsbild dargestellte Situation. Darüber hinaus kann auch die Raumlagen von Gegenständen beschrieben werden: Was liegt auf den Tischen? Was liegt unter den Tischen?

2 – 7 Sitzplanaufgaben lösen
Die Kinder lösen die Sitzplanrätsel. Bei Schwierigkeiten können sie das Buch drehen und sich so in die Lage des jeweiligen Kindes versetzen.

8 Plan zu Bild erstellen
Kinder erstellen einen Sitzplan zum vorgegebenen Bild. Ist die Anforderung noch zu groß, können z. B. drei alternative Sitzpläne (siehe KV 78 *Sitzpläne*) angeboten werden, aus denen der richtige begründet ausgewählt und in das Schulbuch übertragen wird.

9 Sitzplanaufgaben lösen
Die Kinder lösen die Sitzplanrätsel mit Bezug zur Situation aus Aufgabe 8.

10 Sitzplan für den eigenen Tisch erstellen
Die Kinder erstellen einen Sitzplan für den eigenen (Gruppen-)Tisch. Dabei können sie den Plan komplett selbst entwickeln (inklusive der Skizze für die Tische) oder einen von der Lehrkraft vorbereiteten leeren Grundriss ihres (Gruppen-)Tisches nutzen. Weiterführender Arbeitsauftrag: Zeichne einen Sitzplan deiner Klasse.

Diagnostisches Potenzial

Wie erklären die Kinder den Zusammenhang von zweidimensionalem Sitzplan und der realen Situation? Wie beschreiben sie die Positionen der abgebildeten Kinder, welche Raumlagebegriffe (*rechts von, links von* und *gegenüber von*) nutzen sie? Können sie eigene Sitzpläne erstellen?

Möglichkeiten zur Differenzierung

Zur Vertiefung KV 79 *Mit Sitzplänen knobeln* einsetzen.
Flucht- und Rettungspläne der Schule ansehen und deuten.

132/133 Eckenhausen

Hinweise zu den Aufgaben

1 Stadtplan von Eckenhausen besprechen. Bedeutung der Piktogramme klären. Einzelne Orte sowie Wege im Stadtplan zeigen und beschreiben. Länge eines Wegstückes klären.

2 Klären, wie Wege mit Pfeilen dargestellt werden können. Einen Weg für Leo zur Schule im Plan einzeichnen, mit Pfeilen darstellen.

3 Viele verschiedene Wege für Leo und Ina zur Schule finden. Auch Umwege sind erlaubt. Mit Pfeilen im Heft notieren, KV 80 *Eckenhausen* nutzen.

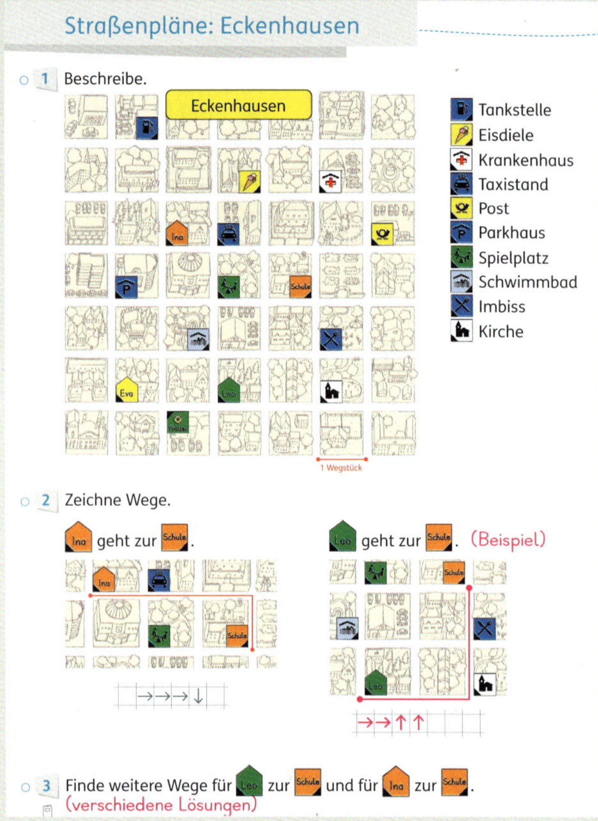

Wichtige Wörter

Wegstück, in Richtung ... gehen, nach links/rechts abbiegen

Was wird benötigt?

Arbeitsmaterial: KV 80 *Eckenhausen*
Demonstrationsmaterial: Plakat *Eckenhausen*, Spielfiguren mit Gesicht

Worum geht es?

Eckenhausen fußt auf einer Idee des belgischen Mathematikers Georges Pay zur Auseinandersetzung mit Stadtplänen in der Grundschule sowie zur präformalen Beschäftigung mit Koordinatensystemen. Im Stadtplan sind alle Gebäude bewusst an Kreuzungen platziert. Welche Kreuzung zu einem Gebäude gehört, wird durch ein kleines schwarzes Dreieck am Piktogramm angezeigt. Am Thema „Eckenhausen" können die Kinder verschiedenes lernen, u. a.
- einfach strukturierte Stadtpläne zu lesen und sich in ihnen zu orientieren,
- Wege im Stadtplan zu beschreiben (mit Worten oder Pfeilen),
- mit einem einfachen Koordinatensystem zu arbeiten,
- kurze Wege und Umwege voneinander zu unterscheiden,
- kürzeste Wege systematisch zu finden.

Wie kann man vorgehen?

1 Eckenhausen beschreiben
Um sich in einem Stadtplan zu orientieren, muss ein Weg immer aus der Perspektive des Betrachters gesehen werden. Leos Weg zur Schule könnte von den Kindern beschrieben werden als: „Zwei Wegstücke nach oben und zwei Wegstücke nach rechts." Leo geht in der Realität aber nicht nach oben. Er geht in Richtung Spielplatz. An der zweiten Kreuzung biegt er rechts ab und geht (zwei Wegstücke) bis zur Schule. Für den Einstieg ist es daher empfehlenswert, das Poster *Eckenhausen* in den Sitzhalbkreis zu legen. Die Kinder sollen sich zunächst spontan zum Plan äußern. Es muss dabei besprochen werden, an welchen Eckpunkten der Kreuzung die einzelnen Häuser genau stehen. Anschließend können die Wege von einem Punkt zu einem anderen in den Blick genommen werden, etwa: Wie kann Ina zum Spielplatz gehen? Als Hilfe wird dazu eine Spielfigur auf Inas Haus gestellt und entsprechend bewegt. So kann Ina bis zum Taxistand gehen und dann rechts abbiegen. Alternativ könnte man auch sagen, dass sie zuerst in Richtung Post geht und an der ersten Kreuzung rechts abbiegt. Die Bewegung wird mit der Spielfigur nachgemacht.

2, 3 Wege finden und aufschreiben
Gemeinsam den Zusammenhang von Inas Weg zur Schule und der Pfeildarstellung klären: Zwei Pfeile nach rechts bedeuten, dass Ina zwei Wegstücke in

4 Eva geht zu Ina Ina.

→↑↑↑ →→↑←↑↑

Wie kann sie noch gehen? Schreibe mit Pfeilen. (Beispiele)

↑↑↑→ ↑→↑↑ ↑↑→↑

Welche Wege sind am kürzesten?
Wie viele gibt es? Schreibe alle auf.

→↑↑↑ ↑↑↑→ ↑→↑↑ ↑↑→↑
Es gibt 4 Wege mit je 4 Wegstücken.

5 Das Taxi fährt immer 3 Wegstücke. Das Taxi fährt keine Umwege.
Wo kann es hinkommen? Zeichne die Ziele rot ein. Was fällt dir auf?

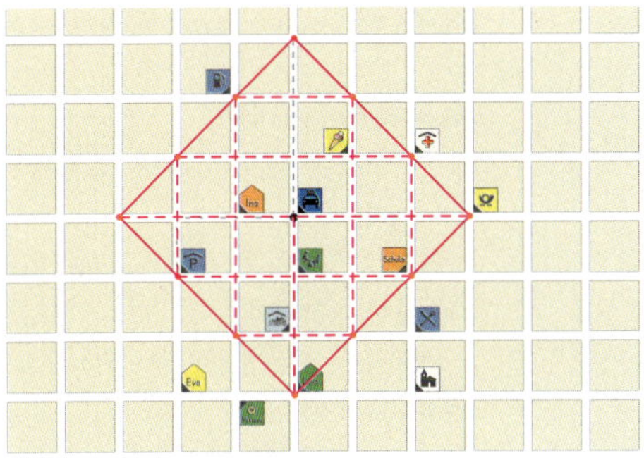

6 Findet und beschreibt eigene Wege.
(verschiedene Lösungen)

Hinweise zu den Aufgaben

4 Evas Zielort herausfinden. Weitere Wege zu diesem Zielort finden. Alle möglichen kürzesten Wege finden:

→↑↑↑
↑→↑↑
↑↑→↑
↑↑↑→

Erklären, warum das alle kürzesten Wege sind.

5 Alle 12 Zielpunkte finden und einzeichnen. Feststellen, dass die Zielpunkte auf den Seiten eines Quadrates liegen.

6 Weitere Wege im Plan von Eckenhausen finden und beschreiben.

Verweise auf weitere Materialien

AH S. 83

Richtung Post geht, der Pfeil nach unten, dass sie an der Kreuzung rechts abbiegt und der Pfeil nach links, dass sie nun in Richtung Spielplatz geht. Danach zeichnen sie einen Weg von Leo zur Schule im Plan ein und kodieren ihn mit Pfeilen. In Aufgabe 3 sollen weitere Wege von Ina und Leo zur Schule gefunden werden. Darunter können auch Umwege sein. Die Wege können in die KV 80 *Eckenhausen* gezeichnet werden.
Zur Ergebnispräsentation übertragen die Kinder einige Wege auf vergrößerte Kopien der KV 80 *Eckenhausen* sowie die dazugehörigen Pfeildarstellungen auf Karten und legen sie ungeordnet in die Mitte des Sitzkreises. Gemeinsam wird geklärt, welche Stadtpläne zu welchen Pfeildarstellungen gehören.

4 Evas kürzeste Wege
Anhand der Darstellung mit Pfeilen Evas Zielort herausfinden. Weitere Wege zu diesem Ziel mit Pfeilen beschreiben. Anschließend nur die kürzesten Wege betrachten. Die gefundenen kürzesten Wege können gemeinsam gesammelt und so geordnet werden, dass man einsehen kann, dass alle kürzesten Wege gefunden wurden.

5 Erkunden: Zielpunkte bestimmen
Es werden alle möglichen Wege mit genau drei Wegstücken im Plan eingezeichnet (KV 80 *Eckenhausen* nutzen). Insgesamt können 12 Zielpunkte erreicht werden. Sie liegen auf den Seiten eines auf der Ecke stehenden Quadrates. Einzelne Kinder können anschließend überlegen, welche Zielpunkte das Taxi nach 4 bzw. 5 Wegstücken ohne Umwege erreichen kann.

6 Weitere Wege finden und beschreiben
In Partnerarbeit finden die Kinder weitere Wege und beschreiben sie mit Pfeilen und auch mit Worten. Verschiedene eigene Wege und Pfeildarstellungen dieser Wege können beispielsweise für ein Paar finden genutzt werden.

Diagnostisches Potenzial

Wie orientieren sich die Kinder auf dem Plan von Eckenhausen? Wie beschreiben sie Wege mit Worten und Pfeilen? Können sie systematisch alle kürzesten Wege finden?

Möglichkeiten zur Unterstützung

Zeigen Kinder Schwierigkeiten bei der Darstellung der Wege mit Pfeilen, können sie die Wege einfach nur in der KV 80 *Eckenhausen* einzeichnen.

134/135 Rechengeschichten

Hinweise zu den Aufgaben

1 Dargestellte Situation beschreiben.
Gemeinsam die Fragen lesen und entscheiden, welche Fragen beantwortet werden können. Passende Bildausschnitte zeigen. Nach Möglichkeit kurze Antwortsätze aufschreiben.

Rechengeschichten

1 Welche Fragen könnt ihr beantworten? Kreuzt an.

[X] Wie viele Kinder feiern zusammen?
5 Kinder feiern.

[ ] Wie viele Geschenke hat Evas Oma mitgebracht?

[X] Wie viele Gläser sind leer?
3 Gläser sind leer.

[X] Wie viele Erwachsene sind da?
4 Erwachsene sind da.

[ ] Wie alt ist Evas Mutter?

[X] Wie alt ist Eva geworden?
Eva ist 7 Jahre alt geworden.

(Beispiel)
[X] Wie viele Freunde sind da?
Es sind 4 Freunde da.

Worum geht es?

Anhand des Themas Geburtstag sollen die Kinder ihre Kompetenzen in verschiedenen Bereichen des Sachrechnens auf- bzw. ausbauen.
Bei Aufgabe 1 und Aufgabe 3 wählen die Kinder Fragen danach aus, ob sie anhand der Illustration bzw. des Textes beantwortet werden können und notieren anschließend die Lösungen. Dadurch wird bereits eine wichtige Strategie für die spätere Erschließung von umfangreicheren Sachtexten vorbereitet: Die Kinder müssen die gegebenen Informationen nach ihrer Relevanz bewerten und in Bezug auf die Fragen betrachten. Zusätzlich erhalten sie auf diesem Weg erste Anregungen dafür, eigene Fragen entwickeln zu können, die sich auf einen Sachkontext oder ein Bild beziehen.
Die Aufgabe 2 beinhaltet einfache Mathematisierungsbeispiele (Modellierung):

1. Die Kinder müssen eine durch ein Bild beschriebene reale Situation in einem Modell (hier: Rechenaufgabe) erfassen.
2. Sie müssen aus dem Modell eine Folgerung ziehen (hier: Aufgabe lösen).
3. Sie müssen die Folgerung, d. h. das Ergebnis der Rechnung für die reale Situation interpretieren (hier: Zahl deuten).

Wie kann man vorgehen?

1 Fragen beantworten
Um einen besseren Zugang zu den Aufgaben zu bekommen, betrachten die Kinder gemeinsam das Bild und erzählen eine Geschichte darüber, was sie sehen und was dort passiert. Dabei dürfen auch eigene Erfahrungen von Geburtstagsfeiern einfließen. Falls es einigen Kindern schwer fällt, sich auf dem Bild zu orientieren, ist es möglich, die rechte Hälfte erst einmal abzudecken und sie im Anschluss an die linke Bildhälfte zu betrachten. Danach werden die Fragen gemeinsam gelesen. Die Kinder überlegen im Plenum oder in Partnerarbeit, welche Fragen sie beantworten können und kreuzen diese an. Dazu zeigen sie auf den Bildausschnitt, der einen Hinweis auf die Antwort gibt und tragen diese nach Möglichkeit in kurzen Sätzen ein. Die zweite und die fünfte Frage können nicht genau beantwortet werden.

2 Aufgaben Bildern zuordnen
In Partnerarbeit ordnen die Kinder die Aufgaben den Bildern zu und erzählen sich gegenseitig Rechengeschichten. Dabei ist es ganz wichtig, dass die Lernenden die Ergebnisse hinsichtlich der abgebildeten Situationen deuten.

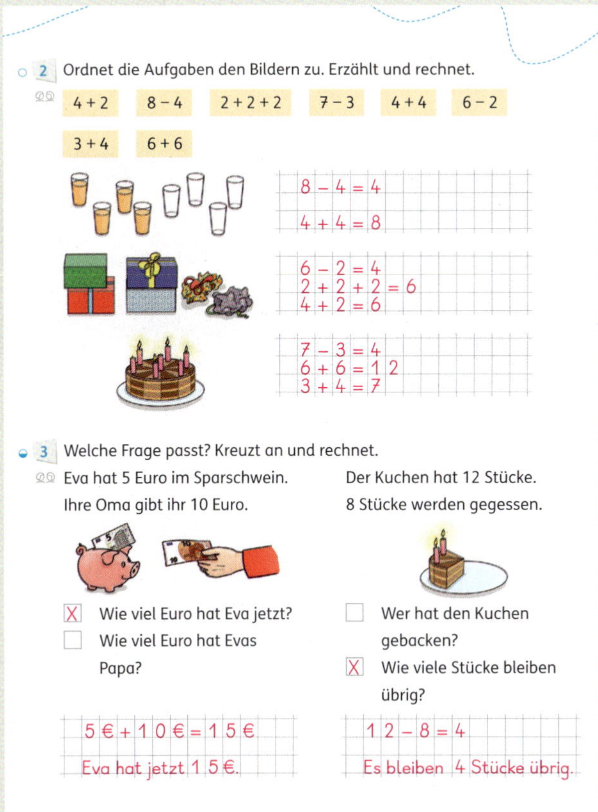

2 Ordnet die Aufgaben den Bildern zu. Erzählt und rechnet.

4 + 2 | 8 − 4 | 2 + 2 + 2 | 7 − 3 | 4 + 4 | 6 − 2 | 3 + 4 | 6 + 6

8 − 4 = 4
4 + 4 = 8

6 − 2 = 4
2 + 2 + 2 = 6
4 + 2 = 6

7 − 3 = 4
6 + 6 = 12
3 + 4 = 7

3 Welche Frage passt? Kreuzt an und rechnet.

Eva hat 5 Euro im Sparschwein. Ihre Oma gibt ihr 10 Euro.

- [x] Wie viel Euro hat Eva jetzt?
- [ ] Wie viel Euro hat Evas Papa?

5 € + 10 € = 15 €
Eva hat jetzt 15 €.

Der Kuchen hat 12 Stücke. 8 Stücke werden gegessen.

- [ ] Wer hat den Kuchen gebacken?
- [x] Wie viele Stücke bleiben übrig?

12 − 8 = 4
Es bleiben 4 Stücke übrig.

Hinweise zu den Aufgaben

2 Aufgaben zu Bildern ordnen und passende Geschichten erzählen. Die Ergebnisse deuten und auf die Situation beziehen.

3 Passende Frage ankreuzen. Rechnung und ggf. Antwort notieren.

Verweise auf weitere Materialien

AH S. 84

Beispiele:
Es gibt acht Gläser. Vier Gläser davon wurden bereits ausgetrunken. Es gibt also noch vier volle Gläser.
Vier Geschenke sind verpackt und zwei Geschenke sind bereits ausgepackt. Insgesamt gab es also sechs Geschenke.
Es gibt sechs helle Kuchenstücke und sechs dunkle Stücke. Also gibt es insgesamt 12 Stücke.

3 Passende Frage erkennen
Die Texte werden ggf. gemeinsam gelesen und von einzelnen Kindern in den eigenen Worten wiedergegeben. Anschließend überlegen die Kinder, welche Frage zu der jeweiligen Rechengeschichte passt und kreuzen diese an. Anschließend notieren sie die Rechnung und erläutern das Ergebnis im Austausch mit dem Partnerkind.

Diagnostisches Potenzial

Inwiefern können die Kinder erkennen, welche Fragen anhand eines Bildes beantwortet werden können? Welchen Bezug stellen sie zwischen einer Rechenaufgabe und einer bildlich dargestellten realen Situation her? Inwiefern können sie das Ergebnis einer Rechnung interpretieren und anhand des Sachkontextes deuten? Finden die Kinder eine passende Rechnung zu einer Rechengeschichte?

Möglichkeiten zur Differenzierung

1 Umfang der Fragen reduzieren, bzw. nur Fragen auswählen, die beantwortet werden können.

2 Umfang der Aufgaben reduzieren.
Den Kindern können Teilaufgaben zu den einzelnen Bildern gestellt werden: Die Lehrkraft gibt etwa zu einem Bild eine Aufgabe vor und die Kinder erzählen eine Geschichte dazu (oder anders herum). Da diese Aufgabe in Partnerarbeit bearbeitet wird, können sich die Kinder in dieser Weise auch gegenseitig unterstützen.

3 Die passende Frage wird bereits vorgegeben und die Kinder versuchen, dazu eine Rechnung zu finden.

136/137 Rechengeschichten

Hinweise zu den Aufgaben

1 Dargestellte Situation beschreiben. Frage und Antworten der abgebildeten Kinder diskutieren. Begründen, inwiefern die Rechnungen zum Bild passen.

2 Den Fragen passende Rechnungen zuordnen, Bildausschnitte ggf. markieren. Die Ergebnisse in Bezug auf die Frage deuten.

Rechengeschichten

1 Erzählt und rechnet.

2 Ordnet jeder Frage eine passende Rechnung zu. Rechnet.

Wie viele Flaschen gibt es?	5 + 3 = 8
Wie viele Tore wurden insgesamt geschossen?	2 + 3 = 5
Wie viele Kinder tragen eine Kappe?	3 + 3 = 6
Wie viele Tore braucht die blaue Mannschaft zum Ausgleich?	5 – 3 = 2
Wie viele Bälle liegen neben dem Feld?	6 – 2 = 4

Worum geht es?

Diese Doppelseite beinhaltet verschiedene Varianten von Sachaufgaben:

Aufgabe 1: Rechnungen anderer Kinder deuten und auf die dargestellte Situation beziehen.
Aufgabe 2: Den Fragen passende Rechnungen zuordnen.
Aufgabe 3: Fragen zu einer Textaufgabe beantworten.
Aufgabe 4: Eine Frage zu einer Textaufgabe stellen (mehrere Fragen sind möglich), Aufgabe lösen und Frage beantworten.
Aufgabe 5: Rechengeschichten zu einer Aufgabe deuten und Rechengeschichten erfinden.

Bei der Lösung von Sachaufgaben sollten immer vier Phasen beachtet werden:

1. *Verstehen der Aufgabe*: Situation veranschaulichen, Aufgabentext gemeinsam lesen, unbekannte Wörter besprechen, relevante Informationen einkreisen.
2. *Überlegung*: Konkrete Bearbeitungshilfen (etwa Material wie Plättchen oder Rechengeld) suchen, grafische Bearbeitungshilfen wie Skizzen und Zeichnungen verwenden, um die mathematische Struktur der Aufgabe zu erkennen.
3. *Lösung*: Aufgabe lösen, etwa durch eine Rechnung.
4. *Kontrolle und Antwort*: Lösung der Aufgabe in Bezug auf die Ausgangsfrage deuten und prüfen.

Wie kann man vorgehen?

1 Situation beschreiben und Rechnungen deuten

Zuerst wird die auf dem Bild dargestellte Situation besprochen. Die Kinder erläutern, was dort geschieht und was die Punktetafel zu bedeuten hat. Sie können auch eigene Erfahrungen in Bezug auf ein Fußballspiel einfließen lassen.
Die Aufgabe in den Sprechblasen wird gemeinsam erarbeitet. Dabei ist es wichtig, dass die Kinder beschreiben, auf welche Situationen sich die Aufgaben 3 + 2 = 5 (3 Kinder spielen in der blaue Mannschaft und 2 in der roten) und 6 – 1 = 5 (6 Kinder sind zu sehen, aber 1 Kind befindet sich außerhalb des Fußballfeldes) beziehen.

2 Rechnungen zuordnen

Die Fragen werden ggf. gemeinsam gelesen und mit den passenden Rechnungen verbunden. Für manche Kinder kann es eine Hilfe sein, wenn sie die im Bild relevanten Gegenstände in der Farbe der jeweiligen Frage markieren. Anschließend wird das Ergebnis jeweils in Bezug auf die Frage gedeutet

3 Fragen zu einer Textaufgabe beantworten.

Diese Aufgabe bietet sich an, um mit den Kindern die vier Phasen bei der Lösung von Sachaufgaben (s. linke Spalte) zu besprechen und umzusetzen. Gemeinsam wird der Text gelesen, ggf. von einem Kind in eigenen

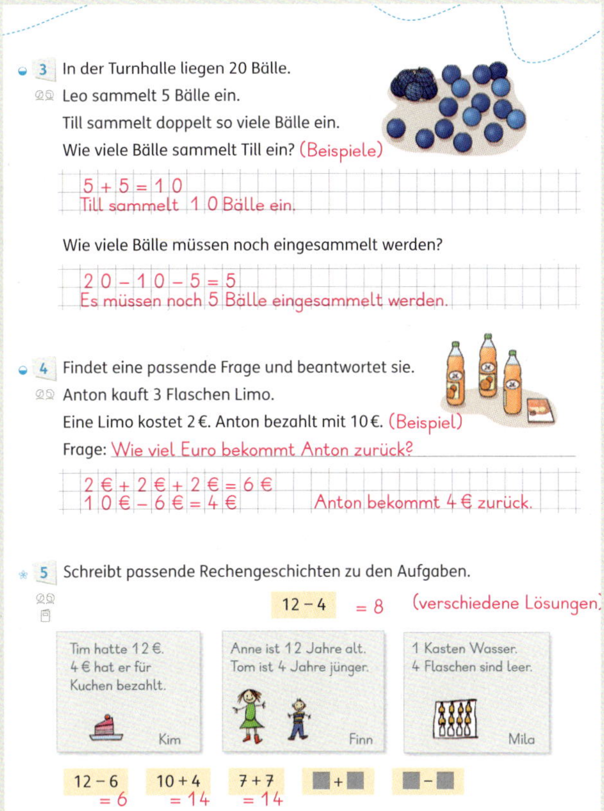

3 In der Turnhalle liegen 20 Bälle.
Leo sammelt 5 Bälle ein.
Till sammelt doppelt so viele Bälle ein.
Wie viele Bälle sammelt Till ein? (Beispiele)

5 + 5 = 10
Till sammelt 10 Bälle ein.

Wie viele Bälle müssen noch eingesammelt werden?

20 – 10 – 5 = 5
Es müssen noch 5 Bälle eingesammelt werden.

4 Findet eine passende Frage und beantwortet sie.
Anton kauft 3 Flaschen Limo.
Eine Limo kostet 2 €. Anton bezahlt mit 10 €. (Beispiel)
Frage: Wie viel Euro bekommt Anton zurück?

2 € + 2 € + 2 € = 6 €
10 € – 6 € = 4 € Anton bekommt 4 € zurück.

5 Schreibt passende Rechengeschichten zu den Aufgaben.
12 – 4 = 8 (verschiedene Lösungen)

Tim hatte 12 €. 4 € hat er für Kuchen bezahlt. Kim
Anne ist 12 Jahre alt. Tom ist 4 Jahre jünger. Finn
1 Kasten Wasser. 4 Flaschen sind leer. Mila

12 – 6 = 6 10 + 4 = 14 7 + 7 = 14 ■ + ■ ■ – ■

Hinweise zu den Aufgaben

3 Text gemeinsam lesen. Die vier Phasen bei der Lösung von Sachaufgaben besprechen und umsetzen:
1. *Verstehen der Aufgabe*
2. *Überlegung*
3. *Lösung*
4. *Kontrolle und Antwort*

4 Text gemeinsam lesen, Fragen dazu entwickeln und beantworten.
Mögliche Fragen: Wie viel Euro kosten die drei Flaschen zusammen?
Wie viel Euro hat Anton anschließend noch?

5 Texte lesen. Begründen, warum diese zur Rechnung 12 – 4 passen. Dabei auf die Bedeutung der Zahlen 12 und 4 und das Minuszeichen eingehen. Eigene Rechengeschichten finden und notieren.

Verweise auf weitere Materialien

AH S. 84

Worten wiedergegeben und relevante Informationen eingekreist. Anschließend überlegen die Kinder gemeinsam, welche Bearbeitungshilfen (z. B. Plättchen oder eine Skizze) sie verwenden könnten. Sollten die Kinder an dieser Stelle noch keine Ideen haben, gibt die Lehrkraft Hinweise. Danach wird die Aufgabe gelöst und anschließend wird das Ergebnis kontrolliert und in Bezug auf den Text gedeutet. Es bietet sich an, dass die Lehrkraft gemeinsam mit den Kindern ein Plakat gestaltet, auf dem die vier Phasen übersichtlich und mit Symbolen versehen festgehalten werden. Dieses kann auch in den weiteren Schuljahren genutzt und ergänzt werden.

4 Fragen zu Textaufgaben stellen und lösen
In Anlehnung an Aufgabe 3 gibt es eine weitere Textaufgabe, jedoch müssen die Kinder die Frage dieses Mal selbst stellen. Die Kinder bearbeiten diese Aufgabe am besten in Kleingruppen. Dadurch wird gewährleistet, dass auch die Kinder, die noch nicht sinnentnehmend lesen können, den Aufgabentext erfassen. Gemeinsam werden erst passende Fragen formuliert und auf einem Blatt festgehalten. Dann wählt jedes Kind eine Frage aus und beantwortet diese. Die Lösungen können bei Bedarf materialgestützt oder mit einer Skizze erarbeitet werden. Anschließend werden die verschiedenen Lösungswege verglichen und besprochen.

5 Rechengeschichten deuten und erfinden
Bevor die Kinder in Gruppen an der Aufgabe arbeiten, wird die Aufgabenstellung mit ihnen besprochen. Sie müssen bei jeder der drei Lösungen begründen, warum die Aufgabe zur Rechnung 12 – 4 = 8 passt. Dabei muss die Bedeutung der Zahlen 12 und 4 und eine Berechtigung der Subtraktion geklärt werden. Danach überlegen sich die Kinder eigene Rechengeschichten zu den Termen. Zur Würdigung der Ergebnisse, können die Kinder ihre Sachaufgaben auf Plakaten sammeln, die jeweils für einen bestimmten Term stehen.

Diagnostisches Potenzial

Können die Kinder zu einer Frage eine passende Rechnung finden und das Ergebnis auf den Kontext beziehen? Welche Lösungsstrategien nutzen sie bei Sachaufgaben? Inwiefern sind sie in der Lage, eigene Fragen zu einer Textaufgabe zu formulieren? Wie viel Sachkenntnis lassen sie in selbst erfundene Aufgaben einfließen?

Möglichkeiten zur Differenzierung

3 Fragen vorgeben.

5 Auswahl auf eine oder zwei Aufgaben begrenzen.

138/139 Tageszeiten

Hinweise zu den Aufgaben

Einstieg, 1 Volle Stunden an der Analoguhr betrachten. Uhrzeiten an der Analoguhr den zwei unterschiedlichen Uhrzeiten im Tagesverlauf zuordnen (1 Uhr oder 13 Uhr).
Vorstellungen zu einer Minute aufbauen.

2 Zu einem Zeitpunkt zwei unterschiedliche Uhrzeiten notieren. Zeitpunkte an der Analoguhr ablesen.

3 Uhrzeiten an der Analoguhr eintragen.

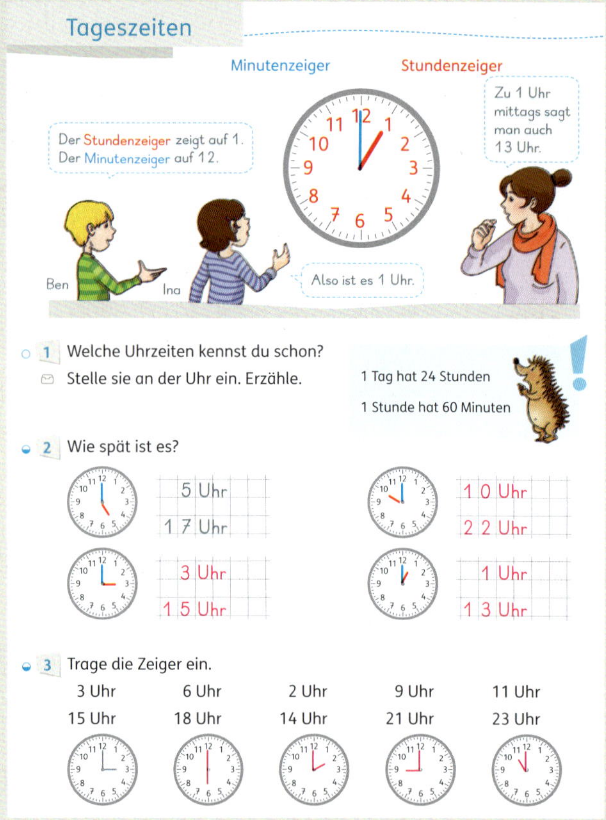
Tageszeiten

Minutenzeiger Stundenzeiger

Der Stundenzeiger zeigt auf 1. Der Minutenzeiger auf 12.

Zu 1 Uhr mittags sagt man auch 13 Uhr.

Ben Ina Also ist es 1 Uhr.

1 Welche Uhrzeiten kennst du schon? Stelle sie an der Uhr ein. Erzähle.

1 Tag hat 24 Stunden
1 Stunde hat 60 Minuten

2 Wie spät ist es?

5 Uhr / 17 Uhr — 10 Uhr / 22 Uhr
3 Uhr / 15 Uhr — 1 Uhr / 13 Uhr

3 Trage die Zeiger ein.

3 Uhr / 15 Uhr — 6 Uhr / 18 Uhr — 2 Uhr / 14 Uhr — 9 Uhr / 21 Uhr — 11 Uhr / 23 Uhr

Wichtige Wörter

Minuten, Stunden, Minutenzeiger, Stundenzeiger, Tageszeit, morgens, vormittags, mittags, nachmittags, abends, nachts

Was wird benötigt?

Arbeitsmaterial: Lernuhren (LF 15 *Lernuhr*, bevorzugt einfache Analoguhren), KV 81 *Mein Tageslauf*, KV 82 *Uhrzeiten – Paarspiel*, KV 83 *Zeitspannen*, KV 84 *So lange dauert es*.
Demonstrationsmaterial: große analoge Uhr als Lernuhr (möglichst eine echte), ggf. selbstgebastelte Digitaluhr

Worum geht es?

Der Größenbereich *Zeit* ist für viele Kinder ein schwierig zugängliches Thema. Die Erfahrungen im Umgang mit Zeitangaben in Form von Zeitpunkten (als Uhrzeit, z. B. 13.45 Uhr) und Zeitspannen (z. B. als verstrichene Zeit, 45 Minuten) sind sehr different. Dennoch hat dieses Thema eine hohe Alltagsrelevanz.
Größenvorstellungen zur Zeit erwirbt man sinnstiftend nur im vielfältigen Umgang mit der Zeit. Daher sollten Zeitpunkte und Zeitspannen immer wieder Thema des täglichen Unterrichts sein. Es ist empfehlenswert, von Beginn an im Klassenraum eine Analoguhr und evtl. auch eine Digitaluhr aufzuhängen, um tägliche Anlässe zu nutzen, Uhrzeiten abzulesen sowie mit Zeitspannen umzugehen.
Der Größenbereich Zeit umfasst mehrere zentrale Erkenntnisse, die die Kinder über die Schuljahre hinweg erlernen müssen.

1. Es gibt ungewöhnliche Bündelungseinheiten: Eine Stunde hat 60 Minuten, ein Tag 24 Stunden ...
2. Die Analoguhr ist ein sehr komplexes Darstellungsmittel für Uhrzeiten. Der Minutenzeiger umrundet das Ziffernblatt 24-mal am Tag, der Stundenzeiger nur zweimal. Allerdings wandern sie nicht unabhängig voneinander. Eine gebastelte Lernuhr zeigt dies nicht, deshalb wird empfohlen, zur Demonstration mit einer richtigen Uhr zu arbeiten.
3. Zeitspannen sind schwierig zu schätzen: Zehn Minuten können beim Warten unheimlich lang wirken, bei einem spannenden Spiel aber wie im Fluge vergehen.

Die Schulbuchseiten zu Zeitpunkten und Zeitspannen eignen sich für eine erste Annäherung an diese komplexe Thematik, die in den folgenden Schuljahren systematisch vertieft wird.

Wie kann man vorgehen?

Einstieg, 1 Erfahrungen zu Tageszeiten aufgreifen

Zum Einstieg bringen Lehrkraft und Kinder Uhren mit in den Sitzkreis. Die Kinder werden aufgefordert, Uhrzeiten einzustellen und über typische Tätigkeiten zu den bestimmten Tageszeiten zu berichten: Welche Uhrzeiten kennt ihr schon? Was sind wichtige Uhrzeiten für euch?
Möglicherweise können einzelne Kinder solche Uhrzeiten bereits an der Lernuhr einstellen, ansonsten demonstriert die Lehrkraft das Einstellen der vollen Stunden. Die Kinder oder die Lehrkraft erklären, wie

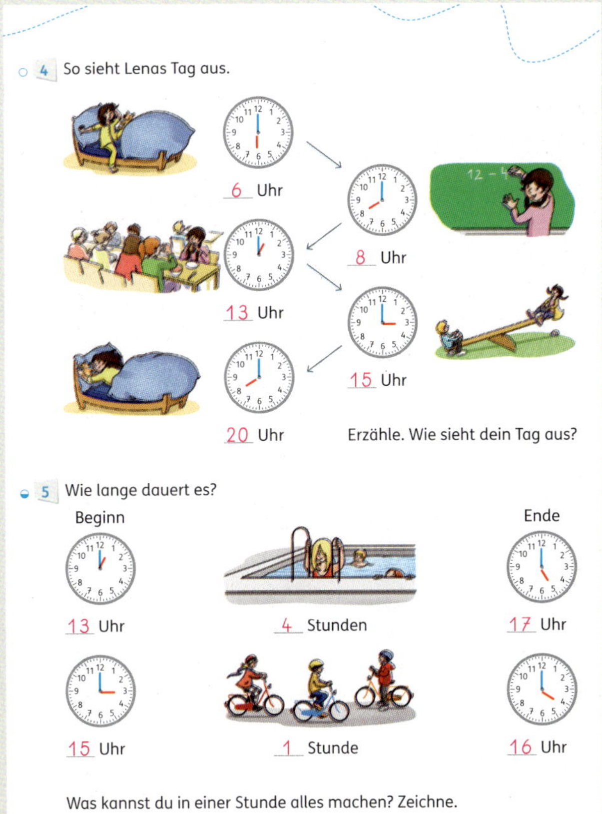
4 So sieht Lenas Tag aus.

6 Uhr

8 Uhr

13 Uhr

15 Uhr

20 Uhr

Erzähle. Wie sieht dein Tag aus?

5 Wie lange dauert es?

Beginn		Ende
13 Uhr	4 Stunden	17 Uhr
15 Uhr	1 Stunde	16 Uhr

Was kannst du in einer Stunde alles machen? Zeichne.

Hinweise zu den Aufgaben

4 Lenas Tagesablauf mit den entsprechenden Uhrzeiten verknüpfen. Uhrzeiten ablesen. Auf den eigenen Tagesablauf übertragen. Dazu KV 81 *Mein Tageslauf* nutzen.

5 Vorstellung zu Zeitspannen und insbesondere zur Zeitspanne von einer Stunde aufbauen. Beispiele sammeln, was die Kinder in einer Stunde schaffen können bzw. welche Aktivitäten ungefähr eine Stunde dauern.

Verweise auf weitere Materialien

AH S. 85, 86

man aus dem Stand der beiden Zeiger die Uhrzeit ablesen kann. Außerdem muss besprochen werden, dass für Nachmittagsstunden zwei Bezeichnungen möglich sind. So können etwa 4 Uhr und 16 Uhr denselben Zeitpunkt bezeichnen, aber nur 16 Uhr bezieht sich eindeutig auf den Nachmittag.

2, 3 Uhrzeiten lesen und eintragen
Volle Stunden an der Analoguhr ablesen sowie Zeiger der Analoguhr passend zu vorgegebenen Zeitpunkten einzeichnen. Unterschied der Vormittags- und Nachmittagsstunden besprechen. Zur Vertiefung und zur Automatisierung KV 82 *Uhrzeiten – Paarspiel* einsetzen.

4 Lenas Tagesablauf beschreiben
Die Uhrzeiten passend zu Lenas Tagesablauf ablesen und erzählen, was Lena zu dieser Uhrzeit macht. Die Uhrzeiten auch an der Lernuhr einstellen lassen. Anschließend malen und schreiben die Kinder ihren Tagesablauf. Dazu KV 81 *Mein Tageslauf* nutzen.

5 Zeitspannen bestimmen
Die Kinder bestimmen die Zeitspanne zwischen zwei Zeitpunkten, indem sie die entsprechenden Zeitpunkte an einer Lernuhr einstellen. Dabei können sie beobachten, wie die Zeiger an der Uhr weiterwandern. Zur Vertiefung können sie weitere solcher Aufgaben erfinden (KV 84 *So lange dauert es*).

Anschließend sammeln die Kinder Beispiele, was sie in einer Stunde alles machen können (ggf. KV 84 *Zeitspannen* nutzen). Vermutlich werden vorwiegend Freizeitaktivitäten aufgeführt. In Kleingruppen können Plakate erstellt werden, was sie in einer Stunde schaffen (ergänzend auch in einer Minute, 10 Minuten).

Diagnostisches Potenzial

Welche Erfahrungen bringen die Kinder zum Thema Zeit mit? Können sie volle Stunden an der Analoguhr ablesen? Können sie die zweite Tageshälfte mit Zeitangaben zwischen 13 Uhr und 24 Uhr beschreiben? Welche zentralen Zeitpunkte in ihrem Tagesablauf kennen sie? Können sie Zeitspannen zwischen zwei Zeitpunkten bestimmen? Können sie realistisch einschätzen, was sie in einer Stunde schaffen können?

140/141 Bald ist Weihnachten

Hinweise zu den Aufgaben

1 – 3 Besondere Tage im Monat Dezember mithilfe eines aktuellen Kalenderblattes eintragen. Unterschied Tag, Woche, Monat, Jahr klären. Wochentage nennen.

4 Sachaufgabe zum Rechnen mit Zeitspannen lösen (hier 20 Tage). Sachsituation mit den Kindern nachstellen und selbst Zweige aufstellen.

5 Sechs verschiedene Rollenverteilungen finden (drei Kinder auf drei Rollen). Angefangenes System in Tabelle fortsetzen.

Bald ist Weihnachten

1 Trage in den Kalender ein: Nikolaus, Heiligabend, 1. und 2. Weihnachtstag, Silvester.

2 Markiere die Adventssonntage rot.

3 Markiere alle Ferientage blau.

4 Am 4. Dezember ist St. Barbaratag.

Wann blühen sie?

5 Leo, Ina und Ben spielen beim Krippenspiel die Heiligen Drei Könige. Welche Rollenverteilungen sind möglich?

Caspar	Melchior	Balthasar
Leo	Ina	Ben
Leo	Ben	Ina
Ina	Leo	Ben
Ina	Ben	Leo
Ben	Leo	Ina
Ben	Ina	Leo

Dezember
1
2
3
4
5
6 Nikolaus
7
8
9
10
11
12
13
14
15
16
17
18
19
20
21
22
23
24 Heiligabend
25 1. Weihnachtstag
26 2. Weihnachtstag
27
28
29
30
31 Silvester

Wichtige Wörter

Kalender, Tag, Woche, Monat, Jahr, Montag, Dienstag, Mittwoch, Donnerstag, Freitag, Samstag, Sonntag

Was wird benötigt?

Arbeits- und Demonstrationsmaterial: Kalender, Kalenderblatt für Dezember, Papier und Schere

Worum geht es?

Diese Doppelseite eignet sich als Miniprojekt in der Adventszeit. Alle Aufgaben stehen im Kontext Advent und Weihnachten und stimmen die Kinder somit auch im Mathematikunterricht auf die vorweihnachtliche Zeit ein.

Wie kann man vorgehen?

1 – 3 Kalender einführen

Im Halbkreis betrachten die Kinder das Kalenderblatt vom Monat Dezember. Es wird gesammelt, was sie zum Thema Kalender wissen und Unterschiede zwischen Jahr, Woche, Monat und Tag besprochen. Zur Vorbereitung der Aufgaben im Schulbuch eignen sich folgende Impulse: Wann ist Nikolaus? Wo sehe ich diesen Tag im Kalender? Wann ist Weihnachten? Wann Silvester? Wann zünden wir die erste (zweite, dritte, vierte) Adventskerze an? Die Ferien beginnen dieses Jahr am ... und enden am ... An welchen Tagen im Dezember habt ihr also Ferien?

Die Kinder zeigen auf die jeweiligen Tage im Kalenderblatt. Die Tage werden jeweils farbig im vergrößerten Kalenderblatt markiert: besondere Tage gelb, Adventssonntage rot und Ferientage blau. Bei den besonderen Tagen sollte der Name des Tages dazugeschrieben werden (Nikolaus, Heiligabend ...). Anschließend übertragen die Kinder alle markierten Tage aus dem vergrößerten Kalenderblatt in ihr Kalenderblatt im Schulbuch. Allein das Zurechtfinden auf dem gemeinsam eingetragenen Kalenderblatt und das Übertragen aus das Kalenderblatt im Schulbuch ist für manche Kinder eine große Herausforderung.

4 Im Kalender orientieren

Die Kinder sammeln erste Erfahrungen im Rechnen mit Daten. Sie müssen die Sachsituation erfassen, 20 Tage weiterrechnen und in das leere Kalenderblatt „24." eintragen. Es reicht, wenn sie „24" eintragen und die Zahl passend als „24. Dezember" deuten. Den Brauch zum St. Barbaratag einen Zweig eines Kirschbaums oder eines anderen Obstbaums aufzustellen, kann man gut nachstellen, so dass die Kinder mit Ferienbeginn je einen kleinen, fast blühenden Zweig mit nach Hause nehmen können. (Tipp: Die Zweige sollten vorher einmal Frost erlebt haben, ggf. eine Nacht in die Gefriertruhe aufbewahren.)

5 Rollenkombinationen bestimmen

Die Kinder versuchen, alle möglichen Verteilungen der drei Kinder auf die drei Rollen zu finden. Dazu können sie sich die Namen – Leo, Ben, Ina – auf kleine

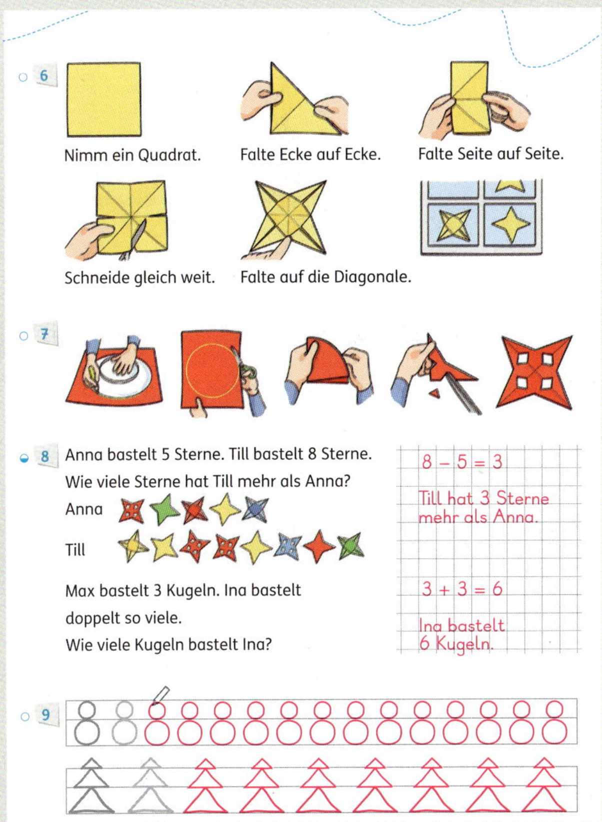

Hinweise zu den Aufgaben

6, 7 Sterne nach Anleitung basteln.

8 Sachaufgaben lösen. Zeichnungen als Lösungshilfe nutzen.

9 Kreise und Dreiecke zeichnen.

Wichtige Wörter

Ecke, Seite, Faltkante, Mitte, Diagonale, Kreis

Verweise auf weitere Materialien

AH S. 87

Zettel schreiben und diese den Rollenkarten (Gewändern) zuordnen.
Bereits von der ersten Lösung ausgehend, sollten die Kinder aufgefordert werden, eine neue Lösung zu finden, indem sie möglichst geschickt vorgehen und nur wenig verändern. Anschließend vergleichen sie ihre Lösungen mit einem Partner und versuchen diese zu ordnen. Erst dann sollten sie ihre Ergebnisse in die Tabelle eintragen. Insgesamt gibt es sechs mögliche Verteilungen. Die Kinder präsentieren abschließend alle gefundenen Verteilungen der drei Kinder auf die drei Rollen und beschreiben, wie sie die Lösungen gefunden haben.

6, 7 Sterne basteln
Gemeinsam wird besprochen, wie die beiden Sterne erstellt werden. Es ist hilfreich, dazu die Bastelanleitung vergrößert zu zeigen und gemeinsam nachzuvollziehen. Alternativ kann jeder einzelne Faltschritt im Rahmen einer Lerntheke zur Verfügung gestellt werden. Die Kinder können am konkreten Objekt nachvollziehen, welche Faltschritte und Schneidvorgänge gemacht werden müssen. Die Fachbegriffe *Ecke, Seite, Faltkante, Mitte, Diagonale, Kreis* werden wiederholt und zur Beschreibung genutzt. Wenn Kinder die Sterne aus Aufgabe 7 basteln, sollen sie vor dem Aufklappen des Sternes vermuten, wie er aussehen wird, etwa: Wie viele Zacken hat er? Welche und wie viele Aussparungen?

8 Sachaufgaben lösen
Die Kinder lösen die Sachaufgaben, indem sie Sterne paarweise zuordnen. Sie notieren anschließend die Lösungszahl oder malen drei Sterne, bzw. Kreise, ggf. notieren sie auch eine passende Rechnung und formulieren (mündlich) einen Antwortsatz.

9 Muster fortsetzen
Das angefangene Muster wird fortgesetzt. So üben die Kinder, Kreise und Dreiecke zu zeichnen.

Diagnostisches Potenzial

Kennen die Kinder die Wochentage und die Ausdrücke *Tag, Woche, Monat, Jahr*? Können sie mit einem Kalenderblatt umgehen und dort Daten finden oder eintragen? Welche besonderen Tage im Dezember kennen die Kinder? Wie lösen sie Rechenaufgaben zum Kalender? Wie finden die Kinder die Verteilungen der drei Rollen? Wie erklären sie, wie sie dabei vorgegangen sind?
Gelingt es ihnen, Bastelanleitungen zu folgen? Kennen und nutzen sie die entsprechenden Fachausdrücke?
Wie lösen die Kinder Sachaufgaben (z. B. mit Zeichnungen, rechnerisch)? Können sie Kreise und Dreiecke zeichnen?

142/143 Bald ist Ostern

Hinweise zu den Aufgaben

Einstieg Mit Gedicht auf Osterthema einstimmen.

1 – 3 Durch systematisches Probieren alle Möglichkeiten für die Zusammenstellung der Nester finden.

Bald ist Ostern

Am Feldesrand im hohen Gras
da sitzt ein kleiner Osterhas!
Der Hase denkt, er will noch springen
und den Kindern Eier bringen:
In jedes Nest legt er hinein,
blau, gelb, rote Eierlein.
Na, wie kombiniert er das?
Seid mal schlau, so wie der Has'.

1 Immer 2 Eier im Nest. Es gibt rote, blaue und gelbe Eier.

2 Immer 3 Eier im Nest.

3 Immer 4 Eier im Nest.
Wie viele verschiedene Nester findet ihr? (15 verschiedene Nester)

Was wird benötigt?

Linke Seite: Je vier „Ostereier" (Papier, Holz, Bauklötze o. Ä. ...) in den Farben rot, blau, gelb, einige „Nester" (z. B. kreisförmige Pappe), KV 85 *Bald ist Ostern*
Rechte Seite: Blickdichte Beutel und „Ostereier" zum Ziehen in rot, blau und gelb.

Worum geht es?

Osternester, die mit Ostereiern verschiedener Farben bestückt werden, bilden den Kontext für kombinatorische Aufgaben (linke Seite) und Zufallsexperimente (rechte Seite). Auf der linken Seite bestimmen die Kinder die Möglichkeiten dafür, Nester mit unterschiedlich vielen Eiern in den Farben rot, blau und gelb zusammen zu stellen. Es handelt sich hierbei um Kombinationen mit Wiederholung, d. h. es dürfen mehrere Eier in derselben Farbe in ein Nest gelegt werden. Ein systematischer Lösungsweg entsteht, wenn man die Möglichkeiten in überschaubare Gruppen unterteilt, zum Beispiel folgendermaßen:

1. Alle Eier in der gleichen Farbe: (r, r, r), (b, b, b), (g, g, g)
2. Zwei Farben treten auf: (r, r, b), (r, b, b); (r, r, g), (r, g, g); (b, b, g), (b, g, g)
3. Alle drei Farben kommen vor: (r, b, g)

Auf der rechten Seite wird eine Grundaufgabe der Stochastik behandelt: das Hochrechnen von einer Stichprobe (wie bei einer Wahlprognose). Die Kinder vermuten durch Ziehen mit Zurücklegen, wie die Farben von Eiern in Nestern verteilt sind. Sie erfahren dabei, dass man von den entstehenden Strichlisten auf den Inhalt der Nester schließen kann, dass man aber den Inhalt so nicht sicher bestimmen kann.

Wie kann man vorgehen?

Einstieg Auf Osterthema einstimmen
Als Einstieg wird das Gedicht vorgelesen, das einerseits dazu anregen soll, eigene Erfahrungen und Familiengewohnheiten zum Osterfest mitzuteilen. Andererseits wird schon das kombinatorische Problem mit den verschieden farbigen Eiern vorgestellt.

1 – 3 Farbkombinationen finden
Die Kinder erhalten zum probierenden Lösen je vier Eier o. Ä. in den Farben rot, gelb und blau und ggf. mehrere „Nester" zum Legen.
Die Lehrkraft fordert die Kinder zunächst dazu auf, unterschiedliche Nester mit zwei Eiern zu legen und demonstriert das Aufzeichnen der gefundenen Lösungen. Gemeinsam werden alle Möglichkeiten gesucht.
Es wird herausgestellt, dass es nicht auf die Lage der Eier im Nest ankommt, sondern nur auf deren Anzahl und Farben. Es gibt sechs Möglichkeiten, die sortiert werden können: (r, r), (r, b), (r, g), (b, b), (b, g), (g, g).
Die beiden anderen Aufgaben können die Kinder selbst probierend lösen, wobei die Lehrkraft ggf. beim Sortieren und Systematisieren unterstützen muss.

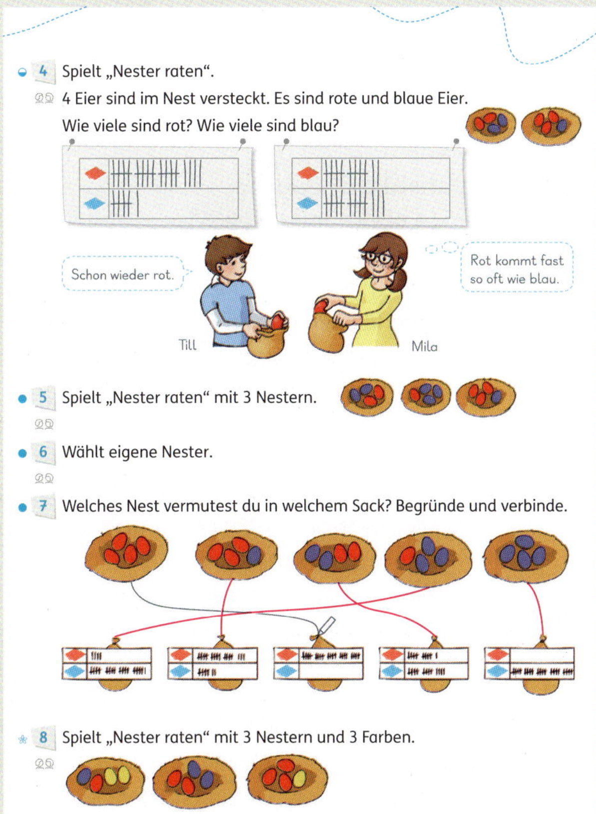

Hinweise zu den Aufgaben

4 – 6 *Nester raten spielen*: Auf der Basis des Experiments „Ziehen mit Zurücklegen“ auf die Zusammenstellung der Nester schließen.

7 Zuvor gewonnene Erfahrungen umsetzen.

8 *Nester raten* auf drei Farben erweitern. Es muss öfter gezogen werden!

Ein Lösungsweg für die zweite Aufgabe findet sich in den einführenden Erläuterungen oben. Analog dazu findet man die 15 möglichen Nester in Aufgabe 3.

4 – 8 Spiel *Nester raten* erkunden
Das Spiel steht exemplarisch für das Zufallsexperiment „Ziehen mit Zurücklegen“. Alle Aufgaben werden analog zu Aufgabe 4 bearbeitet, bei der man wie folgt vorgehen kann:
Die Lehrkraft hat zwei Beutel („Nester“) vorbereitet: Beutel 1: 1 rotes und 3 blaue Eier, Beutel 2: 2 rote und 2 blaue Eier. Sie erzählt, dass in beiden Nestern 4 Eier in den Farben rot und blau liegen, verrät aber nicht, wie viele davon rot (bzw. blau) sind. Aufgabe der Kinder ist es, das herauszufinden.
Jedes Kind darf nun mit geschlossenen Augen aus jedem Beutel ein Ei ziehen, es ansehen und wieder zurücklegen. In je einer Tabelle für jeden Beutel wird festgehalten, welche Farbe gezogen wurde. Wenn alle Kinder gezogen haben, stehen an der Tafel also zwei Strichlisten. Die Kinder müssen jetzt mit Bezug auf die Tabellen begründen, welche Inhalte sie in den Beuteln vermuten. Die Vermutung wird durch Prüfen der Inhalte bestätigt. Es sollte herausgearbeitet werden, dass bei Beutel 2 die Chancen, ein rotes bzw. ein blaues Ei zu ziehen, gleich sind. Bei Beutel 1 ist die Chance, ein rotes Ei zu ziehen, kleiner. Daher erscheinen in der Strichliste bei Rot weniger Striche. Es sollte aber auch deutlich werden, dass man nie ganz sicher sein kann: Der Zufall kann einem auch einen Streich spielen. In Aufgabe 7 können die Erfahrungen angewandt, in Aufgabe 8 vertieft werden.

Diagnostisches Potenzial

Welche Systematik entwickeln die Kinder zum Auffinden aller Möglichkeiten und wie begründen sie die Vollständigkeit ihrer Lösungen? Welche Vorstellungen von zufälligen Ereignissen zeigen sie und wie begründen sie ihre Zuordnung der Nester auf der rechten Seite?

Möglichkeiten zur Differenzierung

2, 3 Für Kinder mit Schwierigkeiten kann man den Suchraum eingrenzen, etwa: Finde alle Nester, in denen mindestens ein rotes Ei vorkommt. Arbeitsteilig lässt sich so erreichen, dass die Kinder in einer Gruppe insgesamt alle Möglichkeiten finden können.

Grundkonzeption des ZAHLENBUCHs

Im Mittelpunkt des ZAHLENBUCHs stehen die zentralen Inhalte der Arithmetik (Einspluseins, Einmaleins, halbschriftliches Rechnen, schriftliche Rechenverfahren) und deren Anwendungen auf das Sachrechnen, die nach wie vor den Kern des Unterrichts ausmachen. Unter der Devise „Weniger ist mehr" wurde auf altbewährte Anschauungsmittel zurückgegriffen (Wendeplättchen, Zehnerfeld, Zwanzigerfeld, Hunderterfeld, Hundertertafel, Stellentafel, Zahlenstrahl und Rechenstrich), die durch passende Neuentwicklungen komplettiert wurden (Wendekarten, Poster zum Einspluseins und Einmaleins, Tausenderbuch, Sortierkarten).
Die Ergebnisse der Hirnforschung zeigen, dass ein Teil unseres Gehirns auf die Erkennung und Verarbeitung von Zeichen, insbesondere von Zahlen, der andere auf die Erkennung und Verarbeitung von Bildern spezialisiert ist. Um beide Teile zu aktivieren, wird im ZAHLENBUCH die Geometrie von der Frühförderung an besonders gepflegt. Dies kommt auch der Arithmetik und dem Sachrechnen zugute, denn in beiden Bereichen werden geometrische Darstellungen vielfach benutzt (Punktmuster, Zahlenstrahl, Diagramme, Situationsskizzen usw.) Selbstverständlich wird auch der Inhaltsbereich Daten, Häufigkeit, Wahrscheinlichkeit von der ersten Klasse an aufgenommen und organisch mit den klassischen Inhaltsbereichen verbunden. Kern der Entwicklung des ZAHLENBUCHs ist dabei der Gedanke, einen modernen Mathematikunterricht zu unterstützen, in dem es um das Verstehen des Fachs geht – und nicht nur um die Ausprägung von Rechenroutinen.

Fachliche Fundierung:
Mathematik als Wissenschaft von Mustern
Früher hat man die Mathematik einerseits als Werkzeug für viele Berufsfelder und andererseits als systematisch geordnetes Gebäude mathematischer Theorien unterrichtet und Lehren als Wissensvermittlung verstanden. Heute wird die Mathematik als lebendige „Wissenschaft von Mustern und Strukturen" gesehen. Der Unterricht orientiert sich weniger an der fertigen Mathematik, sondern mehr an den individuellen und sozialen Prozessen, die zu mathematischem Wissen führen. Diese Prozesse verlaufen naturgemäß nicht glatt. Genauso wie mathematische Forscher müssen auch die Lernenden ihren Weg zu Erkenntnissen suchen. Fehler sind dabei unvermeidlich. Aus ihnen in der Diskussion mit anderen Lernenden Lehren zu ziehen, gehört zum Wesen des Lernens. Im ZAHLENBUCH wird diesem aktiven und interaktiven Wissenserwerb konsequent Raum gegeben (s. Kapitel 2).
Die betont mathematische Fundierung des Werkes resultiert auch aus der Einsicht, dass die in mathematischen Mustern und Strukturen konzentrierte Denkökonomie die beste Grundlage für Verständnis bietet: *Mathematik lernt man nur durch Mathematiktreiben.* Muster und Strukturen bieten aber lediglich einen Rahmen. Sie legen die Lernprozesse nicht fest, sondern schaffen Spielräume, die individuell genutzt werden können.

Ganzheitlicher Zugang:
Lernen als Knüpfen von Wissensnetzen
Lernen wird heute nicht mehr als Bau einer Mauer nach einem vorgegebenen Plan unter strikter Vermeidung von Lücken verstanden, sondern als fortlaufendes Knüpfen eines Netzes von Wissenselementen und Fertigkeiten. Lücken an einer Stelle sind keineswegs ein Hindernis für den Ausbau eines Netzes an einer anderen Stelle. Sie werden im Laufe des Lernprozesses geschlossen, indem über die Lücken hinweg „Wissensfäden" gespannt und an den schon festeren Teilen des Netzes verankert werden.
Der Natur des Lernens gemäß verlaufen Lernprozesse bei der Auseinandersetzung mit einem Stoffgebiet immer individuell. Die Lernenden kommen am besten voran, wenn sie eigene Wege gehen und ihr Tempo selbst bestimmen dürfen. Nur dann können sie auch ihr Vorwissen optimal einsetzen. Auch die Reihenfolge, in der einzelne „Wissensfäden" eingeknüpft werden, variiert individuell und darf auch variieren. Durch ein schlüssiges fachliches Konzept sowie durch den sozialen Austausch mit der Lehrkraft und mit anderen Lernenden wird dafür gesorgt, dass trotz aller individuellen Unterschiede während des Lernprozesses am Ende gemeinsames Wissen vorhanden ist, über das die verschiedenen Lernenden natürlich in unterschiedlicher Weise verfügen.
Die Anleitung zu eigenständigem Lernen bedeutet aber nicht, dass die Lernenden sich selbst überlassen bleiben. Im Gegenteil: Die Lehrkraft spielt bei der Orientierung über die Lernaufgaben und deren Strukturierung, bei der Besprechung und Erklärung von Lösungswegen, bei der Vertiefung von Einsichten, der prägnanten Zusammenfassung des Gelernten und der Herstellung von Querbeziehungen eine tragende Rolle.

1. Konzentration des Stoffes auf tragende Grundideen

Da die Unterrichtszeit begrenzt ist, muss der Stoff auf diejenigen inhaltlichen Grundideen konzentriert werden, die für die Umwelterschließung und für ein Verständnis der Fachstruktur unerlässlich sind. Die in Tabelle 1 aufgelisteten Grundideen der Arithmetik, Geometrie und Stochastik reichen weit über die Grundschule hinaus in die höheren Schulstufen hinein. In ihnen sind „strukturelle" und „praktische" Aspekte aufeinander bezogen. Dies entspricht dem Wesen der Mathematik als gleichzeitig „reiner" und „angewandter" Wissenschaft: Mathematische Muster und Strukturen sind schön *und* nützlich.

Grundideen der Arithmetik	Grundideen der Geometrie
1. Zahlreihe Die natürlichen Zahlen bilden eine Reihe (ordinaler Aspekt). Beim Zählen der Elemente einer Menge werden Abschnitte davon durchlaufen. Die letzte Zahl gibt die Anzahl der Elemente an (kardinaler Aspekt).	**1. Formen und ihre Konstruktion** Der dreidimensionale Anschauungsraum wird von Formgebilden unterschiedlicher Dimension bevölkert (Punkte, Linien, Flächen und Körper), die sich auf vielfältige Weise konstruktiv erzeugen lassen.
2. Rechnen, Rechengesetze, Rechenvorteile Mit den natürlichen Zahlen kann man nach bestimmten Gesetzen mündlich, halbschriftlich und schriftlich vorteilhaft rechnen. Der Zahlbereich wird später unter Beibehaltung der Rechengesetze durch Bruchzahlen und negative Zahlen erweitert.	**2. Operieren mit Formen** Geometrische Gebilde lassen sich bewegen (verschieben, drehen, spiegeln ...), verkleinern, vergrößern, zerlegen, überlagern ..., wodurch Beziehungen hergestellt werden.
3. Zehnersystem Das Zahlsystem ist dekadisch gegliedert, wobei sich die Tausenderstruktur periodisch wiederholt. Außerdem ist der Zehner in zwei Fünfer gegliedert.	**3. Koordinaten** Zur Lagebeschreibung von Punkten können auf Linien, Flächen und im Raum Koordinatensysteme eingeführt werden, welche die Grundlage für die analytische Geometrie und für die graphische Darstellung von Funktionen bilden.
4. Rechenverfahren Schriftliche Rechenverfahren führen das Rechnen mit Zahlen auf das Rechnen mit einstelligen Zahlen zurück (Ziffernrechnen). Diese Verfahren sind automatisierbar und können von Maschinen (z. B. Taschenrechnern) ausgeführt werden.	**4. Maße und Formeln** Längen, Flächen, Volumina und Winkel lassen sich nach Vorgabe von Maßeinheiten messen. Aus vorgegebenen Maßen lassen sich andere nach verschiedenen Formeln berechnen (z. B. Inhaltsformeln).
5. Arithmetische Gesetzmäßigkeiten und Muster Mit Zahlen kann man aufgrund bestimmter Eigenschaften und Beziehungen Gesetzmäßigkeiten, Formeln, Muster („Strukturen“) erzeugen, deren tiefere Zusammenhänge in arithmetischen Theorien systematisch entwickelt werden (Zahlentheorie, Kombinatorik).	**5. Geometrische Gesetzmäßigkeiten und Muster** Geometrische Gebilde und ihre Maße können in vielfältiger Weise in Beziehung gesetzt werden, sodass Gesetzmäßigkeiten und Muster („Strukturen“) entstehen, deren tiefere Zusammenhänge in geometrischen Theorien systematisch entwickelt werden (euklidische Geometrie der Ebene und des Raumes, kombinatorische Geometrie usw.).
6. Zahlen in der Umwelt Zahlen lassen sich vielfältig verwenden als Anzahlen, Ordnungszahlen, Maßzahlen, Operatoren und Codes.	**6. Formen in der Umwelt** Reale Gegenstände können durch geometrische Begriffe (angenähert) beschrieben werden. Die Technik stellt Verfahren zur Herstellung geometrischer Formen bereit, die bestimmten Zwecken genügen. Künstler setzen geometrische Formen für ästhetische Zwecke ein.
7. Übersetzung in die Zahl- und Formensprache Reale Problemstellungen lassen sich mithilfe arithmetischer und geometrischer Begriffe in die Zahlen- und Formensprache übersetzen („modellieren“). Mithilfe arithmetischer und geometrischer Verfahren werden daraus „theoretische“ Lösungen gewonnen, aus denen praktische Folgerungen gezogen werden können.	

Tabelle 1: Grundideen der Arithmetik und der Geometrie

Grundkonzeption des ZAHLENBUCHs

Spiralige Entwicklung der Grundideen über die Stufen hinweg
Die mathematischen Grundideen der Inhaltsbereiche werden nach dem Spiralprinzip entwickelt, d. h. der Unterricht greift sie immer wieder auf, vertieft sie und führt sie in den folgenden Stufen weiter. Auf diese Weise wird nachhaltiges Lernen gesichert.
So erscheint zum Beispiel die Idee „Zehnersystem" in der Frühförderung im „Zehnerfeld", das im ersten Band zum „Zwanzigerfeld" ausgebaut wird. Im zweiten Band wird das Zehnersystem weitergeführt und durch das „Hunderterfeld" und die „Hundertertafel", im dritten durch das „Tausenderbuch" und das „Tausenderfeld" und im vierten u. a. durch das „Millionenbuch" repräsentiert.

Lernziele und Kompetenzen
Im Mathematikunterricht sollen gleichermaßen inhaltliche und allgemeine Lernziele erreicht werden. Dabei sind beide Bereiche untrennbar miteinander verbunden: Inhaltliche Lernziele (Kompetenzen) schaffen eine gute Basis für die Förderung allgemeiner Lernziele (Kompetenzen) und umgekehrt. Insofern bedingt jeweils eine Lernzielkategorie die andere. Für die praktische Arbeit muss aber ein wichtiger Unterschied im Auge behalten werden: Während sich bei inhaltlichen Lernzielen vorzeigbare Erfolge in einem begrenzten Zeitraum erzielen lassen, stellen sich Fortschritte bei den allgemeinen Lernzielen nur langfristig und nur dann ein, wenn mit Geduld und Beharrlichkeit an ihnen gearbeitet wird. Dies ist besonders wichtig, wenn die Eingangsvoraussetzungen der Kinder im Entdecken, Beschreiben und Begründen von Mustern und Strukturen sehr niedrig sind, was in einem ungünstigen Umfeld häufig vorkommt.
Im ZAHLENBUCH werden inhaltliche und allgemeine Lernziele seit jeher verfolgt und im Konzept des produktiven Übens miteinander verknüpft.

Sparsamkeit in Arbeitsmitteln und bildlichen Darstellungen: Weniger ist mehr
Anschauungs- und Arbeitsmittel wirken weder unmittelbar noch eindeutig. Vielmehr müssen sich die Kinder erst in sie einarbeiten. Dies erfordert Zeit. Angesichts des engen Zeitrahmens verbietet es sich daher, eine große Zahl von Materialien heranzuziehen. Im ZAHLENBUCH wurde das Problem der Auswahl von Demonstrations- und Anschauungsmitteln auf folgende Weise gelöst: genau die Materialien wurden ausgewählt, mit denen man die mathematischen Grundideen am besten verkörpern kann. Ihr ständiger Gebrauch schafft die besten Voraussetzungen dafür, dass Darstellungen in Vorstellungen übergehen und eine Grundlage für mentale Operationen bilden.

Richtige Nutzung der Darstellungsformen
Vom Standpunkt des aktiv-entdeckenden und sozialen Lernens sind konkrete Materialien sowie bildliche und symbolische Darstellungen nicht als Hilfsmittel der Belehrung, sondern als Hilfen für das Lernen in der Hand der Kinder aufzufassen. Das ZAHLENBUCH verbindet die Nutzung konkreter Materialien („enaktiv"), zeichnerischer Darstellungen („ikonisch") und formaler Darstellungen („symbolisch") mit der ganzheitlichen Behandlung von Rahmenthemen. Ein verfrühter Übergang zum formalen Rechnen ist Gift für das Verständnis und wird im ZAHLENBUCH vermieden. So wird zum Beispiel der gesamte Zwanzigerraum zuerst mit Material gestützt erarbeitet. Erst durch die dabei entwickelten Fähigkeiten, Zahlen zu zerlegen und zusammen zu setzen, werden die Kinder dazu in die Lage versetzt, formale Schreibweisen inhaltlich zu füllen und verständig zu nutzen („Prinzip der fortschreitenden Schematisierung").
Auf zwei Punkte muss dabei besonders geachtet werden:

1. Mit der Einführung formaler Darstellungen verlieren Arbeitsmittel und Bilder keineswegs ihre Bedeutung. Sie werden immer benötigt, wenn es um das Verstehen, Beschreiben und Mitteilen von Lösungswegen, das Aufzeigen von Beziehungen zwischen Aufgaben und Lösungen, das Lösen kombinatorischer Aufgaben oder um die Modellierung von Sachsituationen geht.
2. Der handelnde („operative") Umgang mit Mathematik ist keineswegs nur auf enaktive Darstellungen beschränkt, sondern schließt ikonische und symbolische Darstellungen ein. Auch an bildlichen Darstellungen (z. B. der Zahlenreihe) oder an symbolischen Darstellungen (z. B. Rechensätzen) kann man operieren. Im ZAHLENBUCH wird dieser operative Zugang besonders gepflegt.

2. Aktiv-entdeckendes und soziales Lernen

Das für die Konzeption zentrale didaktische Prinzip des aktiv-entdeckenden und sozialen Lernens gründet sich auf aktivistische Lerntheorien, insbesondere die genetische Psychologie des Schweizer Psychologen Jean Piaget (1896–1980), ist aber auch fundamental mit der Mathematik verbunden. Heinrich Winter hat dieses Prinzip 1985 prägnant formuliert:
Den Aufgaben und Zielen des Mathematikunterrichts wird in besonderem Maße eine Konzeption gerecht, in der das Mathematiklernen als ein konstruktiver, entdeckender Prozess aufgefasst wird. Der Unterricht muss daher so gestaltet werden, dass die Kinder möglichst viele Gelegenheiten zum selbsttätigen Lernen in allen Phasen eines Lernprozesses erhalten.

Die Aufgabe des Lehrers besteht darin, herausfordernde Anlässe zu finden und anzubieten, ergiebige Arbeitsmittel und produktive Übungsformen bereitzustellen und vor allem eine Kommunikation aufzubauen und zu erhalten, die dem Lernen aller Kinder förderlich ist.

Aktiv-entdeckendes und soziales Lernen verlangt eine ständige Durchdringung inhaltlicher und allgemeiner Lernziele und lässt sich daher nicht in einem kleinschrittigen Unterricht verwirklichen, in dem der Stoff Häppchen für Häppchen vermittelt wird und die Lösungswege sowie die äußere Form der Lösung anhand von Musteraufgaben festgelegt sind. Sinnvoll ist vielmehr eine ganzheitliche Behandlung von Rahmenthemen, z. B. des Einspluseins und des Einmaleins.

Ganzheitliche Behandlung von Rahmenthemen in mehreren Durchgängen

Im ZAHLENBUCH werden Rahmenthemen in mehreren Durchgängen erarbeitet. Die ersten Durchgänge dienen der Orientierung und Einführung, die weiteren der Übung, Vertiefung und Ergänzung. Bei arithmetischen Rahmenthemen steht am Schluss immer die Automatisierung. Jedes Kind kann bei diesem Vorgehen an seine individuellen Voraussetzungen anknüpfen und hat genügend Zeit, um sein Wissensnetz von Durchgang zu Durchgang zu erweitern und zu festigen. Dabei sind Lücken bei einem Durchgang kein Hindernis für sinnvolles Lernen im nächsten Durchgang. Da der Lernprozess die Lernziele immer wieder neu und von einer anderen Seite aus ansteuert, gibt es für die Kinder genügend Möglichkeiten, um ihre Lücken allmählich zu schließen. Es besteht also kein Grund zur Sorge, dass Kinder „abgehängt“ werden.

Beispiel

Einspluseins (Band 1)

1. Durchgang: Einführung der Addition, vor allem am Zwanzigerfeld (S. 58–77)
2. Durchgang: Einführung der Subtraktion unter Bezug auf die Addition (S. 82–97)
3. Durchgang: Verzahnung von Addition und Subtraktion (S. 100–113)
4. Durchgang: Vertiefung des Einspluseins an der Einspluseins-Tafel (S. 118–119)
5. Durchgang: Weitere produktive Übungen zur Verzahnung beider Rechenarten (S. 119–129)
6. Durchgang (parallel zu den Durchgängen 2–4): Durchdringung in vertiefenden Übungen und Automatisierung im Blitzrechenkurs

Durch die ganzheitlichen Zugänge zu Rahmenthemen wird das bewährte Prinzip „Vom Leichten zum Schweren“ keinesfalls aufgehoben. Es wird nur anders realisiert als traditionell üblich. Beim Einspluseins z. B. sind nicht nur die Aufgaben im Fünferraum leicht, sondern auch Aufgaben mit einem Summanden 1, Aufgaben „mit 5“, Verdopplungsaufgaben und solche Aufgaben, in denen die 10 eine Rolle einnimmt. Es ist daher sehr sinnvoll, solche Aufgaben als erste Fäden des Netzes „Einspluseins“ zu spannen und andere Aufgaben daran anzuknüpfen.

Lernen in Ganzheiten trägt auch ganz wesentlich zur Zieltransparenz bei: Die Kinder können sich schon während des Lernprozesses klar machen, was sie schon können, wo sie noch Schwierigkeiten haben und was sie noch lernen müssen. Dazu sind die Seiten im ZAHLENBUCH so konzipiert, dass jede Doppelseite einen spezifischen mathematischen Aspekt des Rahmenthemas widerspiegelt.

Zone der nächsten Entwicklung

Ganzheitliche Themen weisen über sich hinaus und verlocken zu Grenzüberschreitungen. Z. B. werden die Kinder vom Einspluseins ausgehend auch über 20 hinaus rechnen wollen. Dies ist zugelassen und sogar erwünscht. Wie der russische Psychologe Vygotskij in seiner kritischen Auseinandersetzung mit Piaget überzeugend dargelegt hat, muss der Unterricht stets die „Zone der nächsten Entwicklung“ anpeilen. Dies bedeutet aber nicht, dass Grenzüberschreitungen eigens thematisiert werden müssten. Es genügt, sie als Denkanstöße wirken zu lassen. Wichtig ist, dass keine Abschottung im Sinne von „Das dürfen wir noch nicht rechnen!“ vorgenommen wird.

Ein typisches Beispiel für Anregungen in der „Zone der nächsten Entwicklung“ sind die vielen offenen Übungen im ZAHLENBUCH, in denen die Kinder den Zahlenraum selbst wählen können – viele Kinder werden dabei den aktuellen Zahlenraum überschreiten.

Anleitung zum selbstständigen und Umgang mit dem ZAHLENBUCH

Grundvoraussetzung für lebenslanges Lernen ist die Fähigkeit, sich Texte eigenständig erschließen zu können. Auch im Mathematikunterricht muss diese Fähigkeit gefördert werden. Nicht nur bei der Besprechung von Themenblöcken sollten die Kinder versuchen, sich so weit wie möglich selbst ein Bild von den Lernaufgaben zu machen. Auch bei einzelnen Doppelseiten des ZAHLENBUCHs sollte die Lehrkraft bei der Vorbesprechung typischer Beispiele und der anschließenden Bearbeitung der Seite die Kinder selbst überlegen lassen, worum es im Einzelnen geht, und sich auf Verständnishilfen beschränken, z. B. die Vorgabe konventioneller Sprechweisen, Schreibweisen und zeichnerischer Darstellungen. Je weiter die Lesefähigkeit entwickelt ist, desto mehr sollten die Kinder versuchen, sich neue Aufgaben alleine zu erschließen. Im Klassengespräch können die verbleibenden Unklarheiten anschließend beseitigt werden. Das

ZAHLENBUCH unterstützt diese aktive Sinnkonstruktion insbesondere durch die vielen Illustrationen. Sie deuten Handlungen an, schlagen mögliche Schreibweisen für Lösungen vor und bieten einfache Formulierungen für den sozialen Austausch an. Zudem wiederholen sich die grundlegenden Aufgabenstellungen im ZAHLENBUCH immer wieder, sodass der Zugang zur Aufgabe für die Lernenden in unterschiedlichen Themengebieten erleichtert wird.

Natürlich werden sich die Kinder nicht von Beginn an alle Aufgaben selbst erschließen können. Zur Unterstützung der Lehrkraft werden deswegen bei ausgewählten Aufgaben und Seiteneinstiegen Erklärfilme im zugehörigen eBook angeboten, die den Kindern bei der Orientierung helfen sollen. Aufgaben, für die es solche kurzen Filme gibt, werden durch das Symbol ⓟ gekennzeichnet. Abgerundet wird das Angebot durch die Zahlenbuch-App, in der ausgewählte Übungen aufgegriffen werden. Die Kinder können in der App hilfreiche anschauliche Darstellungen aufrufen und die ihnen gewohnten Anschauungsmittel virtuell anhand der Toolbox individuell bearbeiten. Auf Übungen, die durch die App unterstützt werden, wird im Schulbuch in der Fußzeile verwiesen.

Anleitung zum kooperativen und interaktiven Umgang mit dem ZAHLENBUCH

Zur Unterstützung des selbstständigen Arbeitens wird die Arbeit in Kleingruppen empfohlen, die zum einen Absprachen zwischen den Lernenden erfordert, zum anderen die Entwicklung von verschiedenen Sichtweisen und die reflexive, argumentativ gestützte Vertiefung eigener Ideen fördert. Die Organisation solcher Gruppen erfordert einen bestimmten Aufwand, lohnt sich aber. Die Kinder einer Gruppe (in der ersten Klasse ist zu empfehlen, diese zumeist auf Partnerarbeiten zu konzentrieren) sollen sich gegenseitig beim Aufbau von Verständnis unterstützen, natürlich ohne einander die Arbeit abzunehmen. Auf diese Weise wird auch die Verantwortung für das soziale Lernen gefördert.
Es ist weder notwendig noch sinnvoll, ausschließlich annähernd leistungshomogene Gruppen zu bilden. Die Befürchtung, dass mathematisch interessierte und begabte Kinder durch Kinder, die Schwierigkeiten beim Lernen zeigen, „gebremst" würden, besteht nicht. Gerade im Austausch mit ggf. langsam lernenden Kindern werden sie angeregt, den Stoff noch tiefer zu durchdringen und ihre kommunikativen Fähigkeiten weiterzuentwickeln. Dies gilt auch für den inklusiven und altersgemischten Unterricht.
Im ZAHLENBUCH finden sich insbesondere dann Anregungen für kooperatives Arbeiten, wenn Aufgaben auf unterschiedliche Weise bearbeitet werden können oder wenn Rechenwege oder mathematische Erkenntnisse formuliert und anderen mitgeteilt werden sollen. Gute Erfahrungen haben wir gemacht, wenn Kinder nicht allein informell zusammen arbeiten, sondern in kooperatives Arbeiten eingeführt werden – z. B. indem über verschiedene Rollen bei der Zusammenarbeit gesprochen wird:

- In der Partnerarbeit legt beispielsweise ein Kind eine Aufgabe mit Plättchen, das andere Kind nennt anschließend die Anzahl; daraufhin wechseln die Rollen (das sog. „Waagemodell").
- Eine Partnerarbeit kann auch in drei Phasen gegliedert werden: (1) Ein Problem wird individuell bearbeitet, (2) Zwei Kinder treffen sich und tauschen sich über ihre Lösungen aus, (3) Beide Kinder entwickeln für weitere Aufgabenstellungen gemeinsame Lösungen und präsentieren diese anderen Kindern (das sog. „Weggabelungsmodell" bzw. „Ich-du-wir-Modell").
- Eine „Mathekonferenz" bietet auf ähnliche Weise den Kindern ein Forum, individuell entwickelte Rechenwege mit anderen Kindern auszutauschen und zu vergleichen. Im Kern sollen die Kinder ihre Ideen zu einer mathematischen Aufgabe besprechen und sich gegenseitig Hinweise zur Verbesserung ihrer Vorgehensweise geben.

Der Umgang mit Fehlern

Im belehrenden Unterricht wird angestrebt, die Lernenden zur fehlerlosen Reproduktion von vorgegebenen Verfahren zu führen. Von diesem Standpunkt aus ist eine möglichst genaue Beobachtung der Lernfortschritte des einzelnen Kindes gemessen an den Vorgaben wünschenswert, damit Fehler möglichst schnell „diagnostiziert" und „ausgemerzt" werden können. Entsprechend sind möglichst wirksame Rezepte zur „Fehlertherapie" gefragt. Die Jahrhunderte langen Erfahrungen mit dem belehrenden Unterricht zeigen, dass dieser Weg, so verlockend er scheint, nicht zum Ziel führt. „Von außen" kommt man dem Lernprozess und den dabei auftretenden Fehlern nicht bei, ganz abgesehen davon, dass es für die Lehrkraft in einer Klasse mit 20 bis 30 Kindern gar nicht möglich ist, den Lernprozess jedes einzelnen Kindes genau zu verfolgen.
Im aktiv-entdeckenden Unterricht wird mit Fehlern anders umgegangen: Die Kinder erhalten zuerst einmal Zeit, um sich selbst an neuen Aufgaben zu versuchen, alleine oder im Austausch mit anderen Kindern. Auf diese Weise können sie die notwendige Verbindung zu ihrem Vorwissen am besten herstellen. Bei diesen ersten Versuchen werden auch Fehler auftreten, denn es gehört zum Wesen des Lernens, Fehler zu machen. Die Kinder brauchen natürlich eine Rückmeldung zu Fehlern, die sie selbst nicht erkennen. Anhaltspunkte zu Beobachtungsschwerpunkten während der Arbeit der Kinder liefert die Rubrik „Diagnostisches Potenzial", die für jede Doppelseite erstellt wurde. Rezepte zur Fehlervermeidung gehen

aber am Problem vorbei. Die Rückmeldung muss in erster Linie auf die Herstellung eines Verständniszusammenhangs abzielen. Hinweise dazu liefert die Rubrik „Möglichkeiten zur Unterstützung“ für jede Doppelseite des Schulbuchs. Damit werden die Kinder besser befähigt, von sich aus Fehler zu vermeiden, als durch von außen mitgeteilte Rezepte zur Fehlervermeidung.

Notwendigkeit eines fachlichen Rahmens
Zu welchen Leistungen Kinder bei der Erarbeitung eigener Lösungswege fähig sind, wurde empirisch in eindrucksvoller Weise nachgewiesen. Aus diesen Befunden darf aber nicht gefolgert werden, Kinder könnten „sich“ die Mathematik am besten „alleine“ erarbeiten und würden darin durch Fachstrukturen nur behindert.
Der Erfolg des Mathematikunterrichts von der Grundschule bis zum Abitur steht und fällt damit, dass das Prinzip des aktiv-entdeckenden und sozialen Lernens organisch mit fachlichen Grundideen und allgemeinen Lernzielen verbunden wird. Wenn die Kinder in der Mathematik wirklich weiterkommen sollen, dürfen sie nicht bei ihren privaten Sichtweisen und Denkwegen stehen bleiben, sondern müssen sich in die bewährten Fachstrukturen einarbeiten und diese gemäß der im Fach liegenden Offenheit produktiv nutzen. Diese Aneignung wird durch eine schlüssige fachliche Strukturierung der Lernangebote, wie sie das ZAHLENBUCH verkörpert, wesentlich unterstützt.

3. Das Üben

Den größten Teil des Unterrichts muss aus guten Gründen das Üben einnehmen. Deshalb ist auch das ZAHLENBUCH überwiegend ein Übungsbuch. Im Hinblick auf die Breite der heutigen Zielsetzungen des Unterrichts sind aber verschiedene Übungstypen erforderlich, die im ZAHLENBUCHs wie folgt ausgezeichnet werden.

○	Grundlagen aufbauen und sichern
◒	Zusammenhänge entdecken und anwenden
●	Beziehungen reflektieren und nutzen
✿	Selbstgesteuert üben und Aufgaben produzieren

Grundlegendes Üben
Wenn ein Thema neu eingeführt wird, sind grundlegende Übungen angebracht, die dazu dienen, die neuen Aufgabenstellungen und Lösungswege zusammen mit neuen Sprechweisen handelnd an geeigneten Materialien zu erarbeiten. Dabei muss das neue Wissen mit bekanntem Wissen verknüpft werden. Die Qualität der Bearbeitung von Aufgaben, die exemplarische Bedeutung haben, ist in dieser Phase wichtiger als die Quantität der behandelten Aufgaben. Im ZAHLENBUCH sind solche Übungen gekennzeichnet durch das Symbol ○.

○ 3 Lege und rechne.

5 − 3 = ___	7 − 2 = ___	6 − 2 = ___	10 − 2 = ___
5 − 1 = ___	7 − 5 = ___	6 − 5 = ___	10 − 4 = ___
5 − 2 = ___	7 − 1 = ___	6 − 3 = ___	10 − 8 = ___

Schulbuch 1, S. 84

Eine besondere Rolle spielen dabei die Aktivitäten im Igeltraining, die durch das Symbol ausgezeichnet werden: Sie vertiefen die grundlegende Bewusstheit über die Zahlen und die Rechenoperationen, indem die Kinder zum Sortieren und Ordnen von Zahlbildern oder Rechenaufgaben angeregt werden. Das Ziel ist dabei, die Vorstellung vom Zahlenraum und das Verständnis von einfachen Aufgaben und deren Ableitungen, später auch von komplexeren Rechenstrategien grundzulegen.

Produktives Üben
Über die Ansätze des traditionellen Rechenunterrichts hinausgehend sind die produktiven Übungen, die durch die gemeinsame Förderung inhaltlicher und allgemeiner Kompetenzen gekennzeichnet sind. Im ZAHLENBUCH wurde das produktive Üben für die Praxis entwickelt und in der Neubearbeitung weiter ausgearbeitet:
Das Symbol ◒ kennzeichnet Aufgaben, die untereinander einen strukturellen Zusammenhang aufweisen, der von den Kindern gesehen und ggf. ausgenutzt werden kann – aber nicht muss.

◒ 5 Rechnet und vergleicht. Was fällt euch auf?

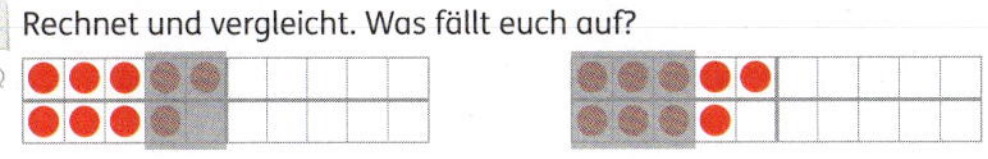

9 − 3 = ___   ___ − ___ = ___

Schulbuch 1, S. 85

Im abgebildeten Beispiel können die Kinder Beziehungen zwischen den bekannten Tauschaufgaben der Addition und den hier abgebildeten Paaren der Subtraktionsaufgaben herstellen, wodurch ein Kommunikations- und in der Regel auch ein Argumentationsanlass entstehen kann. Es handelt sich hier in aller Regel um reflektiv aufgebaute Übungen, d.h. die Zusammenhänge treten erst nach dem Berechnen einiger Aufgaben in den Vordergrund und können ab dann für die weiteren Überlegungen herangezogen werden.
Durch das Symbol ● werden Aufgaben gekennzeichnet, die stärker von Beginn an die Herstellung und Ausnutzung struktureller Zusammenhänge einfordern. Das bedeutet ausdrücklich nicht, dass diese Aufgaben nur für die stärkeren Kinder wichtig wären

Grundkonzeption des ZAHLENBUCHs

– auch grundsätzlich wichtige Wissenselemente können strukturellen Charakter haben. Dies gilt insbesondere dann, wenn prozessbezogene Kompetenzen stärker in den Vordergrund treten. Zum Beispiel müssen die Kinder bei der operativen Durchdringung der Subtraktion erkennen und nutzen lernen, dass schwierige Aufgaben auf einfache Aufgaben zurückgeführt werden können:

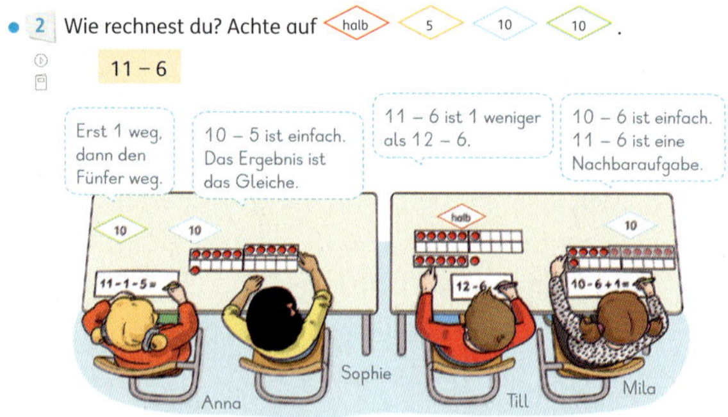

Schulbuch 1, S. 94

Schließlich gab es im ZAHLENBUCH schon immer besonders offene Aufgaben, mit denen die Kinder auf ihrem Niveau „unerschöpflich viele Aufgaben“ bearbeiten können. Solche Aufgaben sind in der Neubearbeitung durch das Symbol ❀ gekennzeichnet. Da hier in besonderem Maße das Prinzip der natürlichen Differenzierung zum Tragen kommt, sind diese Aufgaben ebenfalls nicht den besonders guten Kindern vorbehalten, sondern können und sollen von allen Kindern angegangen werden.
Insbesondere können die Kinder den hierbei zugrunde gelegten Zahlenraum an die eigenen Fähigkeiten und Interessen anpassen.

Schulbuch 1, S. 84

Eine besondere Bedeutung für das produktive Üben haben „Übungsformate“, die auf mathematischen Strukturen beruhen und wie Formulare unterschiedlich mit Zahlen gefüllt werden können. Im ZAHLENBUCH für die erste Klasse finden sich die Übungsformate *Schöne Päckchen, Zahlenmauern* und *Rechendreiecke*. Diese wenigen, aber sehr reichhaltigen Übungsformate ziehen sich durch alle Bände des ZAHLENBUCHs und werden an geeigneten Stellen durch weitere Übungsformate ergänzt. Leerformate und Kopiervorlagen im Materialband zum ZAHLENBUCH erleichtern die praktische Arbeit mit den Übungsformaten.

Automatisierendes Üben
Als dritter Übungstyp spielt im ZAHLENBUCH das automatisierende Üben eine wichtige Rolle. Aktiv-entdeckendes Lernen und die Automatisierung von Wissenselementen und Fertigkeiten sind keineswegs Gegensätze, sondern bedingen einander: Aktiv-entdeckendes Lernen schafft die Verständnisgrundlage, die für die Automatisierung notwendig ist, und umgekehrt bildet automatisiertes Wissen die notwendige Grundlage für aktiv-entdeckende Lernprozesse auf der nächst höheren Stufe. Wichtig ist aber zu bedenken, dass ein zu früher Übergang von der Grundlegung zur Automatisierung für den Lernprozess schädlich ist und unter allen Umständen vermieden werden muss.

Zur Organisation der Automatisierung im Unterricht
Genauso wie jede Sportstunde mit einem „Warm-up“ beginnt, sollte in der Regel am Beginn jeder Mathematikstunde eine kleine Runde mit blitzrechenartigen Aktivitäten stehen, in der die mathematischen Areale des Gehirns auf „Betriebstemperatur“ gebracht werden. Angesichts des Nachdrucks, der beim Blitzrechnen auf die Entwicklung von Zahlen- und Rechenverständnis gelegt wird, ist die flüssige Beherrschung der Übungen des Kurses ein sehr guter Indikator für das Erreichen der grundlegenden inhaltlichen Lernziele. Daher zahlt es sich aus, wenn die Lehrkraft den Fortschritt der Kinder beim Blitzrechnen ständig im Auge behält.
Es empfiehlt sich, die Beherrschung jeder Übung in einem „Blitzrechenpass“ (Kopiervorlage) festzuhalten. Damit bekommt jedes Kind eine individuelle Rückmeldung über seinen Lernstand. Die zwei Teilprüfungen für jede einzelne Übung (in angemessenem zeitlichen Abstand voneinander) sowie für die Abschlussprüfung über den gesamten Kurs können zeitsparend in Gruppen abgelegt werden. Die Kinder können sich vorher gegenseitig testen und entscheiden, wann sie sich zu einer Prüfung melden. Wenn im Klassenzimmer ein Computer zur Verfügung steht, kann der Lernstand auch am Computer überprüft werden, da sich jedes Kind beim Üben persönlich eintragen muss.

Mitarbeit von „Rechentrainern“
Der Blitzrechenkurs erreicht wie auch das Igeltraining dann seine optimale Wirkung, wenn es gelingt, nicht nur die Kinder, sondern auch Eltern oder andere Bezugspersonen von der Notwendigkeit und Wichtigkeit des Kurses zu überzeugen. Lehrkraft, Kinder und Eltern müssen die Übungen bewusst als ständiges „Fitnessprogramm“ verstehen und konsequent durchführen: „Übe so immer wieder!“ Bereits beim ersten Elternsprechtag sollte dieser wichtige Punkt geklärt und damit gleichzeitig die Mitarbeit der Eltern in sinnvolle Bahnen gelenkt werden.

4. Förderung von Kindern mit unterschiedlichen Voraussetzungen nach dem Prinzip von der natürlichen Differenzierung

Die üblichen Methoden der („inneren“ und „äußeren“) Differenzierung bestehen darin, dass die Lehrkraft Gruppen von Kindern oder einzelnen Kindern Aufgaben für ein bestimmtes Lernziel zuweist, die nach Einschätzung der Lehrkraft dem jeweiligen Lernstand entsprechen. Es gibt Unterrichtswerke, bei denen die Kinder weitgehend unabhängig voneinander Heftchen für Heftchen abarbeiten. Dadurch werden aber nicht nur die Bildungsstandards verfehlt, sondern auch soziales Lernen verhindert, obwohl es erklärtes pädagogisches Ziel von Schule ist. Im ZAHLENBUCH wird ein grundsätzlich anderer Weg der Differenzierung beschritten: das Werk ist vom Grundsatz her so konzipiert, dass Kinder mit unterschiedlichen Voraussetzungen, Interessen und Möglichkeiten gemeinsam damit arbeiten können und gleichwohl individuell gefördert werden, wir sprechen hierbei von der natürlichen Differenzierung.

Das Prinzip von der natürlichen Differenzierung ist von besonderer Bedeutung für die Lösung der wohl größten pädagogischen Herausforderung, vor der die Grundschule steht: Der Umgang mit Heterogenität, sei es in inklusiven Klassen, in altersgemischten Klassen oder auch in Klassen, in denen Kinder mit ganz unterschiedlichen sprachlichen Hintergründen sind. Tatsächlich lernen nämlich auch und gerade schwache Kinder am besten, wenn ihnen fachlich gerahmte Freiräume gewährt werden. Auch pädagogische Gründe sprechen daher für das Prinzip des aktiv-entdeckenden Lernens, wie es im ZAHLENBUCH realisiert ist. Die Kinder können die reichhaltigen Lernangebote im Sinne der natürlichen Differenzierung nach ihren individuellen Voraussetzungen nutzen. Auf diese Weise werden alle Kinder bei der Bearbeitung gemeinsamer Themen zusammengehalten. Sowohl Kinder mit Lernschwierigkeiten als auch leistungsstarke Kinder können aus dem Unterricht heraus gefördert werden.

Der „alternative Ansatz“ zur Förderung von Kindern mit Lernschwierigkeiten

Der „alternative Ansatz“ des ZAHLENBUCHs zur Förderung von Kinder mit Lernschwierigkeiten besteht also nicht in spezifischen „Fördermaßnahmen“, sondern in einer unspezifischen Förderung, die organisch in das Konzept integriert ist. Lernschwierigkeiten können damit an der Wurzel erfasst werden. Folgende Punkte wirken sich bei diesem Ansatz positiv aus:

1. Durch eine geeignete Förderung *schon im Kindergartenalter* lassen sich Lernschwierigkeiten vermeiden oder zumindest abmildern. Hierfür steht das ZAHLENBUCH-Frühförderprogramm zur Verfügung. In Zusammenarbeit mit den Kindergärten können damit bereits im Vorfeld wichtige Grundlagen gelegt werden.
2. Die im ZAHLENBUCH konsequent verfolgte *Konzentration* auf mathematische Grundideen, die *Beschränkung* auf wenige grundlegende Anschauungs- und Arbeitsmittel und auf eine kleine Zahl wiederkehrender Übungsformate sowie die Benutzung einer schlichten Sprache sind didaktische Maßnahmen, die gerade schwächeren Kindern das Lernen erleichtern. Der Förderbedarf wird damit generell reduziert.
3. Der Blitzrechenkurs stellt wie das Igeltraining ein in den Unterricht eingebettetes *Diagnose- und Förderprogramm für Kinder* mit Lernschwierigkeiten dar, auf das gezielte schulische und außerschulische Fördermaßnahmen unmittelbar zurückgreifen können. Die Übungskarteien bieten sich hier in besonderer Weise als Fördermaterial an.

Hinweise dazu, wie man mit dem Material und den Aufgabenangeboten des ZAHLENBUCHs Kindern mit besonderen Schwierigkeiten *im* Mathematikunterricht gezielter helfen kann, bieten die beiden zusätzlichen Förderkommentare mit dem Schwerpunkt „Lernen“ und mit dem Schwerpunkt „Sprache“.

Die Förderung mathematisch begabter und interessierter Kinder

Als „ZAHLENmuster-BUCH“ enthält das Werk viele produktive Aufgaben, die über die Übung von Fertigkeiten hinaus Optionen zur selbstständigen Fortsetzung, Variation und Erfindung arithmetischer und geometrischer Muster bieten. Bei den Praxishinweisen zu den einzelnen Schulbuchseiten werden entsprechende Möglichkeiten aufgezeigt. Leistungsstarke Kinder können die Aufgaben zum selbstgesteuerten Üben in besonderer Weise ausreizen und sich unter Variation vorgegebener Themen tiefergehende mathematische Strukturen selbstständig erarbeiten. Eine Förderung dieser Kinder ist somit ebenfalls aus dem normalen Stoff heraus möglich. Diese Besonderheit des ZAHLENBUCHs sollte den leistungsstarken Kindern bewusst gemacht werden, damit sie das Potenzial des Buches von sich aus ausschöpfen, ohne ständig von der Lehrkraft „Futter“ zu erwarten.

Unterricht in jahrgangsgemischten Klassen

In altersgemischten Klassen reicht das Prinzip der natürlichen Differenzierung nicht aus. Dem sehr unterschiedlichen Entwicklungsstand entsprechend müssen daher Lerngruppen gebildet werden, die an unterschiedlichen Stellen des Curriculums, d. h. auch mit anderen Bänden des ZAHLENBUCHs arbeiten. Lerngruppen sind schon deshalb zwingend, weil unterschiedliche mathematische Themen, z. B. das Einspluseins im ersten Schuljahr und das Einmaleins im

zweiten Schuljahr, unterschiedliche Strukturen aufweisen.
Zugleich gibt es aber auch Themen in verschiedenen Klassenstufen, die in enger Beziehung stehen, z. B. das Einspluseins im ersten Schuljahr und die halbschriftliche Addition im zweiten Schuljahr. Diese Themen bieten vielfältige Anlässe für ein gemeinsames Arbeiten, das vorausschauendes und rückblickendes Lernen ermöglicht.
Bei der Organisation von Lerngruppen zeigt das Konzept des ZAHLENBUCHs seine ganze Stärke:

1. Der transparente, schlüssige Aufbau des Werkes in Themenblöcke und die Förderung einer aktiv-entdeckenden Lernhaltung unterstützen zusammen das folgende Klassenmanagement: Jede Lerngruppe wird jeweils in einen thematischen Block eingeführt und angeleitet, die entsprechenden Abschnitte im ZAHLENBUCH und Arbeitsheft soweit wie möglich selbstständig zu bearbeiten. Ferner bieten insbesondere die Aufgaben zum selbstständigen Üben nicht allein Anregungen zur Erkundung von Zahlen in größeren Zahlenräumen oder zur Vertiefung von Erkenntnissen in kleineren Zahlenräumen. Sie schaffen auch Gelegenheiten zur fachlichen Begegnung über die Jahrgänge hinweg.
2. Wie die thematisch strukturierten Inhaltsübersichten der einzelnen Bände des ZAHLENBUCHs deutlich machen, wird in der Arithmetik jeder Zahlenraum in folgender Sequenz behandelt: Orientierung, einfache Aufgaben, Übergang von einfachen zu schweren Aufgaben, vertiefende Übungen, ergänzende Übungen, Blitzrechenübungen. Weiter kehrt eine kleine Zahl von Übungsformaten ständig wieder. In der Geometrie und im Sachrechnen werden ebenfalls einige wenige Grundideen über die Schuljahre hin entfaltet. Durch diese sich ständig wiederholenden inhaltlichen Strukturen wird der Erklärungsbedarf in beträchtlichem Maße reduziert. An den übersichtlich gestalteten Inhaltsübersichten des ZAHLENBUCHs können sich die Kinder diesen Aufbau selbst klar machen und die verschiedenen Bände des ZAHLENBUCHs als Teile einer Reihe verstehen, auf die sie frei zugreifen können.
3. Die systematisch wiederkehrenden Lernstrukturen erleichtern nicht nur den Übergang von einer Lerngruppe zu einer anderen, sondern auch den formellen und informellen Austausch zwischen den Gruppen, dessen positive Wirkungen nicht unterschätzt werden dürfen. In diesem Sinn können von Zeit zu Zeit sogar Kinder höherer Klassen mit Kindern aus unteren Klassen zusammengeführt werden. Auch der Einsatz von Kindern aus fortgeschrittenen Lerngruppen als Tutoren wird durch den besonderen Aufbau des ZAHLENBUCHs erleichtert.
4. Das Unterrichten in jahrgangsgemischten Klassen stellt die Lehrkraft in besonderer Weise vor die Herausforderung, dass verschiedene Lerngruppen an unterschiedlichen Stellen im Buch arbeiten. Hier können die Erklärfilme helfen: Zu ausgewählten Aufgaben bietet das eBook zum Schulbuch kurze Filme an, in denen Aufgabenstellungen, zugehörige Handlungen und ggf. Schreibweisen u. Ä. erläutert werden. Solche Angebote werden im Schulbuch mit dem Symbol ⓟ gekennzeichnet.

5. Diagnose, Lern- und Leistungskontrollen

Lern- und Leistungskontrollen werden hauptsächlich aus drei Gründen durchgeführt: um Kindern (und Eltern) wertfrei eine Rückmeldung über den Lernstand bzw. den Lernfortschritt zu geben, um den Lernstand zu bewerten (Benotung) oder als Diagnostik, um eine Förderung anzuschließen. Diese drei Aspekte sind eng miteinander verwoben. Eine Note kann auch gleichzeitig eine Rückmeldung sein; auch aus Lernzielkontrollen am Ende der Behandlung eines Stoffabschnitts, die zur Leistungsfeststellung dienen, lassen sich auch diagnostische Informationen darüber entnehmen, welche Fertigkeiten im weiteren Unterricht nochmals geübt werden müssen, usw.
Im Folgenden werden die wesentlichen Formen der mathematischen Lern- und Leistungskontrollen beschrieben, die zu unterschiedlichen Zeitpunkten im Unterricht stattfinden, wobei sich die meisten organisch in den kindlichen Lernprozess einbauen lassen.

Eingangstests
Zum Schulbeginn werden Eingangstests benutzt, um sich ein erstes Bild von den Kindern zu machen, den eventuell nötigen Förderbedarf einzuschätzen oder über die Zuordnung zu bestimmten Lerngruppen zu entscheiden. Der Aufwand von Eingangstests lohnt sich besonders, wenn genügend Ressourcen vorhanden sind, um anschließend eventuell erforderliche Fördermaßnahmen durchzuführen.
Unabhängig davon wird im ZAHLENBUCH die Eintrittsschwelle schon für die ersten Lernangebote so niedrig angesetzt, dass auch Kinder mit geringen Vorkenntnissen mitmachen und mitlernen können. Die Beobachtung der Kinder im laufenden Anfangsunterricht zeigt dann, wer sich bei bestimmten Aufgaben schwer tut und besonders gefördert werden muss.

Standortbestimmungen
Zu Beginn der Behandlung zentraler Themen sollte jeweils eine Standortbestimmung durchgeführt werden. Die Analyse der Bearbeitungen liefert wertvolle Anhaltspunkte für die Planung des weiteren Unterrichts. Offene Aufgaben bieten sich für eine Standortbestimmung besonders an. Bei geeigneter

Aufgabenstellung können die mathematischen Grundkompetenzen jedes Kindes zu bestimmten Bereichen erfasst und differenzierte Lernangebote für einzelne Kinder entwickelt werden.
Beispiel: Für den ganzheitlichen Einstieg in das erste Rahmenthema „Entwicklung des Zahlbegriffs“ im Band 1 des ZAHLENBUCHs bieten sich u. a. folgende offene Aufgaben an:

- Meine Klasse. Wie viele? (SB 1, S. 4)
- Diese Zahlen kenne ich: (SB 1, S. 6)
- Schreibe die Zahlen der Reihe nach auf, soweit du möchtest.
- Schreibe eine Zahl und male ein Bild, das zur Zahl passt.

Ergebniskontrollen

Weniger aussagekräftig als Rückmeldungen zu Lösungswegen, aber dafür viel einfacher zu geben, sind Rückmeldungen zu Ergebnissen. Da das ZAHLENBUCH auf die Entwicklung von Verständnis ausgerichtet ist, wird dazu die Selbstkontrolle durch die Kinder durchweg gefördert. Die Kinder werden angeleitet, Beziehungen zu anderen ähnlich strukturierten Aufgaben herzustellen, ihre Ergebnisse abzuschätzen, sich mit anderen Kindern auszutauschen und auf Arbeitsmittel zurückzugreifen.
In gewissem Umfang sind im Unterricht natürlich auch Formen der äußeren Kontrolle notwendig. Dies gilt z. B. für die Aktivitäten im Igeltraining oder das Blitzrechnen, wo die Kinder schnelle Rückmeldungen auf ihre Antworten erhalten müssen. Auf den Rückseiten der Übungskarten sind daher die Lösungen eingetragen, in den zugehörigen Programmen und Apps werden falsche Ergebnisse vom System nicht angenommen. Auch die Ergebnisse von Rechnungen, denen keine hilfreichen Muster zugrunde liegen, müssen kontrolliert werden.

Interne Lernzielkontrollen

Schriftliche Arbeiten zur Leistungsbewertung haben ihren Platz am Ende von Lernabschnitten, wenn der betreffende Stoff gründlich behandelt worden ist und die Kinder damit vertraut sind. Solche Tests sollten so konstruiert sein, dass alle Anforderungsbereiche abgedeckt werden. Als Vorbild dienen die Lernzielkontrollen im Materialband, die auch eine zusätzliche Variante für lernzieldifferent unterrichtete Kinder in inklusiven Klassen enthält. Mit den ergänzenden Aufgaben zur Differenzierung können die Lernzielkontrollen an das Leistungsniveau einer Klasse oder einzelner Kinder angepasst werden.
Beachtet werden muss aber, dass sich der Leistungsstand von Kindern mit schriftlichen Tests allein nicht ausreichend ermitteln lässt. Kinder können in der Regel mehr, als sie in schriftlichen Tests zeigen können. Es sind daher weitere Formen von Leistungsnachweisen nötig. Aktiv-entdeckende und soziale Arbeitsformen bieten den Kindern vielfältige Möglichkeiten ihr Können zu zeigen: in mündlichen Tests (Blitzrechenpass), in mündlichen oder schriftlichen Beiträgen zum Unterricht (insbesondere an der Tafel), in der schriftlichen Bearbeitung von Aufgaben im Heft oder auf Arbeitsblättern, oder anhand materieller Produkte, die im Unterricht hergestellt wurden. Die zuletzt genannte Form von Leistungsnachweisen ist besonders für geometrische Themen wichtig, die sich schriftlich nicht angemessen prüfen lassen. Diese Formen der Lernkontrolle haben den unschätzbaren Vorteil, dass der Vertrauensschutz gewahrt ist: Es wird nur getestet, was die Kinder gelernt haben, und zwar anhand von Aufgabenformaten, die den Kindern bekannt sind.

Rückmeldung des Lernstandes

Zu unterschiedlichen Zeiten im Lernprozess sollte der Lernstand der Kinder nicht nur bewertet, sondern den Kindern an konkreten Inhalten transparent gemacht werden, an welcher Stelle im Kompetenzerwerb sie stehen, bzw. welche Fortschritte sie gemacht haben. Hierzu bietet das ZAHLENBUCH Rückmeldebögen an, bei denen die Lehrkraft die Kompetenzen eines Kindes auf einer kontinuierlichen Skala im Sinne eines Lernweges einordnen kann. Die Rückmeldebögen orientieren sich dabei inhaltlich an den großen Themenblöcken und beziehen sich auf die wesentlichen mathematischen Kompetenzen der einzelnen Themenblöcke. Das Ausfüllen des Rückmeldebogens kann sich an die entsprechende Rückblickseite im Schulbuch und die zugehörige Lernzielkontrolle anschließen. Es ist jedoch auch möglich, den Lernstand allein aus den Beobachtungen im Unterricht und den dort entstandenen Schülerdokumenten zu erheben. Wird der gleiche Rückmeldebogen im Laufe des Schuljahres mehrfach ausgefüllt, wird auch der Lernfortschritt sichtbar. Damit man die Einschätzung der Lehrkraft und die des Kindes bzgl. des eigenen Lernstandes miteinander vergleichen kann, sollten die Kinder auch die Selbsteinschätzungen im Rückblick jedes Themenblocks wahrnehmen.

Externe Lernzielkontrollen

Neben Formen der Lern- und Leistungskontrolle während des Unterrichts gibt es externe Formen der Kontrolle. Solche organisierten Vergleichstests wie z. B. VERA und PISA haben eine Qualitätssicherung von Bildungsstandards zum Ziel, was man durchaus kritisch sehen kann. Dennoch bereitet das ZAHLENBUCH die Kinder natürlich inhaltlich auch auf externe Lernzielkontrollen vor:

Grundkonzeption des ZAHLENBUCHs

1. Die inhaltlichen und allgemeinen Kompetenzen der Bildungsstandards werden im ZAHLENBUCH gründlich und umfassend behandelt. Ziel dabei ist die Entwicklung von mathematischem Verständnis. Der durchgehende „Blitzrechenkurs“ sorgt für sicheres Grundwissen. Aber auch die allgemeinen Kompetenzen werden umfassend behandelt: Die Kinder lernen, Muster zu entdecken, fortzusetzen und zu begründen, und sie lernen, ihre Überlegungen mündlich und schriftlich zu formulieren. Damit wird das volle Spektrum der Bildungsstandards abgedeckt.
2. Das ZAHLENBUCH leitet dazu an, Aufgabentexte selbstständig zu erschließen und mathematisch sinnvoll zu bearbeiten. Ein schlüssiger Sachrechenkurs, bei dem die Kinder lernen, Situationen der Lebenswelt mathematisch zu durchdringen, zieht sich systematisch durch alle Bände.
3. Jeder arithmetische Themenblock endet mit einem Rückblick, durch den man eine Übersicht über die erreichten Lernziele erhalten kann. Alle Arbeitshefte enden mit einer zusammenfassenden Wiederholung der zentralen Lernziele.

Zur Vorbereitung auf externe Tests ist es zudem erforderlich, die Kinder in Besonderheiten der Bearbeitung von Testaufgaben einzuführen, die mit Mathematik nichts zu tun haben, z. B. in das Ankreuzen von Ergebnissen bei Multiple-Choice-Aufgaben, das Notieren von Ergebnissen am dafür vorgesehenen Platz, evtl. auch das Arbeiten unter scharfer Zeitbegrenzung usw.

Unterrichtsbegleitende Diagnose

Differenzierte Einblicke in den Verlauf von Lernprozessen, aus denen sich wiederum differenzierte Hinweise für eine Förderung oder eine Hilfe zur Selbsthilfe ergeben, erhält man mit dem geringsten Aufwand und am besten während des Unterrichts: im Gespräch mit den Kindern anhand der Bearbeitung von Aufgaben. Das ZAHLENBUCH setzt damit auf implizite Formen von Diagnose. Eine Aufgabe wird ja nicht erst dadurch zu einer Testaufgabe, weil sie auf einem Testblatt oder Diagnosebogen steht. Wenn z. B. das Einspluseins gelernt wird, rechnen die Kinder im Unterricht mündlich und schriftlich eine Vielzahl von Aufgaben. Wenn es um die schriftliche Multiplikation geht, werden dazu viele Aufgaben mit unterschiedlich großen Zahlen gerechnet.
Um mit den Kindern ins Gespräch zu kommen, müssen sie immer wieder aufgefordert werden, ihre Rechen- und Lösungswege zu erklären und ihre Überlegungen zu begründen. Sie werden dabei umso mehr aus sich herausgehen, je mehr sie darauf vertrauen können, dass im Verlauf von Lernprozessen keine Leistungsbewertung stattfindet. Die Äußerungen der Kinder im Unterricht durch geschicktes Fragen und Nachfragen gezielt anzuregen, gelingt natürlich umso leichter, je mehr Sprechanlässe der Unterricht bietet und provoziert und je mehr Möglichkeiten die Kinder haben, ihre eigenen mathematischen Fähigkeiten zu zeigen. Im ZAHLENBUCH bieten besonders die „Aufgaben zum selbstgesteuerten Üben“ der Lehrkraft Hinweise über die mathematischen Kompetenzen der Kinder. Diese Aufgaben sind insofern diagnostisch sensibel. Die von den Kindern eigenständig formulierten Lösungen liefern der Lehrkraft Hinweise über das Verständnis der jeweiligen Lernenden und Anregungen für ein diagnostisch geprägtes Gespräch mit dem Kind. Ferner kann auch die Bearbeitung des Rückblicks einen Überblick über die zentralen Kompetenzen eines Themenblocks liefern und Hinweise darüber geben, wie nachhaltig diese verstanden worden sind. Die auf den Rückblickseiten ausgewiesenen Kompetenzen sind bewusst für die Lernenden verständlich formuliert und dienen ebenfalls für die Selbsteinschätzung der Kinder. Schließlich kann sich die Lehrkraft auch über die Materialien zum Blitzrechenkurs über die Lernfortschritte der Kinder in Bezug auf die Basiskompetenzen auf dem Laufenden halten. Dieser Bereich ist überschaubar und lässt sich mit einem akzeptablen Aufwand kontrollieren.